AF667509

Immanuel Kant, Karl Vorländer

Die Religion innerhalb der Grenzen der bloßen Vernunft

Verlag
der
Wissenschaften

Immanuel Kant, Karl Vorländer

Die Religion innerhalb der Grenzen der bloßen Vernunft

ISBN/EAN: 9783957008527

Auflage: 1

Erscheinungsjahr: 2016

Erscheinungsort: Norderstedt, Deutschland

Hergestellt in Europa, USA, Kanada, Australien, Japan
Verlag der Wissenschaften in Hansebooks GmbH, Norderstedt

IMMANUEL KANT

DIE RELIGION INNERHALB DER GRENZEN DER BLOSSEN VERNUNFT

FÜNFTE AUFLAGE

HERAUSGEGEBEN UND MIT EINER EINLEITUNG SOWIE EINEM PERSONEN- UND SACHREGISTER VERSEHEN VON

KARL VORLÄNDER

DER PHILOSOPHISCHEN BIBLIOTHEK BAND 45
LEIPZIG 1922 / VERLAG VON FELIX MEINER

Vorwort zur dritten Auflage.

Die Grundsätze, die ich bei vorliegender Neuausgabe von Kants „Philosophischer Religionslehre" befolgt habe, sind dieselben, die mich bei meinen Ausgaben der *Kritik der reinen Vernunft (O. Hendel, 1899)* und der *Kritik der Urteilskraft (Dürr, 1902)* geleitet haben. Ich darf den Leser auf die dortigen ausführlicheren Vorreden verweisen.

Die Einleitung hat eine Erweiterung dadurch erfahren, daß den Abschnitten über Entstehung, Inhalt, Grundtendenz, Aufnahme und Nachwirkungen der Schrift eine zusammenhängende Darstellung von Kants religiösem Entwicklungsgange vorausgeschickt ist. Den vorletzten (V.) Abschnitt der Einleitung bilden diesmal die auf das knappste Maß beschränkten textphilologischen Bemerkungen. Als „Beilagen" folgen endlich drei bisher noch in keiner Kantausgabe abgedruckte, zum erstenmal von *W. Dilthey* im *Archiv f. Gesch. d. Philosophie* (1890) *Bd. III, Heft 3, S 429 ff.* veröffentlichte Stücke: 1) Der Entwurf von Kants Schreiben an eine theologische Fakultät betr. Druckfreiheit seiner Schrift, 2) und 3) zwei vorher ungedruckte Entwürfe zu der Vorrede unserer Schrift. — Dem Personen- und Sachregister (terminologischen Wörterbuch) ist noch ein Verzeichnis der von Kant zitierten oder gedeuteten Bibelstellen beigegeben worden.

Dem Texte wurde die zweite Original-Auflage (von 1794) zugrunde gelegt, aber sämtliche Abweichungen von der ersten (soweit sie nicht Orthographie oder Interpunktion betrafen) notiert, desgleichen die Varianten der übrigen Ausgaben; unsere eigenen Textänderungen bringt ein besonderes Verzeichnis (Näheres s. Abschnitt V der Einleitung).

Im Einverständnis mit dem Herrn Verleger ist — die vorhin genannten Aktenstücke, die gewissermaßen urkundlichen Charakter an sich tragen, und einen Abdruck aus den *Losen Blättern aus Kants Nachlaß* in

Abschnitt IV, B der Einleitung ausgenommen — die neue Rechtschreibung angewandt. Ich glaube damit, wie ich schon in der Vorrede zu meiner Ausgabe der Kritik der reinen Vernunft auseinandergesetzt habe, im eigensten Sinne Kants selbst gehandelt zu haben. Ohne Andersdenkende verletzen zu wollen, bekenne ich mich zu dem Worte des ersten Herausgebers von Kants Sämtlichen Werken, Rosenkranz *(Vorrede zum I. Bd., Seite XVII)*: „Es gibt einen servilen Archaismus der Treue, dem es nicht sowohl um die Sache und ihre Vernunft als um Befriedigung paläologischer Akribie zu tun ist." Wer mit unserem Text jene eben erwähnten Ausnahmen vergleicht, wird den Unterschied in der Lektüre schon merken.

Es würde der schönste Lohn meiner Arbeit sein, wenn diese in neuem, zeitgemäßem Gewande erscheinende Ausgabe von Kants *Religion* dazu beitrüge, das Studium einer Schrift aufs neue zu fördern, die, trotz ihres Alters und gewisser in ihrer Zeit liegenden Einseitigkeiten, auch heute noch, in den religiösen Kämpfen der Gegenwart, die fruchtbarsten Gedanken anzuregen, ja manchem ein Leitstern zu werden geeignet ist.

Solingen, 18. August 1903.

Dr. K. Vorländer.

Zur vierten Auflage.

Die gesamte Einleitung ist neu bearbeitet worden und hat zahlreiche, zuweilen ziemlich einschneidende, Verbesserungen erfahren. Für den Text sind die seit 1903 erschienenen Neuausgaben der Akademie (Wobbermin) und Cassirers (A. Buchenau) verglichen worden. Im allgemeinen bin ich in den seit meiner ersten Ausgabe der *Religion* verstrichenen Jahren bezüglich der Textgestaltung konservativer geworden und habe daher einen Teil meiner damaligen Änderungen gestrichen.

Solingen, Juli 1919.

Karl Vorländer.

Inhalt.

Kant: Die Religion innerhalb der Grenzen der bloßen Vernunft.

Einleitung.

I. Kants religiöser Entwicklungsgang.

Die folgende Skizze, die zum erstenmal Kants religiöse Entwicklung im Zusammenhange darzustellen unternimmt, war auf weit verstreutes Material angewiesen. Zuverlässigste Quelle für die Zeit von Beginn seiner literarischen Tätigkeit an sind natürlich die Werke, einschließlich des Nachlasses, der Vorlesungen und des Briefwechsels. Außer den ältesten, bald nach Kants Tode von Freunden und Verehrern veröffentlichten biographischen Skizzen von Borowski, Jachmann, Wasianski, Hasse, Rink usw. (vgl. K. Vorländer, Die ältesten Kantbiographien, Berlin 1918) vgl. mein ‚Kants Leben' (Lpz. 1917), dem demnächst eine größere Kantbiographie folgen wird. Wertvolle Einzelbeiträge haben außerdem geliefert: E. Arnoldt, Kants Jugend und die ersten fünf Jahre seiner Privatdozentur. Königsberg 1882. Derselbe, Kritische Exkurse im Gebiete der Kantforschung, jetzt in E. Arnoldts Ges. Werken, hrsg. von O. Schöndörffer. — G. Hollmann, Prolegomena zur Genesis der Religionsphilosophie Kants. Altpreuß. Monatsschrift XXXVI, Heft 1 u. 2. — A. Schweitzer, Die Religionsphilosophie Kants von der Kritik der reinen Vernunft bis zur Religion innerhalb der Grenzen der bloßen Vernunft. Freiburg 1899. — E. Sänger, Kants Lehre vom Glauben. Leipzig 1903.

a) Jugend.

1. *Kindheit und Schulzeit.* In seinem elterlichen Hause hat Kant eine streng religiöse Erziehung genossen. Vater und Mutter gehörten der pietistischen Richtung an, die seit dem Ende des 17. Jahrhunderts in Königsberg eingedrungen war und, namentlich unter dem Einfluß des Predigers und Professors Franz Albert Schultz (1692—1763), weite Kreise der Bevölkerung beherrschte. Beiden Eltern war die Religion Herzenssache; die ganze Atmosphäre der einfachen Hand-

werkerfamilie atmete strengste Sittenreinheit, Redlichkeit, Duldsamkeit und echte Frömmigkeit. Sie besaßen, wie ihnen der Sohn noch in seinem Alter nachrühmte, „das Höchste, was der Mensch besitzen kann, jene Ruhe, jene Heiterkeit, jenen inneren Frieden, der durch keine Leidenschaften beunruhigt wurde,"[1]) und gaben auch ihren Kindern eine Erziehung, wie sie, „von der moralischen Seite betrachtet, gar nicht besser sein konnte" (Kant an Lindblom, 13. August 1797). Insbesondere die Mutter scheint einen nachhaltigen Einfluß auf den ernsten und sinnigen Knaben geübt zu haben; noch nach Jahrzehnten glänzte sein Auge, wenn er von ihr sprach. „Sie führte mich", so erzählte er seinem späteren Biographen R. B. Jachmann, „oft außerhalb der Stadt, machte mich auf die Werke Gottes aufmerksam, ließ sich mit einem frommen Entzücken über seine Allmacht, Weisheit und Güte aus und drückte in mein Herz eine tiefe Ehrfurcht gegen den Schöpfer aller Dinge." Daneben ermangelte sie nicht, ihn fleißig an den von dem genannten F. A. Schultz gehaltetenen Betstunden teilnehmen zu lassen. Dieser, als Seelsorger und Berater der Familie Kant, veranlaßte denn auch, daß der begabte Handwerkersohn in seinem neunten Lebensjahre (Herbst 1732) in das unter seinem Einfluß stehende Collegium Fridericianum aufgenommen wurde.

Diese seit 1733 von Schultz selbst geleitete gymnasiale Lehranstalt, in der Immanuel seine ganze fernere Schulzeit (1732—1740) zugebracht hat, war ebenfalls gänzlich vom Geiste des Pietismus durchdrungen. Ihr Zweck bestand ausgesprochenermaßen darin, „daß einesteils die Untergebenen aus ihrem geistlichen Verderben errettet und das rechtschaffene Christentum ihrem Herzen von Jugend auf eingepflanzet, anderenteils aber auch ihr zeitliches Wohlsein befördert werden möge." Von früh 5 bis abends 9 Uhr beherrschte nach gleichzeitigen Zeugnissen die Religion den ganzen Unterricht. Das Griechische z. B.

---

[1]) *Rink, Ansichten aus I. Kants Leben. Königsberg 1805. S. 14f.*

ward am Neuen Testament gelehrt und sogar die „Historie“ an die biblische Geschichte angeschlossen. Kein Wunder daher, wenn der philosophische und der mathematische Unterricht darbten, an den Kant „in seinen mittleren Lebensjahren nicht ohne Lachen“ zurückdachte. Übrigens konnte er schon damals „an dem Schema von Frömmigkeit oder eigentlich Frömmelei, zu dem sich manche seiner Mitschüler und bisweilen nur aus sehr niedrigen Absichten bequemten, durchaus keinen Geschmack finden“. Doch war Schultz wenigstens ein gebildeter, besonnener Mann, dem Süßlichkeit und Weichlichkeit fernlagen, und in dem sich von seiner Hallenser Studienzeit her der Spener-Franckesche Pietismus mit gründlicher Kenntnis der Wolffschen Philosophie paarte.[1])

2. *Universitätszeit und nächstfolgende Jahre.* Auch auf der Universität, die er im Herbst bezog, dauert ein gewisser Zusammenhang Kants mit dem Königsberger Pietismus noch fort. Er hat sich zwar nicht, wie Schubert noch annahm, als Theologe, ja wahrscheinlich überhaupt nicht bei einer bestimmten Fakultät einschreiben lassen, jedoch — hauptsächlich wohl aus persönlicher Anhänglichkeit und Verehrung — die Vorlesungen seines früheren Direktors Schultz über Dogmatik gehört. Auch der Mathematiker und Philosoph Knutzen, den Kant bekanntlich von allen seinen Universitätslehrern am meisten geschätzt hat, verband mit seinen philosophischen Überzeugungen eine pietistische Glaubensrichtung. Er schrieb u. a. einen „*Philosophischen Beweis von der Wahrheit der christlichen Religion, darinnen die Notwendigkeit einer geoffenbarten Religion insgemein und die Wahrheit oder Gewißheit der christlichen insbesondere aus ungezweifelten Gründen der Vernunft nach mathematischer Lehrart dargetan und behauptet wird*“ (*Königsberg* 1739 f.). Indes ist sicher bezeugt, daß nicht die religiöse Richtung den jungen Immanuel an seinem Lehrer besonders anzog, sondern der Umstand, daß dieser zum Selbstdenken in philosophischen und mathematisch-physikalischen Dingen anregte.

[1]) Näheres s. in meinem ‚Kants Leben‘, S. 6—14.

Statt nach dem Muster seines Schulgefährten David Ruhnken ein tüchtiger Philologe zu werden, wie seine Freunde von ihm erwarteten, warf er sich ganz auf Philosophie, Mathematik und „reine" Naturwissenschaft. Daß er jedenfalls die Theologie ganz aus dem Auge verloren hatte, beweist die Antwort, die er seinem alten Lehrer Schultz einst auf dessen Frage nach seinem künftigen Berufe gab; er erklärte — „ein Medikus werden zu wollen". Denn die Tatsache, daß er im hohen Alter (1802) seinen Tischgenossen erzählte, er habe einmal eine Predigt über Matthäus 5, 23 („Sei willfährig deinem Widersacher") ausgearbeitet, beweist nicht, daß er sich wirklich dem geistlichen Amte hat widmen wollen. Und, wenn auch die von ihm beim Tode seines Vaters (1746) in das Familienbuch eingetragene Bemerkung[1]) noch in demjenigen Geiste gehalten scheint, der seine häusliche und Schulatmosphäre erfüllte, so zeigt doch schon die Wahl des Themas seiner berühmten ersten Abhandlung *(Gedanken von der wahren Schätzung der lebendigen Kräfte)* und ebenso die Art von deren Bearbeitung seine geänderte Geistesrichtung an. Auch die später (1758) von seinem früheren Lehrer F. A. Schultz, ehe er ihn zu einer Professorstelle empfahl, mit feierlichem Ernst an ihn gerichtete Frage: „Fürchten Sie auch Gott von Herzen?" läßt auf gelinde Zweifel des besagten Theologen an der Rechtgläubigkeit des jungen Philosophen schließen.

b) Vorkritische Periode.

Von 1755 an liegt die weitere religiöse Entwicklung Kants in erster Linie in seinen Schriften vor, aus denen hier die für unser Thema charakteristischsten Züge mitgeteilt werden sollen.

1. Wir verweisen zunächst auf die Vorrede zur *Allgemeinen Naturgeschichte und Theorie des Himmels*

---

[1]) „Anno 1746, den 24. März Nachmittags um 1/24 Uhr ist mein liebster Vater durch einen seeligen Tod abgefordert worden. Gott, der ihm in diesem Leben nicht viel Freude geniessen lassen, lasse ihm davor die ewige Freude zu Theil werden." (Nach *Arnoldt*, S. 609 Anm.)

(1755), deren ganzer erster Teil (Philos. Bibl. Bd. 48, S. 7—12) die Übereinstimmung zwischen des Autors System und der Religion zu zeigen beflissen ist, indem gerade bei seiner Auffassung „nach Zerteilung der Nebel die Herrlichkeit des höchsten Wesens mit dem lebhaftesten Glanze hervorbreche". Er erkennt hier noch den Wert des physikotheologischen Beweises an, meint aber, daß die „Verteidiger der Religion" und „Sachwalter des Glaubens", deren einen er mit einem „Freigeist" und „Naturalisten" disputieren läßt, sich dessen „auf eine schlechte Art zu bedienen pflegten". Die Theorien des Demokrit, Epikur und Lukrez, denen die seinige verwandt sei, brauchten durchaus nicht zur Gottesleugnung zu führen. Im Gegenteil, „es ist ein Gott eben deswegen, weil die Natur auch selbst im Chaos nicht anders als regelmäßig verfahren kann": ein Gedanke, den dann später das wichtige achte Kapitel der Schrift des näheren ausführt. Der Grundsatz seines nachherigen Kritizismus: reinliche Scheidung von Wissen und Glauben, macht sich schon hier bemerkbar. Auf dem Felde der Naturwissenschaft besteht die strengmechanische Auffassung zu Recht; darüber hinaus aber bleibt der religiösen Auffassung Platz.

2. Weniger wichtig für uns ist die lateinisch geschriebene Habilitationsschrift des gleichen Jahres: *Nova dilucidatio etc.* Sie handelt zwar an einigen Stellen vom Dasein Gottes als des „unbedingt notwendigen Prinzips aller Möglichkeit", von dem Verhältnis der göttlichen „Voraussicht" zur menschlichen Willensfreiheit und sucht die Gottheit wegen des Bösen in der Welt zu rechtfertigen, tut dies aber in so logisch-dogmatischer Weise, daß auf die persönliche religiöse Entwicklung des Autors daraus keine weiteren Schlüsse gezogen werden können. Keine anderen wenigstens, als daß er sich — trotz gelegentlicher Polemik im einzelnen — im ganzen und großen noch in den Gleisen der herrschenden Wolffschen Schule befindet. Die gleichzeitigen Vorlesungen über Logik (1755/6) zeigen ein ähnliches Bild, nur daß außerdem eine Reihe Beispiele aus Sätzen der kirchlichen Dogmatik entlehnt werden.

3. Die Schlußbetrachtung der kleinen Schrift über das *Erdbeben von Lissabon* (1756) weist den „sträflichen Vorwitz" ab, welcher „dergleichen Schicksale jederzeit als verhängte Strafgerichte ansieht" und „sich anmaßt, die Absichten der göttlichen Ratschlüsse einzusehen und nach seinen Einsichten auszulegen". Dagegen seien wir „in keiner Ungewißheit, wenn es auf die Anwendung ankommt, wie wir diese Wege der Vorsehung dem Zwecke derselben gemäß gebrauchen sollen", nämlich „uns zu erinnern, daß die Güter der Erde unserem Triebe zur Glückseligkeit keine Genugtuung verschaffen können".

4. Die „mit einiger Eilfertigkeit niedergeschriebene" kurze Schrift *Über den Optimismus* (1759), die als Ankündigung seiner Vorlesungen für das Wintersemester 1759/60 erschien, verteidigt den Optimismus von dem Gedanken aus, daß Gott nicht umhin kann, das Beste zu wählen. Das Ganze ist das Beste und alles um des Ganzen willen gut. „An mir selbst unwürdig und um des Ganzen willen auserlesen, schätze ich mein Dasein um so höher, weil ich erkoren ward, in dem besten Plane eine Stelle einzunehmen. Ich rufe allem Geschöpfe zu, welches sich nicht selbst unwürdig macht, so zu heißen: Heil uns, wir sind! Und der Schöpfer hat an uns Wohlgefallen." In seinen späteren Jahren wollte Kant gerade von dieser mit seinen kritischen Anschauungen in Widerspruch stehenden Schrift nichts mehr wissen.

5. Die gemütvolle kleine Trostschrift: *Tröstung einer Mutter bei dem Tode ihres Sohnes* (F. von Funk 1760) gibt Kunde von des Philosophen wahrhaft innerlicher Religiosität, jener „ruhigen Heiterkeit der Seele, der keine Zufälle mehr unerwartet sind", verbunden mit einer „sanften Schwermut", wenn sie „die Nichtswürdigkeit desjenigen erwägt, was bei uns gemeiniglich für groß und wichtig gilt", aber trotz aller dunklen Schickungen vertrauend auf die Lenkung einer weisen und gütigen Vorsehung.

6. *Der einzig mögliche Beweisgrund zu einer Demonstration des Daseins Gottes* (1763) widerlegt die herkömmlichen „Gottesbeweise", an deren Stelle sie als „einzig möglichen", wenngleich nicht „nötigen" Er-

satz eine vertiefte Form des sogenannten ontologischen Beweises zuläßt. Der an die Anschauungen der kritischen Periode erinnernde Schlußsatz der Abhandlung lautet: „Es ist durchaus nötig, daß man sich vom Dasein Gottes überzeuge; es ist aber nicht ebenso nötig, daß man es demonstriere". Trotzdem wurde sie zu Wien — auf den Index der verbotenen Bücher gesetzt.

7. Die Preisschrift *Über die Deutlichkeit der Grundsätze der natürlichen Theologie und Moral* (1764), die schon in ihrem Titel ihren Standpunkt einigermaßen erkennen läßt, bringt keine wesentlich neuen Motive. Die ersten Gründe der natürlichen Theologie seien, meint Kant hier noch, „der größten philosophischen Evidenz fähig", wenn auch nicht der mathematischen; eine Anzahl daraus abgeleiteter Probleme dagegen nur einer „annähernden", d. h. moralischen.

8. Kräftiger tritt die Skepsis in den bekanntlich den Einfluß des französischen und englischen Empirismus am stärksten verratenden *Träumen eines Geistersehers* (1766) hervor, die am Schlusse auch auf den religiösen Glauben zu sprechen kommen. Hier will Kant alle Dogmatik des Übernatürlichen („alle lärmenden Lehrverfassungen von so entfernten Gegenständen") „der Spekulation und der Sorge müßiger Köpfe überlassen". Zwar hat nach seiner Meinung „wohl niemals eine rechtschaffene Seele gelebt, welche den Gedanken hätte ertragen können, daß mit dem Tode alles zu Ende sei, und deren edle Gesinnung sich nicht zur Hoffnung der Zukunft erhoben hätte". Aber es scheint ihm doch „der menschlichen Natur und der Reinigkeit der Sitten gemäßer zu sein, die Erwartung der künftigen Welt auf die Empfindungen einer wohlgearteten Seele, als umgekehrt ihr Wohlverhalten auf die Hoffnung der anderen Welt zu gründen". Es ist der Standpunkt des hier zum ersten Male erscheinenden „moralischen Glaubens", der, ohne sich auf spitzfindiges Vernünfteln einzulassen, den Menschen „ohne Umschweif zu seinen wahren Zwecken führt" und der sich dann in der *Religion innerhalb etc.* zu dem Satze erweitert: Religion gründet sich auf Moral, nicht Moral auf Religion. Was die „Geheimnisse der an-

deren Welt" betrifft, so rät Kant den Wißbegierigen, sich zu gedulden, bis sie — werden dahin kommen, und schließt mit den Worten von Voltaires Candide: „Laßt uns unser Glück besorgen, in den Garten gehen und arbeiten!"

9. Die *Dissertation* von 1770 endlich definiert zwar einmal (§ 9) Gott als vollkommenstes Wesen im theoretischen Sinne und wendet sich an einer anderen Stelle (§ 22, Zusatz) gegen Malebranches mystische Gottesanschauung, steht aber sonst zu unserem Thema in keinerlei Beziehung.

c) Kritische Periode.

1. Über Kants religiöse Auffassung während des Jahrzehnts von 1771—1781, das ganz der Ausarbeitung seines großen kritischen Hauptwerkes gewidmet war, geben uns einige Briefe erwünschten Aufschluß. In ihnen haben wir — 18 Jahre vor ihrem Erscheinen — bereits die Grundgedanken der *Religion innerhalb der Grenzen der bloßen Vernunft* vor uns. In Betracht kommen ein ausführlicher Brief und ein Briefentwurf an Lavater (1775), sowie ein Schreiben an Chr. H. Wolke (1776).

Lavater hatte am 8. April 1774 in einem von Verehrung überfließenden Briefe um Kants Urteil über seine Abhandlung vom Glauben und Gebet gebeten. In seiner Antwort vom 28. April 1775 entwickelt nun unser Philosoph seine von der des Züricher Propheten gänzlich abweichende religiöse und religionsgeschichtliche Auffassung. Er unterscheidet in einer Art, die an Lessing erinnert, die Lehre Christi von der Nachricht, die wir über sie haben. „Um jene rein herauszubekommen, suche ich zuvörderst die moralische Lehre abgesondert von allen neutestamentischen Satzungen herauszuziehen. Diese ist gewiß die Grundlehre des Evangelii," alles andere nur „Hülfslehre". Wenn wir getan haben, was in unseren Kräften stand, können wir demütig vertrauen, daß Gott „bei der Heiligkeit seines Gesetzes und dem unüberwindlichen Bösen unseres Herzens" notwendig irgendeine „Ergänzung unserer Mangelhaftigkeit" werde eintreten lassen. Die Art, wie er dies ausführe, wissen zu wollen, wäre Vorwitz, ja Vermessenheit. Wunder und Geheimisse mögen zur Zeit der ersten Ausbreitung des Christentums nötig gewesen sein: jetzt, wo der Bau steht, muß das Gerüste wegfallen. Ich kann das Heil meiner Seele nicht auf unsichere historische Nachrichten gründen, denen ich zeitlich nicht nahe genug stehe, „um solche gefährliche und dreuste Entscheidungen zu tun". Denn Kant „gesteht frei: daß in Ansehung des Historischen unsere neutestamentischen Schriften niemals in das Ansehen können gebracht werden, daß wir es wagen dürften, jeder Zeile derselben mit ungemessenem Zutrauen uns zu übergeben". Der „Religionswahn" besteht in „gottesdienstlichen Bewerbungen (Observanzen)", „Glaubensbekenntnissen", „Anrufung heiliger Namen", die Religion dagegen, worin das wahre Heil der Menschheit liegt, in der „Reinigkeit unserer Gesinnung" und der „Gewissenhaftigkeit eines guten Lebenswandels". Bereits die Apostel freilich haben „die Hülfslehre des Evangelii für die Grundlehre genommen" und „anstatt des heiligen Lehrers praktische Religionslehre als das Wesentliche anzupreisen, die Verehrung dieses Lehrers selbst und eine Art von Bewerbung um Gunst durch Einschmeichelung und Lobeserhebung desselben, wowider jener doch so nachdrücklich und oft geredet hatte, angepriesen".

Der folgende Briefentwurf, der eine Ergänzung zu dem ersten „abgebrochenen" Schreiben geben will, übrigens Fragment geblieben ist, führt dieselben Gedanken nur weiter aus. Das Evangelium ist nicht Grund, sondern dient nur zur Befestigung meines (moralischen) Glaubens. Das, was mir zu tun obliegt, ist deutlich von dem zu scheiden, was etwa Gott zu meinem Vorteil tut. Kein Buch und keine mir selbst geschehene Offenbarung kann mir etwas als Religion auferlegen, was nicht schon durch das heilige Gesetz in mir ... mir zur Pflicht geworden ist.

Neben diesen Briefen an Lavater kommt für unser Thema noch ein auch pädagogisch höchst interesantes Schreiben vom 28. März 1776 an den Leiter des Dessauer Philanthropins, Christian Heinrich Wolke, in Betracht. Man kennt Kants „Herzensanteil" an diesem Institut der Aufklärungspädagogik, der durch eine Reihe von Briefen bestätigt wird. In jenem Schreiben handelt es sich um den 6jährigen Sohn von Kants Freund Motherby, der dem Philanthropin übergeben und auch „in Ansehung der Religion" in dessen Geist erzogen werden soll. Der Kleine ist bis dahin noch absichtlich in Unkenntnis darüber gehalten worden, was eine Andachtshandlung sei. Denn Andachtshandlungen haben „insgesamt nur den Wert der Mittel zur Belebung einer tätigen Gottesfurcht und Gewissenhaftigkeit in Befolgung seiner Pflichten als göttlicher Gebote. Denn: daß die Religion nichts als eine Art von Gunstbewerbung und Einschmeichlung bei dem höchsten Wesen sei, in Ansehung deren die Menschen sich nur durch die Verschiedenheit ihrer Meinungen von der Art, die ihm die beliebteste sein möchte, unterscheiden, ist ein Wahn, der, er mag auf Satzungen oder frei von Satzungen gestimmet sein, alle moralische Gesinnung unsicher macht und auf Schrauben stellt, dadurch daß er außer dem guten Lebenswandel noch etwas anderes als ein Mittel annimmt, die Gunst des Höchsten gleichsam zu erschleichen und sich dadurch der genauesten Sorgfalt in Ansehung des ersteren gelegentlich zu überheben und doch auf den Notfall eine sichere Ausflucht in Bereitschaft zu haben".

2. Es kann nicht unsere Aufgabe sein, in dieser hauptsächlich der persönlichen religiösen Entwicklung unseres Philosophen gewidmeten Skizze des näheren auf die zum Teil recht ausgedehnten systematischen Erörterungen einzugehen, die Kants drei große kritische Werke sowie die übrigen Abhandlungen der kritischen Periode den theologischen Problemen (Gottesbegriff, Unsterblichkeit u. a.) haben zuteil werden lassen. Die terminologischen Register *meiner* Ausgaben der *Kritik der reinen Vernunft (Hendel, 1899)* und *Kritik der Urteilskraft (Philos. Bibl. 4. Aufl. 1913)* werden vielleicht manchem erwünschte Hilfe leisten. An dieser Stelle beschränken wir uns darauf, solche Äußerungen Kants hervorzuheben, die für seine religiöse Eigenart besonders kennzeichnend

sind. (Wir zitieren die *Kr. d. r. Vernunft* nach der zweiten, die *Kr. d. Urteilskraft* nach der in unserer Ausgabe zugrunde gelegten dritten Originalauflage, die übrigen Schriften nach meinen Ausgaben in der *Philosophischen Bibliothek.)*

3. *Kritik der reinen Vernunft:* Auch die Religion muß eine freie und öffentliche Kritik vertragen können, wenn sie auf „unverstellte" Achtung der Vernunft Anspruch machen will (1. Vorrede V, Anm.). Unsterblichkeit und Willensfreiheit sind Grundpfeiler aller Religion (773). Metaphysik kann nicht die Grundfeste der Religion sein, muß aber als ihre Schutzwehr stehen bleiben (877). Das, womit die Menschen im Kindesalter der Philosophie anfingen, nämlich „zuerst die Erkenntnis Gottes und die Hoffnung oder wohl gar die Beschaffenheit einer anderen Welt zu studieren", ist der Punkt, womit „wir jetzt lieber endigen möchten" (880). Der praktische oder moralische Glaube an das Dasein Gottes und eine künftige Welt ist im Gegensatz zu dem „doktrinalen" (theoretischen) zwar unwandelbar, aber kein Wissen (856). Er enthält keine logische, sondern eine moralische Gewißheit; man darf in diesem Falle nicht sagen: Es ist, sondern: Ich bin moralisch gewiß, daß ein Gott sei usw. (857). Die Antwort auf die letzte der drei Fragen, in denen sich alles Interesse der Vernunft vereinigt: Was kann ich wissen? Was soll ich tun? Was darf ich hoffen? (833) lautet nach Kant: Du darfst auf Glückseligkeit in demselben Maße hoffen, als Du Dich ihrer durch Dein sittliches Verhalten würdig gemacht hast. — Die 2. Auflage des Werkes (1787) enthält keine von der ersten wesentlich verschiedene Auffassung. Der vielgenannte Satz der zweiten Vorrede: „Ich mußte das Wissen aufheben, um zum Glauben Platz zu bekommen", hat in dem ganzen Zusammenhang des Buches nicht den Sinn, den man ihm öfters von theologischer wie von radikaler Seite zugeschrieben hat.

4. Aus der *Kritik der praktischen Vernunft* (1788): Unter die „materialen", zum Prinzip der Sittlichkeit untauglichen Bestimmungsgründe des menschlichen Wollens wird auch „der Wille Gottes" gezählt (S. 48).

Jedoch wird an späterer Stelle (S. 155) das christliche Moralprinzip nicht zu den theologischen („mithin" heteronomen) gerechnet, sondern als autonom bezeichnet; es übertreffe an Reinigkeit und Strenge selbst den Moralbegriff der Stoiker (153 Anm.). Die „Heiligung" der christlichen Religionslehre besteht im beharrlichen „moralischen Progressus"; wer in diesem aus echten moralischen Beweggründen bis zum Ende seines Lebens angehalten zu haben sich bewußt ist, darf sich „die tröstende Hoffnung, wenngleich nicht Gewißheit, machen, daß er auch in einer über dieses Leben hinaus fortgesetzten Existenz bei diesen Grundsätzen beharren werde" (148 Anm.). Das Dasein Gottes ist ein Postulat, d. i. eine notwendige theoretische Annahme zu praktischen Zwecken, weil es den „Grund der genauen Übereinstimmung der Natur (Glückseligkeit) mit der Sittlichkeit" enthält (149); aber der Glaube daran ist nicht objektive Pflicht, sondern subjektives Bedürfnis (150). Durch den Begriff des höchsten Guts als Objekt und Endzweck der reinen praktischen Vernunft, führt das Sittengesetz zur Religion, d. i. Erkenntnis aller Pflichten als göttlicher Gebote (155). Gegen Mystizismus und religiöse Schwärmerei sind verschiedene Stellen (85, 102, 104, 145, 147) gerichtet: alles Gedanken, die uns in der *Religion* wieder begegnen werden.

5. Die *Kritik der Urteilskraft* steht nicht bloß zeitlich der *Religion* am nächsten, sondern spricht sich auch von allen übrigen Werken des Philosophen am ausführlichsten über theologische Probleme aus; die letzten sieben Paragraphen (S. 400—482) sind ausschließlich solchen gewidmet. Auch hier wird Religion definiert als „Erkenntnis unserer Pflichten als göttlicher Gebote" (477), an anderer Stelle als „die Moral in Beziehung auf Gott als Gesetzgeber" (441), an einer dritten als „der praktische (moralische) Gebrauch der Vernunft in subjektiver Absicht" (478); denn zu diesem praktischen Gebrauche ist sie vonnöten, nicht zur Erweiterung oder Berichtigung unserer Naturerkenntnis (ebend.). Ihr Wesentliches besteht in der Gesinnung (477). Auf die „Nachfolge" Christi wird an-

gespielt, ohne daß des letzteren Name genannt wird (139, vgl. S. XXVII f.). Wahre Religion hegt wohl Ehrfurcht vor dem Erhabenen, nicht aber Furcht und Angst; „woraus dann nichts als Gunstbewerbung und Einschmeichlung statt einer Religion des guten Lebenswandels entspringen kann" (109). Sie besteht nicht in falscher Demut, Selbstverachtung, winselnder Reue und einer „bloß leidenden Gemütsverfassung", sondern im rüstigen Vertrauen auf die eigene Kraft zum Widerstand gegen das Böse (123). — Gott, Freiheit und Unsterblichkeit sind die obersten Aufgaben der Metaphysik, die aber nicht auf theoretischem, sondern nur auf praktischem Wege zu lösen sind (465 ff.). Unsere ganze Gotteserkenntnis ist nur symbolisch (257), der Gottesbegriff für die Naturerkenntnis nur eine Hypothese (460), ein regulatives Prinzip (365), eine subjektiv-notwendige Maxime (367). Selbst das moralische Argument soll „keinen objektiv-gültigen Beweis vom Dasein Gottes an die Hand geben, nicht dem Zweifelgläubigen beweisen, daß ein Gott sei," sondern daß, „wenn er moralisch konsequent denken will, er die Annehmung dieses Satzes unter die Maximen seiner praktischen Vernunft aufnehmen müsse" (424 Anm.). — Die natürliche Theologie kennt keine „Glaubensartikel" und „Bekenntnisse" (458 Anm.), während „Regierungen gern erlaubt haben", die Religion mit „Bildern und kindischem Apparat reichlich versorgen zu lassen", um ihre Untertanen „als bloß passiv, leichter behandeln" zu können (125).

6. Neben den drei Hauptwerken bieten die kleineren Schriften des Zeitraums 1784—1791 zwar nichts wesentlich Neues, aber doch einige interessante Einzelbeiträge zu unserem Thema. Zunächst die drei Abhandlungen der *Berliner Monatsschrift* aus den Jahren 1784 und 1786.

a) Der Artikel: *Was ist Aufklärung?* (Dezember 1784) ist insofern ein Vorläufer der 1. Vorrede zur *Religion innerhalb*, als Kant bereits hier den Unterschied macht zwischen dem Geistlichen als Beamten der Kirche, Gemeinde- und Katechismuslehrer, der sich nach den Symbolen seiner Kirche richten muß, solange nichts darin seiner „inneren" Religion geradezu widerspricht, und andrerseits dem Geistlichen als Gelehrten, dem die volle Freiheit der Kritik, auch jenen Symbolen gegenüber, zustehen muß. Auf keinen Fall aber darf eine Synode oder ein Konzil seine Nachfolger auf ein unveränderliches Symbol verpflichten wollen: das hieße „die heiligen Rechte der Menschheit verletzen und mit Füßen treten" (116).

b) Der Aufsatz *Mutmaßlicher Anfang der Menschengeschichte* (Januar 1786) ist deshalb von Interesse, weil er, ähnlich wie später die *Religion*, die philosophische Theorie an eine „heilige Urkunde" — in diesem Falle 1. Mose II—VI — anknüpft. Als schließliches Ergebnis bei Betrachtung der ältesten Menschengeschichte bleibt dem Verfasser, trotz aller Übel im einzelnen, „Zufriedenheit mit der Vorsehung und dem Gange menschlicher Dinge im ganzen, der nicht vom Guten anhebend zum Bösen fortgeht, sondern sich vom Schlechteren zum Besseren allmählich entwickelt" (68).

c) Die durch den Mendelssohn-Jacobischen Streit veranlaßte Abhandlung *Was heißt sich im Denken orientieren?* (Oktober 1786) bereitet schon den Glaubensbegriff der *Religion* vor. Da, wo die objektiven Prinzipien der Vernunft sich als unzulänglich erweisen, nämlich jenseits der Erfahrung, tritt auf theoretischem wie praktischem Gebiet ein subjektives Prinzip der Vernunft in sein Recht, ihr Bedürfnis. Das praktische Bedürfnis heißt der Vernunftglaube an das Übersinnliche (z. B. die Gottheit), der jedoch nie — wie der historische Glaube — ein Wissen werden kann, sondern stets den Charakter des „Postulats" (s. oben unter 4.) behält. Feinde des reinen Vernunftglaubens sind die vorgebliche „Erleuchtung" von oben (Schwärmerei), gänzliche Unterwerfung der Vernunft unter Fakta (Aberglaube), Verzicht auf allen Vernunftglauben (Unglaube), bis zu dem Grundsatz, gar keine Pflicht mehr anzuerkennen (der Freigeisterei). (S. 137 f.)

d) In ähnlichem Sinne sind die gegen Mendelssohns Theorie vom gesunden Menschenverstande gerichteten *Bemerkungen zu Jacobs Prüfung der Mendels-*

sohnschen Morgenstunden (1786) gehalten. Auf dem Felde des Übersinnlichen sind keine „Einsichten" möglich, sondern nur ein „praktisch wohlgegründeter" Glaube (132). — Wie sehr Kant im übrigen mit seinem philosophischen Gegner Mendelssohn in Dingen der Religion übereinstimmte, zeigt sein Brief an denselben vom 16. August 1783 *(Briefwechsel I, 325)*. Mit Beziehung auf Mendelssohns Schrift *Jerusalem* schreibt Kant: „Sie haben die Notwendigkeit einer unbeschränkten Gewissensfreiheit zu jeder Religion so gründlich und so hell vorgetragen, daß auch endlich die Kirche unsrerseits darauf wird denken müssen, wie sie alles, was das Gewissen belästigen und drücken kann, von der ihrigen absondere, welches endlich die Menschen in Ansehung der wesentlichen Religionspunkte vereinigen muß; denn alle das Gewissen belästigenden Religionssätze kommen uns von der Geschichte, wenn man den Glauben an deren Wahrheit zur Bedingung der Seligkeit macht."

e) Von den erst aus Kants Nachlaß veröffentlichten *7 kleinen Aufsätzen aus den Jahren 1788—91 (Philos. Bibl. Bd. 50)* kommen für uns der zweite *(Über Wunder)* und der fünfte *(Vom Gebet)* in Betracht, freilich, ohne daß sie viel Charakteristisches böten. — Das Wunder wird definiert als „eine Begebenheit, deren Grund nicht in der Natur zu finden ist" (264). Die Unvereinbarkeit aller Wunder mit dem Naturgesetz der Kausalität wird auf dem Wege logischer Schlüsse gezeigt, außerdem eine ziemlich scholastische Einteilung der Wunder in äußere und innere, rigorose und komparative, materiale und formale, okkasionelle und prästabilierte gegeben. — Das Gebet hat keine anderen als natürlichen Folgen. Manchen mag es um gewisser Vorzüge (Herbeiführung größerer Klarheit, Lebendigkeit, Antriebs zur Tugend) willen zu empfehlen sein, andere werden es nicht nötig haben. Zumal da in der Regel Heuchelei dabei ist; denn (wir halten das Folgende für einen Fehlschluß!) der Betende stellt sich dabei die Gottheit als etwas vor, was den Sinnen gegeben werden kann, er hört auf zu beten, wenn er Fortschritte im Guten gemacht hat, und er schämt sich, wenn man ihn betend findet.

Trotz dieser Verurteilung des Gebets will Kant es „in den öffentlichen Vorträgen an das Volk" beibehalten wissen, weil es — „wirklich rhetorisch von großer Wirkung sein und einen großen Eindruck machen kann, und man überdies in den Vorträgen an das Volk zu ihrer Sinnlichkeit sprechen und sich zu ihnen soviel wie möglich herablassen muß" (269 f.).

7. Die letzte Schrift endlich, welche ein Licht auf Kants religiöse Anschauungen vor Erscheinen der *Religion* wirft, ist der gleichfalls in der *Berlinischen Monatsschrift* (September 1791) erschienene Aufsatz: *Über das Mißlingen aller philosophischen Versuche in der Theodicee.* Wie schon sein Titel ergibt, religionsphilosophischen Inhalts, steht er dem ersten Abschnitte der *Religion*, dessen Abfassung ja fast in die nämliche Zeit fällt, in seinen Gedankengängen außerordentlich nahe. Seine Hauptfragen: Wie ist die Existenz des Bösen in der Welt mit Gottes Heiligkeit, wie die zahllosen Übel mit seiner Güte, wie die Verteilung dieser Übel mit seiner Gerechtigkeit vereinbar? finden sich in anderer Form auch dort. Die Antwort lautet hier dahin, daß „unsere Vernunft zur Einsicht des Verhältnisses, in welchem eine Welt, so wie wir sie durch Erfahrung immer kennen mögen, zu der höchsten Weisheit stehe, schlechthin unvermögend sei." Auch von Einzelgedanken der späteren Schrift finden sich manche schon hier: die Wertung der religiösen Aufrichtigkeit, des höchsten Guts, die Religion des guten Lebenswandels im Gegensatz zu derjenigen der „Gunstbewerbung" u. m. a. Besonders hübsch ist die Behandlung des Buches Hiob (S. 151 bis 154), die mit dem Gedanken abschließt, daß Hiob „nicht seine Moralität auf den Glauben, sondern den Glauben auf die Moralität gründete". Die rein moralische Auffassung der Religion führt zu dem entscheidenden Satze, daß „der Begriff von Gott, der für die Religion tauglich sein soll, ein Begriff von ihm als einem moralischen Wesen sein muß," denn „zum Behuf der Naturerklärung, mithin in spekulativer Absicht, brauchen wir ihn nicht" (140 Anm.).

d) Ergebnisse. Sonstige Zeugnisse über Kants Stellung zur Religion.

Blicken wir zurück auf die im vorigen gezeichnete religiöse Entwicklungsgeschichte unseres Philosophen, so haben wir ein in seinen wesentlichen Zügen einheitliches Bild vor uns. Seit den 60er Jahren mindestens hat sich seine religiöse Gesamtansicht so wenig geändert, daß von einer Entwicklung eigentlich bloß in bedingtem Sinne die Rede sein kann. Nur die Methode der Begründung ändert sich — sie schreitet im Zusammenhang mit der philosophischen Gesamtentwicklung Kants von der vorkritischen zur kritischen vor —, sehr wenig dagegen der Inhalt. Dieser deckt sich im ganzen mit dem religiösen Rationalismus seiner Zeit, wenn auch der moralisch-praktische Grundzug bei Kant viel ausgeprägter hervortritt. Die Nachwirkungen des Pietismus auf Kant sind doch mehr negativer als positiver Art gewesen. Wohl hat er mit dem echten Pietismus, wie er ihn beispielsweise bei seinen Eltern oder bei seinem Direktor Schultz kennen lernte, gemein: die Schätzung der inneren Gesinnung, der religiösen Aufrichtigkeit, des guten Lebenswandels; und auch einzelne Ansichten, wie die Sympathie mit dem „wackeren" Spener, die Antipathie gegen Spinoza mögen Reste jener Jugendanschauung gewesen sein. Aber als Ganzes hat er den Pietismus eine „knechtische Gemütsart" genannt und mit „Frömmelei" identifiziert *(Religion S. 278 Anm.)*, ebenso den Vorwurf mystischer Anschauungen sets aufs energischste von sich abgewehrt. Gerade weil er die letzteren infolge seiner allgemeinen philosophischen und religiösen Weltanschauung ablehnen mußte, blieb seine Stellung zum „positiven" Christentum überhaupt eine viel kühlere, als sie ohne das vielleicht geworden wäre.

Diese seine persönliche Kühle gegenüber dem Christentum, soweit es über den Charakter einer „rein moralischen" Religion hinausgehen, insbesondere auf das Gefühl einwirken will, bezeugen auch diejenigen, die seinen vertrauten persönlichen Umgang genossen haben. So erzählt *Jachmann*, daß er ebensowenig, wie in seinen Schriften, „in den mündlichen Gesprächen Kants irgendeine mystische Vorstellung bemerkt, noch weniger in seiner Pflichterfüllung und in allen Verhältnissen seines Lebens irgendein mystisches Gefühl an ihm wahrgenommen" habe. „Waren irgendeines Menschen Religionsmeinungen kalte Aussprüche der Vernunft, hat je ein Mensch alles, was Gefühl heißt, von seinen religiösen Handlungen ausgeschlossen, bestand je eines Menschen Gottesdienst bloß in einem reinen Gehorsam gegen das Vernunftgesetz und in einer von allem Sinnlichen gereinigten und rein motivierten Pflichterfüllung, so war dies bei Kant der Fall" (80f.). Gleiches bezeugt von der anderen Seite her der den Philosophen zwar ebenfalls verehrende, aber religiös anders denkende *Borowski*. Er bedauert die kühle Stellung des von ihm sonst so bewunderten Mannes zum „positiven" Christentum. „Von Herzen wünschte ich, daß Kant die positive, namentlich die christliche Religion nicht bloß als Staatsbedürfnis oder als eine zu duldende Anstalt um der Schwachen willen (was jetzt schon viele, auch wohl auf der Kanzel, ihm nachsprechen) angesehen, sondern das Feststehende, Bessernde und Beglückende des Christentums ganz gekannt hätte; — daß ihm die Bibel nicht bloß ein ganz leidliches oder auch gutes Leitungsmittel der öffentlichen Volksunterweisung in der Landesreligion, sondern ... ein heiliges, teures Buch gewesen wäre; daß er dieses Buch als Leitung des Schöpfers für die Menschenvernunft, die, ganz sich selbst überlassen, immer geirrt hat und irren wird bis ans Ende der Tage (obwohl jeder die seinige für die nicht irrende hält), dankbar anerkannt und nicht für ein einer selbstbeliebigen Deutung, die er moralisch nennt, bedürftiges Werklein erklärt hätte; ... daß er dem öffentlichen Kultus beigewohnt und an den segensvollen Stiftungen unseres Herrn Anteil genommen hätte. ... Um wieviel mehr Gutes würde er gewirkt haben" (S. 271f., 272f.). Daß Kant „allen äußeren und sinnlichen Religionsgebräuchen entsagt", daß er insbesondere kein Kirchengänger gewesen sei, bezeugt auch Jachmann. „Ob er in seinen früheren Jahren in religiöser Absicht die Kirche besucht habe, ist mir nicht bekannt. In seinem Alter bedurfte er wenigstens keiner äußeren Mittel mehr, um seine innere Moralität zu heben" (81f.). Und, wenn nach der Rektoratswahl der neue Rektor und die Professoren, nach Fakultäten geordnet, sich in die Domkirche begaben, pflegte Kant, wenn er nicht selbst Rektor geworden war, an der Kirchenpforte vorbeizuschreiten *(Reusch)*. Als er einmal einem jungen Theologen zuliebe, der sich seine Zuneigung errungen, und von ihm zu einer Feldpredigerstelle empfohlen worden war, „sich in ein ganz neues Feld gemacht," nämlich eine — Predigtdisposition für ihn entworfen hatte, sandte er am Tage der Probepredigt doch — einen anderen Freund in die Kirche, der ihm über den Eindruck schleunigst berichten sollte (61).

Kurz: so sehr Kant auch in einzelnen wichtigen Punkten, wie wir noch sehen werden, von dem Standpunkt der vulgären Aufklärung abweicht, so stimmt er doch in seiner Ablehnung des Historischen in der Religion vollkommen mit ihr überein. Desgleichen in der Stellung, die er gegenüber dem „Supranaturalismus", dem orthodoxen wie dem pietistischen, einer-, dem Naturalismus und „freigeisterischen" Atheismus andererseits einnimmt. Er teilt mit den Aufklärern den Standpunkt der „natürlichen" Religion mit ihrer Begeisterung für Gott, Freiheit und Unsterblichkeit, wenn er sie auch weit tiefer als jene begründet. Seine Ablehnung des Historischen zeigt sich besonders in seinem inneren Verhältnis zu dem Zentrum des positiven und auch des heutigen liberalen Christentums, dem historischen Jesus. Gewiß ist er von der höchsten Verehrung für ihn erfüllt, und als einst seine Moral mit derjenigen von Jesus verglichen wurde, bat er den Betreffenden, die Namen, „davon der eine geheiliget, der andere aber eines armen, ihn nach Vermögen auslegenden Stümpers ist," fortzulassen und nur von „christlicher" und „philosophischer" Moral zu sprechen *(an Borowski, 24. Oktober 1792, Briefwechsel II, 365)*. Allein er hat kein persönliches Verhältnis zu Jesus, weil sein Moralstandpunkt keines Erlösers bedarf. Bezeichnend in dieser Hinsicht erscheint uns die Tatsache, daß er Jesus in seiner ganzen Religionsschrift nie und auch in seinen sonstigen Schriften und dem Briefwechsel, wo von ihm die Rede ist, so gut wie nie beim Namen nennt, sondern lieber die mannigfaltigsten Umschreibungen wie: Lehrer (Heiliger) des Evangelii, Sohn Gottes, göttlicher Gesandter u. a. (vgl. unser Register) gebraucht.[1])

Daß Kant trotzdem ein tief religiöser Mensch war, wenn man diesen Begriff in weiterem Sinne als dem eng-kirchlichen versteht, wird aus unserer Darstellung seines Entwicklungsganges klar geworden sein. Und er legte Wert darauf, diese seine Gesinnung so nachdrücklich wie möglich auch der zu seinen Füßen sitzenden studierenden Jugend einzuflößen. Nach *Jachmann* (S. 23) las er sein Kolleg über „rationale Theologie" am liebsten, wenn viele Theologen seine Zuhörer waren. „In einem Halbjahr fanden sich nur so wenige Zuhörer für diese Vorlesung, daß er sie schon aufgeben wollte; als er aber erfuhr, daß die versammelten Zuhörer fast alle Theologen wären, so las er für sie doch gegen ein geringes Honorar. Er hegte die Hoffnung, daß gerade aus diesem Collegio, in welchem er so lichtvoll und überzeugend sprach, sich das helle Licht vernünftiger Religionsüberzeugungen über sein ganzes Vaterland verbreiten würde." Und die jungen Theologen lernten bei ihm, wie Borowski in seiner, von Kant selbst in diesem Teile durchgesehenen, Biographie bezeugt, „nicht das System nachbeten, sondern über alles, folglich auch die theologischen Wahrheiten selbst nachdenken. Sie überzeugten sich aus seinen Vorträgen, daß seine Moral durchaus nicht im Widerspruche mit der christlichen Sittenlehre stand, wenn auch gleich diejenige genaue Harmonie zwischen beiden nicht stattfinden sollte, die so manche, die durchaus Christum und die Apostel nur ein und dasselbe wie Kant wollten sagen lassen, zu finden sich überredeten" (a. a. O. S. 193f.).[2])

---

[1]) In den „*Losen Blättern aus Kants Nachlaß*" dagegen kommt der Name „Jesus" oder „Christus" bisweilen vor.

[2]) Freilich hatten sich einmal, im Spätsommer 1785, auch eine Anzahl freigeistiger theologischer Zuhörer, die behaupteten,

Werfen wir zum Schluß noch einen kurzen Blick auf diese Vorlesungen selbst, die unter dem Titel *Kants Vorlesungen über die philosophische Religionslehre*, herausgegeben von *Pölitz*, 1817 (2. Aufl. 1830) erhalten worden sind, bei deren Verwendung freilich größte Vorsicht in ihrer sachlichen Verwendung geboten ist. Denn, wie Kant selbst einmal über die Schwierigkeit der Beschaffung einer brauchbaren Nachschrift seiner Vorlesungen an seinen Freund Marcus Herz schreibt: die fähigsten seiner Zuhörer schrieben am wenigsten nach; die aber, „so im Nachschreiben weitläuftig sind, haben selten Urteilskraft, das Wichtige vom Unwichtigen zu unterscheiden und häufen eine Menge mißverstandenes Zeug unter das, was sie etwa richtig auffassen möchten."

So, wie sie jetzt dastehen, bringen die Vorlesungen übrigens nichts wesentlich Neues, sondern die Gedanken der gedruckten wissenschaftlichen Werke nur in populärerer Form und die kirchlichen Lehren mehr berücksichtigend. Theologie heißt hier: das System unserer Erkenntnis vom höchsten Wesen, Religion ist: die Anwendung der Theologie auf Moralität. Das Interesse der Vernunft an der Gotteserkenntnis ist ein vorzugsweise praktisches, indem unsere moralische Gesinnung durch den Glauben an Gott und Unsterblichkeit mehr Nahrung und Stärke bekommt. Die natürliche Religion ist das Substrat aller Religion. Eine ausführliche Einteilung der Theologie in rationale, empirische usw. wird gegeben, die spekulativen Gottesbeweise auch hier abgelehnt. Die drei „Artikel des moralischen Glaubens", nicht theoretisch, sondern „bloß in praktischer Hinsicht anzunehmen", sind: Gott, Freiheit des menschlichen Willens und eine moralische Welt. Das Böse heißt hier nur „die unvollständige Entwicklung des Keims zum Guten". Der Gedanke der Prädestination ist unsittlich, weil er „Schlachtopfer des Elends" vorausbestimmt. Dagegen können wir uns „zu unserer Beruhigung" jede

---

weder Sittenlehre noch gesunde Vernunft noch öffentliche Glückseligkeit könne mit dem Christentum bestehen, auf Kant berufen. Vgl. darüber *K. Vorländer, Kants Leben* S. 122.

Begebenheit als Folge der göttlichen Lenkung denken. Überhaupt ist es „einer der größten Vorteile, daß uns die Lehre von einem Gott in Absicht auf unsere Erkenntnis die Beruhigung verschafft, daß dadurch das Reich der Natur mit dem Reich der Zwecke in eine genaue Verbindung gebracht wird". Allein die Erkenntnis von Gott darf nur die Moral vollenden, nicht dagegen bestimmen wollen, was Pflicht sei.

II. Zur Entstehungsgeschichte der Schrift.

Am 4. Mai 1793 schrieb Kant an den Theologieprofessor C. Fr. Stäudlin in Göttingen: „. . . Mein schon seit geraumer Zeit gemachter Plan der mir obliegenden Bearbeitung des Feldes der reinen Philosophie ging auf die Auflösung der drei Aufgaben: 1. Was kann ich wissen? (Metaphysik), 2. Was soll ich tun? (Moral), 3. Was darf ich hoffen? (Religion); welcher zuletzt die vierte folgen sollte: Was ist der Mensch? (Anthropologie . . .). — Mit beikommender Schrift: *Religion innerhalb der Grenzen etc.* habe die dritte Abteilung meines Plans zu vollführen gesucht, in welcher Arbeit mich Gewissenhaftigkeit und wahre Hochachtung für die christliche Religion, dabei aber auch der Grundsatz einer geziemenden Freimütigkeit geleitet hat, nichts zu verheimlichen, sondern, wie ich die mögliche Vereinigung der letzteren mit der reinsten praktischen Vernunft einzusehen glaube, offen darzulegen." — Die Abfassung unserer Schrift beruhte also auf einem durchdachten Plane. Nachdem Kant in seinen drei großen kritischen Werken der Wissenschaft, der Moral und der (an dieser Stelle nicht erwähnten) Kunst eine neue Grundlage gegeben, war es nur natürlich, daß er auch das Gebiet der Religion, das ihm, wie wir im vorigen Abschnitt gesehen haben, von Jugend auf am Herzen lag, in den Bereich seiner kritischen Arbeit zog und die vielen Einzelausführungen, die wir ihn bereits in zahlreichen seiner früheren Schriften machen sahen, in einem zusammenfassenden, systematischen Werke zu ergänzen und abzuschließen unternahm.

Diesem planmäßigen Charakter scheint nun allerdings die Weise zu widersprechen, in der Kant zuerst dessen Veröffentlichung beabsichtigte. Anfangs sollte es nämlich gar nicht als — Buch, sondern in vier einzelnen „Stücken" in der von seinem Freunde Biester geleiteten *Berlinischen Monatsschrift* erscheinen, welcher er ja schon so manche seiner kleineren Arbeiten anvertraut hatte (vgl. S. XXI ff.). Allein nur dem „ersten Stücke" gelang dies, und zwar auch schon nicht ohne weiteres. Auf dem Throne des großen Friedrich saß König Friedrich Wilhelm II.; an der Stelle des Mannes, dem Kant sein größtes Werk gewidmet und der dem Philosophen bei jeder Gelegenheit seine dankbare Verehrung bezeigt hatte, stand der Obskurant Wöllner, der April 1791 als oberste Zensurbehörde in Kirchen- und Schulsachen das ebenso beschränkte wie verfolgungssüchtige Dreimänner-Kollegium der Hermes, Woltersdorf und Hillmer eingesetzt hatte.[1])

Im Februar 1792 sandte Kant seinen Aufsatz *Über das radikale Böse in der menschlichen Natur* (den ersten Abschnitt unserer Schrift) an Biester, den Redakteur der *Berlinischen Monatsschrift*, mit dem Ersuchen, ihn vor dem Druck der Berliner Zensurbehörde vorzulegen. Da die Monatsschrift seit Anfang 1792 außerhalb Preußens (in Jena) gedruckt wurde, hatte Kant eigentlich zu dieser Vorsicht oder Rücksicht keinen Grund. Allein er wollte, wie er sagt, „durchaus auch nicht den Schein einmal haben, als ob er einen literarischen Schleichhandel gerne einschlüge und nur bei geflissentlicher Ausweichung der strengen Berlinischen Zensur sogenannte kühne Meinungen äußere". Biester reichte den Artikel also dem Ober-Konsistorial-Rat Hillmer, dem die Zensur über die Sachen „moralischen Inhalts" zufiel, ein und erhielt ihn bereits am Tage darauf mit dem *Imprimatur*

---

[1]) Vgl. *E. Fromm, I. Kant und die preußische Zensur. Lpz. 1894. E. Arnoldt, Beiträge zu dem Material der Geschichte von Kants Leben und Schriftstellertätigkeit in bezug auf seine „Religionslehre" und seinen Konflikt mit der preußischen Regierung. Königsberg 1898. K. Vorländer, Kants Leben S. 156 ff., 176 ff.*

zurück. Er (Hillmer) habe den Druck erlaubt, „weil er nach sorgfältiger Durchlesung diese Schrift, wie die übrigen Kantischen, nur nachdenkenden, untersuchungs- und unterscheidungsfähigen Gelehrten, nicht aber allen Lesern überhaupt bestimmt und genießbar finde". So erschien der Aufsatz im Aprilheft der Monatsschrift, S. 323—385.

Nicht so gut erging es dem zweiten „Stück" (in unserer Ausgabe: *Vom Kampf des guten Prinzips mit dem bösen etc.)*, das Biester im Juni 1792 von Kant erhielt und alsbald der Zensur vorlegte. Diesmal fand Hillmer, daß das Manuskript seinem Inhalte nach „ganz in die biblische Theologie einschlage". Er habe es deshalb, so beschied er Biester am 14. Juni, seiner Instruktion gemäß, mit seinem theologischen Kollegen Hermes gemeinschaftlich durchgelesen und, da dieser sein *Imprimatur* verweigere, trete er ihm bei. Auf ein weiteres Schreiben Biesters an Hermes, berief sich dieser auf das (Wöllnersche) Religionsedikt als seine Richtschnur; „weiter könne er sich nicht darüber erklären". Mit Recht fügt Biester in seinem Briefe an Kant vom 18. Juni dieser Mitteilung die Worte bei: „Es muß wohl jeden empören, daß ein Hillmer und Hermes sich anmaßen wollen, der Welt vorzuschreiben, ob sie einen Kant lesen soll oder nicht." Er selbst aber, obwohl königlicher Beamter (Bibliothekar), scheute sich nicht, für seinen berühmten Mitarbeiter durch ein bereits am 20. Juni an den König gerichtetes ausführliches Immediat-Gesuch einzutreten. Allein es war für solche Eingaben eine ungünstige Zeit. Das Staatsministerium, dessen Plenum Biester seine Beschwerdeschrift vorzulegen gebeten hatte, war bereits am 21. Februar mit einer ungnädigen königl. Kabinetsordre bedacht worden, als es gegen die vom Kaiser in Hinblick auf die Französische Revolution empfohlene strenge Handhabung der Zensur allerlei Bedenken zu äußern gewagt hatte. Der König hatte seinen Ministern den Vorwurf gemacht: es schiene, als ob sie den Aufklärern das Wort reden und die „von so vielen Geistlichen und anderen Aufklärern so dreist unternommenen Verfälschungen der reinen christlichen Religion" als „außerwesentliche" kritische Untersuchungen beschönigen wollten; und doch stehe das traurige Exempel jenes großen Staates jedermann vor Augen, wo der Keim der unglücklichen Revolution in jenen Religionsspöttern zu suchen sei, die noch jetzt von der betörten Nation im Grabe vergöttert würden; die Minister sollten fest zusammenstehen, um die königliche Willensmeinung in ihrem ganzen Umfang auszuführen. Gegenüber so ungnädigen Worten wagte das Ministerium nicht bei seiner Ansicht zu verharren. Und es kann nicht wundernehmen, daß dasselbe bereits am 2. Juli d. J. Biester eröffnete, „daß seine Beschwerde ungegründet befunden worden und es bei dem Ihm verweigerten Imprimatur sein Verbleiben habe".

Kant aber erbat sich nun, am 30. Juli 1792, sein Manuskript von Biester zurück, weil er „einen anderen Gebrauch und zwar bald davon zu machen gesinnt" sei, zumal da die erste Abhandlung ohne die nachfolgenden „in Ihrer Monatsschrift eine befremdliche Figur machen" müsse. Er wollte „dem Publikum die zu dem ersterwähnten Aufsatze vom radikalen Bösen noch gehörigen drei Abhandlungen nicht vorenthalten"; er wollte den Ausbau seines Systems mit der Ausführung jener „dritten Abteilung" seines „Planes" (S. XXX) vollenden; und er wollte schließlich auch, wie aus seiner gedruckten und zwei bis vor kurzem ungedruckten (s. u.) Vorreden zu seiner *Religion* hervorgeht, das Recht des Philosophen auf freie Religionsforschung innerhalb der Grenzen seiner Wissenschaft durch sein Vorgehen grundsätzlich zur Entscheidung bringen. Er vereinigte deshalb die vier zusammengehörigen Abhandlungen zu einem Buche, der heutigen *Religion innerhalb der Grenzen der bloßen Vernunft*, und entschloß sich, dieses einer „einheimischen", d. h. preußischen Theologen-Fakultät zur Begutachtung darüber vorzulegen, ob sie auf die Zensur desselben „als in biblische Theologie eingreifend, Anspruch mache oder sie vielmehr, als der philosophischen zuständig, von sich abweise" (an Stäudlin, a. a. O. S. 415).[1])

[1]) Der Entwurf eines solchen Schreibens an eine theologische Fakultät — wahrscheinlich, aber nicht unbedingt sicher (vgl.

Aus zarter Rücksichtnahme auf seine Königsberger Amtsgenossen, die er ungern „mit der geistlichen Oberexaminationskommission in Spannung versetzen" wollte, dachte Kant zunächst daran, sein Buch (durch Stäudlin) der Göttinger theologischen Fakultät zur Prüfung vorlegen zu lassen; dann nahm er Halle in Aussicht, kam aber davon zurück, da der Dekan der dortigen Fakultät kurz vorher Fichtes *Kritik aller Offenbarung* das Imprimatur verweigert hatte. Da jedoch die Königsberger theologische Fakultät selbst keine Unannehmlichkeiten davon befürchtete, ging er sie um ihre Entscheidung an, die in seinem Sinne fiel, also der philosophischen Fakultät das Recht der Zensur zuwies. Von einer solchen also (nicht von der theologischen in Königsberg, wie man nach der Darstellung bei Borowski bisher meist annahm), und auch nicht von der philosophischen Fakultät in Königsberg, wie noch *Dilthey* und *Fromm* meinten, sondern von der zu Jena ist das Imprimatur erteilt worden. *Arnoldt* nämlich hat auf verschiedenen Bogen des in R. Reickes Besitz befindlichen Kantischen Manuskripts den Zensurvermerk: „*Vidi J. C. Hennings, h. t. Decanus*" entdeckt; Justus Christian Hennings aber war h. t., d. h. „um diese Zeit" (Wintersemester 1792/3) Professor der Philosophie und Dekan der philosophischen Fakultät in Jena . Weshalb gerade Jena gewählt wurde? Wahrscheinlich, weil es Kant widerstrebte, von seinem eigenen Schüler Chr. J. Kraus, der im Wintersemester 1792/3 das Dekanat der Königsberger Fakultät verwaltete, die Druckerlaubnis sich erteilen zu lassen; dann aber auch, weil das Buch, wie schon die erste in der Berliner Monatsschrift erschienene Abhandlung, in Jena (bei Göpfert) gedruckt wurde. Am 28. Februar 1793 war es zur Hälfte gedruckt, wie Schiller, der die fertigen Druckbogen mit Begeisterung las, seinem Freunde Körner meldet.

Arnoldt a. a. O. S. 347, Anm.) an die Königsberger — ist nach Kants Konzept von Dilthey zum erstenmal im Archiv f. Gesch. d. Philos. III 429 f. veröffentlicht worden; er folgt in unserer Ausgabe S. LXXIX f.

Es erschien zu Anfang der Ostermesse desselben Jahres[1])

Mit der Entstehungsgeschichte eines literarischen oder wissenschaftlichen Werkes pflegt in der Regel eine Erörterung der Quellen verbunden zu werden, aus denen der betreffende Schriftsteller geschöpft hat. Bei kaum einem Autor jedoch ist eine solche so wenig angebracht wie gerade bei Kant. Denn, ein so starker Leser er auch war, und so viel Kenntnisse auf den verschiedensten Gebieten menschlichen Wissens er auch besaß: sie lieferten ihm doch im besten Falle nur den Stoff, den er vollkommen selbständig verarbeitete; und, ganz erfüllt von seiner systematischen Aufgabe, ließ er sich, wenigstens in seiner kritischen Periode, nur wenig auf die historisch-literarische Seite der von ihm behandelten Probleme ein. So ist denn auch unser Personenregister zu der *Religion* sehr kurz und enthält, außer einigen Namen von Dichtern und Verfassern von Reisebeschreibungen (von denen Kant bekanntlich ein besonderer Freund war), nur wenige Philosophen- und Theologen-Namen. Dennoch möge an dieser Stelle das wenige berichtet werden, was wir von Kants theologischen Studien wissen.

Jachmann behauptet (a. a. O. S. 30), Kant habe „eine genaue Kenntnis der Religionsurkunden der Christen, Juden und anderer Völker und viele theologische Gelehrsamkeit besessen", schränkt aber diese sehr allgemeine Angabe bald darauf durch die Worte ein: „Er las auch bisweilen theologische Schriften." Bestimmter und deshalb wohl auch zuverlässiger spricht sich Borowski dahin aus, daß Kant gerade „theologische Untersuchungen, welcher Art sie auch waren, besonders diejenigen, die Exegese und Dogmatik betrafen, nie berührte" (S. 252); daß er an Ernestis theologischen Werken keinen Geschmack fand und „von den weiteren Forschungen Semlers, Tellers u. a. sowie den Resultaten derselben sehr wenig nur wußte .... In der Tat reichte sein Wissen in die-

---

[1]) Vgl. Kants Brief an Reinhold vom 21. Dezember 1792.

sem Fache über die Zeit der bei *D.* Schultz in den Jahren 1742 und 1743 angehörten dogmatischen Vorlesungen nicht hinaus" (253). Dagegen habe er in seinen späteren Jahren viel Kirchengeschichte getrieben, insbesondere nach seinem eigenen Zeugnis die 17 Bände von Schröckhs Kirchengeschichte ganz durchgearbeitet; daneben hie und da auch einmal von guten Predigten (von Spalding und Blair) Notiz genommen. Ganz so schlimm wird es nun zwar mit Kants Unkenntnis der gleichzeitigen Theologie nicht gewesen sein, denn aus seinem Briefwechsel (vgl. auch unser Personenregister) wissen wir, daß er nicht nur von so entgegengesetzten Erscheinungen, wie dem Freigeist Doktor Bahrdt und dem Mystiker Lavater, sondern auch von dem „Wolfenbüttler Fragmentisten" (Reimarus) Kenntnis nahm.

Damit kommen wir auf Kants Verhältnis zu dem ihm in seiner Persönlichkeit wie in seiner Religionsanschauung so vielfach verwandten Lessing. Wenn er das von ihm auf S. 111f. Anm. angezogene siebente Wolfenbüttler Fragment und die Vorrede seines Herausgebers Lessing dazu kannte, so ist kaum denkbar, daß er die damit zusammenhängenden übrigen theologischen Aufsätze Lessings ungelesen gelassen haben sollte, zumal da er dessen „Nathan" noch vor seinem Erscheinen in den Druckbogen las. Dazu hat Emil Arnoldt in eingehender Untersuchung[1]) eine innere Verwandtschaft beider Denker in religionsphilosophischer Beziehung nachgewiesen, von der wir im folgenden nur die wichtigsten Punkte wiedergeben.

Lessing: „Die Offenbarung gibt dem Menschengeschlecht nichts, worauf die menschliche Vernunft, sich selbst überlassen, nicht auch kommen würde: sondern sie gab und gibt ihm die wichtigsten dieser Dinge nur früher." Damit vergleiche man Kant (2. Aufl.) S. 233. — Lessing: „Zufällige Geschichtswahrheiten können der Beweis von notwendigen Vernunftwahrheiten nie werden;" Kant S. 290. — Lessing: „Aus ihrer inneren Wahrheit müssen die schrift-

---

[1]) *E. Arnoldt, Kritische Exkurse, Königsberg 1894, S. 193 bis 268.*

lichen Überlieferungen erklärt werden, und alle schriftlichen Überlieferungen können ihr keine innere Wahrheit geben, wenn sie keine hat;" Kant S. 239 Mitte, 161f. — Lessing: „Die historischen Worte sind das Vehiculum des prophetischen Wortes;" Kant S. 173, 2. Hälfte. — Lessing: „Die Wunder, die Christus und seine Jünger taten, waren das Gerüste und nicht der Bau. Das Gerüste wird abgerissen, sobald der Bau vollendet ist;" Kant S. 179f. — Auch das Eintreten für die unbedingte Freiheit biblischer, ja aller Forschung schlechtweg ist beiden gemeinsam, wie überhaupt die Grundtendenz und Hauptsache: Anerkennung der Vernunft als letzten Kriteriums der Wahrheit und Bestimmung des wahren Verhältnisses zwischen ihr und der „Offenbarung". Daneben finden sich freilich im einzelnen auch Abweichungen genug, die auf der Verschiedenheit beider Persönlichkeiten beruhen, hier aber nicht erörtert zu werden brauchen. Daß Kant auch die übrigen Abhandlungen von Reimarus gekannt und gelesen hat, ist von *Arnoldt* (a. a. O. S. 255 bis 268) ebenfalls an der Hand einer ganzen Reihe von Parallelstellen fast zur Evidenz erwiesen worden.

Und nun noch eine „Quelle" ganz anderer Art für Kants Religionsschrift. *Borowski* schreibt (S. 253): „Vielleicht findet mancher die verbürgte Anekdote merkwürdig, daß Kant, ehe er die *Religion innerhalb der Grenzen der bloßen Vernunft* zum Abdruck gehen ließ, einen unserer ältesten Katechismen ‚*Grundlegung der christlichen Lehre*' (ungefähr aus den Jahren 1732 und 1733) ganz genau durchlas. Hieraus wird sich die Sonderbarkeit mancher Behauptungen in dieser Schrift und die darin hervortretende Neigung, seine Philosopheme der in den genannten Jahren herrschenden Terminologie und Exegese unterzulegen, ganz leicht erklären lassen." Diesen Katechismus — offenbar denselben, nach dem Kant in seinen Knabenjahren unterrichtet worden war — hat nun *Hollmann,* veranlaßt durch Borowskis Bemerkung, in der Königsberger Universitätsbibliothek gesucht und gefunden, und zwar in zwei verschiedenen Exemplaren, über die er eingehenden Bericht erstattet hat.[1]) Beide sind ohne Angabe des Jahres gedruckt; das zweite umfangreichere Exemplar enthält außer einer „kurzen Ordnung des Heils" mehr Konfirmandenfragen als das erste (364 statt 309), außerdem noch den Kleinen Lutherischen Katechismus und neun andere kleinere Beilagen. Was uns jedoch näher angeht, sind die Ergebnisse einer Vergleichung dieser ganz und gar pietistischen *Grundlegung* mit Kants *Religion*. Daß 20 der von Kant erwähnten Bibelsprüche (s. deren Verzeichnis am Schlusse unseres Registers) sich auch in der *Grundlegung* finden, während 16 andere darin fehlen, ist vielleicht weniger erheblich. Wichtiger ist, daß in der Tat „die *Religion innerhalb* augenscheinlich auf die theologischen Kunstausdrücke Rücksicht nimmt und sich hierin an den Katechismus anschließt. Die Ausdrücke peccatum originarium resp. Erbsünde, Sündenfall, Wiedergeburt, Stand der Erniedrigung Christi, sichtbare und unsichtbare, streitende und triumphierende Kirche, Berufung, Genugtuung, Erwählung, der Ausgang des Geistes von Vater und Sohn, Dreieinigkeit etc., die Kant in seinem Werke gebraucht und umdeutet, finden sich in den Katechismen" (Hollmann S. 45). Ja, mehr als das — neben diesen formellen Übereinstimmungen finden sich auch manche inhaltliche Berührungen, namentlich in der Lehre vom radikalen Bösen, der Wiedergeburt, dem Kampfe gegen das Böse u. m. a.,[2]) häufiger freilich Polemik, wie gegen die Anschauung der Katechismen, als gebe es verschiedene Religionen (anstatt Bekenntnisse) oder gegen die Definition der Religion als „eines Wegs, zu Gott zu kommen und ihm gefällig zu dienen".

Bei dieser Gelegenheit wird die Leser auch ein kurzer Hinweis auf Kants Bibel-Exemplar interessieren, das nach seinem Tode mit der übrigen Bibliothek testamentarischer Bestimmung gemäß an seinen Kollegen Gensichen († 1807) kam, von dem es Superintendent Neumann in Angerburg geschenkt erhielt. Dieser hat in den *Preußischen Provinzialblättern*

---

[1]) A. a. O. S. 41—48.

[2]) *Hollmann* a. a. O. S. 45—47.

XXIII 1, S. 84—88 (1840) darüber berichtet. Danach hatte Kant sehr viele Stellen unterstrichen, „ein Beweis, daß er die ganze h. Schrift gelesen und studiert hat". Das Exemplar war eine Baseler Ausgabe vom Jahre 1751. Leider ist es seitdem verschollen und Neumanns Bericht nicht genau. Danach hätte Kant „überall" in demselben „eigenhändige Anmerkungen gemacht" und gleich das erste weiße Blatt „ganz mit chronologischen [? K. V.] Bemerkungen beschrieben". Es werden dann aber nur 6 solcher kurzen Randbemerkungen zum 1. Buch Mose (4 zum ersten, je eine zum 6. bzw. 9. Kapitel) und 13 zum Neuen Testament, davon 5 zu Matthäus, 6 zu Lukas, 2 zu Johannes wiedergegeben, bei denen keine besondere Beziehung zu unserer Schrift wahrzunehmen ist.

Zu einer vollständigen Entstehungsgeschichte der *Religion* würde ein genaueres Eingehen auf die Vorarbeiten gehören, die gerade zu dieser Schrift in den von *R. Reicke* veröffentlichten *Losen Blättern aus Kants Nachlaß* besonders zahlreich vorliegen. Allein diese Notizen sind eben so zahlreich, so zerstreut und verlieren sich derart in Einzelheiten, daß ein anschauliches Bild davon doch nicht auf wenigen Seiten gegeben werden könnte, während eine gründliche Erörterung aller Einzelheiten ein besonderes Buch von einigen hundert Seiten erfordern würde. Zudem handelt es sich schließlich doch nicht um grundsätzlich neue, sondern um solche Gedanken, die in anderer — und zwar in der Regel besserer — Form in der fertigen Schrift Verwendung gefunden haben. Um jedoch dem Leser eine Vorstellung von ihrem Charakter zu geben, habe ich bei einem späteren Abschnitt dieser Einleitung (IV, B: *Kant und Schiller*) das betreffende Material aus den *Losen Blättern* hinzugefügt.

Für den jetzigen Titel seines Buches scheint sich Kant erst kurz vor dessen Erscheinen entschieden zu haben. Denn Schiller, der, wie wir oben (S. XXXIV) sahen, die Schrift während des Druckes in Jena las, nennt sie nicht anders als „Philosophische Religionslehre". Und diese Bezeichnung findet sich auch in der 1. Originalausgabe, sowohl in den Druckernoten am Fuße der Bogenanfänge wie in der Überschrift der vier Hauptabschnitte des Buches („*Der philosophischen Religionslehre erstes, zweites usw. Stück*"), die wir deshalb auch in den Seitenüberschriften unserer Ausgabe wiederhergestellt haben. Ja, auch die Vorrede zur ersten Auflage (S. XIX) bezeichnet das Buch nur als einen Leitfaden der reinen philosophischen Religionslehre. Erst im folgenden Jahre (1794), gelegentlich der Vorrede zur zweiten Auflage hat sich Kant über den schließlich doch gewählten Titel *Religion innerhalb der Grenzen der bloßen Vernunft* geäußert. Damit kommen wir von der Entstehungsgeschichte zum Inhalt der Schrift.

III. Grundtendenz und Inhalt der Schrift.

Kants Schrift ist ihrer Grundtendenz nach ein Versuch der Versöhnung zwischen Glauben und Wissen, biblischem Christentum und Vernunft.[1] Angriffsweise geht er nur gegen die Orthodoxie vor: im übrigen hält er sich auf einer gewissen mittleren Linie. Freigeisterei und Naturalismus lehnt er ebenso deutlich ab wie Mystik und Pietismus. Offenbarungs- und Vernunftreligion sind ihm — das ist nach der 2. Vorrede, S. XXII der Sinn des Titels seiner Schrift — nicht zwei außereinander befindliche (exzentrische), sondern konzentrische Kreise, d. h. in der christlichen Offenbarungslehre ist das „reine Vernunftsystem der Religion", auf das seine Absicht geht, enthalten. Es braucht nur herausgeschält, das „historische" System nur „an moralische Begriffe bloß fragmentarisch gehalten" zu werden, dann wird „nach Weglassung alles Empirischen" die „eigentliche", reine oder moralische Vernunftreligion übrig bleiben. Auch in der Vorrede zum *Streit der Fakultäten* (1798) erklärt er ausdrücklich, den Titel *Religion innerhalb der Grenzen der bloßen Vernunft* absichtlich gewählt zu haben, damit es nicht so aussehe, als wolle er „Reli-

[1]) Vgl. dazu auch: *E. Troeltsch, Das Historische in Kants Religionsphilosophie. Berlin 1904* und *H. Cohen, Kants Begründung der Ethik. 2. Aufl. 1910. S. 455—497.* Meine Auffassung deckt sich nicht ganz mit der dieser beiden Gelehrten.

gion aus bloßer Vernunft (ohne Offenbarung)" lehren, er habe vielmehr „nur dasjenige, was in der Bibel auch durch bloße Vernunft erkannt werden kann, hier in einem Zusammenhange vorstellig machen" wollen.[1])

Ist nun dieser Zweck in der vorliegenden Schrift erreicht worden? Hat Kant in ihr ein „reines Vernunftsystem" der Religion „in einem Zusammenhange" errichtet? Hat er mit ihr sein Programm erfüllt (oben S. XXX) und, wie in seinen vorhergehenden drei großen kritischen Werken der Wissenschaft, der Sittlichkeit und der Kunst, so auch der vierten Grundrichtung menschlichen Bewußtseins, der Religion eine dauernde philosophische Grundlage gegeben? Oder ist seine Religionsphilosophie etwa nur als ein Anhang zu seiner Ethik zu betrachten? — Ehe wir diese Fragen zu beantworten suchen, müssen wir uns einen kurzen Überblick verschaffen über den

Inhalt der Schrift.[2])

1. Die erste Vorrede ist bemüht, die Grenzscheide zwischen Moral und Religion zu ziehen, d. h. vor allem die erstere rein (intakt) zu erhalten. Das Sittengesetz hat seinen Zweck durchaus in sich selbst. Gleichwohl führt die Moral nach Kants Meinung „unumgänglich" zur Religion, denn es kann uns nicht gleichgültig sein, was bei unserem moralischen Han-

---

[1]) In der ersten Anmerkung *(Originalausgabe S. VII)*. Ähnlich entgegenkommend gegenüber ängstlichen Gemütern äußerte er sich bei der Übersendung der Schrift an den Würzburger Professor Matern Reuß. Er sei darauf bedacht gewesen, „keiner Kirche einen Anstoß zu geben, indem darin nicht die Rede ist, welchen Glaubens der Mensch überhaupt, sondern nur der, welcher sich bloß auf die Vernunft allein fußt, sein könne, die ... das Herz nicht vor dem empirischen Glauben in Ansehung irgendeiner Offenbarung verschließt". Er sage darin nicht, „daß die Vernunft in Sachen der Religion sich selbst genug zu sein zu behaupten wage, sondern ... alles übrige, was über ihr Vermögen noch hinzukommen muß, ohne daß sie wissen darf, worin es bestehe, von dem übernatürlichen Beistand des Himmels erwarten muß" *(Briefwechsel* II, No. 542).

[2]) Im folgenden soll nur der allgemeine Gedankengang der *Religion* in knappen Umrissen wiedergegeben werden, in bezug auf die Einzelprobleme vgl. die Stichworte unseres Sachregisters.

deln schließlich herauskommt. Nur wenn wir ein allmächtiges moralisches Wesen annehmen, ist die Verwirklichung des höchsten Gutes als Endzwecks der Welt denkbar. Der zweite Teil der Vorrede verbreitet sich, im Hinblick auf die Entstehungsgeschichte der Schrift, über das Zensurrecht und den Unterschied zwischen biblischer und philosophischer Theologie, praktischem Geistlichen und theologischem Gelehrten, um das Recht des eigenen Vorgehens, der Begründung einer philosophischen Religionslehre, zu wahren; denn die Wissenschaften „gewinnen lediglich durch die Absonderung".[1])) — Die zweite Vorrede bringt, außer ihren oben bereits berührten allgemeinen Ausführungen, nur einige verhältnismäßig unbedeutende Bemerkungen zu zwei Rezensionen der Schrift (von *Storr* in Tübingen und in den *Greifswalder krit. Nachrichten*).

Es folgt dann die *Philosophische Religionlehre* in vier „Stücken":

I. Über das radikale Böse in der menschlichen Natur (62 Seiten).

II. Vom Kampf des guten Prinzips mit dem bösen um die Herrschaft über den Menschen (60 S.).

III. Vom Sieg des guten Prinzips über das Böse und der Stiftung eines Reiches Gottes auf Erden (98 S.).

IV. Vom Dienst und Afterdienst unter der Herrschaft des guten Prinzips oder von Religion und Pfaffentum (70 S.).

2. Vom „ersten Stück" sagt Kant (s. Vorrede XX), es habe „wegen des genauen Zusammenhanges der Materien" in der neuen Schrift wieder abgedruckt werden müssen. Das ist insofern richtig, als das zweite und die übrigen Stücke, wie schon aus den Überschriften ersichtlich, unmittelbar daran anknüpfen. Eine andere Frage wäre es, ob der Inhalt ein vorzugsweise theologischer bezw. religionsphilosophischer ist. Das ist nach unserer Empfindung nicht der Fall; vielmehr hatte die Zensurbehörde darin

[1]) Bezüglich der Zensur verlangt unser Philosoph noch recht wenig: er bestreitet keineswegs das Recht einer Zensur überhaupt, sondern fordert nur, daß die Zensur religiöser Schriften von den theologischen Fakultäten ausgeübt werde.

recht, daß sie die erste Abhandlung als zu dem moralphilosophischen Gebiet gehörig betrachtete. Denn diese behandelt Probleme, die überwiegend dem letzteren Gebiete angehören, wie: Schreitet die Welt zum Besseren fort oder nicht? Was heißt „böse"? Ist der Mensch von Natur gut oder böse oder indifferent? Wie verhalten sich die drei Anlagen des Menschen zur Tierheit, Menschheit und Persönlichkeit zueinander? Erst durch die freie Willkür der Menschen, meint Kant, werden sie böse. Insofern kann man behaupten: Der Mensch ist „von Natur" böse, und zwar „radikal", weil die Umkehrung der moralischen Triebfedern in ihm das Motiv aller Grundsätze verdirbt. Dieser „Ursprung" des Bösen im Menschen ist jedoch als Vernunft-, nicht als Zeitursprung zu verstehen; jedenfalls nicht vererbt. Deshalb ist die alttestamentliche Erzählung vom Sündenfalle moralisch umzudeuten, denn was „nichts dazu beiträgt, ein besserer Mensch zu werden", ist „nur eine unfruchtbare Vermehrung unserer historischen Erkenntnis" (S. 47 Anm.). Wie kann nun ein von Natur böser Mensch sich selbst zum guten Menschen machen? Nur durch eine Revolution seiner Denkungsart, die uns infolge unserer ursprünglichen moralischen Anlage möglich ist. Erst ganz zum Schlusse des „ersten Stückes" tritt dann ein nicht mehr moral-, sondern religionsphilosophischer Gedanke auf, nämlich: Wenn der Mensch diese Revolution der Denkungsart in sich vollzogen hat und mit allen Kräften bestrebt ist, besser zu werden, so kann er hoffen, daß das, was ihm noch fehlt, durch „höhere Mitwirkung" werde ergänzt werden. (S. 62 in der „allgemeinen Anmerkung" von den „Gnadenwirkungen".)

3. Das zweite Stück beginnt mit dem Preis der Tugend als einer mutigen, wackeren Denkart. Der Kampf soll nicht, wie die Stoiker wollten, gegen die an sich guten natürlichen Neigungen,[1] sondern gegen das böse Prinzip (die Umkehrung der sittlichen

[1] S. 69f. Das sollten sich diejenigen merken, die Kant noch immer eines hartherzigen und unnatürlichen ethischen Rigorismus beschuldigen; vgl. unten S. LXf. (Kant und Schiller).

Triebfedern) geführt werden. Die Personifikation des guten Prinzips, das Ideal sittlicher Gesinnung erblickt Kant — damit beginnt nun seine moralische „Nutzbarmachung" (S. 47 Anm.) des neutestamentlichen Christentums — in der Idee eines „Sohnes Gottes", deren objektive Realität nicht auf historische Beweise, sondern auf unsere „moralisch gesetzgebende Vernunft" sich gründet und der uns als Beispiel zur Nachahmung aufgestellt ist. Und nun beginnt erst der religiöse Gesichtspunkt deutlich herauszutreten. Drei Schwierigkeiten erheben sich: a) Die geforderte Heiligkeit der Gesinnung ist für Menschen niemals erreichbar, b) Wird die Beharrlichkeit unseres Strebens zum Guten auch bleiben?, c) Wie steht es mit der Buße für unsere alten Verschuldungen? Kants Antwort lautet: a) Gott wird die aufrichtige Gesinnung für die Tat ansehen; b) Der auf dem Wege der Besserung Befindliche darf darauf vertrauen, daß sie anhalten werde; c) Die neue Gesinnung — denn das bedeute für uns der Sohn Gottes (eine ziemlich starke, jedoch in der Konsequenz des Kantischen Standpunktes liegende Umdeutung!) — trägt für uns die Sündenschuld. Übrigens ist diese ganze Deduktion der „Idee der Rechtfertigung" — nur die Beantwortung einer spekulativen Frage; viel wichtiger ist ihre moralisch-praktische Seite (102). In der Bibel finden wir diesen Kampf des guten und bösen Prinzips bildlich als einen Kampf zwischen Gott und dem Teufel, dem Reiche Gottes und der Finsternis, sowie in den Leiden Jesu (dessen Name auch hier nicht genannt wird) vorgestellt. — Der „allgemeinen Anmerkung" des ersten Stückes über „Gnadenwirkungen" entspricht hier eine solche über Wunder (ohne engeren Zusammenhang mit dem vorhergehenden). Kants Stellung dazu läßt sich etwa in folgende Sätze zusammenfassen: Ob die Einführung der christlichen Religion von Wundern begleitet gewesen ist, mag dahingestellt bleiben. Jedenfalls kann das „bloße Glauben und Nachsagen unbegreiflicher Dinge" uns nicht Gott wohlgefällig machen. In der Praxis des Lebens (des Richters, des Arztes, des vernünftigen Geistlichen) glaubt man doch auch an keine Wunder mehr. Wir kennen nur Naturgesetze; über deren Grenzen hinauszugehen, ist nicht Demut, sondern „Vermessenheit und Unbescheidenheit in Ansprüchen" (124).

4. Das dritte Stück führt von dem Individuum zur Gemeinschaft. Die meisten, wenn nicht alle Leidenschaften des Menschen entstehen aus seinem Zusammenleben mit anderen (in heutiger Sprache: aus den sozialen Zuständen). Daher muß, um dem Bösen nachhaltig entgegenzuwirken, eine „Gesellschaft nach Tugendgesetzen" oder ein „Reich Gottes auf Erden" begründet werden. Ähnlich dem rechtlich-politischen geht auch das ethische Gemeinwesen aus einer Art Naturzustand hervor, indem die Menschen sich bewußtermaßen zu einem Volke Gottes vereinigen; denn nicht das Volk selbst, sondern nur Gott kann in diesem ethischen Staate, in dem es auf Moralität, nicht Legalität ankommt, Gesetzgeber sein. Das Ideal eines solchen ist freilich für Menschen nie erreichbar — denn wie kann „aus so krummem Holze etwas völlig Gerades gezimmert werden?" (141) —, gleichwohl dürfen wir nicht untätig, sondern müssen unablässig bestrebt sein, der unsichtbaren Kirche (dem Ideal) die sichtbare Kirche möglichst anzunähern und der letzteren immer mehr Allgemeinheit, Lauterkeit, Freiheit und Stetigkeit[1]) zu verschaffen. Die tatsächlich bestehenden Kirchen gehen stets von einem historischen (Offenbarungs-) oder Kirchenglauben aus, der sich am besten auf eine Heilige Schrift gründet, jedoch niemals den reinen Religionsglauben ersetzen kann. Es kann wohl mancherlei Arten des Glaubens, aber nur eine (wahre) Religion geben. Der Kirchenglaube hat zu seinem höchsten Ausleger den rein moralischen Religions- oder Vernunftglauben; deshalb ist der Schrifttext — wie Kant hier ganz offen ausspricht — moralisch auszulegen, mag eine solche Auslegung auch oft „gezwungen scheinen", ja „oft es auch wirklich sein" (158). In zweiter Linie ist Schriftgelehrsamkeit erforderlich, dagegen das soge-

[1]) Diese vier „Kennzeichen der wahren Kirche" läßt Kant den vier Urteilsarten entsprechen.

nannte „innere Gefühl" als Maßstab abzulehnen. So kann und wird der statutarische Kirchenglaube allmählich immer mehr seinem Ziele, dem reinen Religionsglauben, sich nähern.

Im Unterschied von dieser mehr systematischen Darstellung (Kant: „philosophischen Vorstellung") ist die „zweite Abteilung" unseres Kapitels historisch gehalten. Sie gibt einen freilich sehr unvollständigen Überblick über die Kirchen- oder vielmehr Religionsgeschichte, die in dem beständigen Kampfe zwischen dem historischen Kirchen(Zeremonial)-Glauben und dem reinmoralischen Religionsglauben besteht. Der jüdische Glaube ist im Grunde genommen rein politischer Natur. Das Christentum steht im schroffsten Gegensatze zu ihm. Über dessen erste Zeiten herrscht große Dunkelheit, die ganze mittelalterliche Kirchengeschichte aber könnte einen beinahe zu dem Ausruf verleiten: *Tantum religio potuit suadere malorum* (197). Von der Gegenwart dagegen hofft Kant das Beste; sie ist auf dem richtigen Wege. Nur darf die Staatsgewalt diese heilsame Entwicklung nicht hindern wollen. Die Bibel stellt den Eintritt des Reiches Gottes freilich nur in allerhand Symbolen (vom Antichrist, Weltende, Jüngsten Gericht u. ä.) dar.

Als Anhang folgt diesmal eine „allgemeine Anmerkung" über die religiösen „Geheimnisse" der Dreieinigkeit, Berufung, Genugtuung und Erwählung.

5. Das vierte Stück beginnt, nach einem kurzen Rückblick auf das vorige, wiederum mit der Unterscheidung der sichtbaren und unsichtbaren Kirche, der Kultus- und der reinen Vernunftreligion, dem Afterdienst und dem wahren Dienste Gottes, um sodann zunächst den letzteren zu behandeln. Religion wird definiert als die Erkenntnis aller unserer Pflichten als göttlicher Gebote; denn es gibt keine etwaigen besonderen Pflichten gegen Gott, die über die „ethisch-bürgerlichen Menschenpflichten" hinausgingen. Kant will weder Naturalist noch Supernaturalist, sondern „reiner Rationalist" in Glaubenssachen sein. Jede Religion kann als natürliche (was Offenbarung nicht ausschließt!) oder als gelehrte be-

trachtet werden; von beiden Gesichtspunkten aus soll in den nun folgenden Abschnitten die christliche Religion an der Hand des Neuen Testamentes geprüft werden. In der von dem Stifter der christlichen Kirche durch seine Aussprüche und sein Leben bezeugten Lehre findet unser Philosoph alle Eigenschaften einer natürlichen Religion, „die allen Menschen durch ihre eigene Vernunft faßlich und überzeugend vorgelegt werden kann" (245); die für uns unannehmbaren Zutaten, z. B. die Wunder, sind nur zum Behuf leichterer Einführung „unter Leuten, die gänzlich und blind am Alten hingen", gegeben worden. Als gelehrter Glaube dagegen stützt sich das Christentum auf Geschichte. Dadurch, daß er zur Hauptsache gemacht und auch von den Ungelehrten verlangt wird, wird der wahre Dienst zum Afterdienst Gottes, die Religion zum Pfaffentum, der reine praktische Religionsglaube zum anthropomorphistischen Religionswahn, der durch andere Dinge als den guten Lebenswandel Gott wohlgefällig zu werden vermeint. Prinzipiell existiert zwischen den verschiedenen Kultusreligionen kein Unterschied, vom „sublimierten" Puritanertum bis zum gröbsten Fetischismus: es ist alles Fetisch- und Frondienst. In der Jugenderziehung wie in der Predigt muß die Tugendlehre der Gottseligkeitslehre vorausgehen. Unser Leitfaden in Glaubensdingen muß einzig und allein das Gewissen sein. Auch für die Religion gilt der in Staat und Familie gleich beherzigenswerte Satz, daß man zur Freiheit nur dann heranreifen kann, wenn man zuvor in Freiheit gesetzt worden ist (291f. A., für mich eine der schönsten Stellen in Kants Werken). — Die vierte und letzte „allgemeine Anmerkung" handelt von den „Gnadenmitteln". Solche sind das Beten, das Kirchengehen, die Taufe und die Kommunion, sobald sie für etwas anderes denn als Beförderungsmittel des Sittlich-Guten angesehen werden. Die wahre Religion zeigt sich in einem guten Lebenswandel. An ihren Früchten soll man sie, bei anderen und sich selbst, erkennen.

* * *

Wir kommen nun zu der eingangs dieses Abschnittes (S. XLI) gestellten philosophischen Grundfrage zurück: Ist es Kant gelungen, in seiner „*philosophischen Religionlehre*" wirklich eine dauerhafte und endgültige systematische Grundlage der Religion zu schaffen, in derselben Weise, wie er sie in seinen anderen Hauptwerken der Wissenschaft, der Ethik und der Kunst gegeben hat? Wir meinen: Nein. Denn, mag die Religion noch so sehr mit dem Erkennen und Wollen zusammenhängen, mag es (wie wir unbedingt zugeben) noch so wahr sein, daß sich nur auf dem Grunde wissenschaftlicher Erkenntnis und reiner Ethik wahre Religion aufbauen läßt: im letzten Grunde ruht sie doch, historisch wie nach ihrem faktischen Bestand in den Gemütern, auf einer besonderen Richtung des Bewußtseins: dem Gefühl. Wir sind der Meinung, daß an dieser Stelle Schleiermacher das kritische System aufs glücklichste ergänzt hat. Psychologisch läßt sich ja die Stellungnahme Kants sehr wohl begreifen. Er, systematisch[1]) wie persönlich ohnehin kein Freund starker Betonung des Gefühlslebens, sah zudem auf religiösem Gebiete tatsächlich nur Mystizismus, Pietismus und allerhand Schwärmerei und Sektenwesen damit verbunden. Er faßte daher die Religion, wie schon aus seiner oft wiederholten Begriffsbestimmung derselben hervorgeht, teils intellektuell („Erkenntnis"), teils und noch mehr moralisch („aller unserer Pflichten als göttlicher Gebote"). Sie ist „auf Grundsätze zu gründen" (269), wenn freilich auch kein Wissen, sondern nur problematisches Annehmen (230 Anm.), freies Glauben. Seine Religionsphilosophie ist im Grunde doch nichts anderes als ein Anhang seiner Moral, mit anderen Worten: angewandte Ethik. Das tritt, wie wir schon sahen, am stärksten in dem „ersten Stücke" hervor; aber auch die übrigen handeln zwar vom Reiche Gottes, Kirche, Sakramenten, Gottesdienst u. a., behandeln indes alles dies als rein moralische Einrichtungen, ohne der Gefühlsseite gerecht zu werden.

---

[1]) Weil darauf „gar keine Erkenntnis gegründet werden kann" (165).

Auch in der äußeren Form — es mag das schon an der Entstehungsweise: dem Zusammenwachsen aus vier Einzelabhandlungen liegen — scheint uns der beabsichtigte systematische Charakter des Werkes nicht erreicht zu sein. Wenigstens nicht in Beziehung auf die „Religion", die doch das Thema des Buches bilden soll, während ihre Definition erst zu Anfang des letzten Kapitels gegeben wird. Äußere Systematik scheint Kant mehr in seinen Vorlesungen über natürliche Theologie (s. oben S. XXIX f.) beobachtet zu haben. Dagegen stehen die vier Kapitel unserer Schrift nur in einem ziemlich losen Zusammenhange miteinander: „Einwohnung" des bösen Prinzips neben dem guten, Kampf beider um die Herrschaft, Sieg des guten, Dienst und Afterdienst unter dessen Herrschaft, — und überdies in einem Zusammenhang, der sich wesentlich doch nur auf die Moral bezieht.

Es ist also religiös angewandte Moral, die wir erhalten, oder umgekehrt: Religion und zwar christliche, neutestamentliche Religion, soweit sie moralischen Inhalt hat. Ob nicht dadurch die Reinheit der Moral selbst in gewissem Sinne beeinträchtigt wird? Wir meinen: wenn die Moral an sich der Gottesidee nicht bedarf (S. III), so muß sie auch nicht „unumgänglich" zur Religion führen (IX). Für alle Menschen „ist es genug, daß sie ihre Pflicht tun; es mag nun auch mit dem irdischen Leben alles aus sein und wohl gar selbst in diesem Glückseligkeit und Würdigkeit niemals zusammentreffen" (XI f. Anm.). Schon in der *Kritik der praktischen Vernunft* enthielt die Hinzufügung des „höchsten Guts" und der „Postulate" eine Abweichung von dem strengen Maßstab der reinen, auf sich selbst ruhenden Ethik. Noch stärker tritt dies höchste Gut als Endzweck in der (1.) Vorrede zu unserer Schrift hervor. Dieser Endzweck aber ist, trotz aller Verklausulierungen, kein rein moralischer mehr, denn er gründet sich auf eine „Natureigenschaft" (XII A.) und ein „Bedürfnis" des Menschen, wie der Glaube an ein künftiges Leben auf die „allgemeine moralische Anlage in der menschlichen Natur" (188), obwohl doch andrerseits „Menschenvermögen" zu seiner Herbeiführung nicht hinreicht (XIII A.). So erscheint denn Gott — was dem religiösen Menschen nicht genügen wird — in erster Linie als Austeiler einer der Glückwürdigkeit entsprechenden Glückseligkeit.

Während unser Philosoph mit der Anerkennung des radikalen Bösen im Menschen sich dem biblischen Christentum nähert — so sehr, daß er gerade hierdurch unsere beiden großen klassischen Dichter von sich abstieß (s. unten) —, lenkt er mit der dann folgenden Annahme, daß Gott die Redlichkeit der Gesinnung schon als Ergänzung der mangelnden Tat betrachten werde, wieder in die Bahn der religiösen Aufklärung zurück. So gewinnt denn auch der geschichtliche Jesus keine zentrale religiöse Bedeutung; er bleibt teils „Symbol" teils moralisches Vorbild, „personifizierte Idee des guten Prinzips". Die historische Auffassung tritt überhaupt durchaus zurück, die Bibel wird, wie wir bereits sahen, bewußtermaßen moralisch ausgedeutet.

Wenn wir im Vorigen die Schwächen der Kantschen Schrift stärker als ihre Vorzüge betont haben, so fürchten wir nicht, darum mißverstanden zu werden. Bei einem Denker wie Kant auf seine Vorzüge noch besonders hinzuweisen, erscheint in der Tat kaum notwendig. Gerade die vorliegende Schrift aber besitzt einen solchen Schatz an sittlicher Hoheit, intellektueller Feinheit, religiöser Weitherzigkeit, setzt so viele moralische, theologische, geschichtsphilosophische Probleme in neues und helles Licht und zeichnet sich außerdem vor den anderen größeren Werken des Philosophen so sehr durch ihre populäre Sprache aus, daß sie nicht bloß auf die unmittelbaren Zeitgenossen eine mächtige Wirkung geübt, sondern auch die theologische Entwicklung und das religiös-kirchliche Leben der folgenden Jahrzehnte bedeutend beeinflußt hat und auch von den hervorragendsten Theologen der Gegenwart noch geschätzt wird.

IV. Wirkungen der Schrift.

a) Aufnahme bei den Zeitgenossen.

Kants Schrift erregte natürlich sofort nach ihrem Erscheinen das größte Aufsehen. Er gab, wie er selbst bescheiden auf einem seiner „Losen Blätter", d. i. Notizzettel, bemerkt hat, „viel Anlaß zu reden". Schon nach einem Jahre war eine zweite Auflage nötig geworden. Unter die Stimmen der unbedingten und bedingten Anhänger mischten sich freilich auch die der mehr oder weniger heftigen Gegner. Reden wir zuerst von diesen.

1. Gegner.

Der Mittelstellung Kants (vgl. S. XL) entsprechend, kam die Gegnerschaft von zwei Seiten: dem „Naturalismus" der Aufklärung einer-, dem Supranaturalismus des Pietismus und der kirchlichen Orthodoxie andrerseits.

1) *Aufklärung und Humanismus (Goethe).* Die Vertreter der vulgären Aufklärung, deren Haupttypus der bekannte Nicolai darstellt, hatten vorher schon Anlaß genug zum Grimm auf den Philosophen gehabt, der ihnen anfangs einer der Ihrigen schien. Seine Kritik der reinen Vernunft hatte ihre schönen Beweise für das Dasein Gottes zerstört, seine praktische Vernunftkritik ihre Glückseligkeits- und Nützlichkeitsethik siegreich überwunden, seine Kritik der Urteilskraft ihren flachen Kunsttheorien ein Ende bereitet. Jetzt waren sie von neuem unzufrieden, daß der kritische Philosoph nicht gleich ihnen mit alledem in Christentum und Bibel aufgeräumt hatte, was über die Richtschnur ihres „gemeinen Menschenverstandes" ging. So schrieb die *Neue Allgemeine Deutsche Bibliothek* in einer Besprechung der zweiten Auflage der *Religion innerhalb* etc.: „Es muß also nach Kants Meinung in Sachen des Kirchenglaubens alles recht hübsch beim Alten bleiben, und die Stützen des religiösen Aberglaubens können nicht abgeschafft, sondern müssen als die unentbehrlichen Fundamente einer moralischen Religion immer beibehalten werden." Ein

Urteil von radikal-freidenkerischer, naturalistischen oder materialistischer, Seite ist uns nicht bekannt.

Durch seine Lehre vom radikalen Bösen hatte unser Philosoph es übrigens auch mit dem Goetheschen Kreise verdorben. Goethe, der sich damals in den Jahren nach seiner italienischen Reise so recht mit der schönheitsfreudigen, harmonischen Weltanschauung der Antike durchtränkt hatte und zu „entschiedenem Heidentum" bekannte,[1]) schrieb am 7. Juni 1793 aus dem Lager bei Mainz an Herder, Kant habe „seinen philosophischen Mantel, nachdem er ein langes Menschenleben gebraucht, ihn von mancherlei sudelhaften Vorurteilen zu reinigen, freventlich mit dem Schandfleck des radikalen Bösen beschlabbert, damit doch auch Christen herbeigelockt werden, den Saum zu zu küssen;" ähnlich einen Monat später an Jacobi. Schiller fand zwar auch denselben Satz vom radikalen Bösen „empörend" für sein „Gefühl", meint aber, gegen Kants Beweise „lasse sich nichts einwenden, so gern man auch wollte"[2]) und nimmt im übrigen doch, wie wir noch sehen werden, eine ganz andere Gesamtstellung zu dem von ihm hochverehrten Philosophen ein.

2) *Pietismus und Orthodoxie.* Daß es mit dem Entgegenkommen des Philosophen gegenüber der Kirche nicht weit her war, daß er sich, wie Schiller in demselben Briefe schreibt, durch die Aufhebung „aller eigenen Autorität des Kirchenglaubens bei den Theologen wenig Dank verdient" hatte, zeigten die zum Teil heftigen Angriffe von dieser Seite. Zwar hatte schon 1788 der Kantianer Abicht eine Schrift veröffentlicht, die den Titel führte: *Überzeugender Beweis, daß die Kantsche Philosophie der Orthodoxie nicht nachteilig, sondern ihr vielmehr nützlich sei,* da ja die theoretische Vernunft erkläre, daß sie über das Gebiet des Übersinnlichen nichts auszusagen vermöge. Ja, es gab verstiegene Köpfe, die (wie Schad) Brot und Wein des Abendmahls als Phänomena, Leib

---

[1]) Vgl. *K. Vorländer, Kant—Schiller—Goethe* (Lpz. 1907) S. 154f.

[2]) Schiller an G. Körner 28. Februar 1793.

und Blut Christi als Noumena auffaßten und behaupteten, daß in Gott als Noumenon auch 1 = 3 und 3 = 1 sein könnten. Und der junge westfälische Mediziner C. A. Wilmans schrieb 1797 zu Halle eine Dissertation über „die Ähnlichkeit zwischen dem reinen Mystizismus und Kants Religionslehre", nebst einem langen Briefe an Kant, den der letztere dann in seinem *Streit der Fakultäten* als Anhang zum ersten Abschnitt (S. 115—127) abdrucken ließ; aber er verstand unter den „reinen Mystikern" doch nur fromme Menschen, die, ohne gottesdienstliche Handlungen und ohne die Bibel als Gesetzbuch, das „innere Gesetz" ihres Gewissens als ihre Richtschnur und reine moralische Gesinnung und Pflichterfüllung als den wahren Gottesdienst ansahen, ein „Kantianismus", der allerdings bei ihnen durch ihre mystische Sprache verdeckt sei.[1]) Im ganzen fand jedoch Kants Religionsphilosophie im Lager der „Rechtgläubigen" naturgemäß weit mehr Gegnerschaft als Beifall.

Ich will hier nicht von dem dumm-rohen Fanatismus katholischer Mönchsorden wie der Heidelberger Lazaristen, die den Namen „Kant" ihren — Hunden (!) beilegten, wie überhaupt nicht von der erbitterten Gegnerschaft der katholisch-jesuitischen Weltanschauung reden, die ja nur zu erklärlich ist und lediglich einen Ruhmestitel für den davon Betroffenen bildet. Wie stark aber auch in evangelisch-pietistischen Kreisen die Ablehnung war, das zeigen die offenherzigen Briefe des frommen und um Kants Seelenheil aufrichtig besorgten greisen Barmer Sektierers Dr. med. Samuel Collenbusch, der mit naiver Aufrichtigkeit Kant gegenüber das aussprach, was andere bloß dachten. Er schreibt am 2. Weihnachtstage 1794 an Kant: „Mein lieber Herr Professor! Des Herrn Kants Vernunftglaube ist ein von aller Hoffnung ganz reiner Glaube. Des Herrn Kants Moral ist eine von aller Liebe ganz reine Moral. Nun entsteht die Frage: In welchen Stücken unter-

[1]) Kant bemerkt übrigens zu der Schrift, daß er „nicht gemeint sei, jene Ähnlichkeit meiner Vorstellungsart mit der seinigen unbedingt einzugestehen" (a. a. O. S. 115).

scheidet sich der Glaube der Teufel von dem Glaudes Herrn Kants? — und in welchen Stücken unterscheidet sich die Moral der Teufel und die Moral des Herrn P. Kants?" Etwas gesitteter lautet ein vier Wochen später abgesandtes Schreiben: „Ich kann mich nicht überreden, daß es Ihnen ein Ernst sein sollte, was Sie da geschrieben haben . . . Es tut mir leid, daß I. Kant nichts Gutes von Gott hoffet, weder in dieser noch in der zukünftigen Welt . . . Ich verkaufe meine Hoffnung nicht für tausend Tonnen Goldes . . ."[1]) Andere im frommen Wuppertal machten es noch schlimmer, und zwar, wie der brave Johann Plücker aus Elberfeld schreibt,[2]) „Leute, die als Lehrer angeordnet sind": sie „lästerten" Kant, er suche „die christliche Religion mit teuflischer Bosheit zu untergraben".

3) Aber auch die Vertreter der evangelischen Theologie auf den Universitäten fühlten sich zum Teil in ihren alten, erbeingesessenen Anschauungen bedroht. So meldet Bouterwek am 25. August 1793 von den Anhängern der Leibniz-Wolffschen Schule aus Göttingen: „Wie trübselige Urteile habe ich nicht anhören müssen über Ihr mir so teures und wertes Buch von der Vernunftreligion", dieser „Fackel, bei deren Licht die ganze Leibnizische Monadenwelt wie ein Dunst erscheint". — Von anderer Seite wurde, wie Kants Verehrer, der Theologieprofessor C. F. Ammon, am 8. März 1794 aus Erlangen schreibt, Kants moralischer Schriftauslegung „mit großem Eifer" entgegengehalten, daß „bei dieser Art Exegese", die übrigens nur die „längst verlachte allegorische der Kirchenväter, besonders des Origenes" sei, „alle dogmatische Sicherheit verloren gehe . . . und daß eine neue Barbarei den Beschluß dieser Interpretation machen werde". Ammon, der für Kants Grundsätze eintrat, wurde dafür mit dem Vorwurf „blinder Kantiolatrie" bedacht.

---

[1]) Man vergleiche noch die nicht uninteressanten ausführlichen späteren Briefe vom 30. März 1795 (*Briefwechsel* III S. 12—14) und 30. März 1796 (ebend. S. 66—68).

[2]) Briefe III 62.

Gemäßigter äußerten die Theologen der älteren Tübinger Schule ihre Bedenken: so G. Chr. Storr (1746—1805), dessen *Annotationes quaedam theologicae* etc. (Tübingen 1793, deutsch von Süßmilch 1794) Kant in seiner zweiten Vorrede (S. XXIV) mit großer Achtung nennt. Storr meinte, biblische Lehren dürften nur dann bestritten werden, wenn sie gegen unwidersprechliche moralische Sätze verstießen; im übrigen sei nur die historische Glaubwürdigkeit zu prüfen. Noch beachtenswertere Einwände erhob der Tübinger Joh. Fr. Flatt (1759—1821), der schon vorher in mehreren Schriften als Kritiker Kants aufgetreten war[1]): Zum Beweise der Wahrheit eines Satzes genüge sein praktischer Zweck nicht; die Glückseligkeit im höchsten Gute Kants sei eine Inkonsequenz des Philosophen, Harmonie von Tugend und Glückseligkeit auch ohne das Dasein Gottes denkbar, der bei Kant überhaupt nicht als der allmächtige, allwissende Weltschöpfer hervortrete; das Verhältnis der Freiheit und der darauf beruhenden moralischen Besserung zur Naturnotwendigkeit sei bei Kant nicht klar u. a.[2])

2. Anhänger.

Die Zahl der Anhänger war kaum minder groß. Zu denen, die in Königsberg zu des Meisters Füßen gesessen und, um mit Jachmann zu reden, als „Apostel von dannen gingen und das Evangelium vom Reiche der Vernunft lehrten", warb nunmehr das geschriebene Wort neue. „Schon sind", schrieb Ammon am 28. April 1795 *(Briefw. III 17 f.)*, „Ihre Grundsätze, großer Lehrer, unter unseren besseren Theologen zu allgemein, als daß ein plötzlicher Stillestand zu befürchten wäre; sie werden zum Segen für die Menschheit wuchern und Früchte tragen für die Ewigkeit."

---

[1]) Die Titel derselben s. bei *Rosenkranz* a. a. O. S. 367 f.

[2]) Zum Teil äußerte Flatt seine Bedenken auch persönlich gegenüber dem Philosophen in einem, übrigens äußerst ehrfurchtsvollen, Briefe vom 27. Oktober 1793 (Briefw. II S. 445), dessen Hauptteil nachträglich von R. Reicke entdeckt und veröffentlicht worden ist (Briefw. III S. 379—381).

1) Am frühesten äußerte seine Begeisterung natürlich der engere Freundeskreis. So Kiesewetter am 15. Juni 1793: „Ihre Schrift hat mich entzückt teils wegen der neuen Aufschlüsse, die ich aus ihr erhielt, teils wegen der so äußerst glücklichen Deutung mehrerer biblischen Stellen. Sie kann, richtig verstanden, unendlichen Vorteil bringen; wenigstens dem elenden Streit der Religionsparteien und der Ketzermacherei ein Ende machen." Der junge Mediziner Erhard aus Nürnberg, der das Buch auch in der Jenaer Allgemeinen Literaturzeitung rezensierte, schrieb an Reinhold am 4. Juli 1793: „Kants Schrift über die Religion hat mich ganz befriedigt." Und dieser erwiderte am 12. August: „Kants Religion innerhalb usw. hat mir den unbeschreiblichen Trost gewährt, mich mit gutem Gewissen laut und öffentlich einen Christen nennen zu können." Ähnlich Biester am 13. Juli: „Ein solches Werk ist allemal für das menschliche Geschlecht, vorzüglich aber in den itzigen Zeiten, ein hohes Verdienst und eine wahre Wohltat." Hippel am 5. Dezember: „Die Religion innerhalb der Grenzen der bloßen Vernunft habe ich mir in meiner Krankheit vorlesen lassen und tausendmal gewünscht, daß man jetzt in Frankreich dieses Buch lesen möchte, welches hier in Danzig den Namen: Kants Religion, führt. Der unsterbliche Name: Immanuel Kant darf wahrlich kein Bedenken tragen, dieser Schrift vorgesetzt zu sein, die sehr viel Gutes stiften kann und wird." Die dem näheren Kenner des Kantischen Briefwechsels wohlbekannte Maria von Herbert dankt dem „hochgeehrten und innigstgeliebten Mann" für seine neue Gabe „im Namen aller jener aufs wärmste, die sich von denen so vielfach verstrickten Fesseln der Finsternis losgerissen haben" *(Briefw. II 466)*. Fichte dagegen spricht nur kurz von der „Freude", mit der er Kants neue Schrift gelesen hat *(ebend. 435)*.

2) Aber weit über diesen Kreis der Freunde und Korrespondenten unseres Philosophen hinaus erstreckte sich die Wirkung seiner Schrift. Insbesondere an den Universitäten. Von Bouterwek und Ammon haben wir schon gehört. Letzterer spricht auch später noch in verschiedenen erhaltenen, zum Teil ausführ-

lichen, Briefen in Kants Sinne aus: daß die Theologie nur durch eine moralische Fundamentierung eine sichere Haltung bekommen könne, daß die Moraltheologie „die einzig wahre, reine, lebendige" und zugleich die Theologie Jesu und seiner Schüler sei und dergl.[1]) In Göttingen wirkte in gleichem Sinne ferner der uns schon bekannte Theologe Stäudlin (1761 bis 1826), der „den Geist des Kritizismus nach allen Seiten hin, systematisch, exegetisch, in historischen Monographien, in verschiedenen Zeitschriften förderte" und „sich besonders angelegen sein ließ zu zeigen, wie der Prozeß der intellektualen Verarbeitung der Glaubensvorstellungen allmählich bis zum Standpunkt der moralischen Interpretation heranreifen mußte" *(Rosenkranz a. a. O. S. 325f.)*; Kant widmete ihm einige Jahre später seinen *Streit der Fakultäten*. Eine ganze Anzahl der eigentlichen Schulkantianer sind zugleich Theologen: so der Hofprediger J. Schulze in Königsberg, der Herausgeber von Kants *Pädagogik* Rink ebendaselbst, der Verfasser des großen Wörterbuches der kritischen Philosophie Mellin in Magdeburg, K. Chr. F. Schmid in Jena (vielleicht derselbe „Kantische Theologe", der am 22. Februar 1790 die Trauung Schillers vollzogen hat).

Überall kam die moralische Exegese auf, man suchte allen möglichen, auch den unbegreiflichsten, Bibelstellen einen moralischen Sinn unterzulegen, allen Dogmen eine moralische Wendung zu geben; selbst in den theologischen Prüfungen wurden die Examinatoren häufig durch allzukühne Interpretationsversuche der Kandidaten in Verlegenheit gebracht. Die Kirchengeschichte wurde nach Kant als Kampf zwischen der gottesdienstlichen und der rein moralischen Religion aufgefaßt, in der Moral Übereinstimmung der christlichen Sittengebote mit den Forderungen der Vernunft, d. h. der praktischen Philosophie Kants oder gar ein Zurückstehen der ersteren (mit ihrer Verheißung von Lohn und Strafe) hinter der letzteren behauptet. Sogar Predigten „nach Kantischen Grundsätzen" wurden gehalten. Und schwerlich wer-

[1]) *Briefw.* III 16—18, 69f., 246f.

den die Warnungen und Verbote des ausdrücklich gegen diese Tendenzen gerichteten königlichen Reskriptes von 1794 an die theologische Fakultät in Halle viel gefruchtet haben.

Von den jüngeren Philosophen, die Kant anhingen, schrieb Heidenreich (geb. 1764) in Leipzig ein „Taschenbuch für denkende Gottesgelehrte" in mehreren Bänden sowie Briefe gegen den Atheismus, Niethammer (geb. 1766) in Jena *Über Religion als Wissenschaft* (1795) und Krug (geb. 1770, später Kants Nachfolger in Königsberg): *Briefe über die Perfektibilität der geoffenbarten Religion* als *„Prolegomena einer jeden positiven Religionslehre, die künftig den sicheren Gang einer festgegründeten Wissenschaft wird gehen können", Jena und Leipzig 1795.* Den „Widerstreit der Vernunft mit sich selbst und der Versöhnungslehre" löste Krug ganz wie Kant durch den Gedanken: Jeder solle dem sittlichen Ideal nachstreben und, wenn er „nicht alles" zu tun vermöge, so könne er auf Gottes Gnade fest vertrauen.

Ja selbst in aufgeklärte katholische Kreise drang Kants religiöse Auffassung ein. Von Maternus Reuß in Würzburg haben wir schon S. XLI Anm. gehört. Professor Koller in Heidelberg, ein Lazarist, machte seine Schüler mit Kants Schriften und Grundsätzen bekannt und stellte schließlich den Satz auf, daß man aus bloß spekulativer Vernunft das Dasein Gottes nicht beweisen könne. Von seinen Oberen zur Verantwortung aufgefordert, erklärte er, daß der Religion hierdurch kein Abbruch geschehe, sie vielmehr unendlich dabei gewinne, und berief sich auf die Akademien zu Mainz und Würzburg, wo man den Kritizismus mit großem Beifall lehre. Aber umsonst. Er ward zum Widerruf und zur öffentlichen Widerlegung (!) seines eigenen Satzes verurteilt und, als er sich dessen weigerte, ohne weiteres seines Amtes entsetzt.

Mehr als alle die genannten Gelehrten, die für uns heute zum größten Teil bloße Namen geworden sind, wird jedoch die meisten unserer Leser die Aufnahme interessieren, welche Kants Buch bei seinem großen

Jünger Schiller fand, sowie die literarischen und persönlichen Beziehungen, die sich gerade infolge hiervon zwischen Dichter und Philosophen knüpften.

b) Kant und Schiller.

Vgl. K. Vorländer, Kant-Schiller-Goethe, 1. Kapitel, wo auch die einzelnen Briefstellen zitiert sind.

Schiller, der damals schon seit zwei Jahren eifriger Kantianer war, las, wie wir oben (S. XXXIVf.) sahen, Kants *Religion* während ihres Druckes in Jena. Er fühlte sich, wie er am 28. Februar 1793 seinem Freunde Gottfried Körner schreibt, bereits von der bis dahin gelesenen ersten Hälfte „hingerissen" und konnte „die übrigen Bogen kaum erwarten". Der Inhalt sei die „scharfsinnigste Exegesis des christlichen Religionsbegriffs aus philosophischen Gründen". Über Kants Tendenz und Methode urteilt er sodann: „Kant, wie Du schon mehrmal an ihm hast bemerken können, liebt sehr, Schriftstellen einen philosophischen Sinn zu geben. Es ist ihm, wie man bald sieht, nicht sowohl darum zu tun, die Autorität der Schrift dadurch zu unterstützen, als vielmehr die Resultate des philosophischen Denkens dadurch an die Kindervernunft anzuknüpfen und gleichsam zu popularisieren. Er scheint mir von einem Grundsatz dabei geleitet zu sein, den Du sehr liebst, nämlich von diesem: das Vorhandene nicht wegzuwerfen, solange noch eine Realität davon zu erwarten ist, sondern es vielmehr zu veredeln. Ich achte diesen Grundsatz sehr und Du wirst sehen, daß Kant ihm Ehre macht." Freilich hegt er starke Zweifel, ob dieser „wohl daran getan hat, die christliche Religion durch philosophische Gründe zu unterstützen. Alles, was man von der bekannten Beschaffenheit der Religionsverteidiger erwarten kann, ist, daß sie die Unterstützung annehmen, die philosophischen Gründe aber wegwerfen werden, und so hat Kant dann nichts weiter getan als das morsche Gebäude der Dummheit geflickt." Darauf folgen die bereits S. LII von uns wiedergegebenen Gedanken und endlich der Schlußpassus: (Er) „gibt auch sehr deutlich zu verstehen, daß der Kirchenglaube bloß von subjektiver Gültigkeit sei und es besser wäre, wenn er entbehrt werden könnte. Aber, weil er überzeugt ist, daß er nicht entbehrlich sei noch sobald es werden würde, so macht er es zu einer Gewissenspflicht, ihn zu respektieren. Der Logos, die Erlösung (als philosophische Mythe), die Vorstellung des Himmels und der Hölle, das Reich Gottes und alle diese Vorstellungen sind aufs glücklichste erklärt." — Nicht so ausführlich, aber in ähnlichem Sinne schrieb er am 20. März, nachdem er inzwischen die ganze Schrift gelesen hatte, an Fischenich: Der Inhalt der „neuen und äußerst wichtigen Schrift von Kant" sei „nichts Geringeres als eine Deduktion der Notwendigkeit einer positiven Religion und einer Kirche aus philosophischen Gründen und eine — freilich mehr platonische als exegetische — Erklärung des Christentums . . . Sie werden sich darüber ärgern und zugleich freuen, wie es uns allen damit gegangen ist. Weder Theologen noch Philosophen (wenigstens keiner aus dem großen Haufen von beiden) werden ihm für diese Schrift Dank wissen, die übrigens doch ganz seines Geistes würdig ist. Die Erklärung, die er dem christlichen Religionsbegriff unterlegt, ist so treffend als überraschend; freilich geht er damit so frei um, wie die griechischen Philosophen und Dichter mit ihrer Mythologie, und er ist so aufrichtig, sich auf dieses Beispiel zu berufen und seine Freiheit damit gewissermaßen zu entschuldigen. Lassen Sie sich diese Schrift ja von Leipzig kommen. Sie wird Anfang der Messe zu haben sein."

Der Aufsatz *Anmut und Würde*, der im Frühling dieses Jahres, „in nicht ganz sechs Wochen" mit der großen Leichtigkeit hingezaubert, entstand, zeigt deutliche Spuren der kurz vorausgegangenen Lektüre der *Religion:* so die t. t. „Latitudinarier" und „Rigoristen" und der ausdrückliche Verweis auf den „radikalen Hang" im ersten Abschnitt der „Offenbarung in den Grenzen der Vernunft" (sic!). In ihm setzt sich der Dichter zum erstenmal öffentlich mit dem „Meister" auseinander. Nachdem er vorher dargelegt, daß er „im Felde der reinen Vernunft und bei der moralischen Gesetzgebung" mit den „Rigoristen der Moral" vollkommen einstimmig zu sein glaube, fährt er fort:

„In der Kantschen Moralphilosophie ist die Idee der Pflicht mit einer Härte vorgetragen, die alle Grazien davon zurückschreckt und einen schwachen Verstand leicht versuchen könnte, auf dem Wege einer finsteren und mönchischen Asketik die moralische Vollkommenheit zu suchen. Wie sehr sich auch der große Weltweise gegen diese Mißdeutung zu verwahren suchte, die seinem heiteren und freien Geist unter allen gerade die empörendste sein muß, so hat er, deucht mir, doch selbst durch die strenge und grelle Entgegensetzung beider auf den Willen des Menschen wirkenden Prinzipien einen starken (obgleich bei seiner Absicht vielleicht kaum zu vermeidenden) Anlaß dazu gegeben." Wir verweisen für die weiteren Ausführungen auf den Schillerschen Text selbst und heben nur noch die drei Stellen heraus, die Kant sich selbst für seine Erwiderung (s. unten) notiert hat. „Der Mensch darf nicht nur, sondern er soll Lust und Pflicht in Verbindung bringen; er soll seiner Vernunft mit Freuden gehorchen." „Dadurch schon, daß sie ihn zum vernünftig-sinnlichen Wesen d. i. zum Menschen machte, kündigte ihm die Natur die Verpflichtung an, nicht zu trennen, was sie verbunden hat, auch in den reinsten Äußerungen seines göttlichen Teiles den sinnlichen nicht hinter sich zu lassen, und den Triumph des einen nicht auf Unterdrückung des anderen zu gründen." „Wäre die sinnliche Natur im Sittlichen immer nur die unterdrückte und nie die mitwirkende Partei, wie könnte sie das ganze Feuer ihrer Gefühle zu einem Triumph hergeben, der über sie selbst gefeiert würde?"

Auf diese Schrift Schillers nun wurde Kant durch einen Brief Biesters vom 5. Oktober 1793 in folgenden Worten aufmerksam gemacht: „In Absicht Ihres ersten Abschnittes wünschte ich wohl, daß Sie den Aufsatz von Schiller „Über Anmut und Würde" (in der Thalia 1793 Stück 2; auch einzeln gedruckt) einmal ansehen und gelegentlich auf dasjenige Rücksicht nehmen möchten, was er recht speziös über Ihr Moralsystem sagt, daß nämlich darin zu sehr die harte Stimme der Pflicht (eines zwar von der Vernunft selbst vorgeschriebenen, aber gewissermaßen doch fremden Gesetzes) ertöne, und zu wenig auf die Neigung Rücksicht genommen sei" *(Briefw. II 440f.)*. Ob nun durch diese Anregung Biesters oder durch eigene vorherige Lektüre veranlaßt: Kant fügte in der 2. Auflage zu S. 10 die lange Anmerkung über Schiller hinzu.

Durch einen glücklichen Zufall sind uns die (auf den leeren Teil eines Briefbogens geschriebenen) Notizen Kants erhalten geblieben, welche die Vorarbeit zu dieser Anmerkung bilden. Sie sind von Rudolf Reicke mit bekannter Akribie in den *Losen Blättern aus Kants Nachlaß (Altpreuß. Monatshefte XXV, Heft 3/4, S. 268f., 271 unten — 274 oben*, dann auch besonders in der Buchausgabe der *Losen Blätter* 1889, S. 122f. 124—128) als ein Teil des Convoluts C, Blatt I abgedruckt worden. Wir lassen alles, was sich deutlich auf unsere Stelle bezieht, wort- ja buchstabengetreu folgen, damit der Leser selbst an diesem Beispiel einen Einblick in die Arbeitsweise des Philosophen gewinnt, indem er die unfertigen Notizen mit dem fertigen Texte der „Anmerkung" vergleicht.

* * *

Thalia

Die Frage ist ob die Anmuth vor der Würde oder diese vor jener (als ratione prius) vorhergehen müsse denn in Eins zusammenschmeltzen kann man es nicht im Begriffe von Pflicht wenn sie heterogen sind. Die Achtung fürs Gesetz in einem Wesen daß fehlbar d. i. versucht wird es zu übertreten ist Furcht vor Übertretung (Gottesfurcht) aber zugleich freye Unterwerfung unter dem Gebot aber zugleich freye Unterwerfung unter einem Gesetz daß die Vernunft des Subjects ihm selbst vorschreibt. Die Unterwerfung beweiset Achtung die Freyheit derselben je größer sie ist desto mehr Anmuth. Beydes zusammen Würde (iustum sui aestemium). Nicht ein Heiliger oder ein Vieh sondern in Demuth in Vergleichung mit dem Gesetz. Auch nicht ein büßender Kopfhänger und Frömmling in Selbstverachtung aus Mangel an

Vertrauen zu sich selbst, also nicht als Sünder (denn daß soll er eben durch dieses Vertrauen verhüten zu seyn sondern als ein freyer Unterthan unter dem Gesetz. Würde. (Pope Schrecklicher Chartheuser.) Meine Gebote sind nicht schweer. Wir sind nun eigentlich frey (Paulus) Anmuth ist nicht im Gesetz und in der Verpflichtung auch nicht Furcht in der Achtung. Beyde zus [*bricht ab*]

Thalia herausgegeben von Schiller dritter Teil zweytes Stück 1793.

*

Ueber die Grazie der Gesetzgebung. Pflicht enthält keine Anmuth in ihrer Vorstellung verstattet auch nicht daß diese ihr beygegeben werde um zum Handeln zu bestimmen denn das ist Einschmeichelung des Gesetzgebers und seinem Ansehen zuwider. — Der Gürtel der Venus dione war die Verbergung des Sinnlichen reitzes den zu lösen andere lüstern gemacht werden konnten und dieser ist Achtung mit Wohllüstiger Neigung die durch jene gebändigt wird.

Alle Grazie abzusondern ist nicht sie verscheuchen sie mögen sich immer beygesellen aber nicht sich anhängen — Grazien schicken sich nicht zur Gesetzgebung. Der Ausdruck, Schreibart kann Grazie haben nicht der Sinn und Inhalt.

Die Menschliche Handlungen theilen sich in Geschäfte (die unter dem Gesetz der Pflicht stehen) und Spiel. Es wäre ein Unglück wenn ihm das letztere verboten würde; er würde des Lebens nicht froh werden. Aber eingeschränkt müßen diese doch auf die Bedingung des ersteren werden. Die Grazien gehören zum Spiel so fern es um die erstere zu befördern guten Muth geben und stärken kann.

*

Personen die am einigsten mit einander im Sinne seyn geraten oft in Zwiespalt dadurch daß sie in Worten einander nicht verständlich seyn. — Den Begrif der Pflicht abgesondert von aller Anmuth die dieser ihre Erfüllung begleiten mag zum ersten Grunde der Moralität zu machen soll nicht so viel heissen als ihn von aller sie begleitenden Anmuth trennen sondern nur auf die letztere gar nicht Rücksicht nehmen wenn es auf Pflichtbestimmung ankommt. Denn anmuthig zu seyn ist gar keine Eigenschaft die der Pflicht als einer solchen zukommen kann und sie damit zu verbinden um ihr Eingang zu verschaffen ist der Gesetzgebung zuwieder die eine strenge Forderung ist und für sich geachtet sein will. *Dann folgen die S. LXI von uns bereits angeführten drei Sätze Schillers. Dazu bemerkt Kant:*

Ich habe immer darauf gehalten Tugend und selbst religion in fröhlicher Gemüthsstimmung zu cultiviren und zu erhalten. Die mürrische Kopfhängende gleich als unter einem tyrannischen Joch ächzende cartheusermäßige Befolgung seiner Pflicht ist nicht Achtung sondern knechtische Furcht und dadurch Haß des Gesetzes. Und der selbst der diese Fröhlichkeit zur Pflicht machte würde sie verscheuchen und nur die Grimasse davon übrig lassen.

Die sinnliche Natur muß nicht als Mitwirkend sondern unter der Despotie des categorischen Imperativs gezügelt der Anarchie der Naturneigungen Wiederstand leisten deren Abschaffung allein auch ihre durchgängige Harmonie unter einander befördert.

Würden alle Menschen das moralische Gesetz gern und willig befolgen so wie es die Vernunft es als die Regel enthält so würde es gar keine Pflicht geben so wie man dieses Gesetz welches den Göttlichen Willen bestimmt nicht als ihn verpflichtend denken kan. Wenn es also Pflichten giebt wenn das Moralische Princip in uns Gebot für uns (categorischer Imper.) ist so werden wir als dazu auch ohne Lust und unsere Neigung genötigt angesehen werden müssen. Pflicht etwas gern und aus Neigung zu thun ist Wiederspruch.

verte. Wenn die Einpropfung [*ausgestrichen:* Gründung] dieses Begrifs auf unsere Gesinnung endlich geschehen ist so kann es wohl geschehen daß wir pflichtmäßige Handlungen mit Lust thun aber nicht machen daß wir sie mit Lust aus Pflicht thun welches sich wiederspricht folglich auch nicht als zufolge einer Triebfeder der Sinnenlust die den Mangel des Gehorsams gegen das Pflichtgesetz ergänzt. Denn eben darin besteht die Moralität der Handlung daß das Gesetz der Pflicht nicht bloß die Regel (zu irgend einer Absicht) sondern unmittelbar Triebfeder sey. — Jenes ist parergon der Moral.

Das sittlich noch so weit über Menschen hervorragende Wesen muß die imperative Form des moral: Gesetzes daß seine Vernunft ihm selbst giebt nach aller seiner Strenge als moralischen Zwang erkennen. Denn als endliches Wesen ist es doch durch Bedürfnisse afficirt die physisch sind und den moralischen sich entgegensetzen können. Hierwieder steht nun der categorische imperativ selbst bey allem Zutrauen zu sich selbst weil es doch ein auf physische Bedingen seiner Glückseeligkeit eingeschränkt ist damit diese ja nicht dem Moralgesetze wiederstreiten. Selbst die Furcht kan sich verlohren haben daß gebietende Ansehen bleibt.

* * *

Die Anerkennung, mit welcher der berühmteste Philosoph der Zeit von ihm gesprochen, erfüllte den Dichter mit großer Freude. Er schreibt am 18. Mai 1794 an Freund Körner: „In der neuen Ausgabe seiner philosophischen Religionslehre hat Kant sich über meine Schrift von Anmut und Würde herausgelassen, und sich gegen den darin enthaltenen Angriff verteidigt. Er spricht mit großer Achtung von meiner Schrift und nennt sie das Werk einer Meisterhand. Ich kann Dir nicht sagen, wie es mich freut, daß diese Schrift in seine Hände fiel, und daß sie diese Wirkung auf ihn machte."[1]) Körner antwortete am 25. Mai: „Daß Kant Dich vorzüglich schätzt, wundert mich nicht. Es ist eine gewisse Ähnlichkeit in dem Charakter Eures Geistes, die man bei genauerer Vergleichung wohl bemerken kann."

Bald nachher[2]) benutzte Schiller die an Kant er-

---

[1]) Vgl. auch den Brief an seinen Jugendfreund von Hoven am 21. Nov. 1794.

[2]) Am 13. Juni 1794. Unter demselben Datum schreibt er in derselben Sache seinen ersten Brief auch an — Goethe, dessen Namen mit demjenigen Kants an der Spitze der einzuladenden Mitarbeiter steht.

gehende Einladung zur Mitarbeiterschaft an den *Horen* zu einem Briefe an ihn, in dem er für die „Aufmerksamkeit“ dankte, deren Kant seine „kleine Abhandlung gewürdigt“, und für die „Nachsicht“, mit der er ihn über seine Zweifel „zurechtgewiesen“ habe. „Bloß die Lebhaftigkeit meines Verlangens, die Resultate der von Ihnen gegründeten Sittenlehre einem Teile des Publikums annehmlich zu machen, der bis jetzt noch davor zu fliehen scheint, und der eifrige Wunsch, einen nicht unwürdigen Teil der Menschheit mit der Strenge Ihres Systems auszusöhnen, konnte mir auf einen Augenblick das Ansehen Ihres Gegners geben, wozu ich in der Tat sehr wenig Geschicklichkeit und noch weniger Neigung habe. Daß Sie die Gesinnung, mit der ich schrieb, nicht mißkannten, habe ich mit unendlicher Freude aus Ihrer Anmerkung ersehen, und dies ist hinreichend, mich über die Mißdeutungen zu trösten, denen ich mich bei anderen dadurch ausgesetzt habe.“ Der Schluß des Briefes lautet: „Nehmen Sie, vortrefflicher Lehrer, schließlich noch die Versicherung meines lebhaftesten Dankes für das wohltätige Licht an, was Sie in meinem Geiste angezündet haben; eines Dankes, der wie das Geschenk, auf das er sich gründet, ohne Grenzen und unvergänglich ist.“ In dieser Zeit dachte Schiller an eine zweite Auflage von *Anmut und Würde;* er wollte darin, wie er seinem Verleger G. Göschen am 16. Juni schrieb, „wichtige Abänderungen“ vornehmen, zu denen ihm Kants Äußerungen darüber eine „schöne Veranlassung“ gäben. Doch ist es zu der Ausführung dieses Planes nicht gekommen.

Der Philosoph ließ sehr lange mit der Antwort, die Schiller noch am 10. Juli „mit jedem Posttage“ erhoffte, auf sich warten. Er, der überhaupt kein fleißiger Briefschreiber war, wurde auch von Fichte am 6. Oktober d. J. vergebens an Schillers „sehnsuchtsvolles“ Harren erinnert. Erst als letzterer selbst ihm am 1. März 1795 die beiden ersten Monatshefte der *Horen* mit seinen *Aesthetischen Briefen* übersandt hatte, erwiderte er sehr freundlich. Die „ästhetischen Briefe“, die Schiller ihm als „Früchte“ seines Kantstudiums und in der Hoffnung, „daß Sie den Geist Ihrer Philosophie in dieser Anwendung derselben nicht vermissen", zugeschickt hatte, fand er „vortrefflich"; „ich werde sie studieren, um Ihnen meine Gedanken hierüber dereinst mitteilen zu können." Leider ist es zu dieser Mitteilung nicht gekommen, wie denn überhaupt das „Kultivieren" der „Bekanntschaft" und des „literarischen Verkehrs" mit dem „gelehrten und talentvollen Manne" und „teuersten Freunde", das der Königsberger Philosoph sich in diesem Briefe vorgenommen, unausgeführt blieb. Zu den sonstigen Gründen, der „Ungemächlichkeit des Altwerdens" und der „Mannigfaltigkeit der noch auf mir liegenden Arbeiten", die Kants Schreiben zu seiner Entschuldigung anführt, kam in dieser Zeit noch die preußische „Handelssperre" für „Staats- und Religionsmaterien", die nach seiner Ansicht gegenwärtig gerade interessantesten Artikel; er bat daher um einen noch längeren Aufschub für den zu den *Horen* erbetenen Beitrag. Später verhinderte dann das frühzeitige Eingehen dieser idealsten aller deutschen Zeitschriften, die allerdings ihrem Programm nach alles ausschloß, „was sich auf Staatsreligion und politische Verfassung bezieht", die Sache. Daß Kant sich in der Tat Notizen zum Zweck einer späteren Besprechung der *Aesthetischen Briefe* zu machen begonnen, dürfen wir vielleicht aus der Tatsache schließen, daß sich in seinem *Opus postumum* 17 Zeilen aus dem 19. Briefe eingeschaltet finden. (Näheres in dem Artikel von *K. Vorländer, Ein bisher noch unentdeckter Zusammenhang Kants mit Schiller. Philos. Monatsh. XXX, 57—62.)*

Die Freude, die Schiller über das Eintreffen des so lange vergeblich erwarteten Briefes empfand, tritt, wenn auch gegen früher etwas gedämpft, in einem Briefe an Körner vom 10. April 1795 hervor: „Kant hat mir einen recht freundschaftlichen Brief geschrieben, bittet aber in Ansehung der Horen um Aufschub. Über meine ästhetischen Briefe, die er sehr rühmt, will er mir mehr schreiben, wenn er sie erst studiert hat. Mich freut indessen nur, daß wir den Alten doch in unserer Sozietät haben."

In den folgenden Jahren verdrängte die, nicht zum wenigsten unter dem Einflusse des Freundschaftsbundes mit Goethe, wiedererwachende Neigung zur poetischen Produktion bei Schiller die eindringenden philosophischen Studien. Im Jahre 1795 entstanden noch die schönsten seiner philosophischen Gedichte, vor allem *Ideal und Leben*, in dessen beiden letzten Strophen mit Herakles als Symbol der kämpfenden und siegenden Menschheit wir vielleicht eine Reminiszenz an Kants Satz: „Nur nach bezwungenen Ungeheuern wird Herkules Musaget" (in eben jener Schiller-Anmerkung unserer Schrift) zu erblicken haben. Dann aber erfolgt die vollständige und endgültige Rückkehr zur Poesie, nur von Zeit zu Zeit durch philosophische Lektüre und Diskussion darüber mit dem durch ihn der Philosophie näher gebrachten Goethe unterbrochen. Über das alte Thema des „radikalen Bösen" äußert er sich, durch ein Schreiben Goethes veranlaßt, am 2. August 1799 mit den Worten: „Kants Entwicklung ist mir gar zu mönchisch, ich habe nie damit versöhnt werden können." Daß er trotzdem an den Grundgedanken der Kantischen Philosophie, die er „mit Freuden in sich aufgenommen hatte" (Goethe), stets festgehalten hat, habe ich in meinem mehrerwähnten Buche gezeigt.

c) Weitere Nachwirkungen.

1. Der theologische Rationalismus in der ersten Hälfte des 19. Jahrhunderts.

Aus der Verbreitung von Kants Religionsphilosophie, deren zwar nicht einzige, aber doch Haupturkunde eben die *Religion innerhalb* etc. war, wuchs allmählich eine bestimmte theologisch-religiöse Richtung hervor: der Rationalismus, der fast ein halbes Jahrhundert lang in der theologischen Wissenschaft wie im religiös-kirchlichen Leben der evangelischen Gemeinden die vorherrschende Tendenz geblieben ist. Ganz im Sinne Kants, der sich ja selbst als „reinen Rationalisten" (vgl. unser Register) bekannt hatte, erhob diese Zeitrichtung auch in religiösen Dingen die Vernunft zum obersten Erkenntnisprinzip, wandte sich von Dogma und Spekulation zur Moral, verwarf zwar Bibel und Offenbarung nicht schlechthin, entfernte aber alles daraus, was über den reinen Vernunftglauben hinausging, erklärte die Wunder auf natürliche Weise usw., wobei freilich sich der kritische Standpunkt vielfach in den alten dogmatischen der Aufklärung verflachte.

Den eigentlichen Übergang von der Philosophie zur Theologie machte Tieftrunk in Halle (1759 bis 1837), der für die Grundlage aller Religion das Bewußtsein von unserer unbedingten Freiheit und Autonomie, für das Grundgesetz des Christentums den kategorischen Imperativ erklärte. Unser persönlicher Wert steht in unserer Macht, die Glückseligkeit dagegen muß Gott hinzuverleihen. Der Kern auch der geoffenbarten Religion ist die natürliche; die von Wundern begleitete Offenbarung war nur um des moralischen Tiefstandes ihrer Zeit willen notwendig.

Engere Fühlung mit der historischen Theologie nahmen und gewannen dadurch stärkeren Einfluß auf deren Entwicklung die Rationalisten Ammon, Bretschneider, Wegscheider, Röhr, Paulus. — Ammon (1766—1850), der uns schon oben begegnet ist, wies darauf hin, wie die natürliche Religion durch die in bestimmten Personen und Tatsachen sich verkündende göttliche Offenbarung eine Bestätigung und Bereicherung erfahre, und suchte das Christentum, durch Läuterung von den Schlacken seiner Entstehungszeit, zur „Weltreligion" fortzubilden. — Radikaler als Bretschneider, der neben der allgemeinen Offenbarung Gottes in Natur und Welt noch eine besondere, unserer Erziehungsbedürftigkeit angemessene annehmen zu müssen glaubte, verneinten Wegscheider (1771—1849) und Röhr (1777—1848) die übernatürliche Offenbarung durchaus und erklärten — in lebhafter Polemik mit Schleiermacher, Marheineke, Hase u. a. — die menschliche Vernunft als allein zureichende Erkenntnisquelle, die Genugtuungs- und Erlösungstheorie für ein bloßes Symbol. Mit den Aufklärern des 18. Jahrhunderts, denen viele dieser „Rationalisten" überhaupt zum Verwechseln ähnlich sehen, und im Gegensatz zu Kant halten sie die Menschennatur für wesentlich gut und fordern daher nicht völlige „Wiedergeburt", sondern allmähliche Besserung der Schwachgewordenen. Wegscheider, jahrzehntelang Professor in Halle, wirkte hauptsächlich durch sein an eigenen Gedanken armes, aber weit verbreitetes Lehrbuch *Institutiones theologicae christianae dogmaticae* (1. Aufl. 1815, 8. Aufl. 1844), Röhr, Generalsuperintendent in Weimar, als Kanzelredner und Schriftsteller *(Briefe über den Rationolismus*, 1813); er hatte den Mut, in seinen *Grund- und Glaubenssätzen der evangelisch-protestantischen Kirche* die Aufstellung neuer Glaubenssymbole für seine Kirche zu fordern.

Paulus (1761—1851, zuerst in Jena, dann in Heidelberg) hat sich vor allem auf dem Gebiet der Exegese durch seine „natürlichen" Erklärungen der biblischen Wunder einen Namen erworben. — Ähnlich dachten der Kirchenhistoriker H. Henke (1752 bis 1809), der Alttestamentler Gesenius (1785—1842) und viele andere, während De Wette (1780—1849) einen vermittelnden Standpunkt zwischen Kantischem Rationalismus und Jacobis Gefühlsphilosophie einnimmt, sich dabei hauptsächlich an Fries anlehnend. — Bis zu einem gewissen Grade war endlich auch der katholische Theologieprofessor Hermes (1775—1831, in Bonn) vom Kantianismus beeinflußt, indem er die katholische Dogmatik, ohne einen ihrer Sätze direkt anzugreifen, mit der Vernunft in Übereinstimmung zu bringen suchte und so eine Art von „rationalem Supranaturalismus" vertrat, der übrigens seiner Kirche schon zu weit ging und in der Folge ausdrücklich verdammt ward.

Wir schließen mit dem Urteil Eduard Zellers: „Diese Kantischen Rationalisten bleiben zwar samt und sonders hinter Kants geistreicher Behandlung der christlichen Lehren zurück; sie machen ferner dem Dogmatismus der älteren natürlichen Theologie in der Regel größere Zugeständnisse als jener, ohne doch die Einseitigkeit der bloßen Moralreligion durch einen tieferen Religionsbegriff zu verbessern. . . . . Aber trotz dieser Mängel haben sie sich um die theologische Wissenschaft, die sittliche Erziehung und die religiöse Aufklärung unseres Volkes die größten Verdienste erworben; und die Kantische Philosophie hat, dadurch daß die Mehrzahl der deutschen Theologen fast ein halbes Jahrhundert lang von ihr ausging, einen höchst nachhaltigen und weitgreifenden Einfluß auf die allgemeine Bildung ausgeübt."[1])

2. Urteile moderner Theologen über Kants Religionsphilosophie.

Etwa vom Ende der 30er Jahre an tritt der Rationalismus innerhalb der protestantischen Theologie mehr und mehr hinter andere Denkrichtungen zurück. Auf der einen Seite beginnt die Orthodoxie wieder ihr Haupt zu erheben, mit der die rückläufigen Tendenzen der Althegelianer und der Schellingschen Schule im allgemeinen verbündet sind. Auf der anderen Seite sehen wir die verschiedensten Standpunkte vertreten, von dem Radikalismus der Junghegelianer an über die historische Evangelienkritik der Tübinger Schule bis zu der vermittelnden Theologie von Schleiermachers Anhängern. Der Einfluß des Kritizismus ist in der Theologie (wie in der Philosophie) der zwei Jahrzehnte 1840—1860 kaum noch zu spüren. Dagegen ist bald nach der Neubelebung desselben in der Philosophie zu Anfang der 60er Jahre (Neukantianismus) auch eine lebhafte Einwirkung auf die Theologie, besonders auf A. Ritschl und R. A. Lipsius nebst ihren Anhängern, festzustellen. Doch knüpft diese neukantische Bewegung innerhalb der Theologie, namentlich bei der Ritschlschen Schule, weniger an Kants spezielle Religionsphilosophie als an seine allgemeine kritisch-erkenntnistheoretische Grundstellung an, indem sie reinliche Scheidung zwischen Wissenschaft und Glauben, Ethik und Religion, Naturerkennen und Werturteilen fordert. So kann von einem unmittelbar zu Tage tretenden Einfluß der *Religion innerhalb der Grenzen der bloßen Vernunft* auf die Theologie der Gegenwart allerdings kaum geredet werden. Dagegen wird nicht bloß die historische Leistung, sondern auch die sachliche Bedeutung der Kantischen Religionsphilosophie auch für

---

[1]) *Ed. Zeller, Geschichte der deutschen Philosophie seit Leibniz. 1875. S. 420.*

die heutige Theologie und Kirche von den verschiedensten Standpunkten aus gebührend gewürdigt.

So A. Ritschl *(Die christliche Lehre von der Rechtfertigung und Versöhnung Bd. I, Kap. 8, 1. Aufl. S. 408 bis 464)*: Kants Weltanschauung hat zwar keine unmittelbare Bedeutung für die Religion, wohl aber eine mittelbare (410). Er erscheint nur auf den ersten Anblick als rationalistischer Aufklärer (408). In Wahrheit bedeutet er die „praktische Wiederherstellung des Protestantismus" (410); denn er hat dessen Voraussetzungen, die Begriffe „von sittlicher Freiheit und sittlicher Schuld auf kritische, d. h. wissenschaftlich notwendige Weise festgestellt" (408) und „durch seinen Begriff von der absoluten Verbindlichkeit des Sittengesetzes das entsprechende subjektive Bewußtsein von der eventuellen Verschuldung gegen das Gesetz sicherer begründet, als es durch die altprotestantische Lehre von der Erbsünde geschehen ist" (409). Er ist so der „Erneuerer der sittlichen Weltanschauung der Reformation" (411) geworden, die „ethisch die Absolutheit des öffentlichen Gesetzes behauptet" und „religiös sich auf die Absolutheit der Gnade Gottes gründet" (410). Freilich ist Kants Verbindung der Lehre vom höchsten Gut mit den „kritischen Prinzipien der Moralität" eine „Inkongruenz" (420, das ist auch unsere Meinung, s. oben), und so wird bei ihm die Religion zu einer „Art von Anhängsel" (422 f.) und zwar „zufälligem" (425) Anhängsel der Religion.

Ähnlich wie Ritschl erblickt auch J. Kaftan *(Die Wahrheit der christlichen Religion, Basel 1888)* in Kants Religionsphilosophie eine „Durchführung des ursprünglichen Reformationsgedankens",[1]) die in der Betonung des eigenen inneren Lebens, der „praktischen Motive" liege (210 f.), wogegen Schleiermachers Verflechtung derselben mit spekulativem Wissen doch

[1]) Als „Philosoph des Protestantismus" ist Kant gerade neuerdings oft gefeiert worden: so in dem gleichnamigen Essai von *F. Paulsen*, in den *Grundlagen des 19. Jahrhunderts* von *H. St. Chamberlain*, in den Vorträgen von *Arnold Berger*, *A. Titius*, *Katzer* u. a. (vgl. *Kantstudien IV 1ff., VI 73—77, VII 424*).

wieder einen Rückschritt bedeute. „Kant hat den praktischen Glauben des Christentums sich selbst zurückgegeben. nachdem derselbe vom 2. Jahrhundert an seinen eigentümlichen Charakter durch die Theologie und in derselben eingebüßt hatte;" er hat die Herrschaft der „Schuldogmatiker" (Thomas von Aquino) gebrochen, nach denen der Mensch „auf dem Wege des Erkennens und Wissens sein höchstes Gut suchen muß" (212). So habe Kant „den Grundgedanken der christlichen Religion zuerst als allgemeines Prinzip ausgesprochen und durch seine Kritik des menschlichen Erkenntnisvermögens philosophisch begründet", wenn er auch dem vollen Inhalt des christlichen Glaubens in seiner Zeit nicht habe gerecht werden können (213).

Noch stärker als sein Lehrer Ritschl schließt sich W. Herrmann *(Die Religion im Verhältnis zum Welterkennen und zur Sittlichkeit. 1879)* in der erkenntnistheoretischen Begründung der Religion an Kant an, in dessen „Trennung der theoretischen Erkenntnis von der sittlich bedingten Überzeugung" er geradezu den „Freibrief für die aus den Fesseln philosophischer Weltanschauungen erlöste Theologie" erblickt (S. II, IX); erst Kant habe „die Theologie in die Freiheit entlassen, nach der sie in der Reformationszeit hinausgeblickt hatte" (17). Gleichwohl hegt er gegen die spezielle Kantische Religionsphilosophie, wie sie in der *Religion innerhalb* erscheint, gewichtige Bedenken. Zwar erkennt er mit dem kritischen Philosophen an, daß „die Autonomie des sittlichen Willens im Christentum heimisch" sei (282), und rühmt ihm nach, daß er die „wahre Allgemeingültigkeit der Religion in der Praxis des christlichen Lebens aufgezeigt" (296) und den „spezifischen Vorzug der christlichen Selbstbeurteilung vor der stoischen" richtig erkannt habe (283), aber er sei nicht dazu gelangt, „Wesen und Wert der geschichtlichen, positiven Religion zu verstehen" (ebend.), weil er den „Fehler" begangen habe, „an die Stelle der religiösen Weltanschauung das sittliche Ideal" zu setzen (288). So habe ihn denn gerade sein sittlicher Ernst dazu getrieben, „die religiöse Überlieferung bis zur Unkenntlichkeit zu verstümmeln", einen „durchaus katholischen" Begriff von der Gnade zu statuieren u. a. m. (287). Kant sei darin Rationalist, daß er den Maßstab der Religion nicht aus ihr selbst, sondern von außen nehme (288 f.), den religiösen Glauben als eine „natürliche Funktion" der Vernunft betrachte (293), und so den Quell der religiösen Weltanschauung verkenne, worin ihn dann Schleiermacher korrigiert habe.

O. Pfleiderer verhält sich in den verhältnismäßig kurzen Skizzen, die er von Kants Religionsphilosophie entwirft,[1]) zu derselben wesentlich negativ. Im Gegensatz zu dem „blinden Kant-Kultus der Jetztzeit" hebt er hauptsächlich Kants Schwächen, die „Einseitigkeit und Sprödigkeit seines rationalen Prinzips" hervor, die ihn hindern, Gefühl und Phantasie, dem „Entstehungsort und der bleibenden Domäne des religiösen Lebens", gerecht zu werden. während er, „der theoretische Skeptiker und moralische Rigorist", andrerseits mit seinen „utilitaristisch begründeten theologischen Postulaten dem populären Denken die Hand zum Frieden gereicht" und „sowohl den altgläubigen Supranaturalisten als den wolffisch-aufgeklärten Neologen den willkommenen Anknüpfungspunkt geboten" habe (*Entwicklung* etc. S. 85).[2])

Auf die wichtige Abhandlung von E. Troeltsch — zuerst veröffentlicht in *Kantstudien* IX, S. 21—154 — haben wir schon S. XL hingewiesen.

---

[1]) *O. Pfleiderer*, *Religionsphilosophie auf geschichtlicher Grundlage* 1878, S. 17—88, und *Entwicklung der protestantischen Theologie in Deutschland seit Kant* 1891, S. 13—20.

[2]) Auch über die Grenzen Deutschlands hinaus wird Kant gegenwärtig von der Theologie geschätzt. So knüpfte *Secrétan* (vgl. *Kantstudien* III 195 f.) und knüpfen heute die Schule von *Sabatier* in Paris wie die von *H. Bois* zu Montauban in verschiedenem Sinne an ihn an (vgl. Vaihingers *Geleitwort* zu der Sängerschen Schrift S. XI); ja im VII. Bande der Kantstudien ist eine lange Abhandlung (S. 300—363) *Leclères* über *Le mouvement catholique Kantien en France à l'heure présente* erschienen. — Sogar in der orthodoxen Kirche Rußlands hat man sich neuerdings, und nicht immer in ablehnendem Sinne, mit Kants Problemstellungen beschäftigt (*Kantstudien II 349 f.*).

V. Textphilologisches.

A) Die bisherigen Ausgaben.

1. *Die Religion innerhalb der Grenzen der bloßen Vernunft. Vorgestellt von Immanuel Kant. Königsberg, bey Friedrich Nicolovius. 1793. XX und 296 S.*

2. *Dasselbe. Zweyte vermehrte Auflage. 1794. XXVI und 314 Seiten.* Hinzugekommen ist in der 2. Auflage eine größere Anzahl von zum Teil sachlich bedeutsamen Anmerkungen bezw. Zusätzen zu solchen, die in unserer Ausgabe als solche bezeichnet sind. Die sonstigen Textveränderungen betreffen nur den Stil und sind fast sämtlich unwesentlicher Art.

3. Nachdrucke der ersten Auflage erschienen schon 1793 in Frankfurt/Leipzig und in Neuwied, ein solcher der zweiten Auflage 1794 in Frankf./Leipz., ein Auszug unter dem Titel *Kants Theorie der rein moralischen Religion mit Rücksicht auf das reine Christentum. Kurz dargestellt. Riga, Hartknoch 1796. 190 S.* (Der Verfasser soll ein gewisser *G. L. Remer* gewesen sein.)[1])

4. *Im 10. Bande der Gesamtausgabe von Rosenkranz und Schubert: als No. I, herausgegeben von Karl Rosenkranz, Leipzig 1838, XI S. und S. 1—247.*

5. *Im 6. Bande der Gesamtausgabe von G. Hartenstein, Leipzig 1839 als No. V, XVI S. und S. 159 bis 389.*

6. *Im 6. Bande von G. Hartensteins Gesamtausgabe in chronologischer Reihenfolge, Leipzig 1867, als No. IV, XII S. und 195—301.*

---

[1]) Außerdem hatte ein Professor Grillo einen solchen verfertigt. Kiesewetter schreibt darüber 23. November 1793 an Kant: „HE. Prof. Grillo, ein Mann von 60 Jahren, wollte einen Auszug aus Ihrer Religion innerhalb der Grenzen der Vernunft drucken lassen, dem hat er (sc. der Censor Hermes) wie einem Schulknaben Knittel am Rande des Msc. gemacht. Wäre Grillo nur nicht zu friedliebend." Ob Grillos Friedfertigkeit durch die „Knittel" des mächtigen Hermes von der Drucklegung seines Auszugs abgeschreckt worden ist, kann ich nicht sagen.

7. Band 45 der „Philosophischen Bibliothek", herausgegeben und erläutert von J. H. von Kirchmann, Leipzig 1869, 2. Auflage, 1875, VIII S. und 242 S.

8. No. 1231/32 in „Ph. Reclams Universalbibliothek," herausgegeben von Karl Kehrbach, Leipzig (ohne Jahr, das Vorwort des Herausgebers ist vom September 1879 datiert). XXXII S. und 220 S.

9. Bd. 45 der „Philosoph. Bibliothek", 3. Aufl., mit Einleitung, sowie Personen- und Sachregister, herausg. von Karl Vorländer, 1903. XCVI und 258 S.

10. In Band VI der Werke in „Kants Gesammelte Schriften", herausg. von d. Kgl. Preußischen Akademie der Wissenschaften, 1907, X und 202 S. Herausgeber: Georg Wobbermin. Dazu Anmerkungen S. 497—516.

11. Im 6. Bande der Ausgabe von Ernst Cassirer. Berlin 1914, S. 139—353, vgl. Lesarten S. 520 bis 530. Herausgeber: Artur Buchenau.

Übersetzungen. Ins Dänische wurde Kants Schrift bereits 1798 übersetzt, ins Englische von *Semple* 1838, ins Französische von *Trullard* 1841, von *Lortet* 1842, ins Polnische 1854.

B) Zur Textgeschichte.

1. Über das zum größten Teil erhaltene, im Besitz von Rudolf Reicke-Königsberg befindliche Kantische Manuskript der Schrift gibt *E. Arnoldt* auf S. 357 bis 408 seiner oben erwähnten *Beiträge* genaueste Auskunft, die uns zugleich in authentischer Weise über Kants Verfahren bei der Drucklegung seiner Schriften aufklärt. Der erste Teil der Handschrift enthält die Druckvorlage für das „Erste Stück", von einem Schreiber abgefaßt, jedoch von Kant mehrfach ergänzt und verbessert; der zweite die von zwei verschiedenen Kopisten geschriebene, aber von Kant sorgfältig durchgesehene Vorlage für Stück II und III ganz, für Stück IV teilweise. Von den nicht in den Druck übergegangenen Lesarten des Manuskripts habe ich S. 144[4] *„der Satzungen,"* 178[4] *„mache"* und die

von Kant gewünschte „*daß*“-Konstruktion S. 211 f. in vorliegende Ausgabe aufgenommen.

2. Bereits auf dem letzten Blatte der ersten Ausgabe der *Religion* ist eine Anzahl Druckfehler verbessert, während die zweite Auflage nur einen einzigen, außerdem aber die 18 Stellen, an denen Zusätze gemacht wurden, verzeichnet.

3. Dagegen brachte schon das *Intelligenzblatt* der Jenaischen *Allgemeinen Deutschen Literaturzeitung* vom 22. Juni 1793 *(Seite 488)* unter der Rubrik *Berichtigungen* vier Verbesserungen von „Druckfehlern,“ von denen jedoch nur die als wichtigste bezeichnete letzte (vgl. S. 215a unserer Ausgabe) Aufnahme in die zweite Auflage gefunden hat. Wir haben auch die anderen, weil sie offenbare Verbesserungen sind, akzeptiert (vgl. S 203a, 207b, 219a).

4. Das *Neue theologische Journal, herausgegeben von H. E. G Paulus, Bd. IX (1797) S. 303 f.* bringt zwar ein ziemlich ausführliches *Verzeichnis der Druck- und Schreibfehler in der Schrift Religion etc.*,[1]) ist aber dabei recht oberflächlich verfahren. Denn von den 37 daselbst verzeichneten Druckfehlern sind nicht weniger als 12 bereits in dem Anhang der 1. Auflage (s. oben unter 2), 18 andere durch die 2. Auflage erledigt, sodaß nur einige wenige Verbesserungen übrig bleiben, die wir, soweit sie brauchbar sind, angeführt haben.

Von den neueren Herausgebern haben *Rosenkranz* und *Kehrbach* nur ganz wenige Textänderungen vorgeschlagen; *Hartenstein* hat 19 selbständige Textverbesserungen vorgenommen, die, soweit sie nicht Bagatellen betreffen, unter unserem Texte erwähnt sind.

Von den Textänderungen der Akademie-Ausgabe sind nur die wichtigsten erwähnt. Im übrigen vgl. noch *Otto Schöndörffer* in *Altpreuß. Monatsschrift Bd. 49, S. 513—519.*

---

[1]) Auf die Druckfehlerverzeichnisse des *Intelligenzblattes* und des *Neuen theologischen Journals* bin ich durch die Güte von Herrn *Dr. Rudolf Reicke* in Königsberg aufmerksam gemacht worden, während ich für ihre Beschaffung aus der Göttinger Universitätsbibliothek seinem Sohne, Herrn Bibliothekar *Dr. Joh. Reicke*, zu Dank verpflichtet bin.

C) Textänderungen des Herausgebers.

Vorbemerkung: Nur solche Textverbesserungen sind aufgenommen, die in unserer Ausgabe zum erstenmal erschienen. Die größeren Ziffern bezeichnen die Seiten-, die kleineren die Zeilenzahlen unserer Ausgabe.

Seite 1, Anm. [5]: denn statt dann; desgl. 3 [13]
„ 20 [10]: desselben st. derselben
„ 27 [20]: ihre st. seine
„ 44 [31]: geradezu st. gerade
„ 93 [32]: immer st. sich immer (gefaßt sein; vgl. Kant selbst S. 29 [14])
„ 101 unten: demütige st. demütigende (vgl. Kants Handschrift)
„ 115 [27]: unter ihren Oberen, welche st. welche unter ihren Obern
„ 117 [30]: übersinnlicher st. sinnlicher
„ 122 [21]: fordert st. fördert
„ 123 [28]: diesem st. diesen
„ 126 Anm.: hier nicht etwa st. etwa hier nicht
„ 127 [24]: ihrer Vedas st. ihres Bedas
„ 133 [5]: lautere st. lauter
„ 144 [4]: „den Satzungen" eingeschaltet
„ 150 [11]: seiner st. ihrer
„ 151 [20]: wurde st. wurden
„ 158 Anm.: nach st. vor
„ 165 [33]: als schon st. schon als
„ 169 [2]: Komma zwischen ‚Idee, dem' hinzugefügt
„ 178 [4]: mache st. macht
„ 195 [28]: enthielten st. erhielten
„ 199 Anm.: werden st. werde
„ 203 [27]: „durch die erstere" hinzugefügt
„ 209 [10] ersteren st. erstere
„ 211 [36] 212 [4] scheints zwar, daß ... sei st. scheint zwar ... zu sein
„ 212 [40] sie st. er
„ 216 Anm. 2: welche st. welcher
„ 220 Anm.: die st. der
„ 221 [23]: vereinbare st. vereinbarte
„ 229 [16]: er st. es

Außerdem vgl. noch die Vorschläge S. 6a), 25b), 49b), 62b), 73a), 148a).

VI. Beilagen.

1. Entwurf eines Schreibens von Kant an eine, wahrscheinlich die Königsberger, theologische Fakultät, betreffend die Druckfreiheit für seine Schrift: Religion innerhalb der Grenzen der reinen Vernunft.[1])

Ich habe die Ehre Ew: Hochehrwürden drey philosophische Abhandlungen, die mit der in der Berl: Monatsschrift ein Ganzes ausmachen sollen, nicht so wohl zur Censur als vielmehr zur Beurtheilung, ob die theologische Fakultät sich die Censur derselben anmasse, zu überreichen, damit die philosophische ihr Recht über dieselbe gemäss dem Titel, den diese Schrift führt, unbedenklich ausüben könne. — Denn da die reine philosophische Theologie hier auch in Beziehung auf die biblische vorgestellt wird, wie weit sie nach ihren eigenen Versuchen der Schriftauslegung sich ihr anzunähern getraut, und wo dagegen die Vernunft nicht hinreicht oder auch mit der angenommenen Auslegung der Kirche nicht folgen kan, so ist dieses eine unstreitige Befugnis derselben, bey der sie sich in ihren Grenzen hält und in die biblische Theologie keinen Eingriff thut eben so wenig als man es der letzteren zum Vorwurfe des Eingrifs in die Rechtsame einer anderen Wissenschaft macht, dass sie zu ihrer Bestätigung oder Erläuterung sich so vieler philosophischen Ideen bedient, als sie zu ihrer Absicht tauglich glaubt. — Selbst da, wo die philosophische Theologie der biblischen entgegengesetzte Grundsätze anzunehmen scheint z. B. in Ansehung der Lehre von den Wundern, gesteht und beweist sie, dass diese Grundsätze von ihr nicht als objective, sondern nur als subjective geltend d. i. als Maximen verstanden werden müssen, wenn wir blos unsere (menschliche) Vernunft in theologischen Beurtheilungen zu Rathe ziehen wollen, wodurch die Wunder selbst nicht in Abrede gezogen, sondern dem biblischen Theologen, so fern er blos als ein solcher urtheilen will und alle Vereinigung mit der Philosophie verschmäht, ungehindert überlassen werden.

---

[1]) Vgl. Einleitung S. XXXIIIf. Anm.

Da nun seit einiger Zeit das Interesse der biblischen Theologen als solcher zum Staatsinteresse geworden, gleichwohl aber auch das Interesse der Wissenschaften eben so wohl zum Staatsinteresse gehört, welches eben dieselben Theologen als Universitätsgelehrte (nicht blos als Geistliche) nicht zu verabsäumen und einer der Facultäten z. B. der philosophischen zum vermeynten Vortheil der anderen zu verengen, sondern vielmehr jeder sich zu erweitern befugt und verbunden sind, so ist einleuchtend, dass, wenn ausgemacht ist, eine Schrift gehöre zur biblischen Theologie, die zur Censur derselben bevollmächtigte Kommission über sie das Erkenntnis habe, wenn das aber noch nicht ausgemacht, sondern noch einem Zweifel unterworfen ist, diejenige Facultät auf einer Universität (welche diesen Nahmen darum führt, weil sie auch darauf sehen muss, dass eine Wissenschaft nicht zum Nachtheil der andern ihr Gebiet erweitere), für die das biblische Fach gehört, allein das Erkenntnis habe, ob eine Schrift in das ihr anvertraute Geschäfte Eingriffe thue oder nicht, und im letzteren Fall wenn sie keinen Grund findet Anspruch darauf zu machen, die Censur derselben derjenigen Facultät anheim fallen müsse, für die sie sich selbst angekündigt hat.

2. u. 3. Zwei Entwürfe zur Vorrede der Religion innerhalb der Grenzen der bloßen Vernunft.

Wie stark Kant innerlich mit den in der später gedruckten Vorrede behandelten Problemen beschäftigt war, zeigen nicht bloß mannigfache Notizen in den *Losen Blättern,* sondern auch die beiden folgenden von *W. Dilthey* in den Rostocker Kanthandschriften entdeckten Entwürfe, die wir der wichtigen darin enthaltenen Gedanken wegen unseren Lesern nicht vorenthalten wollen. Der Herausgeber bemerkt über ihren Inhalt (a. a. O. S. 435):

„Die erste Vorrede geht von dem Unterschied der natürlichen und geoffenbarten, als der reinen und angewandten Religion aus, leitet vermittelst desselben das Recht der Erläuterung der Vernunftreligion aus den biblischen Schriften, sowie die Pflicht, den selbständigen Bezirk der biblischen Theologie zu respektieren und nichts in sie als zur Offenbarung gehörig hineinzutragen, folgerichtig ab und, indem sie nun die zünftige Gliederung des gelehrten Wesens in der Universität hinzunimmt, schließt sie weiter: diese Abgrenzung der Rechtssphäre von Philosophen, Theologen und Geistlichen könne und müsse durch die Universität als oberste, verwaltende Magistratur aufrecht erhalten werden. In der Darlegung, welche Folge die Herrschaft der geistlichen Genossenschaft über die Wissenschaft haben würde, bricht der erste Entwurf ab. Der zweite enthält in nuce auf seiner ersten Seite den von S. 3 bis S. 9 der dann gedruckten Vorrede reichenden Zusammenhang. Begriff der einzigen wahren Religion; Notwendigkeit, deren Geltung auf freie Achtung vor derselben zu gründen; nun die Gründe für das tadelnswerte Eingreifen des Staates durch Zwangsgesetze; der Rest ist — gehorchen. Doch entsteht nun die Frage, und sie wird in der Vorrede aufgelöst, welcher der Gerichtshof sei, der über die Eingriffe einer Schrift in den statutarischen Kirchenglauben entscheide, und welche die Kriterien, nach welchen er zu verfahren habe. Hieraus wird dann das Recht der Religionsschrift zu der in ihr enthaltenen moralischen Auslegung der Bibel abgeleitet. Die Energie des zweiten Entwurfs ist in der gedruckten Vorrede abgeschwächt, und der weit aussehende Plan einer wissenschaftlichen Magistratur, den sie enthält, ist nicht mehr berührt. Nach dem majestätischen Eingang, der mit Recht von den allgemeinsten und tiefsten Betrachtungen ausgeht, folgt in dieser gedruckten Vorrede die Behandlung der Frage nach dem Rechte der Auslegung in schlichterer, doch auch in mehr zurückhaltender Weise."

Wir lassen nun die beiden Entwürfe in der Original-Orthographie folgen. Die wenigen Flüchtigkeitsfehler sind nach Dilthey verbessert.

Erster Entwurf.

Man theilt die Religion gewöhnlich in die natürliche und die geoffenbahrte (besser ausgedrückt in die Vernunft- und Offenbahrungsreligion) ein; deren ersterer eine Vernunfttheologie und dergleichen Moral der anderen eine Offenbahrungstheologie (die, wenn ihr ein heiliges Buch zum Texte dient, biblisch heisst) und dergleichen Moral zum Grunde liegt. — Diese Eintheilung ist nicht bestimmt genug um allen Misverstand zu verhüten; den es kan keine Offenbahrungsreligion und mit ihr keine biblische Theologie und Moral geben, in der nicht auch Vernunftreligion und dergleichen Theologie und Moral anzutreffen seyn müsste und zwar so, dass diese als (a priori) für sich bestehend, jene aber als zur Ausübung dessen (in concreto) was diese fordert, hinzukommend und sie ergänzend vorgestellt werde (denn ohne das würde der Glaube nicht Religion, sondern blos Superstition seyn), da dann die Eintheilung in die reine und angewandte Religion aller Misdeutung, vornehmlich in Ansehung der beyderseitigen Gränzen, besser vorbeugen würde.

Es ist des Lehrers einer jeden Wissenschaft grosse Pflicht, sich in den Gränzen derselben zu halten, und wenn etwa zwey derselben verbunden werden, sie doch nicht mit einander zu vermischen, und so ist es auch Pflicht, wenn von Bestimmung des Verhältnisses der reinen Vernunftreligion zum Offenbahrungsglauben die Rede ist. Noch mehr aber ist es Pflicht nicht blos des Philosophen, sondern auch des guten Bürgers, sich in seinen Gränzen zu halten und in die Rechte eines Offenbahrungsglaubens, der in einem gewissen Lande gesetzliche Sanction für sich hat, keine Eingriffe zu thun, wenn dieser unter die Obhut und selbst die Auslegung gewisser Staatsbeamten gesetzt worden, die nicht zu vernünfteln, sondern nur zu befehlen nöthig haben, wie nach diesem Glauben und für die, welche sich dazu bekennen, öffentlich geurtheilt werden soll. Es ist eine privilegirte Zunft, die aber auch Gränzen ihrer Befugnis hat, nämlich in das freye Gewerbe der Philosophie nicht Eingriffe zu thun und ihre Glaubenssätze etwa durch Philosophie beweisen oder anfechten zu wollen, so wie diese sich dagegen bescheidet, über Schrift-Autorität und Auslegung nicht urtheilen zu können und so ein jeder von beydem, was seines Amts nicht ist und wovon er der Regel nach auch nichts versteht, seinen Vorwitz zu lassen.

Woran erkennt man aber sicher, ob eine Schrift oder auch öffentlicher Religionsvortrag in die biblische Theologie eingreife oder sich innerhalb den Schranken der blossen Philosophie halte? — Der Philosoph mag sich noch so sehr enthalten, sich mit Bestimmungen des Offenbahrungsglaubens zu befassen und sich blos auf Principien der reinen Vernunft einschränken, so muss er doch auch auf die Möglichkeit der Ausführung seiner Ideen in der Erfahrung Rücksicht nehmen, ohne welche diese blos leere Ideale, ohne objective practische Realität zu seyn, in Verdacht kommen müssten, mithin keine öffentliche Religion (davon doch der Begriff in den Umfang seines Geschäftes mit gehört), dadurch begründet oder nur als möglich vorgestellt werden könnte. — Beyspiele aber zu seinen Ideen sich ausdenken, d. i. sich Meinungen, die sich Menschen als zu ihrem Offenbahrungsglauben gehörig gemacht haben könnten, zu erdichten, würde Erdichtung von Erdichtungen seyn und so kein Beyspiel zur Erläuterung der Idee eines unter Menschen möglichen Offenbahrungsglaubens abgeben können. Also muss irgend eine Glaubensgeschichte, sie sei im Zendavesta oder in den Vedas oder in dem Coran oder in der vorzüglich so genannten Bibel enthalten, ihm allein dazu tauglichen Stoff darreichen können. — Wenn er sie aber aus demjenigen heiligen Buche, das im Moralischen unter allen, so viel man deren kennt, am besten mit der Vernunftreligion in Harmonie zu bringen ist, aus der Bibel, hernimmt, so kan man ihm nicht Schuld geben, er habe in die biblische Theologie Eingriff gethan, denn dieser geschieht nicht dadurch, dass man aus ihr etwas zum Behuf der Erläuterung seiner Ideen entlehnt, sondern etwas als zu der Offenbahrung gehöriges hineinträgt. — Wenn er aber blos seine reine Vernunfttheologie als abgesonderte Wissenschaft befolgt und, da in Rücksicht darauf, dass keine Schrifttheologie ohne diese seyn kan, wie viel aber von jener in dieser enthalten und gemeynet sey, ohne vorhergehende freye und öffentliche Darstellung beyder gar nicht zu bestimmen ist, es ihm erlaubt seyn muss den Versuch zu machen, Alles was die Schrift als zur Religion gehöriges enthalten mag, mit seinen reinen Vernunftbegriffen von dieser zu vereinigen, gesetzt auch der eigentliche Schrifttheologe behauptete, die von jenem so benutzte Stellen müssten in ganz anderem Sinne genommen werden: so hat der Vernunfttheologe blos für seine Wissenschaft gesorgt, so wie der biblische für die Seinige, und der letztere als Privilegiat für den öffentlichen Kirchenvortrag kan nicht klagen, dass ihm durch die blosse öffentliche Darstellung Eingriff in seine Rechte geschehen sei, weil er, was solche speculative Untersuchungen betrift, nicht als Geistlicher, der ein kirchliches Monopol besitzt, sondern als Gelehrter betrachtet werden muss, über dessen Ansprüche gegen Andere (die zu demselben gelehrten gemeinen Wesen gehören) der Staat kein Erkentnis, sondern nur das Recht und sogar die Verbindlichkeit hat, die Freyheit eines jeden in Bearbeitung seiner Wissenschaft von Anderen ungeschmälert zu erhalten und sie also unter einander ihre Sachen selbst ausfechten lässt.

Wenn Gelehrte sich nicht lieber gleich als im Naturstande befindliche freye Menschen in ihren Ansprüchen gegen einander betragen, sondern in Zünfte (Facultäten genannt) eintheilen sollen, deren jede ihre Wissenschaft (oder eine gewisse Zahl verwandter) methodisch zu bearbeiten sich berufen glaubt, so ist ein gewisses Ganze dieser Zünfte, eine Universität, gleichsam die oberste verwaltende Magistratur im Interesse dieses gemeinen Wesens, welche daher darauf sehen muss, dass sich nicht eine zum Nachtheile der anderen ausschliesliche Rechte herausnehme, und wenn sich deshalb Gefahr zeigt, nach der solennen Formel: provideant consules ne quid respublica detrimenti capiat alsbald ins Mittel treten, diesem Unfug zu wehren, indessen der Staat von dergleichen gelehrten Streitigkeiten gar keine Notiz nimmt. Der Geistliche als ein solcher mag dagegen immer den besonderen Anordnungen des letzteren unterworfen, ja auch für eine gewisse Art der öffentlichen Behandlung der Religion priviligirt seyn, so steht eben derselbe doch als Gelehrter, der sich mit dem Philosophen misst, unter dem Urtheile der Facultät, dazu seine Wissenschaft gezählt wird, nämlich der biblisch-theologischen, welche als ein Departement der Universität nicht blos fürs Heil der Seelen (in Bildung zu Lehre im geistlichen Stande), sondern auch fürs Heil der Wissenschaften zu sorgen hat und der philosophischen Facultät, deren Vernunft-, Sprach- und Geschichtsforschungen sie oft zu benutzen nöthig findet, schlechterdings keine Einschränkungen auferlegen kan, wie weit sie sich ausbreiten dürfe, weil es die Natur derselben mit sich bringt, sich über alles auszubreiten. — Würde die letztere als philosophische sich anmassen, mit ihren Vernunft- und Schriftauslegungen Gemeinden zu stiften und Geistliche zu öffentlichen Lehrern der Kirche zu bilden, so würde das ein Eingrif in die biblische Theologie (und die Rechte der für sie bestimmten Facultät) heissen können, als die allein dazu privilegirt ist. Giebt sie dieser aber nur zu bedenken, was Vernunft und historische Wissenschaft für oder wieder die in Schwang gekommene Auslegungen derselben anzuführen hat, so geschieht dieses nach dem Rechte, das alle Wissenschaften haben, welches nicht anzuerkennen, sondern sich auf ein Privilegium zu berufen den biblischen Theologen von der Stufe eines Gelehrten zu der eines Krämers

Wenn man hievon abgeht und der geistlichen Genossenschaft ausser der ihr ertheilten Gewalt alles, für dessen Verkehr sie privilegirt ist, durch ihre Musterung gehen zu lassen, noch das Recht einräumen will selbst zu urteilen, ob etwas für ihr Gericht gehöre oder nicht, mithin über die Competenz des Gerichtshofes zu urteilen, so ist für die Wissenschaften alles verlohren, und wir würden bald dahin kommen, dass wir, wie zur Zeit der Scholastiker, keine Philosophie haben würden, als die nach den angenommen Sätzen der Kirche gemodelt worden oder wie zur Zeit des Galilei keine Astronomie als die, welche der biblische Theologe, der von ihr nichts versteht, bewilligt hat. Dieser also

Zweiter Entwurf.

Obgleich die einzige wahre Religion, weil sie jedermann verbindet, auch von jedermann auf alle erdenkliche Art und zwar (um Anderer Urteile auch zum Probiersteine der seinigen zu benutzen) öffentlich muss geprüft werden dürfen, indem kein Anderer als ich selbst meine Verirrung von derselben verantworten soll: so kan es doch wohl geschehen, daß in einem Staat, vielleicht weil man glaubt, daß er auch für die Seligkeit (nicht blos das Erdenglück) der Unterthanen Sorge tragen müsse, vielleicht auch, um sich selbst vermittelst der Kirche zu stützen, Anordnungen getroffen worden, welche den einmal angenommenen öffentlichen Religionsglauben gleichsam mit einem Interdict gegen alle Neuerungen und Veränderungen (die den Verdacht einer Ungewisheit desselben rege machen könnten) belegen und gewisse Personen zu Aufbewahrern, Wächtern und alleinigen Auslegern der Urkunden desselben privilegiren. — Hiebei ist nun für den getreuen und ruhigen Unterthan (der freylich unter diesen Umständen nicht als activer, stimmhabender Bürger betrachtet wird) nichts zu thun, als zu gehorchen. Nur Eines macht noch Bedenken: dass nämlich, da in jedem auf Facta gegründeten Offenbarungsglauben doch immer auch allgemeine Religionsbegriffe und Prinzipien, mithin das, was auf einen reinen Vernunftglauben Beziehung hat, enthalten seyn muss, in der Concurrenz des letzteren (der nie verboten werden darf) mit dem ersteren es darauf ankomme, wer die Befugnis habe, über das Forum zu entscheiden, vor das eine Meynung, eine Schrift, dadurch in den durch Gesetze geschützten Offenbarungsglauben Eingriff gethan oder auch umgekehrt von diesem dem reinen Vernunftglauben Abbruch zu geschehen scheint, gezogen werden müsse. Diese Frage, welche eigentlich nur die Competenz des Gerichtshofes betrift, verlangt also zu wissen, wer, wenn eine Schrift darüber angeklagt wird, dass sie sich z .B. mit blos philosophischen Behauptungen in die biblische Theologie mische oder umgekehrt, dass diese ihre Offenbarungslehren der philosophischen

Theologie aufdringe, wer, sage ich, blos hierüber zu sprechen berechtigt sey, ohne noch darauf zu sehen, ob diese Einmischung einer von beyden vortheilhaft oder nachthelig sey.

Ehe wir nun aber auf die Frage antworten, wer hierüber zu sprechen die Befugnis habe, wollen wir vorher untersuchen, woran derselbe (er mag seyn, wer er wolle), dass eine solche Einmischung, ein solcher Eingrif in fremde Geschäfte wirklich geschehen sey, erkennen könne.

Wenn der Philosoph zum Beweise der Wahrheit seiner angeblich reinen Vernunfttheologie biblische Sprüche anführt, mithin das Offenbahrungsbuch in den Verdacht bringt, als habe es lauter Vernunftlehre vortragen wollen, so war seine Auslegung der Schriftstellen Eingriff in die Rechte des biblischen Theologen, dessen eigentliches Geschäft es ist, den Sinn derselben als einer Offenbahrung zu bestimmen, der vielleicht etwas enthalten mag, was gar keine Philosophie jemals einsehen kann, als auf welche Art Lehren jene auch eigentlich ihr Hauptgeschäfte gerichtet hat. Der Philosoph mischt sich also hier ein, wenn er als bestimmender Schriftausleger sich führt, welches seine Sache gar nicht ist, weil dazu Schriftgelehrsamkeit oder, wie einige wollen, gar innere Erleuchtnng gehört, auf deren Besitz er als reiner Vernunftforscher Verzicht tun muss. — Für Einmischung aber in diese Theologie kan es dem Philosophen nicht angerechnet werden, wenn er etwa Stellen aus der Offenbahrungslehre nur zur Erläuterung, allenfalls auch Bestätigung seiner Sätze (nach seiner Art sie zu verstehen und auszulegen) herbeyzieht, so wenig wie es dem Lehrer des Naturrechts, wenn er aus dem römischen Gesetzbuch Ausdrücke und Formeln braucht (wobey er vielleicht wohl gar andere Folgerungen daraus zieht als die Rechtslehrer des letzteren daraus ableiten), zum Eingriffe angerechnet werden kan, so lange er sie als Landesgesetze dadurch nur nicht in ihrem Ansehen schmälern will. Denn die philosophische Theologie sucht alsdann dadurch ihre Begriffe nur zur erläutern und ihnen ein gewisses Leben und eine Salbung zu geben, aber keineswegs, weder ihre noch die biblische Kenntnis zur reinen Vernunftkenntnis zu erweitern oder abzuändern. — Der biblische Theolog behält hiebey immer die Freiheit, sich gegen jene Deutungen zu verwahren, den blossen Vernunftlehrer der Religion der Unzulanglichkeit seiner Einsichten oder auch seiner Unkunde in Ansehung des Sinnes dieser Sprüche zu zeihen, ohne dass er ihn in seine Gränzen zurück zu weisen nöthig hat, weil er diese nicht überschreitet, so lange er es nur mit blossen Vernunftbeweisen zu thun hat und durch seine Schriftauslegung, die er für nichts als Meynung ausgiebt, nur den Verdacht des Wiederspruchs mit der Offenbahrung zu heben denkt. — Im Falle aber, dass dennoch ein solcher Wiederspruch zwischen der philosophischen und biblischen Theologie wirklich wäre, was da auf einer oder der anderen Seite Rechtens sey, ob eine von beyden für Conterbande zu erklären oder beyde neben einander ihre Tauglichkeit zum Endzwecke in voller Freyheit versuchen zu lassen, davon ist hier noch nicht die Rede, sondern nur, wer darüber rechtskräftig urtheilen könne, ob eine Schrift zu einer oder der anderen dieser beyden Religionslehren als gehörig angesehen werden solle. Dass dieses nicht der biblische Theologe seyn könne, ist klar. Denn wenn derjenige, der Gewalt hat, zugleich selbst sollte wählen können, was und wen er unter seinen Gerichtszwang zu ziehen habe, so wäre an kein Recht weiter zu denken. Würde aber der Philosoph die Befugnis haben, zu wählen, so würde er gar keinen Gerichtszwang in Ansehung öffentlicher Glaubenslehren einräumen, von dem hier doch vorausgesetzt wird, dass ihn der Staat angeordnet habe. Es muß also eine dritte Autorität seyn, von der man annehmen kan, dass sie an beyden (der biblischen so wohl als philosophischen Theologie) als Wissenschaften gleichen Antheil nehme um zu verhüten, dass keine durch unmässige Ansprüche die andere vergewaltige und schmälere, damit jede in ihrer Art freyen Wachsthum habe. Dieses kan nun kein anderer als eine Universität sein, welche (selbst der buchstablichen Bedeutung nach) eine Gesellschaft ist, welche auf das Ganze der Wissenschaften und die Erhaltung ihrer Organisation sieht, die jede einzeln so fern in Schranken setzt, als sie der andern den Raum ihrer Ausbreitung benähme. Sie wird aber dieses durch ihre Facultäten als so viele obere Beamte der Gebiete thun, in welche das Reich der Wissenschaften eingeteilt ist. Aber durch welche Facultät wird sie es thun? Durch diejenige, welche über den Flor einer Wissenschaft zu wachen hat, deren öffentliche Lehren wegen ihres Vertrages unter Zwangsgesetzen des Verboths oder Geboths stehen, (durch die theologische), die selbst aber frey seyn muss, um urtheilen zu können, ob ein vorkommender Fall unter jenen Zwangsgesetzen stehe (nicht aber von ihnen abweiche), oder unter den zwangsfreyen Rechtsamen des menschlichen Geistes zu seiner Erweiterung in Wissenschaft überhaupt d. i. ob eine Schrift in die biblische Theologie nach dieser ihren einmal öffentlich mit ausschlieslicher Freyheit durch den Staat versehenen Principien eingreife, um an deren Stelle Vernunftprincipien zu setzen oder es nur mit der Theologie als einer von den mancherley Vernunftwissenschaften (die keine Facta zum Grunde legen) zu thun habe, um, was sie als eine solche enthält, in einem System vorzutragen, mithin sich in ihren Gränzen, nämlich der blossen Philosophie, halte, der biblischen Theologie aber es überlässt, jene mit dieser in Harmonie zu bringen, wenn sie es nicht lieber als ihrer Würde und Heiligkeit verkleinerlich hält, sich damit abzugeben und die Philosophen vernünfteln lässt, so viel sie wollen, indem sie darüber unbekümmert ihren Weg ruhig verfolgt.

Denn da es einmal durch den Fortschritt der Cultur mit den Menschen dahin gekommen ist, dass selbst die Weisheit ihren Einflus nicht gehörig ausbreiten noch weniger aber sichern kan, als vermittelst einer Wissenschaft: so ist es selbst, wenn vom Heil der Seelen die Rede ist, doch zugleich auch um das Heil der Wissenschaft zu thun, die ihre Lehren in einem vollständigen überzeugenden und geläuterten Vortrage enthält, und einer solchen Wissenschaft ist wiederum daran gelegen, dass sie mit anderen und deren Wachsthum zusammen bestehen könne und nicht gleichsam ein Monopol zum Nachtheil der übrigen behaupte, weil dieser wegen der Verknüpfung, die sie insgesammt unter einander haben, doch zuletzt auf sie zurückfallen muss. — So würde, wenn der biblischen Theologie ihre Ansprüche (ohne Rücksicht auf andere Wissenschaften und deren Rechtsame) unbedingt eingeräumt würden, es bald keine natürliche Sittenlehre vielweniger natürliche Religion, ja selbst nicht einmal eine vernünftige Astronomie mehr geben, wie das Schiksal des Galilei es beweist. — Selbst der Privilegiat hat in bürgerlichen Geschäften doch nicht die Befugnis, Sachen Anderer, die er seinem Monopol zuwieder hälte, nach eigenem Gutdünken in Beschlag zu nehmen, sondern es kommt noch auf den Anspruch derjenigen an, die die Rechte der Bürger im Ganzen zu besorgen haben, ob das, wessen er sich anmasst, auch wirklich mit einem Zwang belegtes oder freyes Gut sey.

Es wäre also wohl freylich besser, wenn sich die biblische Theologie mit anderen Wissenschaften in eine Linie stellen liesse und mit dem Einflusse begnügte, den sie sich als eine solche durch ihre eigene Würde verschaffen kan, vornehmlich da Philosophie, die als Gegnerin ihr unter allen am gefährlichsten ist, sich ihr zur Begleiterin und Freundin anbietet (denn dass sie, wie es vordem hiess, ihr als Nachtreterin bedient seyn sollte, daran ist jetzt nicht mehr zu denken). Wenn indessen den Menschen um ihrer Herzenshärtigkeit willen doch durchaus ein Kapzaum angelegt werden soll, so müszte es doch wenigstens nicht durch die geschehen, die mit dem Monopol ausserordentlich begnadigt sind, weil für diese die Gemächlichkeit, die ihnen daraus entspringt, dass sie sich mit anderen Wissenschaften nicht belästigen dürfen, eine starke Verleitung seyn dürfte sie insgesammt zu unterdrücken.

So viel von der Policey in Ansehung der öffentlichen Religionslehren und den Schranken, darinn sie als zum gelehrten, gemeinen Wesen gehörende Anordnung selbst gehalten werden muss, um nicht der vermeynten Sicherheit halber die allgemeine bürgerliche Freyheit auszurotten.

* * *

In der gegenwärtigen Schrift wird das Ganze einer teligion überhaupt, so fern sie blos aus der durch ıoralische Ideen geleiteten Vernunft entwickelt werden an, vorgetragen. Ich kan gar nicht in Abrede ziehen, ass in dieser Bearbeitung die christliche Glaubensehre beständig ins Auge gefaßt worden, nicht, um ie nach dem Sinne ihrer Schrift (anders als blos ıuthmaslich) zu erklären, oder sie auch nach ihrem nneren Gehalte auf den Inbegriff jener Vernunftehren einzuschränken, sondern, da es die Philosophie chwerlich dahin bringen dürfte sich zu versichern; ie habe ein Ganzes derselben nicht blos im allemeinen umfasst, sondern auch in seinen besoneren Bestimmungen (im Detail) ausgeführt, wenn icht schon ein auf Religion abzweckendes, viel ahrhunderte hindurch bearbeitetes, bisweilen wohl iit unnützen Zusätzen versehenes, indessen doch uf alle erdenkliche Bestimmungen derselben Beug nehmendes Werk (eine heilige Schrift mit ihren uslegungen) da wäre, welches die Vernunft auf Jntersuchungen leiten kan, darauf sie von selbst icht gefallen wäre. Eben so wenig mag ich es vereelen, dass so viele augenscheinlich mit der Vernunft ermassen übereinstimmende Lehren derselben, als venn sie durch diese selbst dictirt wären eingenommen ine Neigung in dieser Abhandlung mitgewirkt habe, ie übrigen auch aus demselben Quell abzuleiten und o dasjenige, was vielleicht einem grossen Theile nach)ffenbahrungstheologie sein mag, hier als reine Verunfttheologie zu behandeln, wiewohl nicht sowohl in peculativer Absicht die letztere zur Erkenntnis des Jnerforschlichen (das Nachbeten aber nicht verstanener Worte ist kein Erkentnis) zu erweitern, als ielmehr, so fern die Ideen derselben practisch sind, ım sie zur Religion als moralischer Gesinnung zu rauchen. Ob nun gleich durch diese Vorliebe mancher Sinn der angeführten Schriftstellen an sich verehlt seyn mag, so ist doch auch die blosse Möglicheit, dass sie einen solchen annehmen, für die Ausreitung und Bevestigung dieser Glaubenslehre darinn ehr vorteilhaft, da sie den vernünftelnden Theil der Ienschen (der aber wird bey zunehmender Cultur, man mag ihn niederdrücken so sehr man will, allmälig sehr gros) zur Annehmung derselben geneigt macht („es fehlt nicht viel, dass ich ein Christ würde"); das Uebrige, wofern noch etwas mehr zu thun übrig ist als jene Begriffe in Kraft zu setzen, kan dann die Offenbahrungslehre hinzu thun.

Die Philosophie stösst im Fortgange der zu ihrem reinen Vernunftgeschäft gehörenden Moral zuletzt unvermeidlich auf Ideen einer Religion überhaupt und kan sie nicht umgehen, wohl aber die Anordnung, welche Menschen darüber treffen mögen, um einen Religionszustand unter sich zu errichten. In diesem Betracht scheinen gegenwärtige Abhandlungen nicht reine (mit Empirischem unbemengte) Philosophie zu enthalten und über ihre Gräntze zu gehen. Allein der Ueberschritt von dem Gebiete reiner practischer Ideen zu dem Boden hin, auf dem sie in Ausübung gebracht werden sollen, da die Philosophie mit einem Fusse noch nothwendig auf dem ersteren stehen muss, gehört, was diesen betrifft, doch immer noch zum Felde der reinen Philosophie. Man kan also nicht sagen, dass sie über ihre Gränze hinausgegangen sey, wenn sie die Betrachtung und Beurtheilung einer positiven Religion in ihr Geschäfte zieht, an welcher sie die Bedingungen am besten zeigen zu können glaubt, unter denen allein die Idee einer Religion realisirt werden kan. Daher können gegenwärtige Abhandlungen schlechterdings nicht anders als blos zur Philosophie gehörige Betrachtungen beurtheilt werden.

Nachbemerkung Diltheys: Kleine Mängel sind ohne weiteres berichtigt, Buchstaben, die durch das nächste Blatt zugeklebt sind, ergänzt, die fast ganz fehlende Interpunktion ergänzt worden. Das Manuskript ist sehr vielfach, aber mit peinlicher Sorgfalt durchkorrigiert: lange Stellen sind ausgestrichen, andere am Rande zugefügt.

Die

Religion

innerhalb der Grenzen

der blossen Vernunft.

Vorgestellt

von

Immanuel Kant.

Königsberg,
bey Friedrich Nicolovius.
1793.

Vorrede III

zur ersten Auflage vom Jahre 1793.

Die Moral, sofern sie auf dem Begriffe des Menschen als eines freien, ebendarum aber auch sich selbst durch seine Vernunft an unbedingte Gesetze bindenden Wesens gegründet ist, bedarf weder der Idee eines anderen Wesens über ihm, um seine Pflicht zu erkennen, noch einer anderen Triebfeder als des Gesetzes selbst, um sie zu beobachten. Wenigstens ist es seine eigene Schuld, wenn sich ein solches Bedürfnis an ihm vorfindet, dem aber alsdann auch durch nichts anderes abgeholfen werden kann; weil, was nicht aus ihm selbst und seiner Freiheit entspringt, keinen Ersatz für den Mangel seiner Moralität abgibt. — Sie bedarf also zum Behuf ihrer selbst (sowohl
objektiv, was das Wollen, als subjektiv, was | das Können IV
betrifft) keineswegs der Religion, sondern vermöge der reinen praktischen Vernunft ist sie sich selbst genug. — Denn da ihre Gesetze durch die bloße Form der allgemeinen Gesetzmäßigkeit der danach zu nehmenden Maximen, als oberster (selbst unbedingter) Bedingung aller Zwecke, verbinden: so bedarf sie überhaupt gar keines materialen Bestimmungsgrundes der freien Willkür,*)
das ist | keines Zweckes, weder um, was Pflicht sei, zu V

---

*) Diejenigen, denen der bloß formale Bestimmungsgrund (der IV
Gesetzlichkeit) überhaupt im Begriff der Pflicht zum Bestimmungsgrunde nicht genügen will, gestehen denn doch, daß dieser nicht in der auf eigenes Wohlbehagen gerichteten Selbstliebe angetroffen werden könne. Da bleiben aber alsdann nur zwei Bestimmungsgründe übrig; einer, der rational ist, nämlich eigene Vollkommenheit, und ein anderer, der empirisch ist, fremde Glückseligkeit. — Wenn sie nun unter der ersteren nicht schon die moralische, die nur eine einzige sein kann, verstehen

erkennen, noch dazu, daß sie ausgeübt werde, anzutreiben; sondern sie kann gar wohl und soll, wenn es auf Pflicht ankommt, von allen Zwecken abstrahieren. So bedarf es zum Beispiel, um zu wissen, ob ich vor Gericht in meinem Zeugnisse wahrhaft oder bei Abforderung eines mir anvertrauten fremden Gutes treu sein soll (oder auch kann), gar nicht der Nachfrage nach einem Zwecke, den ich mir bei meiner Erklärung zu bewirken etwa vorsetzen möchte; denn das ist gleichviel, was für einer es sei: vielmehr ist der, welcher, indem ihm sein Geständnis rechtmäßig abgefordert wird, noch nötig findet, sich nach irgend einem Zwecke umzusehen, hierin schon ein Nichtswürdiger.

Obzwar aber die Moral zu ihrem eigenen Behuf keiner
VI Zweckvorstellung bedarf, die vor der Wil|lensbestimmung vorhergehen müßte, so kann es doch wohl sein, daß sie auf einen solchen Zweck eine notwendige Beziehung habe,[a]) nämlich nicht als auf den Grund, sondern als auf die notwendigen Folgen der Maximen, die jenen[b]) gemäß genommen werden. — Denn ohne alle Zweckbeziehung kann gar keine Willensbestimmung im Menschen stattfinden, weil sie nicht ohne alle Wirkung sein kann, deren Vorstellung, wenngleich nicht als Bestimmungsgrund der

---

(nämlich einen dem Gesetze unbedingt gehorchenden Willen), wobei sie aber im Zirkel erklären würden, so müßten sie die Naturvollkommenheit des Menschen, sofern sie einer Erhöhung fähig ist, und deren es viel geben kann (als Geschicklichkeit in Künsten und Wissenschaften, Geschmack, Gewandtheit des Körpers u. dgl.), meinen. Dies ist aber jederzeit nur bedingterweise gut, d. i. nur unter der Bedingung, daß ihr Gebrauch dem moralischen Gesetze (welches allein unbedingt gebietet) nicht widerstreite; also kann sie, zum Zwecke gemacht, nicht Prinzip der Pflichtbegriffe sein. Ebendasselbe gilt auch von dem auf
V Glückseligkeit anderer Menschen gerichteten Zwecke. | Denn eine Handlung muß zuvor an sich selbst nach dem moralischen Gesetze abgewogen werden, ehe sie auf die Glückseligkeit anderer gerichtet wird. Dieser ihre Beförderung ist also nur bedingterweise Pflicht und kann nicht zum obersten Prinzip moralischer Maximen dienen.

a) 1. Aufl.: „daß sie zu einem dergleichen in notwendiger Beziehung stehe“.

b) Die logische Beziehung von „jenen“ ist unklar; Wobbermin vermutet: „Gesetzen“.

Willkür und als ein in der Absicht vorhergehender Zweck,
doch als Folge von ihrer Bestimmung durchs Gesetz zu
einem Zwecke muß aufgenommen werden können (*finis
in consequentiam veniens*), ohne welchen eine Willkür,
die sich keinen weder objektiv noch subjektiv bestimmten
Gegenstand (den sie hat oder haben sollte) zur vorhabenden
Handlung hinzudenkt, zwar wie sie, aber nicht wohin
sie zu wirken habe, angewiesen, sich selbst nicht Genüge
tun kann. So bedarf es zwar für die Moral zum Recht-
handeln keines Zweckes, sondern das Gesetz, welches die
formale Bedingung des Gebrauchs der Freiheit überhaupt
enthält, ist ihr genug. Aber aus der Moral geht doch
ein Zweck | hervor; denn es kann der Vernunft doch VII
unmöglich gleichgültig sein, wie die Beantwortung der
Frage ausfallen möge: was denn aus diesem
unserem Rechthandeln herauskomme, und wo-
rauf wir, gesetzt auch wir hätten dieses nicht völlig in
unserer Gewalt, doch als auf einen Zweck unser Tun und
Lassen richten könnten, um damit wenigstens zusammen-
zustimmen. So ist es zwar nur eine Idee von einem
Objekte, welches die formale Bedingung aller Zwecke,
wie wir sie haben sollen (die Pflicht), und zugleich alles
damit zusammenstimmende Bedingte aller derjenigen Zwecke,
die wir haben (die jener ihrer Beobachtung angemessene
Glückseligkeit), zusammen vereinigt in sich enthält, d. i.
die Idee eines höchsten Gutes in der Welt, zu dessen
Möglichkeit wir ein höheres, moralisches, heiligstes und
allvermögendes Wesen annehmen müssen, das allein beide
Elemente desselben vereinigen kann; aber diese Idee ist
(praktisch betrachtet) doch nicht leer; weil sie unserem
natürlichen Bedürfnisse, zu allem unseren Tun und Lassen
im ganzen genommen irgend einen Endzweck, der von
der Vernunft gerechtfertigt werden kann, zu denken, ab-
hilft, welches sonst ein Hinder|nis der moralischen Ent- VIII
schließung sein würde. Aber, was hier das Vornehmste
ist, diese Idee geht aus der Moral hervor und ist nicht
die Grundlage derselben; ein Zweck, welchen sich zu
machen, schon sittliche Grundsätze voraussetzt. Es kann
also der Moral nicht gleichgültig sein, ob sie sich den
Begriff von einem Endzweck aller Dinge (wozu zusammen-
zustimmen zwar die Zahl ihrer Pflichten nicht vermehrt,
aber doch ihnen einen besonderen Beziehungspunkt der

Vereinigung aller Zwecke verschafft) mache oder nicht; weil dadurch allein der Verbindung der Zweckmäßigkeit aus Freiheit mit Zweckmäßigkeit der Natur, deren wir gar nicht entbehren können, objektiv praktische Realität verschafft werden kann. Setzt einen Menschen, der das moralische Gesetz verehrt und sich den Gedanken beifallen läßt (welches er schwerlich vermeiden kann), welche Welt er wohl durch die praktische Vernunft geleitet e r s c h a f f e n würde, wenn es in seinem Vermögen wäre, und zwar so, daß er sich selbst als Glied in dieselbe hineinsetzte, so würde er sie nicht allein gerade so wählen, als es jene moralische Idee vom höchsten Gut mit sich bringt, wenn
IX ihm bloß die Wahl überlassen wäre, sondern er würde auch wollen, daß eine Welt überhaupt existiere, weil das moralische Gesetz will, daß das höchste durch uns mögliche Gut bewirkt werde, ob er sich gleich nach dieser Idee selbst in Gefahr sieht, für seine Person an Glückseligkeit sehr einzubüßen, weil es möglich ist, daß er vielleicht der Forderung der letzteren, welche die Vernunft zur Bedingung macht, nicht adäquat sein dürfte; mithin würde er dieses Urteil ganz parteilos, gleich als von einem Fremden gefällt, doch zugleich für das seine anzuerkennen sich durch die Vernunft genötigt fühlen, wodurch der Mensch das in ihm moralisch gewirkte Bedürfnis beweist, zu seinen Pflichten sich noch einen Endzweck, als den Erfolg derselben, zu denken.

Moral also führt unumgänglich zur Religion, wodurch sie sich zur Idee eines machthabenden moralischen Gesetzgebers außer dem Menschen erweitert,*) in dessen Willen

---

*) Der Satz: es ist ein Gott, mithin es ist ein höchstes Gut in der Welt, wenn er (als Glaubenssatz) bloß aus der Moral
X hervorgehen soll, ist ein synthetischer *a priori*, der, | ob er gleich nur in praktischer Beziehung angenommen wird, doch über den Begriff der Pflicht, den die Moral enthält (und der keine Materie der Willkür, sondern bloß formale Gesetze derselben voraussetzt), hinausgeht, und aus dieser also analytisch nicht entwickelt werden kann. W i e i s t a b e r e i n s o l c h e r S a t z *a priori* m ö g l i c h ? Das Zusammenstimmen mit der bloßen Idee eines moralischen Gesetzgebers aller Menschen ist zwar mit dem moralischen Begriffe von Pflicht überhaupt identisch, und sofern wäre der Satz, der diese Zusammenstimmung gebietet, analytisch. Aber die Annehmung seines Daseins sagt mehr als die bloße Möglichkeit eines solchen Gegenstandes. Den Schlüssel zur

dasjenige Endzweck (der | Weltschöpfung) ist, was zugleich X der Endzweck des Menschen sein kann und soll.

Wenn die Moral an der Heiligkeit ihres Gesetzes einen Gegenstand der größten Achtung erkennt, | so stellt XI sie auf der Stufe der Religion an der höchsten, jene Gesetze vollziehenden Ursache einen Gegenstand der Anbetung

---

Auflösung dieser Aufgabe, soviel ich davon einzusehen glaube, kann ich hier nur anzeigen, ohne sie auszuführen.

Zweck ist jederzeit der Gegenstand einer Zuneigung, d. i. einer unmittelbaren Begierde zum Besitz einer Sache, vermittelst seiner[*]) Handlung; sowie das Gesetz (das praktisch gebietet) ein Gegenstand der Achtung ist. Ein objektiver Zweck (d. i. derjenige, den wir haben sollen) ist der, welcher uns von der bloßen Vernunft als ein solcher aufgegeben wird. Der Zweck, welcher die unumgängliche und zugleich zureichende Bedingung aller | übrigen enthält, ist der Endzweck. Eigene XI Glückseligkeit ist der subjektive Endzweck vernünftiger Weltwesen (den jedes derselben vermöge seiner von sinnlichen Gegenständen abhängigen Natur hat, und von dem es ungereimt wäre zu sagen: daß man ihn haben solle), und alle praktischen Sätze, die diesen Endzweck zum Grunde haben, sind synthetisch, aber zugleich empirisch. Daß aber jedermann sich das höchste in der Welt mögliche Gut zum Endzwecke machen solle, ist ein synthetischer praktischer Satz *a priori*, und zwar ein objektiv-praktischer, durch die reine Vernunft aufgegebener, weil er ein Satz ist, der über den Begriff der Pflichten in der Welt hinausgeht und eine Folge derselben (einen Effekt) hinzutut, der in den moralischen Gesetzen nicht enthalten ist und daraus also analytisch nicht entwickelt werden kann. Diese nämlich gebieten schlechthin, es mag auch der Erfolg derselben sein, welcher er wolle, ja sie nötigen sogar, davon gänzlich zu abstrahieren, wenn es auf eine besondere Handlung ankommt, und machen dadurch die Pflicht zum Gegenstande der größten Achtung, ohne uns einen Zweck (und Endzweck) vorzulegen und aufzugeben, der etwa die Empfehlung derselben und die Triebfeder zur Erfüllung unserer Pflicht ausmachen müßte. Alle Menschen könnten hieran auch genug haben, wenn sie (wie sie sollten) sich bloß an die Vorschrift der reinen Vernunft im Gesetz hielten. Was brauchen sie den Ausgang ihres moralischen Tuns und Lassens zu wissen, den der Weltlauf herbeiführen wird? Für sie ist's genug, daß sie ihre Pflicht tun; es mag nun auch mit dem irdischen Leben alles aus sein und wohl gar selbst XII

---

[*]) sc. des Begehrenden.

vor und erscheint in ihrer Majestät. Aber alles, auch
XII das Erhabenste, | verkleinert sich unter den Händen der
Menschen, wenn sie die Idee desselben zu ihrem Gebrauch
verwenden. Was nur sofern wahrhaftig verehrt werden
XIII kann, als die Achtung dafür frei ist, wird | genötigt, sich
nach solchen Formen zu bequemen, denen man nur durch
Zwangsgesetze Ansehen verschaffen kann, und was sich

---

in diesem Glückseligkeit und Würdigkeit vielleicht niemals zusammentreffen. Nun ist's aber eine von den unvermeidlichen Einschränkungen des Menschen und seines (vielleicht auch aller anderen Weltwesen) praktischen Vernunftvermögens, sich bei allen Handlungen nach dem Erfolg aus denselben umzusehen, um in diesem etwas aufzufinden, was zum Zweck für ihn dienen und auch die Reinigkeit der Absicht beweisen könnte, welcher in der Ausübung *(nexu effectivo)* zwar das letzte, in der Vorstellung aber und der Absicht *(nexu finali)* das erste ist. An diesem Zwecke nun, wenn er gleich durch die bloße Vernunft ihm vorgelegt wird, sucht der Mensch etwas, was er l i e b e n kann; das Gesetz also, was ihm bloß A c h t u n g einflößt, ob es zwar jenes als Bedürfnis[a]) nicht anerkennt, erweitert sich doch zum Behuf desselben zu Aufnehmung des moralischen Endzwecks der Vernunft unter seine Bestimmungsgründe; das ist, der Satz: mache das höchste in der Welt mögliche Gut zu deinem Endzweck, ist ein synthetischer Satz *a priori*, der durch das moralische Gesetz selber eingeführt wird, und wodurch gleichwohl die praktische Vernunft sich über das letztere erweitert, welches dadurch möglich ist, daß jenes auf die Natureigenschaft des Menschen, sich zu allen Handlungen außer dem Gesetz noch einen Zweck denken zu müssen, bezogen wird (welche Eigenschaft desselben ihn zum Gegenstande der Erfahrung macht), und ist (gleichwie die theoretischen und dabei synthetischen Sätze
XIII *a priori*) nur dadurch mög|lich, daß er das Prinzip *a priori* der Erkenntnis der Bestimmungsgründe einer freien Willkür in der Erfahrung überhaupt enthält, sofern diese, welche die Wirkungen der Moralität in ihren Zwecken darlegt, dem Begriff der Sittlichkeit, als Kausalität in der Welt, objektive, obgleich nur praktische Realität verschafft. — Wenn nun aber die strengste Beobachtung der moralischen Gesetze als Ursache der Herbeiführung des höchsten Guts (als Zwecks) gedacht werden soll, so muß, weil das Menschenvermögen dazu nicht hinreicht, die Glückseligkeit in der Welt einstimmig mit der Würdigkeit, glücklich zu sein, zu bewirken, ein allvermögendes moralisches Wesen als Weltherrscher angenommen werden, unter dessen Vorsorge dieses geschieht, d. i. die Moral führt unausbleiblich zur Religion

---

a) Verständlicher wäre: „jenes Bedürfnis“

von selbst der öffentlichen Kritik jedes Menschen bloßstellt, das muß sich einer Kritik, die Gewalt hat, d. i. einer Zensur unterwerfen.

Indessen, da das Gebot: gehorche der Obrigkeit! doch auch moralisch ist, und die Beobachtung desselben wie die von allen Pflichten zur Religion gezogen werden kann, so geziemt einer Abhandlung, welche dem bestimmten Begriffe der letzteren gewidmet ist, selbst ein Beispiel dieses Gehorsams | abzugeben, der aber nicht durch die XIV
Achtsamkeit bloß auf das Gesetz einer einzigen Anordnung im Staat und blind in Ansehung jeder anderen, sondern nur durch vereinigte Achtung für alle vereinigt bewiesen werden kann. Nun kann der Bücher richtende Theolog entweder als ein solcher angestellt sein, der bloß für das Heil der Seelen, oder auch als ein solcher, der zugleich für das Heil der Wissenschaften Sorge zu tragen hat; der erste Richter bloß als Geistlicher, der zweite zugleich als Gelehrter. Dem letzteren als Gliede einer öffentlichen Anstalt, der (unter dem Namen einer Universität) alle Wissenschaften zur Kultur und zur Verwahrung gegen Beeinträchtigungen anvertraut sind, liegt es ob, die Anmaßungen des ersteren auf die Bedingung einzuschränken, daß seine Zensur keine Zerstörung im Felde der Wissenschaften anrichte, und wenn beide biblische Theologen sind, so wird dem letzteren als Universitätsgliede von derjenigen Fakultät, welcher diese Theologie abzuhandeln aufgetragen worden, die Oberzensur zukommen; weil, was die erste Angelegenheit (das Heil der Seelen) betrifft, beide einerlei Auftrag haben; | was aber die XV
zweite (das Heil der Wissenschaften) anlangt, der Theolog als Universitätsgelehrter noch eine besondere Funktion zu verwalten hat. Geht man von dieser Regel ab, so muß es endlich dahin kommen, wo es schon sonst (zum Beispiel zur Zeit des Galileo) gewesen ist, nämlich daß der biblische Theolog, um den Stolz der Wissenschaften zu demütigen und sich selbst die Bemühung mit denselben zu ersparen, wohl gar in die Astronomie oder andere Wissenschaften, z. B. die alte Erdgeschichte, Einbrüche wagen und, wie diejenigen Völker, die in sich selbst entweder nicht Vermögen oder auch nicht Ernst genug finden, sich gegen besorgliche Angriffe zu verteidigen, alles um sich her in Wüstenei verwandeln, alle

Versuche des menschlichen Verstandes in Beschlag nehmen dürfte.

Es steht aber der biblischen Theologie im Felde der Wissenschaften eine philosophische Theologie gegenüber, die das anvertraute Gut einer anderen Fakultät ist. Diese, wenn sie nur innerhalb der Grenzen der bloßen Vernunft
XVI bleibt und | zur Bestätigung und Erläuterung ihrer Sätze die Geschichte, Sprachen, Bücher aller Völker, selbst die Bibel benutzt, aber nur für sich, ohne diese Sätze in die biblische Theologie hineinzutragen und dieser ihre öffentlichen Lehren, dafür der Geistliche privilegiert ist, abändern zu wollen, muß volle Freiheit haben, sich so weit, als ihre Wissenschaft reicht, auszubreiten; und obgleich, wenn ausgemacht ist, daß der erste wirklich seine Grenze überschritten und in die biblische Theologie Eingriffe getan habe, dem Theologen (bloß als Geistlichen betrachtet) das Recht der Zensur nicht bestritten werden kann, so kann doch, sobald jenes noch bezweifelt wird und also die Frage eintritt, ob jenes durch eine Schrift oder einen anderen öffentlichen Vortrag des Philosophen geschehen sei, nur dem biblischen Theologen, als *Gliede seiner Fakultät*, die Oberzensur zustehen, weil dieser auch das zweite Interesse des gemeinen Wesens, nämlich den Flor der Wissenschaften, zu besorgen angewiesen und ebenso gültig als der erstere angestellt worden ist.

XVII Und zwar steht in solchem Falle dieser Fakultät, nicht der philosophischen, die erste Zensur zu; weil jene allein für gewisse Lehren privilegiert ist, diese aber mit den ihrigen einen offenen freien Verkehr treibt, daher nur jene darüber Beschwerde führen kann, daß ihrem ausschließlichen Rechte Abbruch geschehe. Ein Zweifel wegen des Eingriffs aber ist, ungeachtet der Annäherung sämtlicher beider[a]) Lehren zueinander und der Besorgnis des Überschreitens der Grenzen von seiten der philosophischen Theologie, leicht zu verhüten, wenn man erwägt, daß dieser Unfug nicht dadurch geschieht, daß der Philosoph von der biblischen Theologie etwas *entlehnt*, um es zu seiner Absicht zu brauchen (denn die letztere wird selbst nicht in Abrede sein wollen, daß sie nicht vieles, was ihr mit den Lehren der bloßen Vernunft gemein ist, überdem

a) Stilistisch glatter wäre: sämtlicher Lehren beider.

auch manches zur Geschichtskunde oder Sprachgelehrsam-
keit und für deren Zensur Gehöriges enthalte); gesetzt
auch, er brauche das, was er aus ihr borgt, in einer der
bloßen Vernunft angemessenen, der letzteren aber vielleicht
nicht gefälligen Bedeutung; sondern nur sofern er in diese
etwas hineinträgt und sie dadurch | auf andere Zwecke XVIII
richten will, als es dieser ihre Einrichtung verstattet. —
So kann man z. B. nicht sagen, daß der Lehrer des
Naturrechts, der manche klassische Ausdrücke und Formeln
für seine philosophische Rechtslehre aus dem Kodex der
römischen entlehnt, in diese einen Eingriff tue, wenn er
sich derselben, wie oft geschieht, auch nicht genau in
demselben Sinn bedient, in welchem sie nach den Aus-
legern des letzteren zu nehmen sein möchten, wofern er
nur nicht will, die eigentlichen Juristen oder gar Gerichts-
höfe sollten sie auch so brauchen. Denn wäre das nicht
zu seiner Befugnis gehörig, so könnte man auch um-
gekehrt den biblischen Theologen oder den statutarischen
Juristen beschuldigen, sie täten unzählige Eingriffe in
das Eigentum der Philosophie, weil beide, da sie der
Vernunft und, wo es Wissenschaft gilt, der Philosophie
nicht entbehren können, aus ihr sehr oft, obzwar nur zu
ihrem beiderseitigen Behuf, borgen müssen. Sollte es
aber bei dem ersteren darauf angesehen sein, mit der
Vernunft in Religionsdingen womöglich gar nichts zu
schaffen zu haben, so kann man leicht voraussehen, auf
wessen Seite der Verlust sein würde; denn eine Religion,
die der Vernunft unbedenklich den Krieg ankündigt, XIX
wird es auf die Dauer gegen sie nicht aushalten. — Ich
getraue mir sogar in Vorschlag zu bringen: ob es nicht
wohlgetan sein würde, nach Vollendung der akademischen
Unterweisung in der biblischen Theologie jederzeit noch
eine besondere Vorlesung über die reine philosophische
Religionslehre (die sich alles, auch die Bibel, zu nutze
macht) nach einem Leitfaden, wie etwa dieses Buch (oder
auch ein anderes, wenn man ein besseres von derselben
Art haben kann), als zur vollständigen Ausrüstung des
Kandidaten erforderlich, zum Beschlusse hinzuzufügen. —
Denn die Wissenschaften gewinnen lediglich durch die
Absonderung, sofern jede vorerst für sich ein Ganzes

ausmacht und nur dann allererst mit ihnen der Versuch angestellt wird, sie in Vereinigung zu betrachten. Da mag nun der biblische Theolog mit dem Philosophen einig sein oder ihn widerlegen zu müssen glauben; wenn er ihn nur hört. Denn so kann er allein wider alle Schwierigkeiten, die ihm dieser machen dürfte, zum voraus bewaffnet sein. Aber diese zu verheimlichen, auch wohl als ungöttlich zu verrufen, ist ein armseliger Behelf, der
XX nicht stichhält; beide aber zu ver|mischen, und von seiten
des biblischen Theologen nur gelegentlich flüchtige Blicke darauf zu werfen, ist ein Mangel der Gründlichkeit, bei dem am Ende niemand recht weiß, wie er mit der Religionslehre im ganzen dran sei.

Von den folgenden vier Abhandlungen, in denen ich nun, die Beziehung der Religion auf die menschliche, teils mit guten, teils bösen Anlagen behaftete Natur bemerklich zu machen, das Verhältnis des guten und bösen Prinzips, gleich als zweier für sich bestehender, auf den Menschen einfließender wirkenden Ursachen vorstelle, ist die erste schon in der Berlinischen Monatsschrift, April 1792, eingerückt gewesen, konnte aber wegen des genauen Zusammenhanges der Materien von dieser Schrift, welche in den drei jetzt hinzukommenden die völlige Ausführung derselben enthält, nicht wegbleiben.[a]) —

a) In der ersten Auflage folgen hier noch die Worte: „Die auf den ersten Bogen von der meinigen abweichende Orthographie wird der Leser wegen der Verschiedenheit der Hände, die an der Abschrift gearbeitet haben, und der Kürze der Zeit, die mir zur Durchsicht übrig blieb, entschuldigen.“

Vorrede XXI

zur zweiten Auflage.

In dieser ist, außer den Druckfehlern und einigen wenigen verbesserten Ausdrücken, nichts geändert. Die neu hinzugekommenen Zusätze sind, mit einem Kreuz (†) bezeichnet, unter den Text gesetzt.[a])

Von dem Titel dieses Werkes (denn in Ansehung der unter demselben verborgenen Absicht sind auch Bedenken geäußert worden) merke ich noch an: Da Offenbarung doch auch reine Vernunftreligion in sich wenigstens begreifen kann, aber nicht umgekehrt diese das Histori|sche XXII der ersteren, so werde ich jene als eine weitere Sphäre des Glaubens, welche die letztere als eine engere in sich beschließt (nicht als zwei außereinander befindliche, sondern als konzentrische Kreise), betrachten können, innerhalb deren letzterem der Philosoph sich als reiner Vernunftlehrer (aus bloßen Prinzipien *a priori*) halten, hierbei also von aller Erfahrung abstrahieren muß. Aus diesem Standpunkte kann ich nun auch den zweiten Versuch machen, nämlich von irgend einer dafür gehaltenen Offenbarung auszugehen und, indem ich von der reinen Vernunftreligion (sofern sie ein für sich bestehendes System ausmacht) abstrahiere, die Offenbarung als historisches System an moralische Begriffe bloß frag-

---

a) Diese Bezeichnung war in dem Abdrucke der 2. Auflage größtenteils unterlassen worden; daher sich dort am Ende des Buches unter der Überschrift: *Emendanda* ein, aber auch nicht ganz vollständiges, Verzeichnis der Zusätze zur 2. Auflage findet. Der Gleichförmigkeit wegen ist hier für sämtliche Zusätze Kants das (*) beibehalten; an den betreffenden Stellen sind die Zusätze zur 2. Auflage ausdrücklich als solche bezeichnet worden. [Bemerkung des Herausgebers.]

mentarisch halten und sehen, ob dieses nicht zu demselben
reinen **Vernunftsystem** der Religion zurückführe,
welches zwar nicht in theoretischer Absicht (wozu auch
die technisch-praktische der Unterweisungsmethode als
einer **Kunstlehre** gezählt werden muß), aber doch in
moralisch-praktischer Absicht selbständig und für eigent-
XXIII liche Religion, die als Vernunftbegriff *a priori* (der | nach
Weglassung alles Empirischen übrig bleibt) nur in dieser
Beziehung stattfindet, hinreichend sei. Wenn dies zu-
trifft, so wird man sagen können, daß zwischen Vernunft
und Schrift nicht bloß Verträglichkeit, sondern auch
Einigkeit anzutreffen sei, sodaß, wer der einen (unter
Leitung der moralischen Begriffe) folgt, nicht ermangeln
wird, auch mit der anderen zusammenzutreffen. Träfe es
sich nicht so, so würde man entweder zwei Religionen
in einer Person haben, welches ungereimt ist, oder eine
Religion und einen **Kultus**, in welchem Fall, da
letzterer nicht (so wie Religion) Zweck an sich selbst ist,
sondern nur als Mittel einen Wert hat, beide oft müßten
zusammengeschüttelt werden, um sich auf kurze Zeit zu
verbinden, alsbald aber wie Öl und Wasser sich wieder
voneinander scheiden und das Reinmoralische (die Vernunft-
religion) obenauf müßten schwimmen lassen.

Daß diese Vereinigung oder der Versuch derselben ein
dem philosophischen Religionsforscher mit vollem Recht
gebührendes Geschäft und nicht Eingriff in die aus-
XXIV schließlichen Rechte des | biblischen Theologen sei, habe
ich in der ersten Vorrede angemerkt. Seitdem habe ich
diese Behauptung in der Moral des seligen **Michaelis**[a])
(erster Teil, S. 5—11), eines in beiden Fächern wohl be-
wanderten Mannes, angeführt und durch sein ganzes Werk
ausgeübt gefunden, ohne daß die höhere Fakultät darin
etwas ihren Rechten Präjudizierliches angetroffen hätte.

Auf die Urteile würdiger, genannter und ungenannter
Männer über diese Schrift habe ich in dieser zweiten
Auflage, da sie (wie alles auswärtige Literarische) in
unseren Gegenden sehr spät einlaufen, nicht Bedacht
nehmen können, wie ich wohl gewünscht hätte, vornehm-
lich in Ansehung der *Annotationes quaedam theologicae etc.*
des berühmten Herrn D. **Storr** in Tübingen[b]), der sie mit
seinem gewohnten Scharfsinn, zugleich auch mit einem
den größten Dank verdienenden Fleiße und Billigkeit in

---

a) Joh. Dav. **Michaëlis** (1717—91), Prof. d. Theologie in Göttingen. Seine *Moral* erschien 1792. Vgl. auch Bd. 46d, S. 49 Anm. der *Phil. Bibl.* b) Über **Storr** s. meine Einleitung S. LIII f.

Prüfung genommen hat, welche zu erwidern ich zwar vorhabens bin, es aber zu versprechen, der Beschwerden wegen, die das Alter vornehmlich der Bearbeitung abstrakter Ideen entgegensetzt, mir nicht getraue. — Ei|ne Be- XXV
urteilung, nämlich die in den Greifswalder Neuen kritischen Nachrichten 29. Stück, kann ich ebenso kurz abfertigen, als es der Rezensent mit der Schrift selbst getan hat. Denn sie ist seinem Urteile nach nichts anderes als Beantwortung der mir von mir selbst vorgelegten Frage: „Wie ist das kirchliche System der Dogmatik in seinen Begriffen und Lehrsätzen nach reiner (theoretischer und praktischer) Vernunft möglich?" — „Dieser Versuch gehe also überall diejenigen nicht an, die sein (Kants) System so wenig kennen und verstehen, als sie dieses zu können verlangen, und für sie also als nicht existierend anzusehen sei." — Hierauf antworte ich: es bedarf, um diese Schrift ihrem wesentlichen Inhalte nach zu verstehen, nur der gemeinen Moral, ohne sich auf die Kritik der praktischen Vernunft, noch weniger aber der theoretischen einzulassen, und wenn z. B. die Tugend als Fertigkeit in pflichtmäßigen Handlungen (ihrer Legalität nach) *virtus phaenomenon*, dieselbe aber als standhafte Gesinnung solcher Handlungen aus Pflicht (ihrer Moralität wegen) *virtus noumenon* genannt wird, so sind diese Ausdrücke
nur | der Schule wegen gebraucht, die Sache selbst aber XXVI
in der populärsten Kinderunterweisung oder Predigt, wenngleich mit anderen Worten, enthalten und leicht verständlich. Wenn man das letztere nur von den zur Religionslehre gezählten Geheimnissen von der göttlichen Natur rühmen könnte, die, als ob sie ganz populär wären, in die Katechismen gebracht werden, späterhin aber allererst in moralische Begriffe verwandelt werden müssen, wenn sie für jedermann verständlich werden sollen!

Königsberg, den 26. Januar 1794.

Der

philosophischen Religionslehre

erstes Stück.

Erstes Stück. [3]

Von der Einwohnung des bösen Prinzips neben dem guten,

oder

über das radikale Böse in der menschlichen Natur.

Daß die Welt im Argen liege, ist eine Klage, die so alt ist als die Geschichte, selbst als die noch ältere Dichtkunst, ja gleich alt mit der ältesten unter allen Dichtungen, der Priesterreligion. Alle lassen gleichwohl die Welt vom Guten anfangen: vom goldenen Zeitalter, vom Leben im Paradiese oder von einem noch glücklicheren, in Gemeinschaft mit himmlischen Wesen. Aber dieses Glück lassen sie bald wie einen Traum verschwinden; und nun den Verfall ins Böse (das Moralische, mit welchem das Physische immer | zu gleichen Paaren ging) zum [4] Ärgeren mit acceleriertem Falle eilen,*) sodaß wir jetzt (dieses Jetzt aber ist so alt als die Geschichte) in der letzten Zeit leben, der jüngste Tag und der Welt Untergang vor der Tür ist und in einigen Gegenden von Hindostan der Weltrichter und Zerstörer Ruttren (sonst auch Siba oder Siwen genannt) schon als der jetzt machthabende Gott verehrt wird, nachdem der Welterhalter Wischnu, seines Amts, das er vom Weltschöpfer Brahma übernahm, müde, es schon seit Jahrhunderten niedergelegt hat.

---

*) Aetas parentum, peior avis, tulit
Nos nequiores, mox daturos
Progeniem vitiosiorem. Horat. (Oden III 6: Das Zeitalter der Eltern, das schlechter war als das der Vorfahren, hat uns erzeugt, die wir noch schlechter sind, und denen bald eine noch verworfenere Nachkommenschaft folgen wird.)

Neuer, aber weit weniger ausgebreitet ist die entgegengesetzte heroische Meinung, die wohl allein unter Philosophen und in unseren Zeiten vornehmlich unter Pädagogen Platz gefunden hat: daß die Welt gerade in umgekehrter Richtung, nämlich vom Schlechten zum Besseren, unaufhörlich (obgleich kaum merklich) fortrücke, wenigstens die Anlage dazu in der menschlichen Natur anzutreffen sei. Diese Meinung aber haben sie sicherlich nicht aus der Erfahrung geschöpft, wenn vom Moralisch-Guten oder-Bösen (nicht von der Zivilisierung) die Rede
[5] ist; denn da | spricht die Geschichte aller Zeiten gar zu mächtig gegen sie; sondern es ist vermutlich bloß eine gutmütige Voraussetzung der Moralisten von Seneca bis zu Rousseau, um zum unverdrossenen Anbau des vielleicht in uns liegenden Keimes zum Guten anzutreiben, wenn man nur auf eine natürliche Grundlage dazu im Menschen rechnen könne. Hierzu kommt noch: daß, da man doch den Menschen von Natur (d. i. wie er gewöhnlich geboren wird) als dem Körper nach gesund annehmen muß, keine Ursache sei, ihn nicht auch der Seele nach ebensowohl von Natur für gesund und gut anzunehmen. Diese sittliche Anlage zum Guten in uns auszubilden, sei uns also die Natur selbst beförderlich. *Sanabilibus aegrotamus malis nosque in rectum genitos natura, si sanari velimus, adiuvat,* sagt Seneca.*)

Weil es aber doch wohl geschehen sein könnte, daß man sich in beider angeblichen Erfahrung geirrt hätte, so ist die Frage: ob nicht ein Mittleres wenigstens möglich sei, nämlich daß der Mensch in seiner Gattung weder gut noch böse, oder allenfalls auch eines sowohl als das andere, zum Teil gut zum Teil böse sein könne? — Man nennt aber einen Menschen böse nicht darum, weil er Handlungen ausübt, welche böse (gesetzwidrig) sind, sondern weil diese so beschaffen sind, daß sie auf böse Maximen in ihm schließen lassen. Nun kann man zwar ge-
[6] setzwidrige | Handlungen durch Erfahrung bemerken, auch (wenigstens an sich selbst), daß sie mit Bewußtsein gesetzwidrig sind; aber die Maximen kann man nicht beobachten,

---

*) Wir kranken an heilbaren Übeln, und da unsere Natur zum Rechten angelegt ist, so hilft sie uns, wenn wir uns heilen lassen wollen. (A. d. U.)

sogar nicht allemal in sich selbst, mithin das Urteil, daß der Täter ein böser Mensch sei, nicht mit Sicherheit auf Erfahrung gründen. Also müßte sich aus einigen, ja aus einer einzigen mit Bewußtsein bösen Handlung *a priori* auf eine böse zum Grunde liegende Maxime und aus dieser auf einen in dem Subjekt allgemein liegenden Grund aller besonderen moralisch-bösen Maximen, der selbst wiederum Maxime ist, schließen lassen, um einen Menschen böse zu nennen.

Damit man sich aber nicht sofort am Ausdrucke *Natur* stoße, welcher, wenn er (wie gewöhnlich) das Gegenteil des Grundes der Handlungen aus *Freiheit* bedeuten sollte, mit den Prädikaten *moralisch-gut* oder böse in geradem Widerspruch stehen würde, so ist zu merken, daß hier unter der Natur des Menschen nur der subjektive Grund des Gebrauchs seiner Freiheit überhaupt (unter objektiven moralischen Gesetzen), der vor aller in die Sinne fallenden Tat vorhergeht, verstanden werde; dieser Grund mag nun liegen, worin er wolle. Dieser subjektive Grund muß aber immer wiederum selbst ein Aktus der Freiheit sein (denn sonst könnte der Gebrauch oder Mißbrauch der Willkür des Menschen in Ansehung des sittlichen Gesetzes ihm nicht zugerechnet werden, und das Gute oder Böse | in ihm nicht moralisch heißen). [7]
Mithin kann in keinem die Willkür durch Neigung *bestimmenden* Objekte, in keinem Naturtriebe, sondern nur in einer Regel, die die Willkür sich selbst für den Gebrauch ihrer Freiheit macht, d. i. in einer Maxime der Grund des Bösen liegen. Von dieser muß nun nicht weiter gefragt werden können, was der subjektive Grund ihrer Annehmung und nicht vielmehr der entgegengesetzten Maxime, im Menschen sei. Denn wenn dieser Grund zuletzt selbst keine Maxime mehr, sondern ein bloßer Naturtrieb wäre, so würde der Gebrauch der Freiheit ganz auf Bestimmungen durch Naturursachen[a]) zurückgeführt werden können; welches ihr aber widerspricht. Wenn wir also sagen: der Mensch ist von Natur gut, oder: er ist von Natur böse, so bedeutet dieses nur soviel als: er

a) Druck: „Natursachen;" zuerst verbessert im N. theol. Journal (s. Einl.). Schon in Kants Handschrift fand sich die richtige Lesart.

enthält einen (uns unerforschlichen) ersten Grund *) der
8 Annehmung guter oder der Annehmung | böser (gesetzwidriger) Maximen, und zwar allgemein als Mensch, mithin so, daß er durch dieselbe zugleich den Charakter seiner Gattung ausdrückt.

Wir werden also von einem dieser Charaktere (der Unterscheidung des Menschen von anderen möglichen vernünftigen Wesen) sagen: er ist ihm *angeboren*, und doch dabei uns immer bescheiden, daß nicht die Natur die Schuld desselben [a]) (wenn er böse ist) oder das Verdienst (wenn er gut ist) trage, sondern, daß der Mensch selbst Urheber desselben sei. Weil aber der erste Grund der Annehmung unserer Maximen, der selbst immer wiederum in der freien Willkür liegen muß, kein Faktum sein kann, das in der Erfahrung gegeben werden könnte, so heißt das Gute oder Böse im Menschen (als der subjektive erste Grund der Annehmung dieser oder jener Maxime in Ansehung des moralischen Gesetzes) bloß in *dem* Sinne angeboren, als es vor allem in der Erfahrung gegebenen Gebrauche der Freiheit (in der frühesten Jugend bis zur Geburt zurück) zum Grunde gelegt wird und so als mit der Geburt zugleich im Menschen vorhanden vorgestellt wird; nicht, daß die Geburt eben die Ursache davon sei.

Anmerkung.

Dem Streite beider oben aufgestellten Hypothesen liegt ein disjunktiver Satz zum Grunde: der *Mensch ist* (von Natur) *entweder sittlich gut oder sittlich*

---

*) Daß der erste subjektive Grund der Annehmung moralischer Maximen unerforschlich sei, ist daraus schon vorläufig zu ersehen: daß, da diese Annehmung frei ist, der Grund derselben (warum ich z. B. eine böse und nicht vielmehr eine gute Maxime angenommen habe) in keiner Triebfeder der Natur, sondern immer wiederum in einer Maxime gesucht werden muß; und, da auch diese ebensowohl ihren Grund haben muß, außer der Maxime aber kein *Bestimmungsgrund* der freien Willkür angeführt werden soll und kann, man in der Reihe der subjektiven Bestimmungsgründe ins Unendliche immer weiter zurückgewiesen wird, ohne auf den ersten Grund kommen zu können.

a) sc. des Charakters; Kant und die übrigen Herausgeber: „derselben."

böse. Es fällt aber jedermann leicht bei, zu fragen: ob [9] es auch mit dieser Disjunktion seine Richtigkeit habe, und ob nicht jemand behaupten könne: der Mensch sei von Natur keines von beiden; ein anderer aber: er sei beides zugleich, nämlich in einigen Stücken gut, in anderen böse. Die Erfahrung scheint sogar dieses Mittlere zwischen beiden Extremen zu bestätigen.

Es liegt aber der Sittenlehre überhaupt viel daran, keine moralischen Mitteldinge, weder in Handlungen (*adiaphora*) noch in menschlichen Charakteren, solange es möglich ist, einzuräumen; weil bei einer solchen Doppelsinnigkeit alle Maximen Gefahr laufen, ihre Bestimmtheit und Festigkeit einzubüßen. Man nennt gemeiniglich die, welche dieser strengen Denkungsart zugetan sind (mit einem Namen, der einen Tadel in sich fassen soll, in der Tat aber Lob ist) Rigoristen; und so kann man ihre Antipoden Latitudinarier nennen. Diese sind also entweder Latitudinarier der Neutralität und mögen Indifferentisten, oder der Koalition und können Synkretisten genannt werden.*)

*) Wenn das Gute $= a$ ist, so ist sein kontradiktorisch Entgegengesetztes das Nichtgute. Dieses ist nun die Folge entweder eines bloßen Mangels eines Grundes des Guten $= 0$, oder eines positiven Grundes des Widerspiels desselben $= -a$. Im letzteren Falle kann das Nichtgute auch das positive Böse heißen. (In Ansehung des Vergnügens und Schmerzes gibt es ein dergleichen Mittleres, so|daß das Vergnügen $= a$, der Schmerz [11] $= -a$, und der Zustand, worin keines von beiden angetroffen wird, die Gleichgültigkeit $= 0$ ist). Wäre nun das moralische Gesetz in uns keine Triebfeder der Willkür, so würde Moralischgut (Zusammenstimmung der Willkür mit dem Gesetze) $= a$, Nichtgut $= 0$, dieses aber die bloße Folge vom Mangel einer moralischen Triebfeder $= a \times 0$ sein. Nun ist es aber in uns Triebfeder $= a$; folglich ist der Mangel an Übereinstimmung der Willkür mit demselben ($= 0$) nur als Folge von einer realiter entgegengesetzten Bestimmung der Willkür, d. i. einer Widerstrebung derselben $= -a$, d. i. nur durch eine böse Willkür möglich; und zwischen einer bösen und guten Gesinnung (innerem Prinzip der Maximen), nach welcher auch die Moralität der Handlung beurteilt werden muß, gibt es also nichts Mittleres. Eine moralisch-gleichgültige Handlung (*adiaphoron morale*) würde eine bloß aus Naturgesetzen erfolgende Handlung sein, die also aufs sittliche Gesetz, als Gesetz der Freiheit, in gar keiner Beziehung steht, indem sie kein Faktum ist und in

[10] Die Beantwortung der gedachten Frage nach der
[11] rigoristischen Entscheidungsart*) gründet sich auf | die für die Moral wichtige Bemerkung: die Freiheit der
[12] Willkür ist von der ganz eigentümlichen Beschaf|fenheit, daß sie durch keine Triebfeder zu einer Handlung bestimmt werden kann, als nur sofern der Mensch

---

Ansehung ihrer weder **Gebot** noch **Verbot** noch auch **Erlaubnis** (gesetzliche **Befugnis**) stattfindet oder nötig ist.[a])

*) Herr Prof. **Schiller** mißbilligt in seiner mit Meisterhand verfaßten Abhandlung (Thalia 1793, 3. Stück) über **Anmut und Würde** in der Moral diese Vorstellungsart der Verbindlichkeit, als ob sie eine karthäuserartige Gemütsstimmung bei sich führe; allein ich kann, da wir in den wichtigsten Prinzipien einig sind, auch in diesem keine Uneinigkeit statuieren; wenn wir uns nur untereinander verständlich machen können. — Ich ge-
[11] stehe | gern, daß ich dem **Pflichtbegriffe**, gerade um seiner Würde willen, keine **Anmut** beigesellen kann. Denn er enthält unbedingte Nötigung, womit Anmut in geradem Widerspruch steht. Die Majestät des Gesetzes (gleich dem auf Sinai) flößt Ehrfurcht ein (nicht Scheu, welche zurückstößt, auch nicht Reiz, der zur Vertraulichkeit einladet), welche **Achtung** des Untergebenen gegen seinen Gebieter, in diesem Fall aber, da dieser in uns selbst liegt, ein **Gefühl des Erhabenen** unserer eigenen Bestimmung erweckt, was uns mehr hinreißt als alles Schöne. — Aber die **Tugend**, d. i. die fest gegründete Gesinnung, seine Pflicht genau zu erfüllen, ist in ihren Folgen auch **wohltätig**, mehr wie alles, was Natur oder Kunst in der Welt leisten mag; und das herrliche Bild der Menschheit, in dieser ihrer Gestalt aufgestellt, verstattet gar wohl die Begleitung der **Grazien**, die aber, wenn noch von Pflicht allein die Rede ist, sich in ehrerbietiger Entfernung halten. Wird aber auf die anmutigen Folgen gesehen, welche die Tugend, wenn sie überall Eingang fände, in der Welt verbreiten würde, so zieht alsdann die moralisch-gerichtete Vernunft die Sinnlichkeit (durch die Einbildungskraft) mit ins Spiel. Nur nach bezwungenen Ungeheuern wird Herkules **Musaget**, vor welcher Arbeit jene guten Schwestern zurückbeben. Diese Begleiterinnen der Venus Urania sind Buhlschwestern im Gefolge der Venus Dione, sobald sie sich ins Geschäft der Pflichtbestimmung einmischen und die Triebfedern dazu hergeben wollen. — Fragt man nun, welcherlei ist die **ästhetische** Beschaffenheit, gleichsam das **Temperament der Tugend**: mutig, mithin **fröhlich** oder ängstlich-gebeugt und niedergeschlagen? so ist

---

a) „Eine moralisch-gleichgültige Handlung . . . . nötig ist.“ Zusatz der 2. Aufl.

sie in seine Maxime aufgenommen hat (es sich zur allgemeinen Regel gemacht hat, nach der er sich verhalten will); so allein kann eine Triebfeder, welche sie auch sei, mit der absoluten Spontaneität der Willkür (der Freiheit) zusammen bestehen. Allein das moralische Gesetz ist für sich selbst im Urteile der Vernunft Triebfeder und, wer es zu seiner Maxime macht, ist moralisch gut. Wenn nun das Gesetz jemandes Willkür in Ansehung einer auf dasselbe sich beziehenden Handlung doch nicht bestimmt, so muß eine ihm entgegengesetzte Triebfeder auf die Willkür desselben[a]) Einfluß haben; und da dieses vermöge der Voraussetzung nur dadurch geschehen kann, daß der Mensch diese (mithin auch die Abweichung vom moralischen Gesetze) in seine Maxime aufnimmt (in welchem Falle er ein böser Mensch ist), so ist seine Gesin|nung in Ansehung [13] des moralischen Gesetzes niemals indifferent (niemals keines von beiden, weder gut noch böse).

Er kann aber auch nicht in einigen Stücken sittlich gut, in anderen zugleich böse sein. Denn ist er in einem gut, so hat er das moralische Gesetz in seine Maxime aufgenommen; sollte er also in einem anderen Stücke zugleich böse sein, so würde, weil das moralische Gesetz der Befolgung der Pflicht überhaupt nur ein einziges und allgemein ist, die auf dasselbe bezogene Maxime

---

kaum eine Antwort nötig. Die letztere sklavische Gemütsstimmung kann nie ohne einen verborgenen *Haß* des Gesetzes stattfinden, und das | fröhliche Herz in *Befolgung* seiner [12] Pflicht (nicht die Behaglichkeit in Anerkennung desselben) ist ein Zeichen der Echtheit tugendhafter Gesinnung, selbst in der *Frömmigkeit*, die nicht in der Selbstpeinigung des reuigen Sünders (welche sehr zweideutig ist und gemeiniglich nur innerer Vorwurf ist, wider die Klugheitsregel verstoßen zu haben), sondern im festen Vorsatz, es künftig besser zu machen, besteht, der, durch den guten Fortgang angefeuert, eine fröhliche Gemütsstimmung bewirken muß, ohne welche man nie gewiß ist, das Gute auch *lieb gewonnen*, d. i. es in seine Maxime aufgenommen zu haben.[b])

---

a) „desselben" fehlt in der 1. Auflage.

b) Diese ganze Anmerkung über *Schiller* ist Zusatz der 2. Auflage; über den *Inhalt* vgl. die Einleitung.

allgemein, zugleich aber nur eine besondere Maxime sein; welches sich widerspricht. *)

[14] Die eine oder die andere Gesinnung als angeborene Beschaffenheit von Natur haben, bedeutet hier auch nicht, daß sie von dem Menschen, der sie hegt, gar nicht erworben, d. i. er nicht Urheber sei; sondern, daß sie nur nicht in der Zeit erworben sei (daß er eines oder das andere *von Jugend auf sei immerdar*). Die Gesinnung, d. i. der erste subjektive Grund der Annehmung der Maximen, kann nur eine einzige sein und geht allgemein auf den ganzen Gebrauch der Freiheit. Sie selbst aber muß auch durch freie Willkür angenommen worden sein, denn sonst könnte sie nicht zugerechnet werden. Von dieser Annehmung kann nicht wieder der subjektive Grund oder die Ursache erkannt werden (obwohl danach zu fragen unvermeidlich ist; weil sonst wiederum eine Maxime angeführt werden müßte, in welche diese Gesinnung aufgenommen worden, die ebenso wiederum ihren Grund haben muß). Weil wir also diese Gesinnung oder vielmehr ihren obersten Grund nicht von irgend einem ersten Zeit-Aktus der Willkür ableiten können, so nennen wir sie eine Beschaffenheit der Willkür, die ihr (ob sie gleich in der Tat in der Freiheit gegründet ist) von Natur zukommt. Daß wir aber unter dem Menschen, von dem wir sagen, er sei von Natur gut oder böse, nicht den

---

[13] *) Die alten Moralphilosophen, die so ziemlich alles erschöpften, was über die Tugend gesagt werden kann, haben obige zwei Fragen auch nicht unberührt gelassen. Die erste drückten sie so aus: ob die Tugend erlernt werden müsse (der Mensch also von Natur gegen sie und das Laster indifferent sei). Die zweite war: ob es mehr als *eine* Tugend gebe (mithin es nicht etwa stattfinde, daß der Mensch in einigen Stücken tugendhaft, in anderen lasterhaft sei). Beides wurde von ihnen mit rigoristischer Bestimmtheit verneint, und das mit Recht; denn sie betrachteten die Tugend an *sich* in der Idee der Vernunft (wie der Mensch sein soll). Wenn man dieses moralische Wesen aber, den Menschen *in der Erscheinung*, d. i. wie ihn uns die Erfahrung kennen läßt, sittlich beurteilen will, so kann man beide angeführte Fragen bejahend beantworten; denn da wird er nicht auf der Wage der reinen Vernunft (vor einem göttlichen Gericht), sondern nach empirischem Maßstabe (von einem menschlichen Richter) beurteilt. Wovon in der Folge noch gehandelt werden wird.

einzelnen[a]) verstehen (da alsdann einer als von Natur gut, der andere als böse angenommen werden könnte), sondern die ganze Gattung zu verstehen befugt sind, kann nur weiterhin | bewiesen werden, wenn es sich in [15] der anthropologischen Nachforschung zeigt, daß die Gründe, die uns berechtigen, einem Menschen einen von beiden Charakteren als angeboren beizulegen, so beschaffen sind, daß kein Grund ist, einen Menschen davon auszunehmen, und er also von der Gattung gelte.

I.

Von der ursprünglichen Anlage zum Guten in der menschlichen Natur.

Wir können sie in Beziehung auf ihren Zweck füglich auf drei Klassen, als Elemente der Bestimmung des Menschen, bringen:

1) Die Anlage für die Tierheit des Menschen als eines lebenden,
2) Für die Menschheit desselben als eines lebenden und zugleich vernünftigen,
3) Für seine Persönlichkeit als eines vernünftigen und zugleich der Zurechnung fähigen Wesens.*)

*) Man kann diese nicht als schon in dem Begriff der vorigen [15] enthalten, sondern man muß sie notwendig als eine besondere Anlage betrachten. Denn es folgt daraus, daß | ein Wesen [16] Vernunft hat, gar nicht, daß diese ein Vermögen enthalte, die Willkür unbedingt, durch die bloße Vorstellung der Qualifikation ihrer Maximen zur allgemeinen Gesetzgebung, zu bestimmen und also für sich selbst praktisch zu sein; wenigstens soviel wir einsehen können. Das allervernünftigste Weltwesen könnte doch immer gewisser Triebfedern, die ihm von Objekten der Neigung herkommen, bedürfen, um seine Willkür zu bestimmen; hierzu aber die vernünftigste Überlegung, sowohl was die größte Summe der Triebfedern als auch die Mittel, den dadurch bestimmten Zweck zu erreichen, betrifft, anwenden, ohne auch nur die Möglichkeit von so etwas, als das moralische schlechthin gebietende Gesetz ist, welches sich als[b]) selbst und zwar höchste Triebfeder ankündigt, zu ahnen. Wäre dieses Gesetz nicht in uns gegeben, wir würden es als ein solches durch keine Vernunft herausklügeln oder der Willkür anschwatzen; und doch ist dieses

a) 1. Aufl.: „jeden einzelnen."
b) sich selbst und zwar als höchste?

[16] 1. Die Anlage für die **Tierheit** im Menschen kann man unter den a) allgemeinen Titel der physischen und bloß *mechanischen* Selbstliebe, d. i. einer solchen bringen, wozu nicht Vernunft erfordert wird. Sie ist dreifach: *erstlich*, zur Erhaltung seiner selbst; *zweitens*, zur Fortpflanzung seiner Art, durch den Trieb zum Geschlecht und zur b) Erhaltung dessen, was durch Vermischung mit demselben erzeugt wird; *drittens*, zur Gemeinschaft mit anderen Menschen, d. i. der Trieb zur Gesellschaft. — Auf sie können allerlei Laster ge-
[17] pfropft werden (die aber nicht aus jener Anlage, | als Wurzel, von selbst entsprießen). Sie können Laster der *Rohigkeit* der Natur heißen und werden in ihrer höchsten Abweichung vom Naturzwecke *viehische Laster*: der *Völlerei*, der *Wollust* und der *wilden Gesetzlosigkeit* (im Verhältnisse zu anderen Menschen) genannt.

2. Die Anlagen für die **Menschheit** können auf den allgemeinen Titel der zwar physischen, aber doch *vergleichenden* Selbstliebe (wozu Vernunft erfordert wird) gebracht werden; sich nämlich nur in Vergleichung mit anderen als glücklich oder unglücklich zu beurteilen. Von ihr rührt die Neigung her, *sich in der Meinung anderer einen Wert zu verschaffen*; und zwar ursprünglich bloß den der *Gleichheit*: keinem über sich Überlegenheit zu verstatten, mit einer beständigen Besorgnis verbunden, daß andere danach streben möchten: woraus nachgerade eine ungerechte Begierde entspringt, sie sich über andere zu erwerben. — Hierauf, nämlich auf *Eifersucht* und *Nebenbuhlerei*, können die größten Laster geheimer und offenbarer Feindseligkeiten gegen alle, die wir als für uns Fremde ansehen, gepfropft werden, die eigentlich doch nicht aus der Natur als ihrer Wurzel von selbst entsprießen, sondern, bei der besorgten Bewerbung anderer zu einer uns verhaßten Überlegenheit über uns, Neigungen sind, sich der Sicherheit halber diese

---

Gesetz das einzige, was uns der Unabhängigkeit unserer Willkür von der Bestimmung durch alle anderen Triebfedern (unserer Freiheit) und hiermit zugleich der Zurechnungsfähigkeit aller Handlungen bewußt macht.

a) Kant: dem. b) „zur" fehlt in der 1. Auflage.

über andere als Vorbauungsmittel selbst zu verschaffen; [18]
da die Natur doch die Idee eines solchen Wetteifers (der an sich die Wechselliebe nicht ausschließt) nur als Triebfeder zur Kultur brauchen wollte. Die Laster, die auf diese Neigung gepfropft werden, können daher auch Laster der Kultur heißen und werden im höchsten Grade ihrer Bösartigkeit (da sie alsdann bloß die Idee eines Maximum des Bösen sind, welches die Menschheit übersteigt), z. B. im Neide, in der Undankbarkeit, der Schadenfreude u. s. w., teuflische Laster genannt.

3. Die Anlage für die **Persönlichkeit** ist die Empfänglichkeit der Achtung für das moralische Gesetz als einer für sich hinreichenden Triebfeder der Willkür. Die Empfänglichkeit der bloßen Achtung für das moralische Gesetz in uns wäre das moralische Gefühl, welches für sich noch nicht einen Zweck der Naturanlage ausmacht, sondern nur, sofern es Triebfeder der Willkür ist. Da dieses nun lediglich dadurch möglich wird, daß die freie Willkür es in ihre[a]) Maxime aufnimmt, so ist Beschaffenheit einer solchen Willkür der gute Charakter; welcher, wie überhaupt jeder Charakter der freien Willkür, etwas ist, das nur erworben werden kann, zu dessen Möglichkeit aber dennoch eine Anlage in unserer Natur vorhanden sein muß, worauf schlechterdings nichts Böses gepfropft werden kann. Die Idee des moralischen Gesetzes allein, mit der davon unzertrennlichen Achtung, kann | man nicht füglich eine [19]
Anlage für die Persönlichkeit nennen; sie ist die Persönlichkeit selbst (die Idee der Menschheit ganz intellektuell betrachtet) Aber daß wir diese Achtung zur Triebfeder in unsere Maximen aufnehmen, der subjektive Grund hierzu scheint ein Zusatz zur Persönlichkeit zu sein und daher den Namen einer Anlage zum Behuf derselben zu verdienen.

Wenn wir die genannten drei Anlagen nach den Bedingungen ihrer Möglichkeit betrachten, so finden wir, daß die erste keine Vernunft, die zweite zwar

---

a) Kant: „seine". Nachträglich sehe ich, daß schon Arnoldt (a. a. O. S. 369 ff.) auf diesen von Kant übersehenen Druckfehler aufmerksam gemacht hat.

praktische, aber nur anderen Triebfedern dienstbare, die **dritte** aber allein für sich selbst praktische, d. i. unbedingt gesetzgebende Vernunft zur Wurzel habe. Alle diese Anlagen im Menschen sind nicht allein (negativ) **gut** (sie widerstreiten nicht dem moralischen Gesetze), sondern sind auch Anlagen **zum Guten** (sie befördern die Befolgung desselben). Sie sind **ursprünglich**; denn sie gehören zur Möglichkeit der menschlichen Natur. Der Mensch kann die zwei ersteren zwar zweckwidrig brauchen, aber keine derselben vertilgen. Unter Anlagen eines Wesens verstehen wir sowohl die Bestandstücke, die dazu erforderlich sind, als auch die Formen ihrer Verbindung, um ein solches Wesen zu sein. Sie sind **ursprünglich**, wenn sie zu der Möglichkeit eines solchen Wesens notwendig gehören; **zufällig** aber, wenn das Wesen auch ohne dieselben an sich möglich wäre. Noch ist zu merken, daß hier von
[20] kei|nen anderen Anlagen die Rede ist als denen, die sich unmittelbar auf das Begehrungsvermögen und den Gebrauch der Willkür beziehen.

II.

Von dem Hange zum Bösen in der menschlichen Natur.

Unter einem **Hange** (*propensio*) verstehe ich den subjektiven Grund der Möglichkeit einer Neigung (habituellen Begierde, *concupiscentia*[a]), sofern sie für die
[21] Menschheit überhaupt zufällig ist*). Er unter|scheidet

[20] *) **Hang** ist eigentlich nur die **Prädisposition** zum Begehren eines Genusses, der, wenn das Subjekt die Erfahrung davon gemacht haben wird, **Neigung** dazu hervorbringt. So haben alle rohen Menschen einen Hang zu berauschenden Dingen; denn obgleich viele von ihnen den Rausch gar nicht kennen und also auch gar keine Begierde zu Dingen haben, die ihn bewirken, so darf man sie solche doch nur einmal versuchen lassen, um eine kaum vertilgbare Begierde dazu bei ihnen hervorzubringen. — Zwischen dem Hange und der Neigung, welche Bekanntschaft mit dem Objekt des Begehrens voraussetzt, ist noch der **Instinkt**, welcher ein gefühltes Bedürfnis ist, etwas zu tun oder zu genießen, wovon man noch keinen Begriff hat (wie der Kunst-

a) „*concupiscentia*" Zusatz der 2. Aufl.

sich darin von einer Anlage, daß er zwar angeboren sein kann, aber doch nicht als solcher vorgestellt werden darf, sondern auch (wenn er gut ist) als erworben oder (wenn er böse ist) als von dem Menschen selbst sich zugezogen gedacht werden kann. — Es ist aber hier nur vom Hange zum Eigentlich-, d. i. zum Moralisch-Bösen, die Rede; welches, da es nur als Bestimmung der freien Willkür möglich ist, diese aber als gut oder böse nur durch ihre Maximen beurteilt werden kann, in dem subjektiven Grunde der Möglichkeit der Abweichung der Maximen vom moralischen Gesetze bestehen muß und, wenn dieser Hang als allgemein zum Menschen (also als zum Charakter seiner Gattung) gehörig angenommen werden darf, ein natürlicher Hang des Menschen zum Bösen genannt werden wird. — Man kann noch hinzusetzen, daß die aus dem natürlichen Hange entspringende Fähigkeit oder Unfähigkeit der Willkür, das moralische Gesetz in seine Maxime aufzunehmen oder nicht, das gute oder böse Herz genannt werde.

Man kann sich drei verschiedene Stufen desselben denken. Erstlich ist es die Schwäche des menschlichen Herzens in Befolgung genommener Maximen überhaupt oder die Gebrechlichkeit der menschlichen Natur; zweitens der Hang zur Vermischung unmoralischer Triebfedern mit den moralischen (selbst wenn es in guter Absicht und unter Maximen des Guten | geschähe), [22]
d. i. die Unlauterkeit; drittens der Hang zur Annehmung böser Maximen, d. i. die Bösartigkeit der menschlichen Natur oder des menschlichen Herzens.

Erstlich, die Gebrechlichkeit (*fragilitas*) der menschlichen Natur ist selbst in der Klage eines Apostels ausgedrückt: Wollen habe ich wohl, aber das Vollbringen fehlt, d. i. ich nehme das Gute (das Gesetz) in die Maxime meiner Willkür auf, aber dieses, welches objektiv

---

trieb bei Tieren oder der Trieb zum Geschlecht). Von der Neigung an ist endlich noch eine Stufe des Begehrungsvermögens die Leidenschaft (nicht der Affekt, denn dieser gehört zum Gefühl der Lust und Unlust), welche eine Neigung ist, die die Herrschaft über sich selbst ausschließt.[a])

---

a) Diese Anmerkung ist Zusatz der 2. Aufl.

in der Idee (*in thesi*) eine unüberwindliche Triebfeder ist, ist subjektiv (*in hypothesi*), wenn die Maxime befolgt werden soll, die schwächere (in Vergleichung mit der Neigung).

Zweitens, die Unlauterkeit (*impuritas, improbitas*) des menschlichen Herzens besteht darin, daß die Maxime dem Objekte nach (der beabsichtigten Befolgung des Gesetzes) zwar gut und vielleicht auch zur Ausübung kräftig genug, aber nicht rein moralisch ist, d. i. nicht, wie es sein sollte, das Gesetz allein zur hinreichenden Triebfeder in sich aufgenommen hat; sondern mehrenteils (vielleicht jederzeit) noch andere Triebfedern außer derselben bedarf, um dadurch die Willkür zu dem, was Pflicht fordert, zu bestimmen. Mit anderen Worten, daß pflichtmäßige Handlungen nicht rein aus Pflicht getan werden.

[23] Drittens, die Bösartigkeit (*vitiositas, pravitas*) oder, wenn man lieber will, die Verderbtheit (*corruptio*) des menschlichen Herzens, ist der Hang der Willkür zu Maximen, die Triebfeder aus dem moralischen Gesetz anderen (nicht moralischen) nachzusetzen. Sie kann auch die Verkehrtheit (*perversitas*) des menschlichen Herzens heißen, weil sie die sittliche Ordnung in Ansehung der Triebfedern einer freien Willkür umkehrt und, obzwar damit noch immer gesetzlich gute (legale) Handlungen bestehen können, so wird doch die Denkungsart dadurch in ihrer Wurzel (was die moralische Gesinnung betrifft) verderbt und der Mensch darum als böse bezeichnet.

Man wird bemerken, daß der Hang zum Bösen hier am Menschen, auch dem besten (den Handlungen nach), aufgestellt wird, welches auch geschehen muß, wenn die Allgemeinheit des Hanges zum Bösen unter Menschen oder, welches hier dasselbe bedeutet, daß er mit der menschlichen Natur verwebt sei, bewiesen werden soll.

Es ist aber zwischen einem Menschen von guten Sitten (*bene moratus*) und einem sittlich guten Menschen (*moraliter bonus*), was die Übereinstimmung der Handlungen mit dem Gesetz betrifft, kein Unterschied (wenigstens darf keiner sein); nur daß sie bei dem einen eben nicht
[24] immer, vielleicht nie das Gesetz, bei | dem anderen aber

es *jederzeit* zur alleinigen und obersten Triebfeder haben. Man kann von dem ersteren sagen: er befolge das Gesetz dem *Buchstaben* nach (d. i. was die Handlung angeht, die das Gesetz gebietet); vom zweiten aber: er beobachte es dem *Geiste* nach (der Geist des moralischen Gesetzes besteht darin, daß dieses allein zur Triebfeder hinreichend sei). *Was nicht aus diesem Glauben geschieht, das ist Sünde* (der Denkungsart nach). Denn wenn andere Triebfedern nötig sind, die Willkür zu *gesetzmäßigen* Handlungen zu bestimmen, als das Gesetz selbst (z. B. Ehrbegierde. Selbstliebe überhaupt, ja gar gutherziger Instinkt, dergleichen das Mitleid ist), so ist es bloß zufällig, daß diese mit dem Gesetze übereinstimmen; denn sie könnten ebensowohl zur Übertretung antreiben. Die Maxime, nach deren Güte aller moralische Wert der Person geschätzt werden muß, ist also doch gesetzwidrig, und der Mensch ist bei lauter guten Handlungen dennoch böse.

Folgende Erläuterung ist noch nötig, um den Begriff von diesem Hange zu bestimmen. Aller Hang ist entweder physisch, d. i. er gehört zur Willkür des Menschen als Naturwesens; oder er ist moralisch, d. i. zur Willkür desselben als moralischen Wesens gehörig. — Im ersteren Sinne gibt es keinen Hang zum Moralisch-Bösen; denn dieses muß aus der Freiheit entspringen; und ein physischer Hang (der auf sinnliche Antriebe ge|gründet ist). zu [25] irgend einem Gebrauche der Freiheit, es sei zum Guten oder Bösen, ist ein Widerspruch. Also kann ein Hang zum Bösen nur dem moralischen Vermögen der Willkür ankleben. Nun ist aber nichts sittlich- (d. i. zurechnungsfähig-) böse, als was unsere eigene *Tat* ist. Dagegen versteht man unter dem Begriffe eines Hanges einen subjektiven Bestimmungsgrund der Willkür, der *vor jeder Tat vorhergeht*, mithin selbst noch nicht Tat ist; da denn in dem Begriffe eines bloßen Hanges zum Bösen ein Widerspruch sein würde, wenn dieser Ausdruck nicht etwa in zweierlei verschiedener Bedeutung, die sich beide doch mit dem Begriffe der Freiheit vereinigen lassen, genommen werden könnte. Es kann aber der Ausdruck von einer Tat überhaupt sowohl von demjenigen Gebrauch der Freiheit gelten, wodurch die oberste Maxime (dem Gesetze gemäß oder zuwider) in die Willkür aufgenommen als auch von demjenigen, da die Handlungen selbst (ihrer Materie nach, d. i. die Objekte der Willkür betreffend) jener Maxime gemäß ausgeübt werden. Der Hang zum Bösen ist nun Tat in der ersten Bedeutung (*peccatum originarium*) und zugleich der formale Grund aller gesetzwidrigen Tat im zweiten Sinne genommen, welche der Materie nach demselben widerstreitet und Laster (*peccatum derivativum*) genannt wird; und die erste Verschuldung bleibt, wenngleich die zweite (aus Triebfedern, die nicht im Gesetz selber bestehen) vielfältig vermieden würde. [26] Je|ne ist intelligibele Tat, bloß durch Vernunft ohne alle Zeitbedingung erkennbar; diese sensibel, empirisch, in der Zeit gegeben (*factum phaenomenon*). Die erste heißt nun vornehmlich in Vergleichung mit der zweiten ein bloßer Hang und angeboren, weil er nicht ausgerottet werden kann (als wozu die oberste Maxime die des Guten sein müßte, welche aber in jenem Hange selbst als böse angenommen wird); vornehmlich aber, weil wir davon: warum in uns das Böse gerade die oberste Maxime verderbt habe, obgleich dieses gerade unsere eigene Tat ist, ebensowenig weiter eine Ursache angeben können als von einer Grundeigenschaft, die zu unserer Natur gehört. — Man wird in dem jetzt Gesagten den Grund antreffen, warum wir in diesem Abschnitte gleich zu Anfang die drei Quellen des moralisch Bösen lediglich in demjenigen suchten, was nach Freiheitsgesetzen den obersten Grund der Nehmung oder Befolgung unserer Maximen, nicht, was die Sinnlichkeit (als Rezeptivität) affiziert.

III.

Der Mensch ist von Natur böse.

Vitiis nemo sine nascitur. (Ohne Fehler wird kein Mensch geboren.) Horat.a)

Der Satz: der Mensch ist böse, kann nach dem Obigen nichts anderes sagen wollen als: er ist sich des moralischen Gesetzes bewußt und hat doch die (gelegent-

a) Horaz Satiren I 3, 68.

liche[a]) Abweichung von demselben in seine Ma|xime [27] aufgenommen. Er ist *von Natur* böse, heißt soviel als: dieses gilt von ihm in seiner Gattung betrachtet; nicht als ob solche Qualität aus seinem Gattungsbegriffe (dem eines Menschen überhaupt) könne gefolgert werden (denn alsdann wäre sie notwendig), sondern er kann nach dem, wie man ihn durch Erfahrung kennt, nicht anders beurteilt werden, oder man kann es als subjektiv notwendig in jedem, auch dem besten Menschen voraussetzen. Da dieser Hang nun selbst als moralisch böse, mithin nicht als Naturanlage, sondern als etwas, was dem Menschen zugerechnet werden kann, betrachtet werden, folglich in gesetzwidrigen Maximen der Willkür bestehen muß; diese aber der Freiheit wegen für sich als zufällig angesehen werden müssen, welches mit der Allgemeinheit dieses Bösen sich wiederum nicht zusammenreimen will, wenn nicht der subjektive oberste Grund aller Maximen mit der Menschheit selbst, es sei wodurch es wolle, verwebt und darin gleichsam gewurzelt ist: so werden wir diesen einen natürlichen Hang zum Bösen und, da er doch immer selbstverschuldet sein muß, ihn selbst ein *radikales*, angeborenes (nichtsdestoweniger aber uns von uns selbst zugezogenes) *Böse* in der menschlichen Natur nennen können.

Daß nun ein solcher verderbter[b]) Hang im Menschen gewurzelt sein müsse, darüber können wir uns, bei der Menge schreiender Beispiele, welche uns die | Erfahrung [28] *an den Taten* der Menschen vor Augen stellt, den förmlichen Beweis ersparen. Will man sie aus demjenigen Zustande haben, in welchem manche Philosophen die natürliche Gutartigkeit der menschlichen Natur vorzüglich anzutreffen hofften, nämlich aus dem sogenannten *Naturstande*, so darf man nur die Auftritte von ungereizter Grausamkeit in den Mordscenen auf *Tofoa*, *Neuseeland*, den *Navigatorinseln*, und die nie aufhörenden in den weiten Wüsten des nordwestlichen Amerika (die Kapitän *Hearne*[c]) anführt), wo sogar kein Mensch den

a) So in der Berl. Monatsschrift und bei Rosenkranz; 1. und 2. Aufl. und Hartenstein statt dessen: „gelegenheitliche".

b) 1. Aufl.: „verdorbener", Berl. Monatsschrift: „verderblicher".

c) Samuel Hearne (1745—92), ein Gefährte Cooks auf dessen 3. Entdeckungsreise.

mindesten Vorteil davon hat,*) mit jener Hypothese vergleichen, und man hat Laster der Rohigkeit mehr als [29] nötig ist, um | von dieser Meinung abzugehen. Ist man aber für die Meinung gestimmt, daß sich die menschliche Natur im gesitteten Zustand (worin sich ihre Anlagen vollständiger entwickeln können) besser erkennen lasse, so wird man eine lange melancholische Litanei von Anklagen der Menschheit anhören müssen; von geheimer Falschheit, selbst bei der innigsten Freundschaft, sodaß die Mäßigung des Vertrauens in wechselseitiger Eröffnung auch der besten Freunde zur allgemeinen Maxime der Klugheit im Umgange gezählt wird; von einem Hange, denjenigen zu hassen, dem man verbindlich ist, worauf ein Wohltäter jederzeit gefaßt sein müsse; von einem herzlichen Wohlwollen, welches doch die Bemerkung zuläßt, „es sei in dem Unglück unserer besten Freunde etwas, das uns nicht ganz mißfällt“ a)), und von vielen anderen unter dem Tugendscheine noch verborgenen, geschweige derjenigen Laster, die ihrer gar nicht hehl haben, weil uns der schon gut heißt, der ein böser Mensch von der allgemeinen Klasse ist; und er wird an den Lastern der Kultur und Zivilisierung (den kränkendsten unter allen) genug haben, um sein Auge lieber vom Betragen der Menschen abzuwenden, damit er sich nicht

---

[28] *) Wie der immerwährende Krieg zwischen den Arathavescau- und den Hundsrippen-Indianern keine andere Absicht als bloß das Totschlagen hat. Kriegstapferkeit ist die höchste Tugend der Wilden, in ihrer Meinung. Auch im gesitteten Zustande ist sie ein Gegenstand der Bewunderung und ein Grund der vorzüglichen Achtung, die derjenige Stand fordert, bei dem diese das einzige Verdienst ist; und dieses nicht ohne allen*) Grund in der Vernunft. Denn daß der Mensch etwas haben und sich zum Zweck machen könne, was er noch höher schätzt als sein Leben (die Ehre), wobei er allem Eigennutz entsagt, beweist doch eine gewisse Erhabenheit in seiner Anlage. Aber man sieht doch an der Behaglichkeit, womit die Sieger ihre Großtaten (des Zusammenhauens, Niederstoßens ohne Verschonen und dergl.) preisen, daß bloß ihre Überlegenheit und die Zerstörung, welche sie bewirken konnten, ohne einen anderen Zweck, das sei, worauf sie sich eigentlich etwas zu gute tun.[b])

---

a) Aus Chesterfields Briefen an s. Sohn (*Schöndörffer*).

b) Diese Anmerkung ist Zusatz der 2. Aufl.

selbst ein anderes Laster, nämlich den Menschenhaß, zuziehe. Ist er aber damit noch nicht zufrieden, so darf er nur den aus beiden auf wunderliche Weise zusammengesetzten, nämlich den äußeren Völkerzustand in Betrachtung ziehen, da zivilisierte Völkerschaften gegeneinander im Verhältnisse des rohen Naturstandes[a]) (eines Standes der [30]
beständigen Kriegsverfassung) stehen, und sich auch fest in den Kopf gesetzt haben, nie daraus zu gehen; und er wird dem öffentlichen Vorgeben gerade widersprechende und doch nie abzulegende Grundsätze der größten Gesellschaften, Staaten genannt,*) gewahr werden, die noch kein Philosoph mit der Moral hat in Einstimmung bringen, und doch auch (welches arg ist) keine besseren, die sich mit der menschlichen Natur vereinigen ließen, vorschlagen können; sodaß der philosophische Chiliasmus, der [31]
auf den Zustand eines ewigen, auf einen Völkerbund als Weltrepublik gegründeten Friedens hofft, ebenso wie der theologische, der auf des ganzen Menschengeschlechts vollendete moralische Besserung harret, als Schwärmerei allgemein verlacht wird.

*) Wenn man dieser ihre Geschichte bloß als das Phänomen [30]
der uns großenteils verborgenen inneren Anlagen der Menschheit ansieht, so kann man einen gewissen maschinenmäßigen Gang der Natur nach Zwecken, die nicht ihre (der Völker) Zwecke, sondern Zwecke der Natur sind, gewahr werden. Ein jeder Staat strebt, solange er einen anderen neben sich hat, den er zu bezwingen hoffen darf, sich durch dieses Unterwerfung zu vergrößern und also zur Universalmonarchie, einer Verfassung, darin alle Freiheit und mit ihr (was die Folge derselben ist) Tugend, Geschmack und Wissenschaft erlöschen müßte. Allein dieses Ungeheuer (in welchem die Gesetze allmählich ihre Kraft verlieren), nachdem es alle benachbarten verschlungen hat, löst sich endlich von selbst auf und teilt sich durch Aufruhr und Zwiespalt in viele kleinere Staaten, die, anstatt zu einem Staatenverein (Republik freier verbündeter Völker) zu streben, wiederum ihrerseits jeder dasselbe Spiel von neuem anfangen, um den Krieg (diese Geißel des menschlichen Geschlechts) ja nicht aufhören zu lassen, der, ob er gleich nicht so unheilbar böse ist als das Grab der allgemeinen Alleinherrschaft (oder auch ein Völkerbund, um die Despotie in keinem Staate abkommen zu lassen), doch, wie ein Alter sagte, mehr böse Menschen macht, als er deren wegnimmt.[b])

a) Handschrift und Berl. Monatsschrift: „Naturzustandes".
b) Vgl. Bd. 47 I *(Zum ewigen Frieden)* S. 144 Die ganze Anm. ist Zusatz der 2. Aufl.

Der Grund dieses Bösen kann nun 1) nicht, wie man ihn gemeiniglich anzugeben pflegt, in der *Sinnlichkeit* des Menschen und den daraus entspringenden natürlichen Neigungen gesetzt werden. Denn nicht allein, daß diese keine gerade Beziehung aufs Böse haben (vielmehr zu dem, was die moralische Gesinnung in ihrer Kraft beweisen kann, zur Tugend die Gelegenheit geben), so dürfen wir ihr Dasein nicht verantworten (wir können es auch nicht; weil sie als anerschaffen uns nicht zu Urhebern haben), wohl aber den Hang zum Bösen, der, indem er die Moralität des Subjekts betrifft, mithin in ihm als einem frei handelnden Wesen angetroffen wird, als selbst verschuldet ihm muß zugerechnet werden können; ungeachtet der tiefen Einwurzelung desselben in die Willkür, wegen welcher man sagen muß, er sei in dem Menschen von Natur anzutreffen. — Der Grund dieses Bösen kann auch 2) nicht in einer *Verderbnis* der moralisch-gesetzgebenden Vernunft gesetzt werden; gleich als ob diese das Ansehen des Gesetzes selbst in sich vertilgen und die Verbindlichkeit aus demselben | ableugnen [32]
könne; denn das ist schlechterdings unmöglich. Sich als ein frei handelndes Wesen und doch von dem einem solchen angemessenen Gesetz (dem moralischen) entbunden denken, wäre soviel als eine ohne alle Gesetze wirkende Ursache denken (denn die Bestimmung nach Naturgesetzen fällt der Freiheit halber weg); welches sich widerspricht. — Um also einen Grund des Moralisch-Bösen im Menschen anzugeben, enthält die *Sinnlichkeit* zu wenig; denn sie macht den Menschen, indem sie die Triebfedern, die aus der Freiheit entspringen können, wegnimmt, zu einem bloß *tierischen*; eine vom moralischen Gesetze aber freisprechende, gleichsam *boshafte Vernunft* (ein schlechthin böser Wille) enthält dagegen zu viel, weil dadurch der Widerstreit gegen das Gesetz selbst zur Triebfeder (denn ohne alle Triebfeder kann die Willkür nicht bestimmt werden) erhoben und so das Subjekt zu einem *teuflischen Wesen* gemacht werden würde. — Keines von beiden ist aber auf den Menschen anwendbar.

Wenn nun aber gleich das Dasein dieses Hanges

zum Bösen in der menschlichen Natur, durch Erfahrungsbeweise des in der Zeit wirklichen Widerstreits der menschlichen Willkür gegen das Gesetz, dargetan werden kann, so lehren uns diese doch nicht die eigentliche Beschaffenheit desselben und den Grund dieses Widerstreits; sondern diese, weil sie eine Beziehung | der freien Will- [33] kür (also einer solchen, deren Begriff nicht empirisch ist) auf das moralische Gesetz als Triebfeder (wovon[a]) der Begriff gleichfalls rein intellektuell ist) betrifft, muß aus dem Begriffe des Bösen, sofern es nach Gesetzen der Freiheit (der Verbindlichkeit und Zurechnungsfähigkeit) möglich ist, *a priori* erkannt werden. Folgendes ist die Entwickelung des Begriffs.

Der Mensch (selbst der ärgste) tut, in welchen Maximen es auch sei, auf das moralische Gesetz nicht gleichsam rebellischerweise (mit Aufkündigung des Gehorsams) Verzicht. Dieses dringt sich ihm vielmehr kraft seiner moralischen Anlage unwiderstehlich auf; und, wenn keine andere Triebfeder dagegen wirkte, so würde er es auch als hinreichenden Bewegungsgrund der Willkür in seine oberste Maxime aufnehmen, d. i. er würde moralisch gut sein. Er hängt aber doch auch, vermöge seiner gleichfalls schuldlosen Naturanlage, an den Triebfedern der Sinnlichkeit und nimmt sie (nach dem subjektiven Prinzip der Selbstliebe) auch in seine Maxime auf. Wenn er diese aber als für sich allein hinreichend zur Bestimmung der Willkür in seine Maxime aufnähme, ohne sich ans moralische Gesetz (welches er doch in sich hat) zu kehren, so würde er moralisch böse sein. Da er nun natürlicherweise beide in dieselbe aufnimmt, da er auch jede für sich, wenn sie allein wäre, zur Willensbestimmung hinreichend finden würde, so würde er, wenn der Un|terschied der Maximen bloß auf [34] den Unterschied der Triebfedern (der Materie der Maximen), nämlich, ob das Gesetz oder der Sinnenantrieb eine solche abgeben, ankäme, moralisch gut und böse zugleich sein; welches sich (nach der Einleitung) widerspricht. Also muß der Unterschied, ob der Mensch gut oder böse sei, nicht in dem Unterschiede der Triebfedern, die er in

a) So die **erste** Auflage, die zweite: „worin" (wohl Druckfehler.)

seine Maxime aufnimmt (nicht in dieser ihrer Materie), sondern in der *Unterordnung* (der Form derselben) liegen: *welche von beiden er zur Bedingung der anderen macht.* Folglich ist der Mensch (auch der beste) nur dadurch böse, daß er die sittliche Ordnung der Triebfedern, in der Aufnehmung derselben in seine Maximen, umkehrt: das moralische Gesetz zwar neben dem der Selbstliebe in dieselbe aufnimmt; da er aber inne wird, daß eines neben dem anderen nicht bestehen kann, sondern eins dem anderen als seiner obersten Bedingung untergeordnet werden müsse, er die Triebfedern der Selbstliebe und ihre Neigungen zur Bedingung der Befolgung des moralischen Gesetzes macht, da das letztere vielmehr als die *oberste Bedingung* der Befriedigung der ersteren in die allgemeine Maxime der Willkür als alleinige Triebfeder aufgenommen werden sollte.

Bei dieser Umkehrung der Triebfedern durch seine Maxime, wider die sittliche Ordnung, können die Hand-
[35] lungen dennoch wohl so gesetzmäßig ausfallen, als | ob sie aus echten Grundsätzen entsprungen wären; wenn die Vernunft die Einheit der Maximen überhaupt, welche dem moralischen Gesetze eigen ist, bloß dazu braucht, um in die Triebfedern der Neigung, unter dem Namen *Glückseligkeit*, Einheit der Maximen, die ihnen sonst nicht zukommen kann, hineinzubringen (z. B. daß die Wahrhaftigkeit, wenn man sie zum Grundsatze annähme, uns der Ängstlichkeit überhebt, unseren Lügen die Übereinstimmung zu erhalten und uns nicht in den Schlangenwindungen derselben selbst zu verwickeln), da dann der empirische Charakter gut, der intelligibele aber immer noch böse ist.

Wenn nun ein Hang dazu in der menschlichen Natur liegt, so ist im Menschen ein natürlicher Hang zum Bösen; und dieser Hang selber, weil er am Ende doch in einer freien Willkür gesucht werden muß, mithin zugerechnet werden kann, ist moralisch böse. Dieses Böse ist *radikal*, weil es den Grund aller Maximen verdirbt; zugleich auch als natürlicher Hang durch menschliche Kräfte nicht zu *vertilgen*, weil dieses nur durch gute Maximen geschehen könnte, welches, wenn der oberste subjektive Grund aller Maximen als verderbt vorausgesetzt wird, nicht stattfinden kann; gleichwohl aber muß er zu überwiegen möglich sein, weil er in dem Menschen als frei handelndem Wesen angetroffen wird.

Die Bösartigkeit der menschlichen Natur ist also nicht sowohl Bosheit, wenn man dieses Wort in | strenger [36] Bedeutung nimmt, nämlich als eine Gesinnnung (subjektives Prinzip der Maximen), das Böse als Böses zur Triebfeder in seine Maxime aufzunehmen (denn die ist teuflisch), sondern vielmehr Verkehrtheit des Herzens, welches nun der Folge wegen auch ein böses Herz heißt, zu nennen. Dieses kann mit einem im allgemeinen guten Willen zusammen bestehen und entspringt aus der Gebrechlichkeit der menschlichen Natur, zur Befolgung seiner genommenen Grundsätze nicht stark genug zu sein. mit der Unlauterkeit verbunden, die Triebfedern (selbst gut beabsichtigter Handlungen) nicht nach moralischer Richtschnur voneinander abzusondern und daher zuletzt, wenn es hoch kommt, nur auf die Gemäßheit derselben mit dem Gesetz und nicht auf die Ableitung von demselben, d. i. auf dieses als die alleinige Triebfeder zu sehen. Wenn hieraus nun gleich nicht eben immer eine gesetzwidrige Handlung und ein Hang dazu, d. i. das Laster entspringt, so ist die Denkungsart, sich die Abwesenheit desselben schon für Angemessenheit der Gesinnung zum Gesetze der Pflicht (für Tugend) auszulegen (da hierbei auf die Triebfeder der Maxime gar nicht, sondern nur auf die Befolgung des Gesetzes dem Buchstaben nach gesehen wird), selbst schon eine radikale Verkehrtheit im menschlichen Herzen zu nennen.

Diese angeborene Schuld *(reatus)*, welche so genannt wird, weil sie sich so früh, als sich nur im|mer [37] der Gebrauch der Freiheit im Menschen äußert, wahrnehmen läßt, und nichtsdestoweniger doch aus der Freiheit entsprungen sein muß und daher zugerechnet werden kann, kann in ihren zwei ersteren Stufen (der Gebrechlichkeit und der Unlauterkeit) als unvorsätzlich *(culpa)*, in der dritten aber als vorsätzliche Schuld *(dolus)* beurteilt werden; und hat zu ihrem Charakter eine gewisse Tücke des menschlichen Herzens *(dolus malus)*, sich wegen seiner eigenen guten oder bösen Gesinnungen selbst zu betrügen und, wenn nur die Handlungen das

Böse nicht zur Folge haben, was sie nach ihren Maximen wohl haben könnten, sich seiner Gesinnung wegen nicht zu beunruhigen, sondern vielmehr vor dem Gesetze gerechtfertigt zu halten. Daher rührt die Gewissensruhe so vieler (ihrer Meinung nach gewissenhaften) Menschen, wenn sie mitten unter Handlungen, bei denen das Gesetz nicht zu Rate gezogen ward, wenigstens nicht das Meiste galt, nur den bösen Folgen glücklich entwischten, und wohl gar die Einbildung von Verdienst, keiner solcher Vergehungen sich schuldig zu fühlen, mit denen sie andere behaftet sehen; ohne doch nachzuforschen, ob es nicht bloß etwa Verdienst des Glücks sei, und ob nach der Denkungsart, die sie in ihrem Inneren wohl aufdecken könnten, wenn sie nur wollten, nicht gleiche Laster von ihnen verübt worden wären, wenn nicht Unvermögen, Temperament, Erziehung, Umstände der Zeit und des Orts,
[38] die in Versuchung führen | (lauter Dinge, die uns nicht zugerechnet werden können), davon entfernt gehalten hätten. Diese Unredlichkeit, sich selbst blauen Dunst vorzumachen, welche die Gründung echter moralischer Gesinnung in uns abhält, erweitert sich denn auch äußerlich zur Falschheit und Täuschung anderer; welche, wenn sie nicht Bosheit genannt werden soll, doch wenigstens Nichtswürdigkeit zu heißen verdient, und liegt in dem Bösen der menschlichen Natur, welches (indem es die moralische Urteilskraft in Ansehung dessen, wofür man einen Menschen halten solle, verstimmt und die Zurechnung innerlich und äußerlich ganz ungewiß macht) den faulen Fleck unserer Gattung ausmacht, der, solange wir ihn nicht herausbringen, den Keim des Guten hindert, sich, wie er sonst wohl tun würde, zu entwickeln.

Ein Mitglied des englischen Parlaments[a]) stieß in der Hitze die Behauptung aus: „Ein jeder Mensch hat seinen Preis, für den er sich weggibt." Wenn dieses wahr ist (welches denn ein jeder bei sich ausmachen mag), wenn es überall keine Tugend gibt, für die nicht ein Grad der Versuchung gefunden werden kann, der vermögend ist, sie zu stürzen; wenn, ob der böse oder gute Geist uns für seine Partei gewinne, es nur darauf ankommt, wer das Meiste bietet und die prompteste Zahlung leistet: so möchte wohl vom Menschen allgemein wahr sein, was

a) Robert Walpole (1676—1745), langjähriger erster Minister von England.

der Apostel | sagt: „Es ist hier kein Unterschied, sie sind [39] allzumal Sünder, — es ist keiner, der Gutes tue (nach dem Geiste des Gesetzes), auch nicht einer.“ *)

IV.

Vom Ursprung des Bösen in der menschlichen Natur.

Ursprung (der erste) ist die Abstammung einer Wirkung von ihrer ersten, d. i. derjenigen Ursache, welche nicht wiederum Wirkung einer anderen Ursache | von der- [40] selben Art ist. Er kann entweder als Vernunft- oder als Zeitursprung in Betrachtung gezogen werden. In der ersten Bedeutung wird bloß das Dasein der Wirkung betrachtet; in der zweiten das Geschehen derselben, mithin sie als Begebenheit auf ihre Ursache in der Zeit bezogen. Wenn die Wirkung auf eine Ursache, die mit ihr doch nach Freiheitsgesetzen verbunden ist, bezogen wird, wie das mit dem moralisch Bösen der Fall ist, so wird die Bestimmung der Willkür zu ihrer Hervorbringung nicht als mit ihrem Bestimmungsgrunde in der Zeit, sondern bloß in der Vernunftvorstellung ver-

*) Von diesem Verdammungsur|teile der moralisch richtenden Vernunft ist der eigentliche Beweis nicht in diesem, sondern im vorigen Abschnitte enthalten; dieser enthält nur die Bestätigung desselben durch Erfahrung, welche aber nie die Wurzel des Bösen, in der obersten Maxime der freien Willkür in Beziehung aufs Gesetz, aufdecken kann, die als intelligibele Tat vor aller Erfahrung vorhergeht. — Hieraus, d. i. aus der Einheit der obersten Maxime bei der Einheit des Gesetzes, worauf sie sich bezieht, läßt sich auch einsehen: warum der reinen intellektuellen Beurteilung des Menschen der Grundsatz der Ausschließung des Mittleren zwischen Gut und Böse zum Grunde liegen müsse; indessen daß der empirischen Beurteilung aus sensibeler Tat (dem wirklichen Tun und Lassen) der Grundsatz untergelegt werden kann: daß es ein Mittleres zwischen diesen Extremen gebe, einerseits ein Negatives der Indifferenz vor aller Ausbildung, andererseits ein Positives der Mischung, teils gut teils böse zu sein. Aber die letztere ist nur[a]) Beurteilung der Moralität des Menschen in der Erscheinung und ist der ersteren im Endurteile unterworfen.

a) 1. Aufl.: „nur die B.“

bunden gedacht und kann nicht von irgend einem vorhergehenden Zustande abgeleitet werden; welches dagegen allemal geschehen muß, wenn die böse Handlung als Begebenheit in der Welt auf ihre Natururſache bezogen, wird. Von den freien Handlungen als solchen den Zeitursprung (gleich als von Naturwirkungen) zu suchen, ist also ein Widerspruch; mithin auch von der moralischen Beschaffenheit des Menschen, sofern sie als zufällig betrachtet wird, weil diese den Grund des Gebrauchs der Freiheit bedeutet, welcher (so wie der Bestimmungsgrund der freien Willkür überhaupt) lediglich in Vernunftvorstellungen gesucht werden muß.

Wie nun aber auch der Ursprung des moralischen Bösen im Menschen immer beschaffen sein mag, so ist
[41] doch unter allen Vorstellungsarten von der Verbrei|tung und Fortsetzung desselben durch alle Glieder unserer Gattung und in allen Zeugungen die unschicklichste: es sich als durch Anerbung von den ersten Eltern auf uns gekommen vorzustellen; denn man kann vom Moralisch-Bösen eben das sagen, was der Dichter vom Guten sagt: — *genus et proavos et quae non fecimus ipsi, vix ea nostra puto.*[a]) (Das Geschlecht und die Vorfahren und, was wir nicht selbst getan, das kann
[42] kaum als das Unsrige gelten.)*) — | Noch ist zu merken: daß, wenn wir dem Ursprunge des Bösen nachforschen, wir anfänglich noch nicht den Hang dazu (als *peccatum*

[41] *) Die drei sogenannten oberen Fakultäten (auf hohen Schulen) würden, jede nach ihrer Art, sich diese Vererbung verständlich machen: nämlich entweder als Erbkrankheit oder Erbschuld oder Erbsünde. 1. Die medizinische Fakultät würde sich das erbliche Böse etwa wie den Bandwurm vorstellen, von welchem wirklich einige Naturkündiger der Meinung sind, daß, da er sonst weder in einem Elemente außer uns noch (von derselben Art) in irgend einem anderen Tiere angetroffen wird, er schon in den ersten Eltern gewesen sein müsse. 2. Die Juristenfakultät würde es als die rechtliche Folge der Antretung einer uns von diesen hinterlassenen, aber mit einem schweren Verbrechen belasteten Erbschaft ansehen (denn geboren werden ist nichts anderes als den Gebrauch der Güter der Erde, sofern sie zu unserer Fortdauer unentbehrlich sind, erwerben). Wir müssen also Zahlung leisten (büßen) und werden am Ende doch (durch den Tod) aus diesem Besitze geworfen. Wie recht ist von Rechts wegen! 3) Die theologische

a) Ovid Metamorph. XIII, 140.

in potentia) in Anschlag bringen, sondern nur das wirkliche Böse gegebener Handlungen, nach seiner inneren Möglichkeit und dem, was zur Ausübung derselben in der Willkür zusammenkommen muß, in Betrachtung ziehen.

Eine jede böse Handlung muß, wenn man den Vernunftursprung derselben sucht, so betrachtet werden, als ob der Mensch unmittelbar aus dem Stande der Unschuld in sie geraten wäre. Denn wie auch sein voriges Verhalten gewesen sein mag, und welcherlei auch die auf ihn einfließenden Naturursachen sein mögen, imgleichen ob sie in oder außer ihm anzutreffen seien: so ist seine Handlung doch frei und durch keine dieser Ursachen bestimmt, kann also und muß immer als ein *ursprünglicher* Gebrauch seiner Willkür beurteilt werden. Er sollte sie unterlassen haben, in welchen Zeitumständen und Verbindungen er auch immer gewesen sein mag; denn durch keine Ursache in der Welt kann er aufhören, ein frei handelndes Wesen zu sein. Man sagt zwar mit Recht: dem Menschen werden auch die aus seinen ehemaligen freien, aber gesetzwidrigen Handlungen entspringenden *Folgen* zuge|rechnet; dadurch [43] aber will man nur sagen: man habe nicht nötig, sich auf diese Ausflucht einzulassen und auszumachen, ob die letzteren frei sein mögen oder nicht, weil schon in der geständlich freien Handlung, die ihre Ursache war, hinreichender Grund der Zurechnung vorhanden ist. Wenn aber jemand bis zu einer unmittelbar bevorstehenden freien Handlung auch noch so böse gewesen wäre (bis zur Gewohnheit als anderer Natur): so ist es nicht allein seine Pflicht gewesen, besser zu sein, sondern es ist jetzt noch seine Pflicht, sich zu bessern; er muß es also auch können und ist, wenn er es nicht tut, der Zurechnung in

---

Fakultät würde dieses Böse als persönliche Teilnehmung unserer ersten Eltern an dem *Abfall* eines verworfenen Aufrührers ansehen; entweder daß wir (obzwar jetzt dessen unbewußt) damals selbst mitgewirkt haben oder nur jetzt, unter seiner (als Fürsten dieser Welt) Herrschaft geboren, uns die Güter derselben mehr als den Oberbefehl des himmlischen Gebieters gefallen lassen, und nicht Treue | genug besitzen, uns [42] davon loszureißen, dafür aber künftig auch sein Los mit ihm teilen müssen.

dem Augenblicke der Handlung ebenso fähig und unterworfen, als ob er, mit der natürlichen Anlage zum Guten (die von der Freiheit unzertrennlich ist) begabt, aus dem Stande der Unschuld zum Bösen übergeschritten wäre. — Wir können also nicht nach dem Zeitursprunge, sondern müssen bloß nach dem Vernunftursprung dieser Tat fragen, um danach den Hang, d. i. den subjektiven allgemeinen Grund der Aufnehmung einer Übertretung in unsere Maxime, wenn ein solcher ist, zu bestimmen und womöglich zu erklären.

Hiermit stimmt nun die Vorstellungsart, deren sich die Schrift bedient, den Ursprung des Bösen als einen *Anfang* desselben in der Menschengattung zu schildern, ganz wohl zusammen; indem sie ihn in einer [44] Geschichte vorstellig macht, wo, was der Natur | der Sache nach (ohne auf Zeitbedingung Rücksicht zu nehmen) als das Erste gedacht werden muß, als ein solches der Zeit nach erscheint. Nach ihr fängt das Böse nicht von einem zum Grunde liegenden Hange zu demselben an, weil sonst der Anfang desselben nicht aus der Freiheit entspringen würde, sondern von der *Sünde* (worunter die Übertretung des moralischen Gesetzes als *göttlichen Gebotes* verstanden wird); der Zustand des Menschen aber vor allem Hange zum Bösen heißt der Stand der *Unschuld*. Das moralische Gesetz ging, wie es auch beim Menschen als einem nicht reinen, sondern von Neigungen versuchten Wesen sein muß, als *Verbot* voraus (1. Mose II, 16. 17). Anstatt nun diesem Gesetze als hinreichender Triebfeder (die allein unbedingt gut ist, wobei auch weiter kein Bedenken stattfindet), geradezu[a]) zu folgen, sah sich der Mensch doch noch nach anderen Triebfedern um (III, 6), die nur bedingterweise (nämlich sofern dem Gesetze dadurch nicht Eintrag geschieht) gut sein können, und machte es sich, wenn man die Handlung als mit Bewußtsein aus Freiheit entspringend denkt, zur Maxime, dem Gesetze der Pflicht nicht aus Pflicht, sondern auch allenfalls aus Rücksicht auf andere Absichten zu folgen. Mithin fing er damit

---

a) So richtig in der Berl. Monatsschrift; vgl. Arnoldt a. a. O. S. 375. Die 1. und 2. Aufl.: „gerade".

an, die Strenge des Gebotes, welches den Einfluß jeder anderen Triebfeder ausschließt, zu bezweifeln, hernach den Gehorsam gegen dasselbe zu einem bloß (unter dem Prinzip der Selbstliebe) bedingten eines Mittels her | abzuvernünfteln*), woraus dann endlich das [45]
Übergewicht der sinnlichen Antriebe über die Triebfeder aus dem Gesetz in die Maxime zu handeln aufgenommen und so gesündigt ward (III, 6). *Mutato nomine de te fabula narratur.* (Die Geschichte betrifft dich, nur mit verändertem Namen.)[a]) Daß wir es täglich ebenso machen, mithin „in Adam alle gesündigt haben" und noch sündigen, ist aus dem Obigen klar; nur daß bei uns schon ein angeborener Hang zur Übertretung, in dem ersten Menschen aber kein solcher, sondern Unschuld der Zeit nach vorausgesetzt wird, mithin die Übertretung bei diesem ein Sündenfall heißt, statt daß sie bei uns als aus der schon angeborenen Bösartigkeit unserer Natur erfolgend vorgestellt wird. Dieser Hang aber bedeutet nichts weiter als daß, wenn wir uns auf die Erklärung des Bösen seinem Zeitanfange nach einlassen wollen, wir bei jeder vorsätzlichen Übertretung die Ursachen in einer vorigen Zeit unseres Lebens bis zurück in diejenige, wo der Vernunft | gebrauch noch nicht entwickelt war, [46]
mithin bis zu einem Hange (als natürliche Grundlage) zum Bösen, welcher darum angeboren heißt, die Quelle des Bösen verfolgen müßten: welches bei dem ersten Menschen, der schon mit völligem Vermögen seines Vernunftgebrauches vorgestellt wird, nicht nötig, auch nicht tunlich ist; weil sonst jene Grundlage (der

*) Alle bezeugte Ehrerbietung gegen das moralische Gesetz, [45]
ohne ihm doch als für sich hinreichender Triebfeder in seiner Maxime das Übergewicht über alle anderen Bestimmungsgründe der Willkür einzuräumen, ist geheuchelt und der Hang dazu innere Falschheit, d. i. ein Hang, sich in der Deutung des moralischen Gesetzes zum Nachteil desselben selbst zu belügen (III, 5); weswegen auch die Bibel (christlichen Anteils) den Urheber des Bösen (der in uns selbst liegt) den Lügner von Anfang nennt und so den Menschen in Ansehung dessen, was der Hauptgrund des Bösen in ihm zu sein scheint, charakterisiert.

a) Horaz Satiren I 1, 9.

böse Hang) gar anerschaffen gewesen sein müßte; daher seine Sünde unmittelbar als aus der Unschuld erzeugt aufgeführt wird. — Wir müssen aber von einer moralischen Beschaffenheit, die uns soll zugerechnet werden, keinen Zeitursprung suchen, so unvermeidlich dieser auch ist, wenn wir ihr zufälliges Dasein erklären wollen (daher ihn auch die Schrift, dieser unserer Schwäche gemäß, so vorstellig gemacht haben mag).

Der Vernunftursprung aber dieser Verstimmung unserer Willkür in Ansehung der Art, subordinierte Triebfedern zu oberst in ihre Maximen aufzunehmen, d. i. dieses Hanges zum Bösen, bleibt uns unerforschlich, weil er selbst uns zugerechnet werden muß, folglich jener oberste Grund aller Maximen wiederum die Annehmung einer bösen Maxime erfordern würde. Das Böse hat nur aus dem Moralisch-Bösen (nicht den bloßen Schranken unserer Natur) entspringen können; und doch ist die ursprüngliche Anlage (die auch kein anderer als der Mensch selbst verderben konnte, wenn diese Korruption ihm soll zu-
[47] gerechnet werden) | eine Anlage zum Guten; für uns ist also kein begreiflicher Grund da, woher das moralische Böse in uns zuerst gekommen sein könne. — Diese Unbegreiflichkeit, zusamt der näheren Bestimmung der Bösartigkeit unserer Gattung, drückt die Schrift in der Geschichtserzählung*) dadurch aus, daß sie das Böse

[47] *) Das hier Gesagte muß nicht dafür angesehen werden, als ob es Schriftauslegung sein solle, welche außerhalb der Grenzen der Befugnis der bloßen Vernunft liegt. Man kann sich über die Art erklären, wie man sich einen historischen Vortrag moralisch zu nutze macht, ohne darüber zu entscheiden, ob das auch der Sinn des Schriftstellers sei oder wir ihn nur hineinlegen; wenn er nur für sich und ohne allen historischen Beweis wahr, dabei aber zugleich der einzige ist, nach welchem wir aus einer Schriftstelle für uns etwas zur Besserung ziehen können, die sonst nur eine unfruchtbare Vermehrung unserer historischen Erkenntnis sein würde. Man muß nicht ohne Not über etwas und das historische Ansehen desselben streiten, was, ob es so oder anders verstanden werde, nichts dazu beiträgt, ein besserer Mensch zu werden, wenn, was dazu beitragen kann, auch ohne historischen Beweis erkannt wird und gar ohne ihn erkannt werden muß. Die historische Erkenntnis, welche keine innere, für jedermann gültige Beziehung hierauf hat, gehört unter die Adiaphora, mit denen es jeder halten mag, wie er es für sich erbaulich findet.

zwar im Weltanfange, doch noch nicht im Menschen, sondern in einem **Geiste** von ursprünglich erhabnerer[a] Bestimmung voranschickt; wodurch also der **erste** Anfang alles Bösen überhaupt als für uns unbegreiflich (denn woher bei jenem Geiste das Böse?), der Mensch | aber [48] nur als **durch Verführung** ins Böse gefallen, also **nicht von Grund aus** (selbst der ersten Anlage zum Guten nach) verderbt, sondern als noch einer Besserung fähig, im Gegensatze mit einem verführenden **Geiste**, d. i. einem solchen Wesen, dem die Versuchung des Fleisches nicht zur Milderung seiner Schuld angerechnet werden kann, vorgestellt und so dem ersteren, der bei einem verderbten Herzen doch immer noch einen guten Willen hat, Hoffnung einer Wiederkehr zu dem Guten, von dem er abgewichen ist, übrig gelassen wird.

Allgemeine Anmerkung.[b]

Von der Wiederherstellung der ursprünglichen Anlage zum Guten in ihre Kraft.

Was der Mensch im moralischen Sinne ist oder werden soll, gut oder böse, dazu muß er **sich selbst** machen oder gemacht haben. Beides muß eine Wirkung seiner freien Willkür sein; denn sonst könnte es ihm nicht zugerechnet werden, folglich er weder **moralisch** gut noch böse sein. Wenn es heißt: er ist gut geschaffen, so kann das nichts mehr bedeuten als: er ist zum **Guten** erschaffen, und die ursprüngliche **Anlage** im Menschen ist gut; der Mensch ist es selber dadurch noch nicht, sondern, nach dem er die Triebfedern, die diese Anlage enthält, in seine Maxime aufnimmt oder nicht (welches seiner freien Wahl gänzlich über|lassen sein muß), macht [49] er, daß er gut oder böse wird. Gesetzt, zum Gut- oder Besserwerden sei noch eine übernatürliche Mitwirkung nötig, so mag diese nur in der Verminderung der Hindernisse bestehen oder auch positiver Beistand sein: der

a) 2. Aufl.: „erhabener". Von Kant selbst in der Handschrift verbessert.

b) Diese „Allgemeine Anmerkung" ist in der 1. Aufl. mit der Zahl V bezeichnet.

Mensch muß sich doch vorher würdig machen, sie zu empfangen und diese **Beihilfe** annehmen (welches nichts Geringes ist), d. i. die positive Kraftvermehrung in seine Maxime aufnehmen, wodurch es allein möglich wird, daß ihm das Gute zugerechnet und er für einen guten Menschen erkannt werde.

Wie es nun möglich sei, daß ein natürlicherweise böser Mensch sich selbst zum guten Menschen mache, das übersteigt alle unsere Begriffe; denn wie kann ein böser Baum gute Früchte bringen? Da aber doch nach dem vorher abgelegten Geständnisse ein ursprünglich (der Anlage nach) guter Baum arge Früchte hervorgebracht hat*) und der Verfall vom Guten ins Böse (wenn man wohl bedenkt, daß dieses aus der Freiheit entspringt) nicht begreiflicher ist als das Wiederaufstehen aus dem
[50] Bösen zum Guten, so | kann die Möglichkeit des letzeren nicht bestritten werden. Denn ungeachtet jenes Abfalls erschallt doch das Gebot: wir **sollen** bessere Menschen werden, unvermindert in unserer Seele; folglich müssen wir es auch **können**, sollte auch das, was wir tun können, für sich allein unzureichend sein, und wir uns dadurch nur eines für uns unerforschlichen höheren Beistandes empfänglich machen. — Freilich muß hierbei vorausgesetzt werden, daß ein Keim des Guten in seiner ganzen Reinigkeit übrig geblieben, nicht vertilgt oder verderbt werden konnte, welcher gewiß nicht die Selbst-
[51] liebe**) sein kann, die, als Prin|zip aller unserer Maximen angenommen, gerade die Quelle alles Bösen ist.

---

[49] *) Der der Anlage nach gute Baum ist es noch nicht der Tat nach; denn wäre er es, so könnte er freilich nicht arge Früchte bringen; nur, wenn der Mensch die für das moralische Gesetz in ihn gelegte Triebfeder in seine Maxime aufgenommen hat, wird er ein guter Mensch (der Baum schlechthin ein guter Baum) genannt.

[50] **) Worte, die einen zwiefachen, ganz verschiedenen Sinn annehmen können, halten öfters die Überzeugung aus den klarsten Gründen lange Zeit auf. Wie **Liebe** überhaupt, so kann auch **Selbstliebe** in die des **Wohlwollens** und des **Wohlgefallens** *(benevolentiae et complacentiae)* eingeteilt werden, und beide[a]) müssen (wie sich von selbst versteht) vernünftig

---

a) 2. Aufl.: „auch".

Die Wiederherstellung der ursprünglichen Anlage zum [52]
Guten in uns ist also nicht Erwerbung einer verlorenen Triebfeder zum Guten: denn diese, die in der Achtung fürs moralische Gesetz besteht, haben wir nie verlieren können, und wäre das letztere möglich, so würden wir sie auch nie wiedererwerben. Sie ist also nur die Herstellung der Reinigkeit desselben als obersten Grundes aller unserer Maximen, nach welcher dasselbe nicht bloß mit anderen Triebfedern verbunden oder wohl gar diesen (den Neigungen) als Bedingungen untergeordnet, sondern in seiner ganzen Reinigkeit als für sich zureichende

---

sein. Die erste in seine Maxime aufnehmen, ist natürlich (denn wer wird nicht wollen, daß es ihm jederzeit wohl ergehe?). Sie ist aber sofern vernünftig, als teils in Ansehung des Zwecks nur dasjenige, was mit dem größten und dauerhaftesten Wohlergehen zusammen bestehen kann, teils zu jedem dieser Bestandstücke der Glückseligkeit die tauglichsten Mittel gewählt werden. Die Vernunft vertritt hier nur die Stelle einer Dienerin der natürlichen Neigung; die Maxime aber, die man deshalb annimmt, hat gar keine Beziehung auf Moralität. Wird sie aber zum unbedingten Prinzip der Willkür gemacht, so ist sie die Quelle eines unabsehlich großen Widerstreits gegen die Sittlichkeit. —
Eine | vernünftige Liebe des Wohlgefallens an sich selbst [51]
kann nun entweder so verstanden werden, daß wir uns in jenen schon genannten, auf Befriedigung der Naturneigung abzweckenden Maximen (sofern jener Zweck durch Befolgung derselben erreicht wird) wohlgefallen; und da ist sie mit der Liebe des Wohlwollens[a]) gegen sich selbst einerlei; man gefällt sich selbst, wie ein Kaufmann, dem seine Handlungsspekulationen gut einschlagen, und der sich wegen der dabei genommenen Maximen seiner guten Einsicht erfreut. Allein die Maxime der Selbstliebe des unbedingten (nicht von Gewinn oder Verlust als den Folgen der Handlung abhängenden) Wohlgefallens an sich selbst würde das innere Prinzip einer, allein unter der Bedingung der Unterordnung unserer Maximen unter das moralische Gesetz uns möglichen Zufriedenheit sein. Kein Mensch, dem die Moralität nicht gleichgültig ist, kann an sich ein Wohlgefallen haben, ja gar ohne ein bitteres Mißfallen an sich selbst sein, der sich solcher Maximen bewußt ist, die mit dem moralischen Gesetze in ihm nicht übereinstimmen. Man könnte diese[b]) die Vernunftliebe seiner selbst nennen, welche alle Vermischung anderer Ursachen der Zufriedenheit aus den Folgen seiner Hand-

---

a) Die 2. Aufl. hat den Druckfehler: „Wohlgefallen"; 1. Aufl. und Berl. Monatsschr. richtig: „Wohlwollens".

b) Besser wohl: „dieses".

Triebfeder der Bestimmung der Willkür in dieselbe aufgenommen werden soll. Das ursprünglich Gute ist die
[53] Heiligkeit der Maximen in Befolgung sei|ner Pflicht;[a]) wodurch der Mensch, der diese Reinigkeit in seine Maxime aufnimmt, obzwar darum noch nicht selbst heilig (denn zwischen der Maxime und der Tat ist noch ein großer Zwischenraum), dennoch auf dem Wege dazu ist, sich ihr im unendlichen Fortschritt zu nähern. Der zur Fertigkeit gewordene feste Vorsatz in Befolgung seiner Pflicht heißt auch Tugend, der Legalität nach als ihrem empirischen Charakter (*virtus phaenomenon*). Sie hat also die beharrliche Maxime gesetzmäßiger Handlungen; die Triebfeder, deren die Willkür hierzu bedarf, mag man nehmen, woher man wolle. Daher wird Tugend in diesem Sinne nach und nach erworben und heißt einigen eine lange Gewohnheit (in Beobachtung des Gesetzes), durch die der Mensch vom Hange zum Laster durch allmähliche Reformen seines Verhaltens und Befestigung seiner Maximen in einen entgegengesetzten Hang

---

lungen (unter dem Namen einer dadurch sich zu verschaffenden Glückseligkeit) mit den Triebfedern der Willkür verhindert. Da nun das letztere die unbedingte Achtung fürs Gesetz bezeichnet, warum will man durch den Ausdruck einer vernünftigen, aber nur unter der letzteren Bedingung moralischen Selbstliebe sich das deutliche Verstehen des Prinzips unnötigerweise erschweren, indem man sich im Zirkel herumdreht? (denn man kann sich nur auf moralische Art selbst lieben, soferne man sich seiner Maxime bewußt ist, die Achtung fürs Gesetz zur höchsten
[52] Triebfeder seiner | Willkür zu machen). Glückseligkeit ist unserer Natur nach für uns, als von Gegenständen der Sinnlichkeit abhängige Wesen, das erste und das, was wir unbedingt begehren. Ebendieselbe ist unserer Natur nach (wenn man überhaupt das, was uns angeboren ist, so nennen will), als mit Vernunft und Freiheit begabter Wesen, bei weitem nicht das erste, noch auch unbedingt ein Gegenstand unserer Maximen; sondern dieses ist die Würdigkeit glücklich zu sein, d. i. die Übereinstimmung aller unserer Maximen mit dem moralischen Gesetze. Daß diese nun objektiv die Bedingung sei, unter welcher der Wunsch der ersteren allein mit der gesetzgebenden Vernunft zusammenstimmen kann, darin besteht alle sittliche Vorschrift, und in der Gesinnung, auch nur so bedingt zu wünschen, die sittliche Denkungsart.

a) Der Aufsatz der Berliner Monatsschrift hat hier noch den Zusatz „mithin bloß aus Pflicht" (von Wobbermin in den Text aufgenommen).

übergekommen ist. Dazu ist nun nicht eben eine *Herzensänderung* nötig, sondern nur eine Änderung der *Sitten*. Der Mensch findet sich tugendhaft, wenn er sich in Maximen, seine Pflicht zu beobachten, befestigt fühlt; obgleich nicht aus dem obersten Grunde aller Maximen, nämlich aus Pflicht; sondern der Unmäßige z. B. kehrt zur Mäßigkeit um der Gesundheit, der Lügenhafte zur Wahrheit um der Ehre, der Ungerechte zur bürgerlichen Ehrlichkeit um der Ruhe oder des Erwerbs willen u. s. w. zurück. Alle nach dem gepriesenen Prinzip der Glück|seligkeit. Daß aber jemand nicht bloß ein [54] *gesetzlich*, sondern ein *moralisch* guter (Gott wohlgefälliger) Mensch, d. i. tugendhaft nach dem intelligibelen Charakter (*virtus noumenon*) werde,[a]) welcher, wenn er etwas als Pflicht erkennt, keiner anderen Triebfeder weiter bedarf als dieser Vorstellung der Pflicht selbst, das kann nicht durch allmähliche *Reform*, solange die Grundlage der Maximen unlauter bleibt, sondern muß durch eine *Revolution* in der Gesinnung im Menschen (einen Übergang zur Maxime der Heiligkeit derselben) bewirkt werden; und er kann ein neuer Mensch nur durch eine Art von Wiedergeburt, gleich als durch eine neue Schöpfung (Ev. Joh. III, 5; verglichen mit 1. Mos. I, 2) und Änderung des Herzens werden.

Wenn der Mensch aber im Grunde seiner Maximen verderbt ist, wie ist es möglich, daß er durch eigene Kräfte diese Revolution zustande bringe und von selbst ein guter Mensch werde? Und doch gebietet die Pflicht es zu sein, sie gebietet uns aber nichts, als was uns tunlich ist. Dieses ist nicht anders zu vereinigen, als daß die Revolution für die Denkungsart, die allmähliche Reform aber für die Sinnesart (welche jener Hindernisse entgegenstellt) notwendig und daher auch dem Menschen möglich sein muß. Das ist: wenn er den obersten Grund seiner Maximen, wodurch er ein böser Mensch war, durch eine einzige unwandelbare Entschließung umkehrt (und [55] hiermit einen neuen Menschen anzieht), so ist er sofern, dem Prinzip und der Denkungsart nach, ein fürs Gute empfängliches Subjekt; aber nur in kontinuierlichem Wirken

a) 1. Aufl.: „Um aber nicht bloß ein *gesetzlich* . . . . ., (*virtus noumenon*) zu werden".

und Werden ein guter Mensch: d. i. er kann hoffen, daß er bei einer solchen Reinigkeit des Prinzips, welches er sich zur obersten Maxime seiner Willkür genommen hat, und der Festigkeit desselben, sich auf dem guten (obwohl schmalen) Wege eines beständigen Fortschreitens vom Schlechten zum Besseren befinde. Dies ist für denjenigen, der den intelligibelen Grund des Herzens (aller Maximen der Willkür) durchschaut, für den also diese Unendlichkeit des Fortschrittes Einheit ist, d. i. für Gott soviel, als wirklich ein guter (ihm gefälliger) Mensch sein; und insofern kann diese Veränderung als Revolution betrachtet werden; für die Beurteilung der Menschen aber, die sich und die Stärke ihrer Maximen nur nach der Oberhand, die sie über die Sinnlichkeit in der Zeit gewinnen, schätzen können, ist sie nur als ein immer fortdauerndes Streben zum Besseren, mithin als allmähliche Reform des Hanges zum Bösen als verkehrter Denkungsart anzusehen.

Hieraus folgt, daß die moralische Bildung des Menschen nicht von der Besserung der Sitten, sondern von der Umwandlung der Denkungsart und von der Gründung
[56] eines Charakters anfangen müsse; ob man | zwar gewöhnlicherweise anders verfährt und wider Laster einzeln kämpft, die allgemeine Wurzel derselben aber unberührt läßt. Nun ist selbst der eingeschränkteste Mensch des Eindruckes einer desto größeren Achtung für eine pflichtmäßige Handlung fähig, je mehr er ihr in Gedanken andere Triebfedern, die durch Selbstliebe auf die Maxime der Handlung Einfluß haben könnten, entzieht; und selbst Kinder sind fähig, auch die kleinste Spur von Beimischung unechter Triebfedern aufzufinden; da dann die Handlung bei ihnen augenblicklich allen moralischen Wert verliert. Diese Anlage zum Guten wird dadurch, daß man das Beispiel selbst von guten Menschen (was die Gesetzmäßigkeit derselben betrifft) anführt und seine moralischen Lehrlinge die Unlauterkeit mancher Maximen aus den wirklichen Triebfedern ihrer Handlungen beurteilen läßt, unvergleichlich kultiviert und geht allmählich in die Denkungsart über; sodaß Pflicht bloß für sich selbst in ihren Herzen ein merkliches Gewicht zu bekommen anhebt. Allein tugendhafte Handlungen, soviel Aufopferung

sie auch gekostet haben mögen, **bewundern** zu lehren, ist noch nicht die rechte Stimmung, die das Gemüt des Lehrlings fürs moralisch Gute erhalten soll. Denn so tugendhaft jemand auch sei, so ist doch alles, was er immer Gutes tun kann, bloß Pflicht; seine Pflicht aber tun ist nichts mehr als das tun, was in der gewöhnlichen sittlichen Ordnung ist, mithin nicht bewundert zu [57] werden verdient. Vielmehr ist diese Bewunderung eine Abstimmung unseres Gefühls für Pflicht, gleich als ob es etwas Außerordentliches und Verdienstliches wäre, ihr Gehorsam zu leisten.

Aber Eines ist in unserer Seele, welches, wenn wir es gehörig ins Auge fassen, wir nicht aufhören können, mit der höchsten Verwunderung zu betrachten, und wo die Bewunderung rechtmäßig, zugleich auch seelenerhebend ist; und das ist: die ursprüngliche moralische Anlage in uns überhaupt. — Was ist das (kann man sich selbst fragen) in uns, wodurch wir von der Natur durch so viel Bedürfnisse beständig abhängige Wesen doch zugleich über diese in der Idee einer ursprünglichen Anlage (in uns) so weit erhoben werden, daß wir sie insgesamt für nichts und uns selbst des Daseins für unwürdig halten, wenn wir ihrem Genusse, der uns doch das Leben allein wünschenswert machen kann, einem Gesetze zuwider nachhängen sollten, durch welches unsere Vernunft mächtig gebietet, ohne doch dabei weder etwas zu verheißen noch zu drohen? Das Gewicht dieser Frage muß ein jeder Mensch von der gemeinsten Fähigkeit, der vorher von der Heiligkeit, die in der Idee der Pflicht liegt, belehrt worden, der sich aber nicht bis zur Nachforschung des Begriffes der Freiheit, welcher allererst aus diesem Gesetze | hervor- [58] geht*), versteigt, innigst fühlen; und selbst die Unbegreiflichkeit dieser eine göttliche Abkunft | verkündigenden [59]

*) Daß der Begriff der Freiheit der Willkür nicht vor dem Bewußtsein des moralischen Gesetzes in uns vorhergehe, sondern nur aus der Bestimmbarkeit unserer Willkür durch dieses, als ein unbedingtes Gebot, geschlossen werde, davon kann man sich bald überzeugen, wenn man sich fragt: ob man auch gewiß und[a)] unmittelbar sich eines Vermögens bewußt sei, jede noch so große Triebfeder zur Übertretung (*Phalaris licet imperet, ut sis falsus, et*

a) „und“ fehlt in der 2. Auflage, desgl. bei Hartenstein.

Anlage muß auf das Gemüt bis zur Begeisterung wirken und es zu den Aufopferungen stärken, welche ihm die Achtung für seine Pflicht nur auferlegen mag. Dieses Gefühl der Erhabenheit seiner moralischen Bestimmung öfter rege zu machen, ist als Mittel der Erweckung sittlicher Gesinnungen vorzüglich anzupreisen, weil es dem angeborenen Hange zur Verkehrung der Triebfedern in den Maximen unserer Willkür gerade entgegenwirkt, um

---

admoto dictet perjuria tauro.)[a]) durch festen Vorsatz überwältigen zu können. Jedermann wird gestehen müssen: er wisse nicht, ob, wenn ein solcher Fall einträte, er nicht in seinem Vorsatz wanken würde. Gleichwohl aber gebietet ihm die Pflicht unbedingt: er solle ihm treu bleiben; und hieraus schließt er mit Recht: er müsse es auch können, und seine Willkür sei also frei. Die, welche diese unerforschliche Eigenschaft als ganz begreiflich vorspiegeln, machen durch das Wort Determinismus (dem Satze der Bestimmung der Willkür durch innere hinreichende Gründe) ein Blendwerk, gleich als ob die Schwierigkeit darin bestände, diesen mit der Freiheit zu vereinigen, woran doch niemand denkt; sondern: wie der Prädeterminismus, nach welchem willkürliche Handlungen als Begebenheiten ihre bestimmenden Gründe in der vorhergehenden Zeit haben (die mit dem, was sie in sich hält, nicht mehr in unserer Gewalt ist), mit der Freiheit, nach welcher die Handlung sowohl als ihr Gegenteil in dem Augenblicke des Geschehens in der Gewalt des Subjekts sein muß, zusammen bestehen könne: das ist's, was man einsehen will und nie einsehen wird.

Den Begriff der Freiheit mit der Idee von Gott als einem notwendigen Wesen zu vereinigen, hat gar keine Schwierigkeit; weil die Freiheit nicht in der Zufälligkeit der Handlung
[59] (daß sie gar nicht durch Gründe determiniert | sei), d. i. nicht im Indeterminismus (daß Gutes oder Böses zu tun Gott gleich möglich sein müsse, wenn man seine Handlung frei nennen sollte), sondern in der absoluten Spontaneität besteht, welche allein beim Prädeterminismus Gefahr läuft, wo der Bestimmungsgrund der Handlung in der vorigen Zeit ist, mithin so, daß jetzt die Handlung nicht mehr in meiner Gewalt, sondern in der Hand der Natur ist, mich unwiderstehlich bestimmt; da dann, weil in Gott keine Zeitfolge zu denken ist, diese Schwierigkeit wegfällt.[b])

---

a) Juvenal Satir. 8, 80 f. — Wenn auch Phalaris [ein Tyrann in Agrigent] gebietet, daß du falsch Zeugnis ablegtest, und dir den Meineid unter Annäherung des Stieres befiehlt. [Der Stier war von Erz, und während Feuer darunter angezündet wurde, wurden die Gefangenen in dessen hohlen Bauch gelegt.]

b) „Den Begriff der Freiheit ... diese Schwierigkeit wegfällt" Zusatz der 2. Auflage.

in der unbedingten Achtung fürs Gesetz, als der höchsten Bedingung aller zu nehmenden Maximen, die ursprüngliche sittliche Ordnung unter den Triebfedern und hiermit die Anlage zum Guten im menschlichen Herzen in ihrer Reinigkeit wiederherzustellen.

Aber dieser Wiederherstellung durch eigene Kraftanwendung steht ja der Satz von der angeborenen Verdorbenheit der Menschen für alles Gute gerade entgegen? Allerdings, was die Begreiflichkeit, d. i. unsere | *Einsicht* [60] von der Möglichkeit derselben betrifft, wie alles dessen, was als Begebenheit in der Zeit (Veränderung) und sofern nach Naturgesetzen als notwendig, und dessen Gegenteil doch zugleich unter moralischen Gesetzen als durch Freiheit möglich vorgestellt werden soll; aber der Möglichkeit dieser Wiederherstellung selbst ist er nicht entgegen. Denn wenn das moralische Gesetz gebietet, wir *sollen* jetzt bessere Menschen sein, so folgt unumgänglich, wir müssen es auch *können*. Der Satz vom angeborenen Bösen ist in der moralischen *Dogmatik* von gar keinem Gebrauch; denn die Vorschriften derselben enthalten ebendieselben Pflichten und bleiben auch in derselben Kraft, ob ein angeborener Hang zur Übertretung in uns sei oder nicht. In der moralischen *Asketik* aber will dieser Satz mehr, aber doch nichts mehr sagen als: wir können in der sittlichen Ausbildung der anerschaffenen moralischen Anlage zum Guten nicht von einer uns natürlichen Unschuld den Anfang machen, sondern müssen von der Voraussetzung einer Bösartigkeit der Willkür in Annehmung ihrer Maximen der ursprünglichen sittlichen Anlage zuwider anheben und, weil der Hang dazu unvertilgbar ist, mit der unablässigen Gegenwirkung gegen denselben. Da dieses nun bloß auf eine ins Unendliche hinausgehende Fortschreitung vom Schlechten zum Besseren führt, so folgt: daß die Umwandlung der Gesinnung des bösen | in die eines guten Menschen in der Veränderung [61] des obersten inneren Grundes der Annehmung aller seiner Maximen dem sittlichen Gesetze gemäß zu setzen sei, sofern dieser neue Grund (das neue Herz) nun selbst unveränderlich ist. Zur Überzeugung aber hiervon kann nun zwar der Mensch natürlicherweise nicht gelangen, weder durch unmittelbares Bewußtsein noch durch den Beweis seines bis dahin geführten Lebenswandels; weil die Tiefe des Herzens (der subjektive erste Grund seiner Maximen) ihm selbst unerforschlich ist; aber auf den Weg, der dahin führt und der ihm von einer im Grunde gebesserten Gesinnung angewiesen wird, muß er *hoffen* können, durch *eigene* Kraftanwendung zu gelangen; weil er ein guter Mensch werden soll, aber nur nach demjenigen, was ihm als von ihm selbst getan zugerechnet werden kann, als *moralisch-gut* zu beurteilen ist.

Wider diese Zumutung der Selbstbesserung bietet nun die zur moralischen Bearbeitung von Natur verdrossene Vernunft unter dem Vorwande des natürlichen Unvermögens allerlei unlautere Religionsideen auf (wozu gehört: Gott selbst das Glückseligkeitsprinzip zur obersten Bedingung seiner Gebote anzudichten). Man kann aber alle Religionen in die der *Gunstbewerbung* (des bloßen Kultus) und die *moralische*, d. i. die Religion des *guten Lebens-*
[62] *wan|dels* einteilen. Nach der ersteren schmeichelt sich entweder der Mensch: Gott könne ihn wohl ewig glücklich machen, ohne daß er eben nötig habe, *ein besserer Mensch zu werden* (durch Erlassung seiner Verschuldungen), oder auch, wenn ihm dieses nicht möglich zu sein scheint: *Gott* könne ihn wohl *zum besseren Menschen machen*, ohne daß er selbst etwas mehr dabei zu tun habe, als darum zu *bitten*; welches, da es vor einem allsehenden Wesen nichts weiter ist als *wünschen*, eigentlich nichts getan sein würde; denn wenn es mit dem bloßen Wunsch ausgerichtet wäre, so würde jeder Mensch gut sein. Nach der moralischen Religion aber (dergleichen unter allen öffentlichen, die es je gegeben hat, allein die christliche ist) ist es ein Grundsatz: daß ein jeder soviel, als in seinen Kräften ist, tun müsse, um ein besserer Mensch zu werden; und nur alsdann, wenn er sein angeborenes Pfund nicht vergraben (Lucä XIX, 12—16), wenn er die ursprüngliche Anlage zum Guten benutzt hat, um ein besserer Mensch zu werden, er hoffen könne, was nicht in seinem Vermögen ist, werde durch höhere Mitwirkung ergänzt werden. Auch ist es nicht schlechterdings notwendig, daß der Mensch wisse, worin diese bestehe; vielleicht gar unvermeidlich, daß, wenn die Art, wie sie geschieht, zu einer gewissen Zeit offenbart worden, verschiedene Menschen zu
[63] einer anderen Zeit sich verschie|dene Begriffe, und zwar

mit aller Aufrichtigkeit, davon machen würden. Aber alsdann gilt auch der Grundsatz: „Es ist nicht wesentlich und also nicht jedermann notwendig zu wissen, was Gott zu seiner Seligkeit tue, oder getan habe“; aber wohl, was er selbst zu tun habe, um dieses Beistandes würdig zu werden.*)

---

*) Diese allgemeine Anmerkung ist die erste von den vieren, [63] deren eine jedem Stücke dieser Schrift angehängt ist, und welche die Aufschrift führen könnten: 1) von Gnadenwirkungen, 2) Wundern, 3) Geheimnissen, 4) Gnadenmitteln. — Diese sind gleichsam Parerga der Religion innerhalb der Grenzen der reinen Vernunft; sie gehören nicht innerhalb derselben, aber stoßen doch an sie an. Die Vernunft im Bewußtsein ihres Unvermögens, ihrem moralischen Bedürfnis ein Genüge zu tun, dehnt sich bis zu überschwenglichen Ideen aus, die jenen Mangel ergänzen könnten, ohne sie doch als einen erweiterten Besitz sich zuzueignen. Sie bestreitet nicht die Möglichkeit oder Wirklichkeit der Gegenstände derselben, aber sie kann sie nur nicht in ihre Maximen zu denken und zu handeln aufnehmen. Sie rechnet sogar darauf, daß, wenn in dem unerforschlichen Felde des Übernatürlichen noch etwas mehr ist, als sie sich verständlich machen kann, was aber doch zu Ergänzung des moralischen Unvermögens notwendig wäre, dieses ihrem guten Willen auch unerkannt zu statten kommen werde, mit einem Glauben, den man den (über die Möglichkeit desselben) reflektierenden nennen könnte, weil der dogmatische, der sich als ein Wissen ankündigt, ihr unaufrichtig oder vermessen vorkommt; denn die Schwierigkeiten gegen das, was für sich selbst (praktisch) feststeht, wegzuräumen ist, wenn sie transscendente Fragen betreffen, nur ein Nebengeschäft (Parergon). Was den Nachteil aus diesen, auch moralisch-transscendenten, Ideen anlangt, wenn wir sie in die Religion | einführen wollten, [64] so ist die Wirkung davon, nach der Ordnung der vier obbenannten Klassen, 1) der vermeinten inneren Erfahrung (Gnadenwirkungen) Schwärmerei, 2) der angeblich äußeren Erfahrung (Wunder) Aberglaube, 3) der gewähnten Verstandeserleuchtung in Ansehung des Übernatürlichen (Geheimnisse) Illuminatismus, Adeptenwahn, 4) der gewagten Versuche aufs Übernatürliche hin zu wirken (Gnadenmittel) Thaumaturgie: lauter Verirrungen einer über ihre Schranken hinausgehenden Vernunft, und zwar in vermeintlich moralischer (gottgefälliger) Absicht. — Was aber diese allgemeine Anmerkung zum ersten Stück gegenwärtiger Abhandlung besonders betrifft, so ist die Herbeirufung der Gnadenwirkungen von der letzteren Art und kann nicht in die Maximen der Vernunft aufgenommen werden, wenn diese sich innerhalb ihrer Grenzen hält; wie überhaupt nichts Übernatürliches, weil gerade bei diesem aller Vernunftgebrauch aufhört.

— Denn sie theoretisch woran kennbar zu machen (daß sie Gnaden-, nicht innere Naturwirkungen sind), ist unmöglich, weil unser Gebrauch des Begriffs von Ursache und Wirkung über Gegenstände der Erfahrung, mithin über die Natur hinaus nicht erweitert werden kann; die Voraussetzung aber einer praktischen Benutzung dieser Idee ist ganz sich selbst widersprechend. Denn als Benutzung würde sie eine Regel von dem voraussetzen, was wir (in gewisser Absicht) Gutes selbst zu tun haben, um etwas zu erlangen; eine Gnadenwirkung aber zu erwarten, bedeutet gerade das Gegenteil, nämlich, daß das Gute (das moralische) nicht unsere, sondern die Tat eines anderen Wesens sein werde, wir also sie durch Nichtstun allein erwerben können, welches sich widerspricht. Wir können sie also als etwas Unbegreifliches einräumen, aber sie weder zum theoretischen noch praktischen Gebrauch in unsere Maxime aufnehmen.[a]))

a) „Diese allgemeine Anmerkung . . . Maxime aufnehmen" Zusatz der 2. Aufl.

Der

philosophischen Religionslehre

zweites Stück.

Zweites Stück. [67]

Von dem Kampf des guten Prinzips mit dem bösen

um

die Herrschaft über den Menschen.

Daß, um ein moralisch guter Mensch zu werden, es nicht genug sei, den Keim des Guten, der in unserer Gattung liegt, sich bloß ungehindert entwickeln zu lassen, sondern auch eine in uns befindliche entgegenwirkende Ursache des Bösen zu bekämpfen sei, das haben unter allen alten Moralisten vornehmlich die Stoiker durch ihr Losungswort *Tugend*, welches (sowohl im Griechischen als Lateinischen) Mut und Tapferkeit bezeichnet und also einen Feind voraussetzt, zu erkennen gegeben. In diesem Betracht ist der Name *Tugend* ein herrlicher Name, und es kann ihm nicht schaden, daß er oft prahlerisch gemißbraucht und (sowie neuerlich das Wort *Aufklärung*) bespöttelt wor|den. [68] — Denn den Mut auffordern, ist schon zur Hälfte soviel als ihn einflößen; dagegen die faule, sich selbst gänzlich mißtrauende und auf äußere Hilfe harrende kleinmütige Denkungsart (in Moral und Religion) alle Kräfte des Menschen abspannt und ihn dieser Hilfe selbst unwürdig macht.

Aber jene wackeren Männer verkannten doch ihren Feind, der nicht in den natürlichen, bloß undisziplinierten, sich aber unverhohlen jedermanns Bewußtsein offen darstellenden Neigungen zu suchen, sondern ein gleichsam unsichtbarer, sich hinter Vernunft verbergender Feind und darum desto gefährlicher ist. Sie boten die *Weisheit* gegen die *Torheit* auf, die sich von Neigungen bloß unvorsichtig täuschen läßt, anstatt sie wider die *Bosheit* (des menschlichen Herzens) aufzurufen, die mit seelenverderbenden Grundsätzen die Gesinnung insgeheim untergräbt.*)

[69] Natürliche Neigungen sind, an sich selbst betrachtet, gut, d. i. unverwerflich, und es ist nicht allein vergeblich, sondern es wäre auch schädlich und

[68] *) Diese Philosophen nahmen ihr allgemeines moralisches Prinzip von der Würde der menschlichen Natur, der Freiheit (als Unabhängigkeit von der Macht der Neigungen) her; ein besseres und edleres konnten sie auch nicht zum Grunde legen. Die moralischen Gesetze schöpften sie nun unmittelbar aus der auf solche Art allein gesetzgebenden und durch sie schlechthin gebietenden Vernunft, und so war objektiv, was die Regel betrifft, und auch subjektiv, was die Triebfeder anlangt, wenn man dem Menschen einen unverdorbenen Willen beilegt, diese Gesetze
[69] unbedenk|lich in seine Maximen aufzunehmen, alles ganz richtig angegeben. Aber in der letzteren[a]) Voraussetzung lag eben der Fehler. Denn so früh wir auch auf unseren sittlichen Zustand unsere Aufmerksamkeit richten mögen, so finden wir: daß mit ihm es nicht mehr *res integra* ist, sondern daß wir davon anfangen müssen, das Böse, was schon Platz genommen hat (es aber,[b]) ohne daß wir es in unsere Maxime aufgenommen hätten, nicht würde[c]) haben tun können) aus seinem Besitz zu vertreiben: d. i. das erste wahre Gute, was der Mensch tun kann, sei, vom Bösen auszugehen, welches nicht in den Neigungen, sondern in der verkehrten Maxime und also in der Freiheit selbst zu suchen ist. Jene erschweren nur die Ausführung der entgegengesetzten guten Maxime; das eigentliche Böse aber besteht darin, daß man jenen Neigungen, wenn sie zur Übertretung anreizen, nicht widerstehen will, und diese Gesinnung ist eigentlich der wahre Feind. Die Neigungen sind nur Gegner der Grundsätze überhaupt (sie mögen gut oder böse sein), und sofern ist jenes edelmütige Prinzip der Moralität als Vorübung (Disziplin der Neigungen) zur Lenksamkeit des Subjekts durch Grundsätze vorteilhaft. Aber sofern es spezifische Grundsätze des Sittlich-Guten sein sollen und es gleichwohl als Maxime nicht sind, so muß noch ein anderer Gegner derselben im Subjekt vorausgesetzt werden, mit dem die Tugend den Kampf zu bestehen hat, ohne welche alle Tugenden zwar nicht, wie jener Kirchenvater[d]) will, glänzende Laster, aber doch glänzende Armseligkeiten sein würden; weil dadurch zwar öfters der Aufruhr gestillt, der Aufrührer selbst aber nie besiegt und ausgerottet wird.

a) 2. Aufl.: „letzten". b) Der Sinn ist: „Was es aber, ohne daß . . ." c) Rosenkranz: „würden".

d) Gemeint ist Augustin, obwohl der Wortlaut dort nicht nachweisbar (Wobbermin).

tadelhaft, sie ausrotten zu wollen; man muß sie vielmehr [70] nur bezähmen, damit sie sich untereinander nicht selbst aufreiben, sondern[a]) zur Zusammenstimmung in einem Ganzen, Glückseligkeit genannt, gebracht werden können. Die Vernunft aber, die dieses ausrichtet, heißt *Klugheit*. Nur das Moralisch-Gesetzwidrige ist an sich selbst böse, schlechterdings verwerflich und muß ausgerottet werden; die Vernunft aber, die das lehrt, noch mehr aber, wenn sie es auch ins Werk richtet, verdient allein den Namen der *Weisheit*, in Vergleichung mit welcher das Laster zwar auch *Torheit* genannt werden kann, aber nur alsdann, wenn die Vernunft genugsam Stärke in sich fühlt, um es (und alle Anreize dazu) zu *verachten*, und nicht bloß als ein zu fürchtendes Wesen zu *hassen*, und sich dagegen zu bewaffnen.

Wenn der *Stoiker* also den moralischen Kampf des Menschen bloß als Streit mit seinen (an sich unschuldigen) Neigungen, sofern sie als Hindernisse der Befolgung seiner Pflicht überwunden werden müssen, dachte, so konnte er, weil er kein besonderes positives (an sich böses) Prinzip annimmt, die Ursache der Übertretung nur in der *Unterlassung* setzen, jene zu bekämpfen; da aber diese Unterlassung selbst pflichtwidrig (Übertretung), nicht bloßer Naturfehler ist, und nun die Ursache derselben nicht wiederum (ohne im Zirkel zu erklären) in den Neigungen, sondern nur | in dem, was die [71] Willkür als freie Willkür bestimmt (im inneren ersten Grunde der Maximen, die mit den Neigungen im Einverständnisse sind), gesucht werden kann, so läßt sich's wohl begreifen, wie Philosophen, denen ein Erklärungsgrund, welcher ewig im Dunkel eingehüllt bleibt,*) und[b]) ob-

---

*) Es ist eine ganz gewöhnliche Voraussetzung der Moralphilosophie, daß sich das Dasein des Sittlich-Bösen im Menschen gar leicht erklären lasse, und zwar aus der Macht der Triebfedern der Sinnlichkeit einerseits und aus der Ohnmacht der Triebfeder der Vernunft (der Achtung fürs Gesetz) andrerseits, d. i. aus *Schwäche*. Aber alsdann müßte sich das Sittlich-Gute (in der

---

a) 1. Aufl.: „untereinander *selbst* aufreiben und".
b) „und" fehlt in der 1. Auflage.

gleich unumgänglich, dennoch unwillkommen ist, den eigentlichen Gegner des Guten verkennen konnten, mit dem sie den Kampf zu bestehen glaubten.

Es darf also nicht befremden, wenn ein *Apostel* diesen *unsichtbaren*, nur durch seine Wirkungen
[72] auf | uns kennbaren, die Grundsätze verderbenden Feind als außer uns und zwar als bösen *Geist* vorstellig macht: „Wir haben nicht mit Fleisch und Blut (den natürlichen Neigungen), sondern mit Fürsten und Gewaltigen — mit bösen Geistern zu kämpfen." Ein Ausdruck, der nicht, um unsere Erkenntnis über die Sinnenwelt hinaus zu erweitern, sondern nur um den Begriff des für uns Unergründlichen *für den praktischen Gebrauch* anschaulich zu machen, angelegt zu sein scheint; denn übrigens ist es zum Behuf des letzteren für uns einerlei, ob wir den Verführer bloß in uns selbst oder auch außer uns setzen, weil die Schuld uns im letzteren Falle um nichts minder trifft als im ersteren, als die wir von ihm nicht verführt werden würden, wenn wir mit ihm nicht im geheimen Einverständnisse wären.*) —

---

moralischen Anlage) an ihm noch leichter erklären lassen; denn die Begreiflichkeit des einen ist ohne die des anderen gar nicht denkbar. Nun ist aber das Vermögen der Vernunft, durch die bloße Idee eines Gesetzes über alle entgegenstrebenden Triebfedern Meister zu werden, schlechterdings unerklärlich; also ist es auch unbegreiflich, wie die der Sinnlichkeit über eine mit solchem Ansehen gebietende Vernunft Meister werden können. Denn wenn alle Welt der Vorschrift des Gesetzes gemäß verführe, so würde man sagen, daß alles nach der natürlichen Ordnung zuginge, und niemand würde sich einfallen lassen, auch nur nach der Ursache zu fragen.

[72] *) Es ist eine Eigentümlichkeit der christlichen Moral: das Sittlich-Gute vom Sittlich-Bösen nicht wie den Himmel von der *Erde*, sondern wie den Himmel von der *Hölle* unterschieden vorzustellen; eine Vorstellung, die zwar bildlich und als solche empörend, nichtsdestoweniger aber ihrem Sinn nach philosophisch richtig ist. — Sie dient nämlich dazu zu verhüten: daß das Gute und Böse, das Reich des Lichtes und das Reich der Finsternis, nicht als aneinander grenzend und durch allmähliche Stufen (der größeren und minderen Helligkeit) sich ineinander verlierend ge-
[73] dacht, sondern durch eine unermeßliche Kluft | voneinander getrennt vorgestellt werde. Die gänzliche Ungleichartigkeit der Grundsätze, mit denen man unter einem oder dem anderen dieser zwei Reiche Untertan sein kann, und zugleich die Gefahr, die

Wir wollen diese ganze Betrachtung in zwei Abschnitte einteilen.

---

mit der Einbildung von einer nahen Verwandtschaft der Eigenschaften, die zu einem oder dem anderen qualifizieren, verbunden ist, berechtigen zu dieser Vorstellungsart, die bei dem Schauderhaften, das sie in sich enthält, zugleich sehr erhaben ist.

[73] ## Erster Abschnitt.

Von dem Rechtsanspruche des guten Prinzips auf die Herrschaft über den Menschen.

a) Personifizierte Idee des guten Prinzips.

Das, was allein eine Welt zum Gegenstande des göttlichen Ratschlusses und zum Zwecke der Schöpfung machen kann, ist die *Menschheit* (das vernünftige Weltwesen überhaupt) *in ihrer moralischen ganzen Vollkommenheit*, wovon als oberster Bedingung die Glückseligkeit die unmittelbare Folge in dem Willen des höchsten Wesens ist. — Dieser allein Gott wohlgefällige Mensch „ist in ihm von Ewigkeit her"; die Idee desselben geht von seinem Wesen aus; er ist sofern kein erschaffenes Ding, sondern sein eingeborener Sohn; „das *Wort* (das *Werde!*), durch welches alle anderen Dinge sind, und ohne das nichts existiert, was gemacht ist;" (denn um seinet-, d. i. des vernünftigen Wesens in der [74] Welt willen, | so wie es seiner moralischen Bestimmung nach gedacht werden kann, ist alles gemacht.) — „Er ist der Abglanz seiner Herrlichkeit." — „In ihm hat Gott die Welt geliebt", und nur in ihm und durch Annehmung seiner Gesinnungen können wir hoffen, „Kinder Gottes zu werden" u. s. w.

Zu diesem Ideal der moralischen Vollkommenheit, d. i. dem Urbilde der sittlichen Gesinnung in ihrer ganzen Lauterkeit uns zu *erheben*, ist nun allgemeine Menschenpflicht, wozu uns auch diese Idee selbst, welche von der Vernunft uns zur Nachstrebung vorgelegt wird, Kraft geben kann. Eben darum aber, weil wir von ihr nicht die Urheber sind, sondern sie in dem Menschen Platz genommen hat, ohne daß wir begreifen, wie die menschliche Natur für sie auch nur habe empfänglich sein können, kann man besser sagen: daß jenes Urbild vom

Himmel zu uns *herabgekommen* sei, daß es die Menschheit angenommen habe (denn es ist nicht ebensowohl möglich sich vorzustellen, wie der von Natur *böse Mensch* das Böse von selbst ablege und sich zum Ideal der Heiligkeit *erhebe*, als daß das letztere die *Menschheit* (die für sich nicht böse ist) annehme und sich zu ihr *herablasse*)[a]). Diese Vereinigung mit uns kann also als ein Stand der *Erniedrigung* des Sohnes Gottes angesehen werden, wenn wir uns jenen göttlich gesinnten Menschen als Urbild für uns so vorstellen, wie er, obzwar selbst heilig und als solcher zu keiner [75] Erduldung von Leiden verhaftet, diese[b]) gleichwohl im größten Maße übernimmt, um das Weltbeste zu befördern; dagegen der Mensch, der nie von Schuld frei ist, wenn er auch dieselbe Gesinnung angenommen hat, die Leiden, die ihn, auf welchem Wege es auch sei, treffen mögen, doch als von ihm verschuldet ansehen kann, mithin sich der Vereinigung seiner Gesinnung mit einer solchen Idee, obzwar sie ihm zum Urbilde dient, unwürdig halten muß.

Das Ideal der Gott wohlgefälligen Menschheit (mithin einer moralischen Vollkommenheit, so wie sie an einem von Bedürfnissen und Neigungen abhängigen Weltwesen möglich ist) können wir uns nun nicht anders denken als unter der Idee eines Menschen, der nicht allein alle Menschenpflicht selbst auszuüben, zugleich auch durch Lehre und Beispiel das Gute in größtmöglichem Umfange um sich auszubreiten, sondern auch, obgleich durch die größten Anlockungen versucht, dennoch alle Leiden bis zum schmählichsten Tode um des Weltbesten willen und selbst für seine Feinde zu übernehmen bereitwillig wäre. — Denn der Mensch kann sich keinen Begriff von dem Grade und der Stärke einer Kraft, dergleichen die einer moralischen Gesinnung ist, machen, als wenn er sie mit Hindernissen ringend und unter den größtmöglichen Anfechtungen dennoch überwindend sich vorstellt.

Im *praktischen Glauben an diesen* [76] *Sohn Gottes* (sofern er vorgestellt wird, als habe er die menschliche Natur angenommen) kann nun der

a) „und sich zu ihr herablasse" ist Zusatz der 2. Aufl.
b) 1. Aufl. „sie".

Mensch hoffen, Gott wohlgefällig (dadurch auch selig) zu werden; d. i. der, welcher sich einer solchen moralischen Gesinnung bewußt ist, daß er glauben und auf sich gegründetes Vertrauen setzen kann, er würde unter ähnlichen Versuchungen und Leiden (so wie sie zum Probierstein jener Idee gemacht werden) dem Urbilde der Menschheit unwandelbar anhängig und seinem Beispiele in treuer Nachfolge ähnlich bleiben, ein solcher Mensch und auch nur der allein ist befugt, sich für denjenigen zu halten, der ein des göttlichen Wohlgefallens nicht unwürdiger Gegenstand ist.

b) Objektive Realität dieser Idee.

Diese Idee hat ihre Realität in praktischer Beziehung vollständig in sich selbst. Denn sie liegt in unserer moralisch gesetzgebenden Vernunft. Wir sollen ihr gemäß sein und wir müssen es daher auch können. Müßte man die Möglichkeit, ein diesem Urbilde gemäßer Mensch zu sein, vorher beweisen, wie es bei Naturbegriffen unumgänglich notwendig ist (damit wir nicht Gefahr laufen, durch leere Begriffe hingehalten zu werden), so würden wir ebensowohl auch Bedenken tragen müssen, selbst dem moralischen Gesetze das Ansehen einzuräumen,
[77] unbedingter und doch | hinreichender Bestimmungsgrund unserer Willkür zu sein; denn wie es möglich sei, daß die bloße Idee einer Gesetzmäßigkeit überhaupt eine mächtigere Triebfeder für dieselbe sein könne als alle nur erdenklichen, die von Vorteilen hergenommen werden, das kann weder durch Vernunft eingesehen noch durch Beispiele der Erfahrung belegt werden, weil, was das erste betrifft, das Gesetz unbedingt gebietet, und das zweite anlangend, wenn es auch nie einen Menschen gegeben hätte, der diesem Gesetze unbedingten Gehorsam geleistet hätte, die objektive Notwendigkeit, ein solcher zu sein, doch unvermindert und für sich selbst einleuchtet. Es bedarf also keines Beispiels der Erfahrung, um die Idee eines Gott moralisch wohlgefälligen Menschen für uns zum Vorbilde zu machen; sie liegt als ein solches schon in unserer Vernunft. — Wer aber, um einen Menschen für ein solches mit jener Idee übereinstimmendes Beispiel zur Nachfolge anzuerkennen, noch etwas mehr als, was er sieht, d. i. mehr als einen gänzlich untadel-

haften, ja, soviel als man nur verlangen kann, verdienstvollen Lebenswandel, wer etwa außerdem noch Wunder, die durch ihn oder für ihn geschehen sein müßten,[a]) zur Beglaubigung fordert: der bekennt zugleich hierdurch seinen moralischen Unglauben, nämlich den Mangel des Glaubens an die Tugend, den kein auf Beweise durch Wunder gegründeter Glaube (der nur historisch ist) ersetzen kann; weil nur der Glaube an die praktische Gültigkeit je|ner Idee, die in unserer Vernunft liegt [78] (welche auch allein allenfalls die Wunder als solche, die vom guten Prinzip herkommen möchten, bewähren, aber nicht von diesen ihre Bewährung entlehnen kann), moralischen Wert hat.

Eben darum muß auch eine Erfahrung möglich sein, in der das Beispiel von einem solchen Menschen gegeben werde (soweit als man von einer äußeren Erfahrung überhaupt Beweistümer der inneren sittlichen Gesinnung erwarten und verlangen kann); denn dem Gesetz nach sollte billig ein jeder Mensch ein Beispiel zu dieser Idee an sich abgeben; wozu das Urbild immer nur in der Vernunft bleibt; weil ihr kein Beispiel in der äußeren Erfahrung adäquat ist, als welche das Innere der Gesinnung nicht aufdeckt, sondern darauf, obzwar nicht mit strenger Gewißheit, nur schließen läßt (ja selbst die innere Erfahrung des Menschen an ihm selbst läßt ihn die Tiefen seines Herzens nicht so durchschauen, daß er von dem Grunde seiner Maximen, zu denen er sich bekennt, und von ihrer Lauterkeit und Festigkeit durch Selbstbeobachtung ganz sichere Kenntnis erlangen könnte).

Wäre nun ein solcher wahrhaftig göttlich gesinnter Mensch zu einer gewissen Zeit gleichsam vom Himmel auf die Erde herabgekommen, der durch Lehre, Lebenswandel und Leiden das Beispiel eines Gott wohlgefälligen Menschen an sich gegeben hätte, soweit als [79] man von äußerer Erfahrung nur verlangen kann (indessen daß das Urbild eines solchen immer doch nirgend anders als in unserer Vernunft zu suchen ist), hätte er durch alles dieses ein unabsehlich großes moralisches Gute in der Welt durch eine Revolution im Menschen-

a) 1. Aufl.: „für ihn geschehen“.

geschlechte hervorgebracht: so würden wir doch nicht Ursache haben, an ihm etwas anderes als einen natürlich gezeugten Menschen anzunehmen (weil dieser sich doch auch verbunden fühlt, selbst ein solches Beispiel an sich abzugeben), obzwar dadurch eben nicht schlechthin verneint würde, daß er nicht auch wohl ein übernatürlich erzeugter Mensch sein könne. Denn in praktischer Absicht kann die Voraussetzung des letzteren uns doch nichts vorteilen, weil das Urbild, welches wir dieser Erscheinung unterlegen, doch immer in uns (obwohl natürlichen Menschen) selbst gesucht werden muß, dessen Dasein in der menschlichen Seele schon für sich selbst unbegreiflich genug ist, daß man nicht eben nötig hat, außer seinem übernatürlichen Ursprunge ihn[a]) noch in einem besonderen Menschen hypostasiert anzunehmen. Vielmehr würde die Erhebung eines solchen Heiligen über alle Gebrechlichkeit der menschlichen Natur der praktischen Anwendung der Idee desselben auf unsere Nachfolge nach allem, was wir einzusehen vermögen, eher im Wege sein. Denn wenngleich jenes Gott wohlgefälligen Menschen Natur insoweit als menschlich gedacht würde, daß er mit | [80] ebendenselben Bedürfnissen, folglich auch denselben Leiden, mit ebendenselben Naturneigungen, folglich auch eben solchen Versuchungen zur Übertretung wie wir behaftet, aber doch soferne als übermenschlich gedacht würde, daß nicht etwa errungene, sondern angeborene unveränderliche Reinigkeit des Willens ihm schlechterdings keine Übertretung möglich sein ließe, so würde diese Distanz vom natürlichen Menschen dadurch wiederum so unendlich groß werden, daß jener göttliche Mensch für diesen nicht mehr zum Beispiel aufgestellt werden könnte. Der letztere würde sagen: man gebe mir einen ganz heiligen Willen, so wird alle Versuchung zum Bösen von selbsten an mir scheitern; man gebe mir die innere vollkommenste Gewißheit, daß nach einem kurzen Erdenleben ich (zufolge jener Heiligkeit) der ganzen ewigen Herrlichkeit des Himmels sofort teilhaftig werden soll, so werde ich alle Leiden, so schwer sie auch immer sein mögen, bis zum schmählichsten Tode nicht allein willig, sondern auch mit Fröhlichkeit übernehmen, da ich den herrlichen und nahen Ausgang mit Augen vor mir sehe. Zwar würde der Gedanke: daß

a) Wobbermin: „Es" (sc. das Urteil).

jener göttliche Mensch im wirklichen Besitze dieser Hoheit und Seligkeit von Ewigkeit war (und sie selbst nicht allererst durch solche Leiden verdienen durfte), daß er sich derselben für lauter Unwürdige, ja sogar für seine Feinde willig entäußerte, um sie vom ewigen Verderben zu erretten, unser Gemüt zur Bewunderung, Liebe und Dankbarkeit gegen | ihn stimmen müssen; imgleichen [81]
würde die Idee eines Verhaltens nach einer so vollkommenen Regel der Sittlichkeit für uns allerdings auch als Vorschrift zur Befolgung geltend, er selbst aber nicht als Beispiel der Nachahmung, mithin auch nicht als Beweis der Tunlichkeit und Erreichbarkeit eines so reinen und hohen moralischen Guts für uns uns vorgestellt werden können.*)

---

*) Es ist freilich eine Beschränktheit der menschlichen Vernunft, [81]
die doch einmal von ihr nicht zu trennen ist: daß wir keinen moralischen Wert von Belang an den Handlungen einer Person denken können, ohne zugleich sie oder ihre Äußerung auf menschliche Weise vorstellig zu machen; obzwar damit eben nicht behauptet werden will, daß es an sich (κατ' ἀλήθειαν) auch so bewandt sei; denn wir bedürfen, um uns übersinnliche Beschaffenheiten faßlich zu machen, immer einer gewissen Analogie mit Naturwesen. So legt ein philosophischer Dichter dem Menschen, sofern er einen Hang zum Bösen in sich zu bekämpfen hat, selbst darum, wenn er ihn nur zu überwältigen weiß, einen höheren Rang auf der moralischen Stufenleiter der Wesen bei als selbst den Himmelsbewohnern, die vermöge der Heiligkeit ihrer Natur über alle mögliche Verleitung weggesetzt sind. (Die Welt mit ihren Mängeln — ist besser als ein Reich von willenlosen Engeln. Haller.) — Zu dieser Vorstellungsart bequemt sich auch die Schrift, um die Liebe Gottes zum menschlichen Geschlecht uns ihrem Grade nach faßlich zu machen, indem sie ihm die höchste Aufopferung beilegt, die nur ein liebendes Wesen tun kann, um selbst Unwürdige glücklich zu machen („Also hat Gott die Welt geliebt" u. s. w.); ob wir uns gleich durch die Vernunft keinen Begriff davon machen können, | wie [82]
ein allgenugsames Wesen etwas von dem, was zu seiner Seligkeit gehört, aufopfern und sich eines Besitzes berauben könne. Das ist der Schematismus der Analogie (zur Erläuterung), den wir nicht entbehren können. Diesen aber in einen Schematismus der Objektsbestimmung (zur Erweiterung unserer Erkenntnis) zu verwandeln, ist Anthropomorphismus, der in moralischer Absicht (in der Religion) von den nachteiligsten Folgen ist. — Hier will ich nur noch beiläufig anmerken, daß man im Aufsteigen vom Sinnlichen zum Übersinnlichen zwar wohl

[82] Ebenderselbe göttlich gesinnte, aber ganz eigentlich
[83] menschliche Lehrer würde doch nichtsdestoweniger | von sich, als ob das Ideal des Guten in ihm leibhaftig (in Lehre und Wandel) dargestellt würde, mit Wahrheit reden können. Denn er würde alsdann nur von der Gesinnung sprechen, die er sich selbst zur Regel seiner Handlungen macht, die er aber, da er sie als Beispiel für andere, nicht für sich selbst sichtbar machen kann, nur durch seine Lehren und Handlungen äußerlich vor Augen stellt: „Wer unter euch kann mich einer Sünde zeihen?" Es ist aber der Billigkeit gemäß, das untadelhafte Beispiel eines Lehrers zu dem, was er lehrt, wenn dieses ohnedem für jedermann Pflicht ist, keiner anderen als der lautersten Gesinnung desselben anzurechnen, wenn man keine Beweise des Gegenteils hat. Eine solche Gesinnung mit allen um des Weltbesten willen übernommenen Leiden in dem Ideale der Menschheit gedacht, ist nun für alle Menschen zu allen Zeiten und in allen Welten vor der obersten Gerechtigkeit vollgültig, wenn der Mensch die seinige der-

---

schematisieren (einen Begriff durch Analogie mit etwas Sinnlichem faßlich machen), schlechterdings aber nicht nach der Analogie von dem, was dem ersteren zukommt, daß es auch dem letzteren beigelegt werden müsse, schließen (und so seinen Begriff erweitern) könne, und dieses zwar aus dem ganz einfachen Grunde, weil ein solcher Schluß wider alle Analogie laufen würde, der daraus, weil wir ein Schema zu einem Begriffe, um ihn uns verständlich zu machen (durch ein Beispiel zu belegen), notwendig brauchen, die Folge ziehen wollte, daß es auch notwendig dem Gegenstande selbst als ein Prädikat zukommen müsse. Ich kann nämlich nicht sagen: so wie ich mir die Ursache einer Pflanze (oder jedes organischen Geschöpfes und überhaupt der zweckvollen Welt) nicht anders faßlich machen kann als nach der Analogie eines Künstlers in Beziehung auf sein Werk (eine Uhr), nämlich dadurch, daß ich ihr Verstand beilege, so muß auch die Ursache selbst (der Pflanze, der Welt überhaupt) Verstand haben; d. i. ihr Verstand beizulegen, ist nicht bloß eine Bedingung meiner Faßlichkeit, sondern der Möglichkeit, Ursache zu sein, selbst. Zwischen dem Verhältnisse aber eines Schemas zu seinem Begriffe und dem Verhältnisse
[88] eben dieses Schemas des | Begriffs zur Sache selbst ist gar keine Analogie, sondern ein gewaltiger Sprung (μετάβασις εἰς ἄλλο γένος, Übergang in eine andere Gattung), der gerade in den Anthropomorphismus hineinführt, wovon ich die Beweise anderwärts gegeben habe.

selben, wie er es tun soll, ähnlich macht. Sie wird freilich immer eine Gerechtigkeit bleiben, die nicht die unsrige ist, sofern diese in einem jener Gesinnung völlig und ohne Fehl gemäßen Lebenswandel bestehen müßte. Es muß aber doch eine Zueignung | der ersteren um der [84] letzten willen, wenn diese mit der Gesinnung des Urbildes vereinigt wird, möglich sein, obwohl sie sich begreiflich zu machen noch großen Schwierigkeiten unterworfen ist, die wir jetzt vortragen wollen.

c) Schwierigkeiten gegen die Realität dieser Idee und Auflösung derselben.

Die erste Schwierigkeit, welche die Erreichbarkeit jener Idee der Gott wohlgefälligen Menschheit in uns in Beziehung auf die Heiligkeit des Gesetzgebers, bei dem Mangel unserer eigenen Gerechtigkeit, zweifelhaft macht, ist folgende. Das Gesetz sagt: „Seid heilig (in eurem Lebenswandel), wie euer Vater im Himmel heilig ist!"; denn das ist das Ideal des Sohnes Gottes, welches uns zum Vorbilde aufgestellt ist. Die Entfernung aber des Guten, was wir in uns bewirken sollen, von dem Bösen, wovon wir ausgehen, ist unendlich und sofern, was die Tat, d. i. die Angemessenheit des Lebenswandels zur Heiligkeit des Gesetzes betrifft, in keiner Zeit erreichbar. Gleichwohl soll die sittliche Beschaffenheit des Menschen mit ihr übereinstimmen. Sie muß also in die Gesinnung, in die allgemeine und lautere Maxime der Übereinstimmung des Verhaltens mit demselben als den Keim, woraus alles Gute entwickelt werden soll, gesetzt werden, die von einem heiligen Prinzip ausgeht, welches der | Mensch in seine oberste Maxime aufgenommen hat. [85] Eine Sinnesänderung, die auch möglich sein muß, weil sie Pflicht ist. — Nun besteht die Schwierigkeit darin, wie die Gesinnung für die Tat, welche jederzeit (nicht überhaupt, sondern in jedem Zeitpunkte) mangelhaft ist, gelten könne. Die Auflösung derselben aber beruht darauf, daß die letztere als ein kontinuierlicher Fortschritt von mangelhaftem Guten zum Besseren ins Unendliche nach unserer Schätzung, die wir in den Begriffen des Verhältnisses der Ursache[a]) und Wirkungen unvermeidlich

a) „Ursachen"? [K. V.]

auf Zeitbedingungen eingeschränkt sind, immer mangelhaft bleibt; sodaß wir das Gute in der Erscheinung, d. i. der *Tat* nach, in uns *jederzeit* als unzulänglich für ein heiliges Gesetz ansehen müssen; seinen Fortschritt aber ins Unendliche zur Angemessenheit mit dem letzteren wegen der Gesinnung, daraus er abgeleitet wird, die übersinnlich ist, von einem Herzenskündiger in seiner reinen intellektuellen Anschauung als ein vollendetes Ganze, auch der Tat (dem Lebenswandel) nach, beurteilt denken können,*)
[86] und so der Mensch, uner|achtet seiner beständigen Mangelhaftigkeit doch *überhaupt* Gott wohlgefällig zu sein erwarten könne, in welchem Zeitpunkte auch sein Dasein abgebrochen werden möge.

Die *zweite* Schwierigkeit, welche sich hervortut, wenn man den zum Guten strebenden Menschen in Ansehung dieses moralischen Guten selbst in Beziehung auf die göttliche *Gütigkeit* betrachtet, betrifft die *moralische Glückseligkeit*, worunter hier[a]) nicht die Versicherung eines immerwährenden Besitzes der Zufriedenheit mit seinem *physischen Zustande* (Befreiung von Übeln und Genuß immer wachsender Vergnügen), als der *physischen Glückseligkeit*, sondern von der Wirklichkeit und *Beharrlichkeit* einer im Guten immer fortrückenden (nie daraus fallenden) Gesinnung verstanden wird; denn das beständige „Trachten nach dem Reiche Gottes," *wenn man nur von der Unveränderlichkeit einer solchen Gesinnung fest versichert wäre*, würde ebensoviel sein, als sich schon
[87] im Besitz dieses Reiches zu | wissen, da denn der so

---

[85] *) Es muß nicht übersehen werden, daß hiermit nicht gesagt werden wolle: daß die Gesinnung die Ermangelung des Pflichtmäßigen, folglich das wirkliche Böse in dieser unendlichen Reihe zu *vergüten* dienen solle (vielmehr wird vorausgesetzt, daß die Gott wohlgefällige moralische Beschaffenheit des Menschen in ihr wirklich anzutreffen sei), sondern: daß die Gesinnung,
[86] welche die Stelle der | Totalität dieser Reihe der ins Unendliche fortgesetzten Annäherung vertritt, nur den von dem Dasein eines Wesens in der Zeit überhaupt unzertrennlichen Mangel, nie ganz vollständig das zu sein, was man zu werden im Begriffe ist, ersetze; denn was die Vergütung der in diesem Fortschritte vorkommenden Übertretungen betrifft, so wird diese bei der Auflösung der *dritten* Schwierigkeit in Betrachtung gezogen werden.

a) „hier" fehlt in der 1. Auflage.

gesinnte Mensch schon von selbst vertrauen würde, daß ihm „das übrige alles (was physische Glückseligkeit betrifft) zufallen werde."

Nun könnte man zwar den hierüber besorgten Menschen mit seinem Wunsche dahin verweisen: „sein (Gottes) Geist gibt Zeugnis unserem Geist" u. s. w., d. i. wer eine so lautere Gesinnung, als gefordert wird, besitzt, wird von selbst schon fühlen, daß er nie so tief fallen könne, das Böse wiederum lieb zu gewinnen; allein es ist mit solchen vermeinten Gefühlen übersinnlichen Ursprungs nur mißlich bestellt; man täuscht sich nirgends leichter als in dem, was die gute Meinung von sich selbst begünstigt. Auch scheint es nicht einmal ratsam zu sein, zu einem solchen Vertrauen aufgemuntert zu werden, sondern vielmehr zuträglicher (für die Moralität), „seine Seligkeit mit Furcht und Zittern zu schaffen" (ein hartes Wort, welches, mißverstanden, zur finstersten Schwärmerei antreiben kann); allein ohne alles Vertrauen zu seiner einmal angenommenen Gesinnung würde kaum eine Beharrlichkeit, in derselben fortzufahren, möglich sein. Dieses findet sich aber, ohne sich der süßen oder angstvollen Schwärmerei zu überliefern, aus der Vergleichung seines bisher geführten Lebenswandels mit seinem gefaßten Vorsatze. — Denn der Mensch, welcher von der Epoche der angenommenen Grundsätze des Guten an ein genugsam langes Leben hindurch die Wir|kung derselben auf die [88] Tat, d. i. auf seinen zum immer Besseren fortschreitenden Lebenswandel wahrgenommen hat und daraus auf eine gründliche Besserung in seiner Gesinnung nur vermutungsweise zu schließen Anlaß findet, kann doch auch vernünftigerweise hoffen, daß, da dergleichen Fortschritte, wenn ihr Prinzip nur gut ist, die Kraft zu den folgenden immer noch vergrößern, er in diesem Erdenleben diese Bahn nicht mehr verlassen, sondern immer noch mutiger darauf fortrücken werde, ja, wenn nach diesem ihm noch ein anderes Leben bevorsteht, er unter anderen Umständen allem Ansehen nach doch nach ebendemselben Prinzip fernerhin darauf fortfahren und sich dem, obgleich unerreichbaren, Ziele der Vollkommenheit immer noch nähern werde, weil er nach dem, was er bisher an sich wahrgenommen hat, seine Gesinnung für von Grunde aus gebessert halten darf. Dagegen der, welcher selbst bei

oft versuchtem Vorsatze zum Guten dennoch niemals fand,
daß er dabei standhielt, der immer ins Böse zurückfiel oder
wohl gar im Fortgange seines Lebens an sich[a]) wahrnehmen
mußte aus dem Bösen ins Ärgere, gleichsam als auf
einem Abhange, immer tiefer gefallen zu sein, vernünftiger-
weise sich keine Hoffnung machen kann, daß, wenn er
noch länger hier zu leben hätte oder ihm auch ein
künftiges Leben bevorstände, er es besser machen werde,
weil er bei solchen Anzeigen das Verderben, als in seiner
[89] Gesinnung gewurzelt, ansehen müßte.[b]) | Nun ist das
erstere ein Blick in eine *unabsehliche*, aber gewünschte
und glückliche Zukunft, das zweite dagegen in ein ebenso
unabsehliches Elend, d.i. beides für Menschen nach
dem, was sie urteilen können, in eine selige oder unselige
Ewigkeit; Vorstellungen, die mächtig genug sind, um
dem einen Teil zur Beruhigung und Befestigung im Guten,
dem anderen zur Aufweckung des richtenden Gewissens,
um dem Bösen soviel möglich noch Abbruch zu tun,
mithin zu Triebfedern zu dienen, ohne daß es nötig ist,
auch objektiv eine Ewigkeit des Guten oder Bösen für
das Schicksal des Menschen *dogmatisch* als Lehrsatz
[90] vorauszusetzen*), mit welchen vermeinten Kennt|nissen
und Behauptungen die Vernunft nur die Schranken ihrer
[91] Einsicht überschreitet. Die gute und lautere | Gesinnung
(die man einen guten uns regierenden Geist nennen kann),
[92] deren man sich bewußt ist, führt also | auch das Zutrauen
zu ihrer Beharrlichkeit und Festigkeit, obzwar nur mittel-

---

[89] *) Es gehört unter die Fragen, aus denen der Frager, wenn sie ihm auch beantwortet werden könnten, doch nichts Kluges zu machen verstehen würde (und die man deshalb *Kinderfragen* nennen könnte), auch die: ob die Höllenstrafen endliche oder ewige Strafen sein werden. Würde das erste gelehrt, so ist zu besorgen, daß manche (so wie alle, die das Fegfeuer glauben, oder jener Matrose in *Moore's* Reisen) sagen würden: „So hoffe ich, ich werde es aushalten können." Würde aber das andere behauptet und zum Glaubenssymbol gezählt, so dürfte gegen die Absicht, die man damit hat, die Hoffnung einer völligen Straflosigkeit nach dem ruchlosesten Leben herauskommen. Denn da in den Augenblicken der späten[c]) Reue am Ende desselben der um Rat und Trost befragte Geistliche es doch grausam und

---

a) „an sich" fehlt bei Kirchmann. b) 1. Aufl.: „müsse".
c) 1. Aufl.: „spätern".

bar, bei sich, und ist der Tröster | (Paraklet), wenn uns [93]
unsere Fehltritte wegen ihrer Beharrlichkeit besorgt machen.
Gewißheit in Ansehung derselben ist dem Menschen weder

---

unmenschlich finden muß, ihm seine ewige Verwerfung anzukündigen, und er zwischen dieser und der völligen Lossprechung kein Mittleres statuiert (sondern entweder ewig oder gar nicht gestraft[a]), so muß | er ihm Hoffnung zum letzteren machen; [90]
d. i. ihn in der Geschwindigkeit zu einem Gott wohlgefälligen Menschen umzuschaffen versprechen; da dann, weil zum Einschlagen in einen guten Lebenswandel nicht mehr Zeit ist, reuevolle Bekenntnisse, Glaubensformeln, auch wohl Angelobungen eines neuen Lebens bei einem etwa noch längeren Aufschub des Endes des gegenwärtigen, die Stelle der Mittel vertreten. — Das ist die unvermeidliche Folge, wenn die Ewigkeit des dem hier geführten Lebenswandel gemäßen künftigen Schicksals als Dogma vorgetragen und nicht vielmehr der Mensch angewiesen wird, aus seinem bisherigen sittlichen Zustande sich einen Begriff vom künftigen zu machen und darauf als die natürlich vorherzusehenden Folgen desselben selbst zu schließen; denn da wird die Unabsehlichkeit der Reihe derselben unter der Herrschaft des Bösen für ihn dieselbe moralische Wirkung haben (ihn anzutreiben, das Geschehene, soviel ihm möglich ist, durch Reparation oder Ersatz seinen Wirkungen nach noch vor dem Ende des Lebens ungeschehen zu machen), als von der angekündigten Ewigkeit desselben erwartet werden kann; ohne doch die Nachteile des Dogmas der letzteren (wozu ohnedem weder Vernunfteinsicht noch Schriftauslegung berechtigt) bei sich zu führen; da der böse Mensch im Leben schon zum voraus auf diesen leicht zu erlangenden Pardon rechnet oder am Ende desselben es nur mit den Ansprüchen der himmlischen Gerechtigkeit auf ihn zu tun zu haben glaubt, die er mit bloßen Worten befriedigt, indessen daß die Rechte der Menschen hierbei leer ausgehen und niemand das Seine wieder bekommt (ein so gewöhnlicher Ausgang dieser Art der Expiation, daß ein Beispiel vom Gegenteil beinahe unerhört ist). — Besorgt man aber, daß ihn seine Vernunft durchs Gewissen zu gelinde beurteilen werde, so irrt man | sich, wie ich glaube, sehr. Denn eben darum, weil [91]
sie frei ist und selbst über ihn, den Menschen, sprechen soll, ist sie unbestechlich und, wenn man ihm in einem solchen Zustande nur sagt, daß es wenigstens möglich sei, er werde bald vor einem Richter stehen müssen, so darf man ihn nur seinem eigenen Nachdenken überlassen, welches ihn aller Wahrscheinlichkeit nach mit der größten Strenge richten wird. — Ich will diesem noch ein paar Bemerkungen beifügen. Der gewöhnliche

---

a) „(sondern entweder . . . gestraft),“ Zusatz der 2. Auflage.

möglich noch, soviel wir einsehen, moralisch zuträglich. Denn (was wohl zu merken ist) wir können dieses Zutrauen nicht auf ein unmittelbares Bewußtsein der Un-

---

Sinnspruch: Ende gut, alles gut, kann auf moralische Fälle zwar angewandt werden, aber nur, wenn unter dem guten Ende dasjenige verstanden wird, da der Mensch ein wahrhaftig-guter Mensch wird. Aber woran will er sich als einen solchen erkennen, da er es nur aus dem darauffolgenden beharrlich guten Lebenswandel schließen kann, für diesen aber am Ende des Lebens keine Zeit mehr da ist? Von der Glückseligkeit kann dieser Spruch eher eingeräumt werden, aber auch nur in Beziehung auf den Standpunkt, aus dem er sein Leben ansieht, nicht aus dem Anfange, sondern dem Ende desselben, indem er von da auf jenen zurücksieht. Überstandene Leiden lassen keine peinigende Rückerinnerung übrig, wenn man sich schon geborgen sieht, sondern vielmehr ein Frohsein, welches den Genuß des nun eintretenden Glückes nur um desto schmackhafter macht; weil Vergnügen oder Schmerzen (als zur Sinnlichkeit gehörig), in der Zeitreihe enthalten, mit ihr auch verschwinden und mit dem nun existierenden Lebensgenuß nicht ein Ganzes ausmachen, sondern durch diesen als den nachfolgenden verdrängt werden. Wendet man aber denselben Satz auf die Beurteilung des moralischen Wertes des bis dahin geführten Lebens an, so kann der Mensch sehr unrecht haben, es so zu beurteilen, ob er gleich dasselbe mit einem ganz guten Wandel beschlossen hat. Denn
[92] das moralisch | subjektive Prinzip der Gesinnung, wonach sein Leben beurteilt werden muß, ist (als etwas Übersinnliches) nicht von der Art, daß sein Dasein in Zeitabschnitte teilbar, sondern nur als absolute Einheit gedacht werden kann, und da wir auf[a]) die Gesinnung nur aus den Handlungen (als Erscheinungen derselben) schließen können, so wird das Leben zum Behuf dieser Schätzung nur als Zeiteinheit, d. i. als ein Ganzes in Betrachtung kommen; da dann die Vorwürfe aus dem ersten Teil des Lebens (vor der Besserung) ebenso laut mitsprechen als der Beifall im letzteren und den triumphierenden Ton: Ende gut, alles gut, gar sehr dämpfen möchten. — Endlich ist mit jener Lehre von der Dauer der Strafen in einer anderen Welt auch noch eine andere nahe verwandt, obgleich nicht einerlei, nämlich: „daß alle Sünden hier vergeben werden müssen;“ daß die Rechnung mit dem Ende des Lebens völlig abgeschlossen sein müsse, und niemand hoffen könne, das hier Versäumte etwa dort noch einzubringen. Sie kann sich aber ebensowenig, wie die vorige, als Dogma ankündigen, sondern ist nur ein Grundsatz, durch welchen sich die praktische Vernunft im Gebrauche

---

a) „auf“ fehlt bei Hartenstein.

veränderlichkeit unserer Gesinnungen gründen, weil wir diese nicht durchschauen können, sondern wir müssen allenfalls nur aus den Folgen derselben im Lebenswandel auf sie schließen, welcher Schluß aber, weil er nur aus Wahrnehmungen als Erscheinungen der guten und bösen Gesinnung gezogen worden, vornehmlich die *Stärke* derselben niemals mit Sicherheit zu erkennen gibt, am wenigsten, wenn man seine Gesinnung gegen das vorausgesehene nahe Ende des Lebens gebessert zu haben meint, da jene empirischen Beweise der Echtheit derselben gar mangeln, indem kein Lebenswandel zur Begründung des Urteilsspruches unseres moralischen Wertes mehr gegeben ist, und Trostlosigkeit (dafür aber die Natur des Menschen bei der Dunkelheit aller Aussichten über die Grenzen dieses Lebens hinaus schon von | selbst sorgt, daß sie nicht [94] in wilde Verzweiflung ausschlage) die unvermeidliche Folge von der vernünftigen Beurteilung seines sittlichen Zustandes ist.

Die *dritte* und dem Anscheine nach größte Schwierigkeit, welche jeden Menschen, selbst nachdem er den Weg des Guten eingeschlagen hat, doch in der Aburteilung seines ganzen Lebenswandels vor einer *göttlichen Gerechtigkeit* als verwerflich vorstellt, ist folgende. — Wie es auch mit der Annehmung einer guten Gesinnung an ihm zugegangen sein mag, und sogar, wie beharrlich

---

ihrer Begriffe des Übersinnlichen die Regel vorschreibt, indessen sie sich bescheidet, daß sie von der objektiven Beschaffenheit des letzteren nichts weiß. Sie sagt nämlich nur soviel: wir können nur aus unserem geführten Lebenswandel schließen, ob wir Gott wohlgefällige Menschen sind oder nicht und, da derselbe mit diesem Leben zu Ende geht, so schließt sich auch für uns die Rechnung, deren Fazit es allein geben muß, ob wir uns für gerechtfertigt halten können oder nicht. — Überhaupt, wenn wir statt der *konstitutiven* Prinzipien der Erkenntnis übersinnlicher Objekte, deren Einsicht uns doch unmöglich ist, unser Urteil auf die *regulativen*, sich | an dem möglichen prak- [93] tischen Gebrauch derselben begnügenden Prinzipien einschränkten, so würde es in gar vielen Stücken mit der menschlichen Weisheit besser stehen und nicht vermeintliches Wissen dessen, wovon man im Grunde nichts weiß, grundlose, obzwar eine Zeit lang schimmernde Vernünftelei zum endlich sich doch einmal daraus hervorfindenden Nachteil der Moralität ausbrüten.

er auch darin in einem ihr gemäßen Lebenswandel fortfahre, *so fing er doch vom Bösen an*, und diese Verschuldung ist ihm nie auszulöschen möglich. Daß er nach seiner Herzensänderung keine neuen Schulden mehr macht, kann er nicht dafür ansehen, als ob er dadurch die alten bezahlt habe. Auch kann er in einem fernerhin geführten guten Lebenswandel keinen Überschuß über das, was er jedesmal an sich zu tun schuldig ist, herausbringen; denn es ist jederzeit seine Pflicht, alles Gute zu tun, was in seinem Vermögen steht. — Diese ursprüngliche oder überhaupt vor jedem Guten, was er immer tun mag, vorhergehende Schuld, die auch dasjenige ist, was und nichts mehr wir unter dem *radikalen* Bösen verstanden (s. das erste Stück), kann aber auch, soviel wir nach unserem Vernunftrecht einsehen, nicht von einem
[95] anderen getilgt werden; denn | sie ist keine *transmissibele* Verbindlichkeit, die etwa, wie eine Geldschuld (bei der es dem Gläubiger einerlei ist, ob der Schuldner selbst oder ein anderer für ihn bezahlt), auf einen anderen übertragen werden kann, sondern die *allerpersönlichste*, nämlich eine Sündenschuld, die nur der Strafbare, nicht der Unschuldige, er mag auch noch so großmütig sein, sie für jenen übernehmen zu wollen, tragen kann. — Da nun das Sittlich-Böse (Übertretung des moralischen Gesetzes *als göttlichen Gebotes*, Sünde genannt) nicht sowohl wegen der *Unendlichkeit* des höchsten Gesetzgebers, dessen Autorität dadurch verletzt worden (von welchem überschwenglichen[a]) Verhältnisse des Menschen zum höchsten Wesen wir nichts verstehen), sondern als ein Böses in der *Gesinnung* und den Maximen überhaupt (wie *allgemeine Grundsätze* vergleichungsweise gegen einzelne Übertretungen) eine *Unendlichkeit* von Verletzungen des Gesetzes, mithin der Schuld bei sich führt (welches vor einem menschlichen Gerichtshofe, der nur das einzelne Verbrechen, mithin nur die Tat und darauf bezogene, nicht aber die allgemeine Gesinnung in Betrachtung zieht, anders ist), so würde jeder Mensch sich einer *unendlichen Strafe* und Verstoßung aus dem Reiche Gottes zu gewärtigen haben.

---

a) 1. Aufl.: „moralischen".

Die Auflösung dieser Schwierigkeit beruht auf folgendem. Der Richterausspruch eines Herzenskündi|gers muß als [96] ein solcher gedacht werden, der aus der allgemeinen Gesinnung des Angeklagten, nicht aus den Erscheinungen derselben, den vom Gesetze abweichenden oder damit zusammenstimmenden Handlungen gezogen worden. Nun wird hier aber in dem Menschen eine über das in ihm vorher mächtige böse Prinzip die Oberhand habende gute Gesinnung vorausgesetzt, und es ist nun die Frage: ob die moralische Folge der ersteren, die Strafe (mit anderen Worten die Wirkung des Mißfallens Gottes an dem Subjekte), auch auf seinen Zustand in der gebesserten Gesinnung könne gezogen werden, in der er schon ein Gegenstand des göttlichen Wohlgefallens ist. Da hier die Frage nicht ist: ob auch vor der Sinnesänderung die über ihn verhängte Strafe mit der göttlichen Gerechtigkeit zusammenstimmen würde (als woran niemand zweifelt), so *soll* sie (in dieser Untersuchung) nicht als vor der Besserung an ihm vollzogen gedacht werden. Sie kann aber auch nicht *als nach derselben*, da der Mensch schon im neuen Leben wandelt und moralisch ein anderer Mensch ist, dieser seiner neuen Qualität (eines Gott wohlgefälligen Menschen) angemessen angenommen werden; gleichwohl aber muß der höchsten Gerechtigkeit, vor der ein Strafbarer nie straflos sein kann, ein Genüge geschehen. Da sie also weder *vor* noch *nach* der Sinnesänderung der göttlichen Weisheit gemäß und doch notwendig ist, so würde sie als in dem Zustande der Sinnesänderung selbst ihr angemes|sen und ausgeübt gedacht werden [97] müssen. Wir müssen also sehen, ob in diesem letzteren schon durch den Begriff einer moralischen Sinnesänderung diejenigen Übel als enthalten gedacht werden können, die der neue gutgesinnte Mensch als von ihm (in anderer Beziehung) verschuldete und als solche *Strafen* ansehen kann*), wodurch der göttlichen Gerechtigkeit ein Ge|nüge [98]

---

*) Die Hypothese, alle Übel in der Welt im allgemeinen [97] als Strafen für begangene Übertretungen anzusehen, kann nicht sowohl als zum Behuf einer Theodicee oder als Erfindung zum Behuf der Priesterreligion (des Kultus) ersonnen angenommen werden (denn sie ist zu gemein, um so künstlich ausgedacht zu sein); sondern liegt vermutlich der menschlichen Vernunft sehr nahe, welche geneigt ist, den Lauf der Natur an die Gesetze

geschieht. — Die Sinnesänderung ist nämlich ein Ausgang vom Bösen und ein Eintritt ins Gute, das Ablegen des alten und das Anziehen des neuen Menschen, da das Subjekt der Sünde (mithin auch allen Neigungen, sofern sie dazu verleiten) abstirbt, um der Gerechtigkeit zu leben. In ihr aber als intellektueller Bestimmung sind nicht zwei durch eine Zwischenzeit getrennte moralische Aktus enthalten, sondern sie ist nur ein einiger, weil die Verlassung des Bösen nur durch die gute Gesinnung, welche den Eingang ins Gute bewirkt, möglich ist, und so umgekehrt. Das gute Prinzip ist also in der Verlassung der bösen ebensowohl als in der Annehmung der guten Gesinnung enthalten, und der Schmerz, der die erste rechtmäßig begleitet, entspringt gänzlich aus der zweiten. Der Ausgang aus der verderbten Gesinnung in die gute ist (als[a]) „das Absterben am alten Menschen, Kreuzigung des Fleisches") an sich schon Aufopferung und Antretung einer langen Reihe von Übeln des Lebens, die der neue Mensch in der Gesinnung des Sohnes Gottes, nämlich bloß um des Guten willen, übernimmt; die aber doch eigentlich einem anderen, nämlich dem alten (denn dieser ist moralisch ein anderer), als **Strafe** gebührten. — Ob er also gleich **physisch** (seinem empirischen Charakter
[99] als Sinnenwesen nach betrachtet) | ebenderselbe strafbare

---

der Moralität anzuknüpfen, und die daraus den Gedanken sehr natürlich hervorbringt, daß wir zuvor bessere Menschen zu werden suchen sollen, ehe wir verlangen können, von den Übeln des Lebens befreit zu werden oder sie durch überwiegendes Wohl zu vergüten. — Darum wird der erste Mensch (in der Heiligen Schrift) als zur Arbeit, wenn er essen wollte, sein Weib, daß sie mit Schmerzen Kinder gebären sollte, und beide als zum Sterben um **ihrer Übertretung willen** verdammt vorgestellt, obgleich nicht abzusehen ist, wie, wenn diese auch nicht begangen worden, tierische mit solchen Gliedmaßen versehene Geschöpfe sich einer anderen Bestimmung hätten gewärtigen können. Bei den **Hindus** sind die Menschen nichts anderes als in tierische Körper zur Strafe für ehemalige Verbrechen eingesperrte Geister (*Dewas* genannt), und selbst ein Philosoph (**Malebranche**) wollte den vernunftlosen Tieren lieber gar keine Seelen und hiermit auch keine Gefühle beilegen als ein-
[98] räumen, daß die | Pferde soviel Plagen ausstehen müßten, „ohne doch vom verbotenen Heu gefressen zu haben."

a) Druck: ist als („das . . . Fleisches").

Mensch ist und als ein solcher vor einem moralischen Gerichtshofe, mithin auch von ihm selbst gerichtet werden muß, so ist er doch in seiner neuen Gesinnung (als intelligibeles Wesen) vor einem göttlichen Richter, vor welchem diese die Tat vertritt, *moralisch* ein anderer, und diese in ihrer Reinigkeit, wie die des Sohnes Gottes, welche er in sich aufgenommen hat, oder (wenn wir diese Idee personifizieren) *dieser* selbst trägt für ihn, und so auch für alle, die an ihn (praktisch) glauben, als *Stellvertreter* die Sündenschuld, tut durch Leiden und Tod der höchsten Gerechtigkeit als *Erlöser* genug und macht als *Sachverwalter* daß sie hoffen können, vor ihrem Richter als gerechtfertigt zu erscheinen, nur daß (in dieser Vorstellungsart) jenes Leiden, was der neue Mensch, indem er dem *alten* abstirbt, im Leben fortwährend übernehmen muß*), an dem Repräsentan|ten der Menschheit als ein [100]

---

*) Auch die reinste moralische Gesinnung bringt am Menschen als Weltwesen doch nichts mehr als ein kontinuierliches Werden [99] eines Gott wohlgefälligen Subjekts der Tat nach (die in der Sinnenwelt angetroffen wird) hervor. Der Qualität nach (da sie als übersinnlich *gegründet* gedacht werden muß) soll und kann sie zwar heilig und der seines Urbildes gemäß sein; dem Grade nach — wie sie sich in Handlungen offenbart — bleibt sie immer mangelhaft und von der ersteren unendlich weit abstehend. Demungeachtet vertritt diese Gesinnung, weil sie den Grund des kontinuierlichen Fortschrittes im Ergänzen dieser Mangelhaftigkeit enthält, als intellektuelle Einheit des Ganzen die *Stelle der Tat* in ihrer | Vollendung. Allein nun fragt's sich: kann wohl derjenige, „an dem nichts Verdammliches ist," [100] oder sein muß, sich gerechtfertigt glauben und sich gleichwohl die Leiden, die ihm auf dem Wege zu immer größerem Guten zustoßen, immer noch *als strafend* zurechnen, also hierdurch eine Strafbarkeit, mithin auch eine Gott mißfällige Gesinnung bekennen? Ja, aber nur in der Qualität des Menschen, den er kontinuierlich auszieht. Was ihm in jener Qualität (der des alten Menschen) als Strafe gebühren würde (und das sind alle Leiden und Übel des Lebens überhaupt), das nimmt er in der Qualität des neuen Menschen freudig, bloß um des Guten willen, über sich; folglich werden sie ihm sofern und als einem solchen nicht als Strafen zugerechnet, sondern der Ausdruck will nur soviel sagen: alle ihm zustoßenden Übel und Leiden, die der alte Mensch sich als Strafe hätte zurechnen müssen, und die er sich auch, sofern er ihm abstirbt, wirklich als solche zurechnet,

für allemal erlittener Tod vorgestellt wird. — Hier ist nun derjenige Überschuß über das Verdienst der Werke,
[101] der oben ver|mißt wurde, und ein Verdienst, das uns aus Gnaden zugerechnet wird. Denn damit das, was bei uns im Erdenleben (vielleicht auch in allen künftigen Zeiten und allen Welten) immer nur im bloßen Werden ist (nämlich ein Gott wohlgefälliger Mensch zu sein), uns, gleich als ob wir schon hier im vollen Besitz desselben wären, zugerechnet werde, dazu haben wir doch wohl keinen Rechtsanspruch[*]) (nach der empirischen Selbsterkenntnis); soweit wir uns selbst kennen (unsere Gesinnung nicht unmittelbar, sondern nur nach unseren Taten ermessen), sodaß der Ankläger in uns eher noch auf ein Verdammungsurteil antragen würde. Es ist also immer nur ein Urteilsspruch aus Gnade, obgleich (als auf Genugtuung gegründet, die für uns nur in der Idee der gebesserten[a]) Gesinnung liegt, die aber Gott allein kennt) der ewigen Gerechtigkeit völlig gemäß, wenn wir um jenes Guten im Glauben willen aller Verantwortung entschlagen werden.

Es kann nun noch gefragt werden, ob diese Deduktion der Idee einer Rechtfertigung des zwar verschuldeten, aber doch zu einer Gott wohlgefälligen Gesinnung über-

---

die nimmt er, in der Qualität des neuen, als soviel Anlässe der Prüfung und Übung seiner Gesinnung zum Guten willig auf, wovon selbst jene Bestrafung die Wirkung und zugleich die Ursache, mithin auch von derjenigen Zufriedenheit und moralischen Glückseligkeit ist, welche im Bewußtsein seines Fortschrittes im Guten (der mit der Verlassung des Bösen ein Aktus ist) besteht; dahingegen ebendieselben Übel in der alten Gesinnung nicht allein als Strafen hätten[b]) gelten, sondern auch als solche empfunden werden müssen, weil sie, selbst als bloße Übel betrachtet, doch demjenigen gerade entgegengesetzt sind, was sich der Mensch in solcher Gesinnung als physische Glückseligkeit zu seinem einzigen Ziele macht.

[101] *) Sondern nur Empfänglichkeit, welche alles ist, | was wir unsrerseits uns beilegen können; der Ratschluß aber eines Oberen zu Erteilung eines Guten, wozu der Untergeordnete nichts weiter als die (moralische) Empfänglichkeit hat, heißt Gnade.[c])

---

a) 1. Aufl.: „vermeinten gebesserten".

b) Hartenstein: „hatten".

c) Diese Anmerkung, für welche im Texte des Originals das Verweisungszeichen fehlt, ist Zusatz der 2. Aufl.

gegangenen Menschen irgend einen prakti|schen Gebrauch [102] habe und, welcher es sein könne. Es ist nicht abzusehen, welcher *positive* Gebrauch davon für die Religion und den Lebenswandel zu machen sei; da in jener Untersuchung die Bedingung zum Grunde liegt, daß der, den sie angeht, in der erforderlichen guten Gesinnung schon wirklich sei, auf deren Behuf (Entwickelung und Beförderung) aller praktische Gebrauch moralischer Begriffe eigentlich abzweckt; denn was den Trost betrifft, so führt ihn eine solche Gesinnung für den, der sich ihrer bewußt ist (als Trost und Hoffnung, nicht als Gewißheit), schon bei sich. Sie ist also insofern nur die Beantwortung einer spekulativen Frage, die aber darum nicht mit Stillschweigen übergangen werden kann, weil sonst der Vernunft vorgeworfen werden könnte, sie sei schlechterdings unvermögend, die Hoffnung auf die Lossprechung des Menschen von seiner Schuld mit der göttlichen Gerechtigkeit zu vereinigen; ein Vorwurf, der ihr in mancherlei, vornehmlich in moralischer Rücksicht nachteilig sein könnte. Allein der *negative* Nutzen, der daraus für Religion und Sitten zum Behuf eines jeden Menschen gezogen werden kann, erstreckt sich sehr weit. Denn man sieht aus der gedachten Deduktion, daß nur unter der Voraussetzung der gänzlichen Herzensänderung sich für den mit Schuld belasteten Menschen vor der himmlischen Gerechtigkeit Lossprechung denken lasse, mithin alle Expiationen, sie mögen von der büßenden oder feierlichen Art sein, alle Anrufungen und | Hochpreisungen [103] (selbst die des stellvertretenden Ideals des Sohnes Gottes) den Mangel der ersteren nicht ersetzen oder, wenn diese da ist, ihre Gültigkeit vor jenem Gerichte nicht im mindesten vermehren können; denn dieses Ideal muß in unsere Gesinnung aufgenommen sein, um an der[a]) Stelle der Tat zu gelten.[a]) Ein anderes enthält die Frage: was sich der Mensch von seinem geführten Lebenswandel *am Ende desselben* zu versprechen, oder was er zu fürchten habe. Hier muß er allererst seinen Charakter wenigstens einigermaßen kennen; also, wenn er gleich glaubt, es sei mit seiner Gesinnung eine Besserung vor-

---

a) Kant hat: „an *die* Stelle . . . gelten"; N. Theol. Journal von 1797 (s. Einl.) vermutet „an die Stelle . . . *treten*"; so auch Cassirer.

gegangen, die alte (verderbte), von der er ausgegangen ist, zugleich mit in Betrachtung ziehen, und was und wieviel von der ersteren er abgelegt habe[a]), und welche Qualität (ob lautere oder noch unlautere) sowohl als welchen Grad die vermeinte neue Gesinnung habe[a]), abnehmen können, um die erste zu überwinden und den Rückfall in dieselbe zu verhüten; er wird sie also durchs ganze Leben nachzusuchen haben. Da er also von seiner wirklichen Gesinnung durch unmittelbares Bewußtsein gar keinen sicheren und bestimmten Begriff bekommen, sondern ihn nur aus seinem wirklich geführten Lebenswandel abnehmen kann; so wird er für das Urteil des künftigen Richters (des aufwachenden Gewissens in ihm selbst, zugleich mit der herbeigerufenen empirischen Selbsterkenntnis) sich keinen anderen Zustand zu seiner
[104] Überführung denken können, als daß ihm sein | ganzes Leben dereinst werde vor Augen gestellt werden, nicht bloß ein Abschnitt desselben, vielleicht der letzte und für ihn noch günstigste; hiermit aber würde er von selbst die Aussicht in ein noch weiter fortgesetztes Leben (ohne sich hier Grenzen zu setzen), wenn es noch länger gedauert hätte, verknüpfen. Hier kann er nun nicht die zuvor erkannte Gesinnung die Tat vertreten lassen, sondern umgekehrt, er soll aus der ihm vorgestellten Tat seine Gesinnung abnehmen. Was meint der Leser wohl: wird bloß dieser Gedanke, welcher dem Menschen (der eben nicht der ärgste sein darf) vieles in die Erinnerung zurückruft, was er sonst leichtsinnigerweise längst aus der Acht gelassen hat, wenn man ihm auch nichts weiter sagte als: er habe Ursache zu glauben, er werde dereinst vor einem Richter stehen, von seinem künftigen Schicksal nach seinem bisher geführten Lebenswandel urteilen? Wenn man im Menschen den Richter, der in ihm selbst ist, anfragt, so beurteilt er sich strenge; denn er kann seine Vernunft nicht bestechen; stellt man ihm aber einen anderen Richter vor, so wie man von ihm aus anderweitigen Belehrungen Nachricht haben will, so hat er wider seine Strenge vieles vom Vorwande der menschlichen Gebrechlichkeit Hergenommenes einzuwenden, und überhaupt denkt er ihm beizukommen: es sei, daß er durch

a) 1. Aufl.: „hat — hat".

reuige, nicht aus wahrer Gesinnung der Besserung entspringende Selbstpeinigungen der Bestrafung von ihm zuvorzukommen, oder | ihn durch Bitten und Flehen, auch [105] durch Formeln und für gläubig ausgegebene Bekenntnisse zu erweichen denkt; und wenn ihm hierzu Hoffnung gemacht wird (nach dem Sprichwort: Ende gut, alles gut), so macht er danach schon frühzeitig seinen Anschlag, um nicht ohne Not zu viel am vergnügten Leben einzubüßen und beim nahen Ende desselben doch in der Geschwindigkeit die Rechnung zu seinem Vorteile abzuschließen.*)

---

*) Die Absicht derer, die am Ende des Lebens einen Geistlichen rufen lassen, ist gewöhnlich, daß sie an ihm einen *Tröster* haben wollen; nicht wegen der *physischen* Leiden, welche die letzte Krankheit, ja auch nur die natürliche Furcht vor dem Tod mit sich führt (denn darüber kann der Tod selber, der sie beendigt, Tröster sein), sondern wegen der *moralischen*, nämlich der Vorwürfe des Gewissens. Hier sollte nun dieses eher *aufgeregt* und *geschärft* werden, um, was noch Gutes zu tun oder Böses in seinen übrig bleibenden Folgen zu vernichten (reparieren) sei, ja nicht zu verabsäumen, nach der Warnung: „Sei willfährig deinem Widersacher (dem, der einen Rechtsanspruch wider dich hat), solange du noch mit ihm auf dem Wege bist (d. i. solange du noch lebst), damit er dich nicht dem Richter (nach dem Tode) überliefere u. s. w." An dessen statt aber gleichsam Opium fürs Gewissen zu geben, ist Verschuldigung an ihm selbst und anderen ihn Überlebenden; ganz wider die Endabsicht, wozu ein solcher Gewissensbeistand am Ende des Lebens für nötig gehalten werden kann.[a]) [105]

---

a) Diese Anmerkung ist Zusatz der 2. Aufl.

[106] Zweiter Abschnitt.

Von dem Rechtsanspruche des bösen Prinzips auf die Herrschaft über den Menschen und dem Kampfe beider Prinzipien miteinander.

Die Heilige Schrift (christlichen Anteils) trägt dieses intelligibele moralische Verhältnis in der Form einer Geschichte vor, da zwei wie Himmel und Hölle einander entgegengesetzte Prinzipien im Menschen, als Personen außer ihm vorgestellt, nicht bloß ihre Macht gegeneinander versuchen, sondern auch (der eine Teil als Ankläger, der andere als Sachwalter des Menschen) ihre Ansprüche gleichsam vor einem höchsten Richter durchs Recht geltend machen wollen.

Der Mensch war ursprünglich zum Eigentümer aller Güter der Erde eingesetzt (1. Mos. I, 28), doch, daß er diese nur als sein Untereigentum (*dominium utile*), unter seinem Schöpfer und Herrn als Obereigentümer (*dominus directus*), besitzen sollte. Zugleich wird ein böses Wesen (wie es so böse geworden, um seinem Herrn untreu zu werden, da es doch uranfänglich gut war, ist nicht bekannt) aufgestellt, welches durch seinen Abfall alles Eigentums, das es im Himmel besessen haben mochte, verlustig geworden und sich nun ein anderes auf Erden [107] erwerben will. | Da ihm nun als einem Wesen höherer Art — als einem Geiste — irdische und körperliche Gegenstände keinen Genuß gewähren können, so sucht er eine Herrschaft über die Gemüter dadurch zu erwerben, daß er die Stammeltern aller Menschen von ihrem Oberherrn abtrünnig und ihm anhängig macht, da es ihm dann gelingt, sich so zum Obereigentümer aller Güter der Erde, d. i. zum Fürsten dieser Welt, aufzuwerfen. Nun könnte man hierbei zwar es bedenklich finden: warum sich Gott gegen diesen Verräter nicht seiner Gewalt bediente*), und das Reich, was er zu stiften zur Absicht hatte, lieber in seinem Anfange vernichtete: aber die Beherrschung und Regierung der höchsten Weisheit über vernünftige Wesen verfährt mit ihnen nach dem Prinzip ihrer Freiheit und, was sie Gutes oder Böses treffen soll, das sollen sie sich selbst zuzuschreiben haben. Hier war also, dem guten Prinzip zum Trotz, ein Reich des Bösen errichtet, welchem alle von Adam (natürlicherweise) abstammenden Menschen unterwürfig wurden, und zwar mit ihrer eigenen Einwilligung, weil das Blendwerk [108] der Güter dieser Welt ihre Blicke von dem Abgrunde des Verderbens abzog, für das sie aufgespart wurden. Zwar verwahrte sich das gute Prinzip wegen seines Rechtsanspruches an der Herrschaft über den Menschen durch die Errichtung der Form einer Regierung, die bloß auf öffentliche alleinige Verehrung seines Namens angeordnet war (in der jüdischen Theokratie); da aber die Gemüter der Untertanen in derselben für keine anderen Triebfedern als die Güter dieser Welt gestimmt blieben, und sie also auch nicht anders als durch Belohnungen und Strafen in diesem Leben regiert sein wollten, dafür aber keiner anderen Gesetze fähig waren als solcher, welche teils lästige Ceremonien und Gebräuche auferlegten, teils zwar sittliche, aber nur solche, wobei ein äußerer Zwang stattfand, also nur bürgerliche waren, wobei das Innere der moralischen Gesinnung gar nicht in Betrachtung kam: so tat diese Anordnung dem Reiche der Finsternis keinen wesentlichen Abbruch, sondern diente nur dazu, um das unauslöschliche Recht des ersten Eigentümers immer im Andenken zu erhalten. — Nun erschien in ebendemselben Volke zu einer Zeit, da es alle Übel einer hierarchischen Verfassung im vollen Maße fühlte, und das sowohl dadurch als vielleicht durch die den Sklavensinn erschütternden moralischen Freiheitslehren der griechischen

*) Der P. Charlevoix[a]) berichtet, daß, da er seinem irokesischen Katechismusschüler alles Böse vorerzählte, was der böse Geist in die zu Anfang gute Schöpfung hineingebracht habe, und wie er noch beständig die besten göttlichen Veranstaltungen zu vereiteln suche, dieser mit Unwillen gefragt habe: aber warum schlägt Gott den Teufel nicht tot? auf welche Frage er treuherzig gesteht, daß er in der Eile keine Antwort habe finden können.

a) de Charlevoix (1682—1761), Jesuitenpater, Missionar in Kanada [Wobbermin].

Weltweisen, die auf dasselbe allmählich Einfluß bekommen hatten, großenteils zum Besinnen gebracht, mithin zu
[109] einer Revolution reif war, auf einmal eine Person, deren Weisheit noch reiner als die der bisherigen Philosophen, wie vom Himmel herabgekommen war, und die sich auch selbst, was ihre Lehren und Beispiel betraf, zwar als wahren Menschen, aber doch als einen Gesandten solchen Ursprungs ankündigte, der in ursprünglicher Unschuld in dem Vertrage, den das übrige Menschengeschlecht durch seinen Repräsentanten, den ersten Stammvater, mit dem bösen Prinzip eingegangen, nicht mit begriffen war*),

---

[109] *) Eine vom angeborenen Hange zum Bösen freie Person so als möglich sich zu denken, daß man sie von einer jungfräulichen Mutter gebären läßt, ist eine Idee der sich zu einem schwer zu erklärenden und doch auch nicht abzuleugnenden, gleichsam moralischen Instinkt bequemenden Vernunft; da wir nämlich die natürliche Zeugung, weil sie ohne Sinnenlust beider Teile nicht geschehen kann, uns aber doch auch (für die Würde der Menschheit) in gar zu nahe Verwandtschaft mit der allgemeinen Tiergattung zu bringen scheint, als etwas ansehen, dessen wir uns zu schämen haben — eine Vorstellung, die gewiß die eigentliche Ursache von der vermeinten Heiligkeit des Mönchsstandes geworden ist —, welches uns also etwas Unmoralisches, mit der Vollkommenheit eines Menschen nicht Vereinbares, doch in seine Natur Eingepfropftes und also sich auch auf seine Nachkommen als eine böse Anlage Vererbendes zu sein denkt. Dieser dunklen (von einer Seite bloß sinnlichen, von der anderen aber doch moralischen, mithin intellektuellen) Vorstellung ist nun die Idee einer von keiner Geschlechtsgemeinschaft abhängigen (jungfräulichen) Geburt eines mit keinem moralischen Fehler behafteten Kindes wohl angemessen, aber
[110] nicht ohne Schwierigkeit in der Theorie (in Ansehung deren aber etwas zu bestimmen in praktischer Absicht gar nicht nötig ist). Denn nach der Hypothese der Epigenesis würde doch die Mutter, die durch natürliche Zeugung von ihren Eltern abstammt, mit jenem moralischen Fehler behaftet sein und diesen wenigstens der Hälfte nach auch bei einer übernatürlichen Zeugung auf ihr Kind vererben; mithin müßte, damit dies nicht die Folge sei, das System der Präexistenz der Keime in den Eltern, aber auch nicht das der Einwickelung[a]) im weiblichen (weil dadurch jene Folge nicht vermieden wird), sondern bloß im männlichen Teile (nicht das der *ovulorum*, sondern der *animalculorum spermaticorum*) angenommen worden; welcher Teil nun bei einer

---

a) Hartenstein, Kirchmann, Kehrbach haben falsch korrigiert: „Entwickelung".

und „an dem der | Fürst dieser Welt also keinen Teil [110] hatte.“ Hierdurch war des letzteren Herrschaft in Gefahr gesetzt. Denn widerstand dieser Gott wohlgefällige Mensch seinen Versuchungen, jenem Kontrakt auch beizutreten, nahmen andere Menschen auch dieselbe Gesinnung gläubig an, so büßte er ebensoviel Untertanen ein, und sein Reich lief Gefahr, gänzlich zerstört zu werden. Dieser bot ihm also an, ihn zum Lehnsträger seines ganzen Reiches zu machen, wenn er ihm nur als Eigentümer desselben huldigen wollte. Da dieser Versuch nicht gelang, so entzog er nicht allein diesem Fremdlinge auf seinem Boden alles, was ihm sein Erdenleben angenehm | machen konnte (bis [111] zur größten Armut), sondern erregte gegen ihn alle Verfolgungen, wodurch böse Menschen es verbittern können, Leiden, die nur der Wohlgesinnte recht tief fühlt, Verleumdung der lauteren Absicht seiner Lehren (um ihm allen Anhang zu entziehen), und verfolgte ihn bis zum schmählichsten Tode, ohne gleichwohl durch diese Bestürmung seiner Standhaftigkeit und Freimütigkeit in Lehre und Beispiel für das Beste von lauter Unwürdigen im mindesten etwas gegen ihn auszurichten. Und nun der Ausgang dieses Kampfes! Der Ausschlag desselben kann als ein *rechtlicher* oder auch als ein *physischer* betrachtet werden. Wenn man den letzteren ansieht (der in die Sinne fällt), so ist das gute Prinzip der unterliegende Teil; er mußte in diesem Streite nach vielen erlittenen Leiden sein Leben hingeben*), weil er in

---

übernatürlichen Schwangerschaft wegfällt, und so jener Idee theoretisch angemessen jene Vorstellungsart verteidigt werden könnte. — Wozu aber alle diese Theorie dafür oder dawider, wenn es für das Praktische genug ist, jene Idee als Symbol der sich selbst über die Versuchung zum Bösen erhebenden (diesem siegreich widerstehenden) Menschheit uns zum Muster vorzustellen? (Diese Anmerkung ist Zusatz der 2. Auflage.)

*) Nicht daß er (wie D. *Bahrdt* romanhaft dichtete) den [111] Tod *suchte*, um eine gute Absicht durch ein Aufsehen erregendes glänzendes Beispiel zu befördern; das wäre Selbstmord gewesen. Denn man darf zwar auf die Gefahr des Verlustes seines Lebens etwas wagen oder auch den Tod von den Händen eines anderen erdulden, wenn man ihm nicht ausweichen kann, ohne einer unnachlaßlichen Pflicht untreu zu werden, aber nicht über sich und sein Leben als Mittel, zu welchem Zweck es auch sei, disponieren und so *Urheber* seines Todes sein. — Aber auch

[112] einer | fremden Herrschaft (die Gewalt hat) einen Aufstand
erregte. Da aber das Reich, in welchem **Prinzipien**
machthabend sind (sie mögen nun gut oder böse sein),
nicht ein Reich der Natur, sondern der Freiheit ist, d. i.
ein solches, in welchem man über die Sachen nur insofern
disponieren kann, als man über die Gemüter herrscht, in
welchem also niemand Sklave (Leibeigener) ist als, der
und solange er es sein will: so war eben dieser Tod (die
höchste Stufe der Leiden eines Menschen) die Darstellung
des guten Prinzips, nämlich der Menschheit in ihrer[a])
[113] moralischen Vollkommen|heit, als Beispiel der Nachfolge
für jedermann. Die Vorstellung desselben **sollte** und
konnte[b]) auch für seine, ja sie kann für jede Zeit vom
größten Einflusse auf menschliche Gemüter sein; indem
es die Freiheit der Kinder des Himmels und die Knechtschaft eines bloßen Erdensohnes in dem allerauffallendsten
Kontraste sehen läßt. Das gute Prinzip aber ist nicht
bloß zu einer gewissen Zeit, sondern von dem Ursprunge
des menschlichen Geschlechts an unsichtbarerweise vom
Himmel in die Menschheit herabgekommen gewesen (wie

---

nicht, daß er (wie der Wolfenbüttelsche Fragmentist argwohnt)
sein Leben nicht in moralischer, sondern bloß in politischer,
aber unerlaubter Absicht, um etwa die Priesterregierung zu
[112] stürzen und sich mit weltlicher Ober|gewalt an ihre Stelle zu
setzen, **gewagt** habe; denn dawider streitet seine, nachdem er
die Hoffnung, es zu erhalten, schon aufgegeben hatte, an seine
Jünger beim Abendmahl ergangene Ermahnung, es zu seinem
Gedächtnis zu tun; welches, wenn es die Erinnerung einer fehlgeschlagenen weltlichen Absicht hätte sein sollen, eine kränkende,
Unwillen gegen den Urheber erregende, mithin sich selbst widersprechende Ermahnung gewesen wäre. Gleichwohl konnte diese
Erinnerung auch das Fehlschlagen einer sehr guten rein-moralischen
Absicht des Meisters betreffen, nämlich noch bei seinem Leben,
durch Stürzung des alle moralische Gesinnung verdrängenden
Ceremonialglaubens und des Ansehens der Priester desselben,
eine **öffentliche** Revolution (in der Religion) zu bewirken
(wozu die Anstalten, seine im Lande zerstreuten Jünger am
Ostern zu versammeln, abgezweckt sein mochten), von welcher
freilich auch noch jetzt bedauert werden kann, daß sie nicht
gelungen ist; die aber doch nicht vereitelt, sondern nach seinem
Tode in eine sich im stillen, aber unter viel Leiden ausbreitende
Religionsumänderung übergegangen ist. (Diese Anmerkung ist
Zusatz der 2. Auflage.)

a) 1. Aufl.: „ihrer ganzen". b) 1. Aufl.: „kann".

ein jeder, der auf seine Heiligkeit und zugleich die Unbegreiflichkeit der Verbindung derselben mit der sinnlichen Natur des Menschen in der moralischen Anlage acht hat, gestehen muß) und hat in ihr rechtlicherweise seinen ersten Wohnsitz. Da es also in einem wirklichen Menschen als einem Beispiele für alle anderen erschien, „so kam er in sein Eigentum, und die Seinen nahmen ihn nicht auf, denen aber, die ihn aufnahmen, hat er Macht gegeben, Gottes Kinder zu heißen, die an seinen Namen glauben;" d. i. durch das Beispiel desselben (in der moralischen Idee) eröffnet er die Pforte der Freiheit für jedermann, die ebenso wie er allem dem absterben wollen, was sie zum Nachteil der Sittlichkeit an das Erdenleben gefesselt hält, und sammelt sich unter diesen „ein Volk, das fleißig wäre in guten Werken, zum Eigentum" und unter seine Herrschaft, indessen daß er die, so die moralische Knechtschaft vorziehen, der ihrigen überläßt.

Also ist der moralische Ausgang dieses Streites auf [114] Seiten des Helden dieser Geschichte (bis zum Tode desselben) eigentlich nicht die *Besiegung* des bösen Prinzips; denn sein Reich währt noch, und es muß allenfalls noch eine neue Epoche eintreten, in der es zerstört werden soll, — sondern nur Brechung seiner Gewalt, die, welche ihm so lange untertan gewesen sind, nicht wider ihren Willen zu halten, indem ihnen eine andere moralische Herrschaft (denn unter irgend einer muß der Mensch stehen) als Freistatt eröffnet wird, in der sie Schutz für ihre Moralität finden können, wenn sie die alte verlassen wollen. Übrigens wird das böse Prinzip noch immer der Fürst dieser Welt genannt, in welcher die, so dem guten Prinzip anhängen, immer[a]) auf physische Leiden, Aufopferungen, Kränkungen der Selbstliebe, welche hier als Verfolgungen des bösen Prinzips vorgestellt werden, gefaßt sein mögen, weil er nur für die, so das Erdenwohl zu ihrer Endabsicht gemacht haben, Belohnungen in seinem Reiche hat.

Man sieht leicht, daß, wenn man diese lebhafte und wahrscheinlich für ihre Zeit auch einzige *populäre* Vorstellungsart von ihrer mystischen Hülle entkleidet,

a) Kant: „sich immer" (sc. gefaßt machen).

sie (ihr Geist und Vernunftsinn) für alle Welt zu aller Zeit praktisch gültig und verbindlich gewesen, weil sie jedem Menschen nahe genug liegt, um hierüber seine
[115] Pflicht zu erkennen. Dieser Sinn besteht darin: | daß es schlechterdings kein Heil für die Menschen gebe, als in innigster Aufnehmung echter sittlicher Grundsätze in ihre Gesinnung; daß dieser Aufnahme nicht etwa die so oft beschuldigte Sinnlichkeit, sondern eine gewisse selbst verschuldete Verkehrtheit, oder wie man diese Bösartigkeit noch sonst nennen will, Betrug (*fausseté*, Satanslist, wodurch das Böse in die Welt gekommen) entgegenwirkt; eine Verderbtheit, welche in allen Menschen liegt und durch nichts überwältigt werden kann als durch die Idee des Sittlich-Guten in seiner ganzen Reinigkeit, mit dem Bewußtsein, daß sie wirklich zu unserer ursprünglichen Anlage gehöre, und man nur beflissen sein müsse, sie von aller unlauteren Beimischung frei zu erhalten und sie tief in unsere Gesinnung aufzunehmen, um durch die Wirkung, die sie allmählich aufs Gemüt tut, überzeugt zu werden, daß die gefürchteten Mächte des Bösen dagegen nichts ausrichten („die Pforten der Hölle sie nicht überwältigen") können, und daß, damit wir nicht etwa den Mangel dieses Zutrauens abergläubisch durch Expiationen, die keine Sinnesänderung voraussetzen, oder schwärmerisch durch vermeinte (bloß passive) innere Erleuchtungen ergänzen und so von dem auf Selbsttätigkeit gegründeten Guten immer entfernt gehalten werden, wir ihm kein anderes Merkmal als das eines wohlgeführten Lebenswandels unterlegen sollen. — Übrigens kann eine Bemühung wie die gegenwärtige, in der Schrift denjenigen Sinn zu suchen, der
[116] mit dem | Heiligsten, was die Vernunft lehrt, in Harmonie steht, nicht allein für erlaubt, sie muß vielmehr für Pflicht gehalten werden,*) und man kann sich dabei desjenigen erinnern, was der weise Lehrer seinen Jüngern von jemandem sagte, der seinen besonderen Weg ging, wobei er am Ende doch auf ebendasselbe Ziel hinaus kommen mußte: „Wehret ihm nicht; denn, wer nicht wider uns ist, der ist für uns."

*) Wobei man einräumen kann, daß er nicht der einzige sei. (Zusatz der 2. Auflage.)

Allgemeine Anmerkung.

Wenn eine moralische Religion (die nicht in Satzungen und Observanzen, sondern in der Herzensgesinnung zu Beobachtung aller Menschenpflichten als göttlicher Gebote zu setzen ist) gegründet werden soll, so müssen alle Wunder, die die Geschichte mit ihrer Einführung verknüpft, den Glauben an Wunder überhaupt endlich selbst entbehrlich machen; denn es verrät einen sträflichen Grad moralischen Unglaubens, wenn man den Vorschriften der Pflicht, wie sie ursprünglich ins Herz des Menschen durch die Vernunft geschrieben sind, anders nicht hinreichende Autorität zugestehen will, als wenn sie noch dazu durch Wunder beglaubigt werden: „wenn ihr nicht Zeichen und Wunder seht, so glaubt ihr nicht." Nun ist es doch der gemeinen Denkungsart der Menschen ganz angemessen, daß, wenn eine Religion des bloßen Kultus und der Observanzen ihr Ende erreicht und dafür eine im Geist und in der Wahrheit (der moralischen Gesinnung) gegründete eingeführt werden soll, die Introduktion der letzteren, ob sie es zwar | nicht bedarf, in [117] der Geschichte noch mit Wundern begleitet und gleichsam ausgeschmückt werde, um die Endschaft der ersteren, die ohne Wunder gar keine Autorität gehabt haben würde, anzukündigen; ja auch wohl so, daß, um die Anhänger der ersteren für die neue Revolution[a]) zu gewinnen, sie als jetzt in Erfüllung gegangenes älteres Vorbild dessen, was in der letzteren der Endzweck der Vorsehung war, ausgelegt wird, und unter solchen Umständen kann es nichts fruchten, jene Erzählungen oder Ausdeutungen jetzt zu bestreiten, wenn die wahre Religion einmal da ist und sich nun und fernerhin durch Vernunftgründe selbst erhalten kann, die zu ihrer Zeit durch solche Hilfsmittel introduziert zu werden bedurfte; man müßte denn annehmen wollen, daß das bloße Glauben und Nachsagen unbegreiflicher Dinge (was ein jeder kann, ohne darum ein besserer Mensch zu sein oder jemals dadurch zu werden) eine Art und gar die einzige sei, Gott wohlzugefallen; als wider welches Vorgeben mit aller Macht gestritten werden muß. Es mag also sein, daß die

---

a) Kirchmann: „Religion".

Person des Lehrers der alleinigen für alle Welten gültigen Religion ein Geheimnis, daß seine Erscheinung auf Erden, so wie seine Entrückung von derselben, daß sein tatenvolles Leben und Leiden lauter Wunder, ja gar, daß die Geschichte, welche die Erzählung aller jener Wunder beglaubigen soll, selbst auch ein Wunder (übernatürliche Offenbarung) sei: so können wir sie insgesamt auf ihrem Werte beruhen lassen, ja auch die Hülle noch ehren, welche gedient hat, eine Lehre, deren Beglaubigung auf einer Urkunde beruht, die unauslöschlich in jeder Seele[a]) aufbehalten ist und keiner Wunder bedarf, öffentlich in Gang zu bringen; wenn wir nur, den Gebrauch dieser historischen Nachrichten betreffend, es nicht zum Religions-
[118] stücke machen, daß das Wissen, Glauben und Be|kennen derselben für sich etwas sei, wodurch wir uns Gott wohlgefällig machen können.

Was aber Wunder überhaupt betrifft, so findet sich, daß vernünftige Menschen den Glauben an dieselben, dem sie gleichwohl nicht zu entsagen gemeint sind, doch niemals wollen praktisch aufkommen lassen; welches soviel sagen will als: sie glauben zwar, was die **Theorie** betrifft, daß es dergleichen gebe, in **Geschäften** aber statuieren sie keine. Daher haben weise Regierungen jederzeit zwar eingeräumt, ja wohl gar unter die öffentlichen Religionslehren die Meinung gesetzlich aufgenommen, daß **vor alters** Wunder geschehen wären, **neue** Wunder aber nicht erlaubt.*) Denn die alten
[119] Wunder[b]) waren nach und | nach schon so bestimmt und

[118] *) Selbst Religionslehrer, die ihre Glaubensartikel an die Autorität der Regierung anschließen (Orthodoxe), befolgen hierin mit der letzteren die nämliche Maxime. Daher Herr **Pfenninger**, da er seinen Freund, Herrn **Lavater**, wegen seiner Behauptung eines noch immer möglichen Wunderglaubens verteidigte, ihnen mit Recht Inkonsequenz vorwarf, daß sie (denn die in diesem Punkt **naturalistisch** Denkenden nahm er ausdrücklich aus), da sie doch[c]) die vor etwa siebzehn Jahrhunderten in der christlichen Gemeinde wirklich gewesenen Wundertäter behaupteten, jetzt keine mehr statuieren wollten, ohne doch aus der Schrift beweisen zu können, daß und wenn sie einmal gänzlich aufhören sollten (denn die Vernünftelei, daß sie jetzt nicht mehr

a) 1. Aufl.: „Menschen Seele".
b) „Wunder" fehlt in der 1. Auflage.
c) „da sie doch" fehlt in der 1. Auflage.

durch die Obrigkeit beschränkt, daß keine Verwirrung im gemeinen Wesen dadurch angerichtet werden konnte, wegen neuer Wundertäter aber mußten sie allerdings der Wirkungen halber besorgt sein, die sie auf den öffentlichen Ruhestand und die eingeführte Ordnung haben könnten. Wenn man aber fragt: was unter dem Worte *Wunder* zu verstehen sei, so kann man (da uns eigentlich nur daran gelegen ist zu wissen, was sie *für uns*, d. i. zu unserem praktischen Vernunftgebrauch seien) sie dadurch erklären, daß sie Begebenheiten in der Welt sind, von deren Ursache uns die *Wirkungsgesetze* schlechterdings unbekannt sind und bleiben müssen. Da kann man sich nun entweder *theistische* oder *dämonische* Wunder denken, die letzteren aber in *englische* (agathodämonische) oder *teuflische* (kakodämonische) Wunder einteilen, von welchen aber die letzteren eigentlich nur in Nachfrage kommen, weil die *guten Engel* (ich weiß nicht warum) wenig oder gar nichts von sich zu reden geben.

Was die *theistischen* Wunder betrifft: so können [120] wir uns von den Wirkungsgesetzen ihrer Ursache (als eines allmächtigen etc. und dabei moralischen Wesens) allerdings einen Begriff machen, aber nur einen *all-*

nötig seien, ist Anmaßung größerer Einsicht, als ein Mensch sich wohl zutrauen soll), und diesen Beweis sind sie ihm schuldig geblieben. Es war also nur Maxime der Vernunft, sie jetzt nicht einzuräumen und zu erlauben, nicht objektive Einsicht, es gebe keine. Gilt aber dieselbe Maxime, die für diesmal auf den besorglichen Unfug im | bürgerlichen Wesen zurücksieht, nicht [119] auch für die Befürchtung eines ähnlichen Unfugs im philosophierenden und überhaupt vernünftig nachdenkenden gemeinen Wesen? — Die, so zwar *große* (Aufsehen machende) Wunder nicht einräumen, aber *kleine* unter dem Namen einer *außerordentlichen Direktion* freigebig erlauben (weil die letzteren, als bloße Lenkung, nur wenig Kraftanwendung der übernatürlichen Ursache erfordern), bedenken nicht, daß es hierbei nicht auf die Wirkung und deren Größe, sondern auf die Form des Weltlaufs, d. i. auf die *Art, wie jene geschehe*, ob natürlich oder übernatürlich, ankomme, und daß für Gott kein Unterschied des Leichten und Schweren zu denken sei. Was aber das *Geheime* der übernatürlichen Einflüsse betrifft, so ist eine solche absichtliche Verbergung der Wichtigkeit einer Begebenheit dieser Art noch weniger angemessen.

gemeinen, sofern wir ihn als Weltschöpfer und Regierer nach der Ordnung der Natur sowohl als der moralischen denken, weil wir von dieser ihren Gesetzen unmittelbar und für sich Kenntnis bekommen können, deren sich dann die Vernunft zu ihrem Gebrauche bedienen kann. Nehmen wir aber an, daß Gott die Natur auch bisweilen und in besonderen Fällen von dieser ihren Gesetzen abweichen lasse, so haben wir nicht den mindesten Begriff und können auch nie hoffen, einen von dem Gesetze zu bekommen, nach welchem Gott alsdann bei Veranstaltung einer solchen Begebenheit verfährt (außer dem *allgemeinen moralischen*, daß, was er tut, alles gut sein werde; wodurch aber in Ansehung dieses besonderen Vorfalls nichts bestimmt wird). Hier wird nun die Vernunft wie gelähmt, indem sie dadurch in ihrem Geschäfte nach bekannten Gesetzen aufgehalten, durch kein neues aber belehrt wird, auch nie in der Welt davon belehrt zu werden hoffen kann. Unter diesen aber sind die dämonischen Wunder die allerunverträglichsten mit dem Gebrauche unserer Vernunft. Denn in Ansehung der *theistischen* würde sie doch wenigstens noch ein negatives Merkmal für ihren Gebrauch haben können, nämlich daß, wenn etwas als von Gott in einer unmittelbaren Erscheinung desselben geboten vorgestellt wird, das doch geradezu der Moralität widerstreitet, bei allem Anschein eines göttlichen Wunders, es doch nicht ein solches sein könne (z. B. wenn einem Vater befohlen würde, er solle seinen, soviel er weiß, ganz unschuldigen Sohn töten); bei einem angenommenen dämonischen Wunder aber fällt
[121] auch dieses Merkmal weg, und wollte man dagegen | für solche das entgegengesetzte positive zum Gebrauch der Vernunft ergreifen: nämlich daß, wenn dadurch eine Einladung zu einer guten Handlung geschieht, die wir an sich schon als Pflicht erkennen, sie nicht von einem bösen Geiste geschehen sei, so würde man doch auch alsdann falsch greifen können; denn dieser verstellt sich, wie man sagt, oft in einen Engel des Lichts.

In Geschäften kann man also unmöglich auf Wunder rechnen oder sie bei seinem Vernunftgebrauch (und der ist in allen Fällen des Lebens nötig) irgend in Anschlag bringen. Der Richter (so wundergläubig er auch in der Kirche sein mag) hört das Vorgeben des Delinquenten

von teuflischen Versuchungen, die er erlitten haben will, so an, als ob gar nichts gesagt wäre; ungeachtet, wenn er diesen Fall als möglich betrachtete, es doch immer einiger Rücksicht darauf wohl wert wäre, daß ein einfältiger gemeiner Mensch in die Schlingen eines abgefeimten Bösewichts geraten ist; allein er kann diesen nicht vorfordern, beide konfrontieren, mit einem Worte schlechterdings nichts Vernünftiges daraus machen. Der vernünftige Geistliche wird sich also wohl hüten, den Kopf der seiner Seelsorge Anbefohlenen mit Geschichtchen aus dem höllischen Proteus[a]) anzufüllen und ihre Einbildungskraft zu verwildern. Was aber die Wunder von der guten Art betrifft, so werden sie von Leuten in Geschäften bloß als Phrasen gebraucht. So sagt der Arzt: dem Kranken ist, wenn nicht etwa ein Wunder geschieht, nicht zu helfen, d. i. er stirbt gewiß. — Zu Geschäften gehört nun auch das des Naturforschers, die Ursachen der Begebenheiten in dieser ihren Naturgesetzen aufzusuchen; ich sage, in den Naturgesetzen dieser Begebenheiten, die er also durch Erfahrung belegen kann, wenn er gleich auf die Kenntnis dessen, was nach diesen Gesetzen wirkt, an sich selbst, oder was sie in Beziehung auf einen anderen möglichen Sinn für uns sein möchten,
Verzicht | tun muß. Ebenso ist die moralische Besserung [122]
des Menschen ein ihm obliegendes Geschäft, und nun mögen noch immer himmlische Einflüsse dazu mitwirken oder zur Erklärung der Möglichkeit derselben für nötig gehalten werden: er versteht sich nicht darauf, weder sie sicher von den natürlichen zu unterscheiden, noch sie und so gleichsam den Himmel zu sich herabzuziehen; da er also mit ihnen unmittelbar nichts anzufangen weiß, so statuiert*) er in diesem Falle keine Wunder, sondern,

---

*) Heißt soviel als: er nimmt den Wunderglauben nicht in [122]
seine Maximen (weder der theoretischen noch praktischen Vernunft) auf, ohne doch ihre Möglichkeit oder Wirklichkeit anzufechten.[b])

---

a) Gemeint ist: „Der höllische Proteus oder tausendkünstige Versteller (nebenst vorberichtlichem Grundbeweis der Gewißheit, daß es wirklich Gespenster gebe), abgebildet durch Erasmum Francisci, Hochgräfl. Hohenl.-Langenburg. Rat. Nürnberg, 1708." (So nach v. Kügelgen in Kantstudien I, 295.)

b) Diese Anmerkung ist Zusatz der 2. Aufl.

wenn er der Vorschrift der Vernunft Gehör gibt, so verfährt er so, als ob alle Sinnesänderung und Besserung lediglich von seiner eigenen angewandten Bearbeitung abhinge. Aber daß man durch die Gabe,[a]) recht **fest** an Wunder theoretisch zu glauben, sie auch wohl gar selbst bewirken und[b]) so den Himmel bestürmen könne, geht zu weit aus den Schranken der Vernunft hinaus, um sich bei einem solchen sinnlosen Einfalle lange zu verweilen.*)

*) Es ist eine gewöhnliche Ausflucht derjenigen, welche den Leichtgläubigen **magische** Künste vorgaukeln oder sie solche wenigstens im allgemeinen wollen glaubend machen, daß sie sich auf das Geständnis der Naturforscher von ihrer **Unwissenheit** berufen. Kennen wir doch nicht, sagen sie, die **Ursache** der Schwere, der magnetischen Kraft u. dgl. — Aber die Gesetze derselben erkennen wir doch mit hinreichender Ausführlichkeit, unter bestimmten Einschränkungen auf die Bedingungen, unter denen allein gewisse Wirkungen geschehen; und das ist genug, sowohl für einen sicheren Vernunftgebrauch dieser Kräfte als auch zur Erklärung ihrer Erscheinungen, *secundum quid*, **abwärts**
[123] zum Gebrauch dieser Gesetze, um Er|fahrungen darunter zu ordnen, wenngleich nicht *simpliciter* und **aufwärts**, um selbst die Ursachen der nach diesen Gesetzen wirkenden Kräfte einzusehen. — Dadurch wird auch das innere Phänomen des menschlichen Verstandes begreiflich: warum sogenannte Naturwunder, d. i. genugsam beglaubigte, obwohl widersinnische Erscheinungen oder sich hervortuende unerwartete und von den bis dahin bekannten Naturgesetzen abweichende Beschaffenheiten der Dinge mit Begierde aufgefaßt werden und das Gemüt **ermuntern**, solange als sie dennoch für natürlich gehalten werden, da es hingegen durch die Ankündigung eines wahren Wunders **niedergeschlagen** wird.[c]) Denn die ersteren eröffnen eine Aussicht in einen neuen Erwerb von Nahrung für die Vernunft; sie machen nämlich **Hoffnung**, neue Naturgesetze zu entdecken; das zweite dagegen erregt **Besorgnis**, auch das Zutrauen zu den schon für bekannt angenommenen zu verlieren. Wenn aber die Vernunft um die Erfahrungsgesetze gebracht wird, so ist sie in einer solchen bezauberten Welt zu gar nichts nutze, selbst nicht für den moralischen Gebrauch in derselben zu Befolgung seiner Pflicht; denn man weiß nicht mehr, ob nicht selbst mit den sittlichen Triebfedern, uns unwissend, durch Wunder Veränderungen vorgehen, an denen

a) 1. Aufl.: „Daß aber die Gabe".
b) 1. Aufl.: „und man so".
c) 1. Aufl.: „werden, durch die Ankündigung . . . Wunders aber dasselbe niedergeschlagen wird."

niemand unterscheiden kann, ob er sie sich selbst oder einer anderen unerforschlichen Ursache zuschreiben solle. — Die, deren Urteilskraft hierin so gestimmt ist, daß sie sich ohne Wunder nicht behelfen zu können meinen, glauben den Anstoß, den die Vernunft daran nimmt, dadurch zu mildern, daß sie annehmen, sie geschehen nur *selten*. Wollen sie damit sagen, daß dies schon im Begriff eines Wunders liegt (weil, wenn eine solche Begebenheit gewöhnlich geschähe, sie für kein Wunder erklärt werden würde): so kann man ihnen diese Sophisterei (eine objektive Frage von dem, was die Sache ist, in eine subjektive, was das Wort, durch welches wir sie anzeigen, bedeute, umzuändern) allenfalls schenken und wieder fragen, *wie selten?* in hundert Jahren etwa einmal, oder zwar vor alters, jetzt | aber [124]
gar nicht mehr? Hier ist nichts für uns aus der Kenntnis des Objekts Bestimmbares (denn das ist unserem eigenen Geständnisse nach für uns überschwenglich), sondern nur aus den notwendigen Maximen des Gebrauchs unserer Vernunft: entweder sie als *täglich* (obzwar unter dem Anscheine natürlicher Vorfälle versteckt) oder *niemals* zuzulassen, und im letzteren Falle sie weder unseren Vernunfterklärungen noch den Maßregeln unserer Handlungen zum Grunde zu legen; und da das erstere sich mit der Vernunft gar nicht verträgt, so bleibt nichts übrig, als die letztere Maxime anzunehmen; denn nur Maxime der Beurteilung, nicht theoretische Behauptung bleibt dieser Grundsatz immer. Niemand kann die Einbildung von seiner Einsicht so hoch treiben, entscheidend aussprechen zu wollen: daß z. B. die höchst bewunderungswürdige Erhaltung der Spezies im Pflanzen- und Tierreiche, da jede neue Zeugung ihr Original mit aller inneren Vollkommenheit des Mechanismus und (wie im Pflanzenreiche) selbst aller sonst so zärtlichen Farbenschönheit in jedem Frühjahre unvermindert wiederum darstellt, ohne daß die sonst so zerstörenden Kräfte der unorganischen Natur in böser Herbst- und Winter-Witterung jener ihrem Samen in diesem Punkte etwas anhaben können, daß, sage ich, dieses eine bloße Folge nach Naturgesetzen sei und ob nicht vielmehr jedesmal ein unmittelbarer Einfluß des Schöpfers dazu erfordert werde, *einsehen* zu wollen. — Aber es sind Erfahrungen; für *uns* sind sie also nichts anderes als Naturwirkungen und *sollen* auch nie anders beurteilt werden; denn das will die Bescheidenheit der Vernunft in ihren Ansprüchen; über diese Grenzen aber hinauszugehen, ist Vermessenheit und Unbescheidenheit in Ansprüchen; wiewohl man mehrenteils in der Behauptung der Wunder eine demütige[a]), sich selbst entäußernde Denkungsart zu beweisen vorgibt.

a) So in Kants Manuskript (vgl. Arnoldt a. a. O., S. 387). Der Druckfehler der 1. Auflage: „demütig*ende*" ist in sämtliche bisherige Ausgaben übergegangen.

Der

philosophischen Religionslehre

drittes Stück.

Drittes Stück. [127]

Der Sieg des guten Prinzips über das böse

und die

Gründung eines Reiches Gottes auf Erden.

Der Kampf, den ein jeder moralisch wohlgesinnte Mensch unter der Anführung des guten Prinzips gegen die Anfechtungen des bösen in diesem Leben bestehen muß, kann ihm, wie sehr er sich auch bemüht, doch keinen größeren Vorteil verschaffen als die Befreiung von der *Herrschaft* des letzteren. Daß er *frei*, daß er „der Knechtschaft unter dem Sündengesetz entschlagen wird, um der Gerechtigkeit zu leben," das ist der höchste Gewinn, den er erringen kann. Den Angriffen des letzteren bleibt er nichtsdestoweniger noch immer ausgesetzt; und seine Freiheit, die beständig angefochten wird, zu behaupten, muß er forthin immer zum Kampfe gerüstet bleiben.

In diesem gefahrvollen Zustande ist der Mensch [128] gleichwohl durch seine eigene Schuld; folglich ist er *verbunden*, soviel er vermag, wenigstens Kraft anzuwenden, um sich aus demselben herauszuarbeiten. Wie aber? das ist die Frage. — Wenn er sich nach den Ursachen und Umständen umsieht, die ihm diese Gefahr zuziehen und[a]) darin erhalten, so kann er sich leicht überzeugen, daß sie ihm nicht sowohl von seiner eigenen rohen Natur, sofern er abgesondert da ist, sondern von Menschen kommen, mit denen er in Verhältnis oder Verbindung steht. Nicht durch die Anreize der ersteren werden die eigentlich so zu benennenden *Leiden-*

---

a) sc. ihn.

schaften in ihm rege, welche so große Verheerungen in seiner ursprünglich guten Anlage anrichten. Seine Bedürfnisse sind nur klein, und sein Gemütszustand in Besorgung derselben gemäßigt und ruhig. Er ist nur arm (oder hält sich dafür), sofern er besorgt, daß ihn andere Menschen dafür halten und darüber verachten möchten. Der Neid, die Herrschsucht, die Habsucht und die damit verbundenen feindseligen Neigungen bestürmen alsbald seine an sich genügsame Natur, wenn er unter Menschen ist, und es ist nicht einmal nötig, daß diese schon als im Bösen versunken und als verleitende Beispiele vorausgesetzt werden; es ist genug, daß sie da sind, daß sie ihn umgeben, und daß sie Menschen sind, um einander wechselseitig in ihrer moralischen Anlage zu verderben und sich einander böse zu machen. Wenn
129] nun keine | Mittel ausgefunden werden könnten[a]), eine ganz eigentlich auf die Verhütung dieses Bösen und zur Beförderung des Guten im Menschen abzweckende Vereinigung als[b]) eine bestehende und sich immer ausbreitende, bloß auf die Erhaltung der Moralität angelegte Gesellschaft zu errichten, welche mit vereinigten Kräften dem Bösen entgegenwirkte: so würde dieses, soviel der einzelne Mensch auch getan haben möchte, um sich der Herrschaft desselben zu entziehen, ihn doch unablässlich in der Gefahr des Rückfalles unter dieselbe erhalten. — Die Herrschaft des guten Prinzips, sofern Menschen dazu hinwirken können[c]), ist also, soviel wir einsehen[c]), nicht anders erreichbar als durch Errichtung und Ausbreitung einer Gesellschaft nach Tugendgesetzen und zum Behuf derselben; einer Gesellschaft, die dem ganzen Menschengeschlecht, in ihrem Umfange sie zu beschließen, durch die Vernunft zur Aufgabe und zur Pflicht gemacht wird. — Denn so allein kann für das gute Prinzip über das böse ein Sieg gehofft werden. Es ist von der moralisch-gesetzgebenden Vernunft außer den Gesetzen, die sie jedem einzelnen vorschreibt, noch überdem eine Fahne der Tugend als Vereinigungspunkt für alle, die das Gute lieben, ausgesteckt, um sich darunter zu versammeln und

a) 1. Aufl.: „können".
b) „als" fehlt in der 1. Auflage.
c) Kehrbach: „hinwirken, ist . . . einsehen können".

so allererst über das sie rastlos anfechtende Böse die Oberhand zu bekommen.

Man kann eine Verbindung der Menschen unter bloßen Tugendgesetzen nach Vorschrift dieser Idee eine *ethische* [130]
und, sofern diese Gesetze öffentlich sind, eine *ethisch-bürgerliche* (im Gegensatz der *rechtlich-bürgerlichen*) Gesellschaft oder ein *ethisches gemeines Wesen* nennen. Dieses kann mitten in einem politischen gemeinen Wesen und sogar aus allen Gliedern desselben bestehen (wie es denn auch, ohne daß das letztere zum Grunde liegt, von Menschen gar nicht zustande gebracht werden könnte). Aber jenes hat ein besonderes und ihm eigentümliches Vereinigungsprinzip (die Tugend) und daher auch eine Form und Verfassung, die sich von der des letzteren wesentlich unterscheidet. Gleichwohl ist eine gewisse Analogie zwischen beiden, als zweier gemeinen Wesen überhaupt betrachtet, in Ansehung deren das erstere auch ein *ethischer Staat*, d. i. ein Reich der Tugend (des guten Prinzips), genannt werden kann, wovon die Idee in der menschlichen Vernunft ihre ganz wohlbegründete objektive Realität hat (als Pflicht, sich zu einem solchen Staate zu einigen), wenn es gleich subjektiv von dem guten Willen der Menschen nie gehofft werden könnte, daß sie jemals[a] zu diesem Zwecke mit Eintracht hinzuwirken sich entschließen würden.

a) „jemals" ist in der 2. Auflage ausgefallen.

[131] **Erste Abteilung.**

Philosophische Vorstellung des Sieges des guten Prinzips unter Gründung eines Reiches Gottes auf Erden.

I.

Von dem ethischen Naturzustande.

Ein rechtlich-bürgerlicher (politischer) Zustand ist das Verhältnis der Menschen untereinander, sofern sie gemeinschaftlich unter öffentlichen Rechtsgesetzen (die insgesamt Zwangsgesetze sind) stehen. Ein ethisch-bürgerlicher Zustand ist der, da sie unter dergleichen zwangsfreien, d. i. bloßen Tugendgesetzen vereinigt sind.

Sowie nun dem ersteren der rechtliche (darum aber nicht immer rechtmäßige), d. i. der juridische Naturzustand entgegengesetzt wird, so wird von dem letzteren der ethische Naturzustand unterschieden. In beiden gibt ein jeder sich selbst das Gesetz, und es ist kein äußeres, dem er sich samt allen anderen unterworfen erkennte. In beiden ist ein jeder sein eigener Richter, und es ist keine öffentliche machthabende Autorität da, die nach Gesetzen, was in vorkommenden Fällen eines
[132] jeden Pflicht sei, rechts|kräftig bestimme und jene in allgemeine Ausübung bringe.

In einem schon bestehenden politischen gemeinen Wesen befinden sich alle politischen Bürger als solche doch im ethischen Naturzustande und sind berechtigt, auch darin zu bleiben; denn daß jenes seine Bürger zwingen sollte, in ein ethisches gemeines Wesen zu treten, wäre ein Widerspruch (*in adjecto*); weil das letztere schon in seinem Begriffe die Zwangsfreiheit bei sich führt. Wünschen kann es wohl jedes politische

gemeine Wesen, daß in ihm auch eine Herrschaft über die Gemüter nach Tugendgesetzen angetroffen werde; denn wo jener ihre Zwangsmittel nicht hinlangen, weil der menschliche Richter das Innere anderer Menschen nicht durchschauen kann, da würden die Tugendgesinnungen das Verlangte bewirken. Wehe aber dem Gesetzgeber, der eine auf ethische Zwecke gerichtete Verfassung durch Zwang bewirken wollte! Denn er würde dadurch nicht allein gerade das Gegenteil der ethischen bewirken, sondern auch seine politische untergraben und unsicher machen. — Der Bürger des politischen gemeinen Wesens bleibt also, was die gesetzgebende Befugnis des letzteren betrifft, völlig frei: ob er mit anderen Mitbürgern überdem auch in eine ethische Vereinigung treten oder lieber im Naturzustande dieser Art bleiben wolle. Nur sofern ein ethisches gemeines Wesen doch auf *öffentli|chen* Gesetzen be- [133]
ruhen und eine darauf sich gründende Verfassung enthalten muß, werden diejenigen, die sich freiwillig verbinden, in diesen Zustand zu treten, sich von der politischen Macht nicht, wie sie solche innerlich einrichten oder nicht einrichten sollen, befehlen, aber wohl Einschränkungen gefallen lassen müssen, nämlich auf die Bedingung, daß darin nichts sei, was der Pflicht ihrer Glieder als *Staatsbürger* widerstreite; wiewohl, wenn die erstere Verbindung echter Art ist, das letztere ohnedem nicht zu besorgen ist.

Übrigens, weil die[a]) Tugendpflichten das ganze menschliche Geschlecht angehen, so ist der Begriff eines ethischen gemeinen Wesens immer auf das Ideal eines Ganzen aller Menschen bezogen, und darin unterscheidet es sich von dem eines politischen. Daher kann eine Menge in jener Absicht vereinigter Menschen noch nicht das ethische gemeine Wesen selbst, sondern nur eine besondere Gesellschaft heißen, die zur Einhelligkeit mit allen Menschen (ja aller endlichen vernünftigen Wesen) hinstrebt, um ein absolutes ethisches Ganze zu errichten, wovon jede partiale Gesellschaft nur eine Vorstellung oder ein Schema ist, weil eine jede selbst wiederum im Verhältnis auf andere dieser Art als im ethischen Naturzustande, samt allen Unvollkommenheiten desselben, be-

---

a) „die" fehlt in der 1. Auflage.

findlich vorgestellt werden kann (wie es[a]) mit verschiedenen [134] politischen Staa|ten, die in keiner Verbindung durch ein öffentliches Völkerrecht stehen, ebenso bewandt ist).

II.

Der Mensch soll aus dem ethischen Naturzustande herausgehen, um ein Glied eines ethischen gemeinen Wesens zu werden.

Sowie der juridische Naturzustand ein Zustand des Krieges von jedermann gegen jedermann ist, so ist auch der ethische Naturzustand ein Zustand der unaufhörlichen Befehdung durch das Böse[b]), welches in ihm und zugleich in jedem anderen angetroffen wird, die sich (wie oben bemerkt worden) einander wechselseitig ihre moralische Anlage verderben und selbst bei dem guten Willen jedes[c]) einzelnen, durch den Mangel eines sie vereinigenden Prinzips sich, gleich als ob sie Werkzeuge des Bösen wären, durch ihre Mißhelligkeiten von dem gemeinschaftlichen Zweck des Guten entfernen und einander in Gefahr bringen, seiner Herrschaft wiederum in die Hände zu fallen. Sowie nun ferner[d]) der Zustand einer gesetzlosen äußeren (brutalen) Freiheit und Unabhängigkeit von Zwangsgesetzen ein Zustand der Ungerechtigkeit und des Krieges von jedermann gegen jedermann ist, aus welchem der Mensch herausgehen soll, um in einen politisch-bürgerlichen zu treten*): so ist der ethische Naturzustand eine

[134] *) Hobbes' Satz: *status hominum naturalis est bellum*
[135] *omnium in omnes* [Der natürliche Zustand der Menschen ist der Krieg aller gegen alle][e]), hat weiter keinen Fehler, als daß es heißen sollte: *est status belli etc.* (ist ein Kriegszustand u. s. w.). Denn wenn man gleich nicht einräumt, daß zwischen Menschen, die nicht unter äußeren und öffentlichen Gesetzen stehen, jederzeit wirkliche Feindseligkeiten herrschen, so ist doch der Zustand derselben (*status juridicus*), d. i. das Verhältnis, in und durch welches sie der Rechte (des Erwerbs und der Erhal-

a) 1. Aufl.: „wie es auch".

b) 1. Aufl.: „Befehdung des guten Prinzips, das in jedem Menschen liegt, durch das böse".

c) Kant: „jenes", verbessert von Hartenstein.

d) „ferner" Zusatz der 2. Aufl.

e) Hobbes, De Cive I, 12.

öffentliche wechselseitige Befehdung der Tugend- [135] prinzipien und ein Zustand der inneren Sittenlosigkeit, aus welchem der natürliche Mensch sobald wie möglich herauszukommen sich befleißigen soll.[a])

Hier haben wir nun eine Pflicht von ihrer eigenen Art, nicht der Menschen gegen Menschen, sondern des menschlichen Geschlechts gegen sich selbst. Jede Gattung vernünftiger Wesen ist nämlich objektiv, in der Idee der Vernunft, zu einem gemeinschaftlichen Zwecke, nämlich der Beförderung des höchsten als eines gemeinschaftlichen Guts bestimmt. Weil aber | das höchste sittliche Gut [136] durch die Bestrebung der einzelnen Person zu ihrer eigenen moralischen Vollkommenheit allein nicht bewirkt wird, sondern eine Vereinigung derselben in ein Ganzes zu ebendemselben Zwecke, zu einem System wohlgesinnter Menschen erfordert, in welchem und durch dessen Einheit es allein zustande kommen kann, die Idee aber von einem solchen Ganzen, als einer allgemeinen Republik nach Tugendgesetzen, eine von allen moralischen Gesetzen (die das betreffen, wovon wir wissen, daß es in unserer Gewalt stehe) ganz unterschiedene Idee ist, nämlich auf ein Ganzes hinzuwirken, wovon wir nicht wissen können, ob es als ein solches auch in unserer Gewalt stehe: so ist die Pflicht der Art und dem Prinzip nach von allen anderen unterschieden. — Man wird schon zum voraus vermuten, daß diese Pflicht der Voraussetzung einer anderen Idee, nämlich der eines höheren moralischen Wesens bedürfen werde, durch dessen allgemeine Veranstaltung die für sich unzulänglichen Kräfte der einzelnen zu einer

tung derselben)[b]) fähig sind, ein solcher Zustand, in welchem ein jeder selbst Richter über das sein will, was ihm gegen andere recht sei, aber auch für dieses keine Sicherheit von anderen hat oder ihnen gibt, als jedes seine eigene Gewalt; welches ein Kriegszustand ist, in dem jedermann wider jedermann beständig gerüstet sein muß. Der zweite Satz desselben: *exeundum esse e statu naturali,* ist eine Folge aus dem ersteren; denn dieser Zustand ist eine kontinuierliche Läsion der Rechte aller anderen durch die Anmaßung, in seiner eigenen Sache Richter zu sein und anderen Menschen keine Sicherheit wegen des Ihrigen zu lassen als bloß seine eigene Willkür.

a) 1. Aufl.: „sich befleißigt".

b) 1. Aufl.: „(ihres Erwerbs oder Erhaltung nach)".

gemeinsamen Wirkung vereinigt werden. Allein wir müssen allererst dem Leitfaden jenes sittlichen Bedürfnisses überhaupt nachgehen und sehen, worauf uns dieses führen werde.

[137]

III.

Der Begriff eines ethischen gemeinen Wesens ist der Begriff von einem *Volke Gottes* unter ethischen Gesetzen.

Wenn ein ethisches gemeines Wesen zustande kommen soll, so müssen alle einzelnen einer öffentlichen Gesetzgebung unterworfen werden, und alle Gesetze, welche jene verbinden, müssen als Gebote eines gemeinschaftlichen Gesetzgebers angesehen werden können. Sollte nun das zu gründende gemeine Wesen ein *juridisches* sein, so würde die sich zu einem Ganzen vereinigende Menge selbst der Gesetzgeber (der Konstitutionsgesetze) sein müssen, weil die Gesetzgebung von dem Prinzip ausgeht: *die Freiheit eines jeden auf die Bedingungen einzuschränken, unter denen sie mit jedes anderen Freiheit nach einem allgemeinen Gesetze zusammen bestehen kann**), und wo also der allgemeine Wille einen gesetzlichen äußeren Zwang errichtet. Soll das gemeine Wesen aber ein *ethisches* sein, so kann das Volk als ein solches nicht selbst für gesetzgebend angesehen werden. Denn in einem solchen gemeinen Wesen sind alle Gesetze ganz eigentlich darauf gestellt, die *Moralität* der Handlungen (welche etwas
[138] *Innerliches* ist, mithin nicht unter öf|fentlichen menschlichen Gesetzen stehen kann) zu befördern, da im Gegenteil die letzteren, welches ein juridisches gemeines Wesen ausmachen würde, nur auf die *Legalität* der Handlungen, die in die Augen fällt, gestellt sind und nicht auf die (innere) Moralität, von der hier allein die Rede ist. Es muß also ein anderer als das Volk sein, der für ein ethisches gemeines Wesen als öffentlich gesetzgebend angegeben werden könnte. Gleichwohl können ethische Gesetze auch nicht als bloß von dem Willen dieses Oberen *ursprünglich* ausgehend (als Statute, die etwa, ohne

*) Dieses ist das Prinzip alles äußeren Rechts.

daß sein Befehl vorher ergangen, nicht verbindend sein würden) gedacht werden, weil sie alsdann keine ethischen Gesetze und die ihnen gemäße Pflicht nicht freie Tugend, sondern zwangsfähige Rechtspflicht sein würde. Also kann nur ein solcher als oberster Gesetzgeber eines ethischen gemeinen Wesens gedacht werden, in Ansehung dessen alle *wahren Pflichten*, mithin auch die ethischen*), *zugleich* als seine Gebote | vorgestellt werden müssen; [139] welcher daher auch ein Herzenskündiger sein muß, um auch das Innerste der Gesinnungen eines jeden zu durchschauen und, wie es in jedem gemeinen Wesen sein muß, jedem, was seine Taten wert sind, zukommen zu lassen. Dieses ist aber der Begriff von Gott als einem moralischen Weltherrscher. Also ist ein ethisches gemeines Wesen nur als ein Volk unter göttlichen Geboten, d. i. als ein *Volk Gottes* und zwar nach *Tugendgesetzen*, zu denken möglich.

Man könnte sich wohl auch ein Volk Gottes *nach statutarischen Gesetzen* denken, nach solchen nämlich, bei deren Befolgung es nicht auf die Moralität, sondern bloß auf die Legalität der Handlungen ankommt, welches ein juridisches gemeines Wesen sein würde, von welchem zwar Gott der Gesetzgeber (mithin die *Verfassung* desselben Theokratie) sein würde, Menschen aber als Priester, welche seine Befehle unmittelbar von ihm empfangen, eine ari|stokratische *Regierung* führten. [140]

---

*) Sobald etwas als Pflicht erkannt wird, wenn es gleich [138] durch die bloße Willkür eines menschlichen Gesetzgebers auferlegte Pflicht wäre, so ist es doch zugleich göttliches Gebot, ihr zu gehorchen. Die statutarischen bürgerlichen Gesetze kann man zwar nicht göttliche Gebote nennen, wenn sie aber rechtmäßig sind, so ist die *Beobachtung* derselben zugleich göttliches Gebot. Der Satz: „man muß Gott mehr gehorchen als den Menschen" bedeutet nur, daß, wenn die letzten etwas gebieten, was an sich böse (dem Sittengesetz unmittelbar zuwider) ist, ihnen nicht | gehorcht werden darf und soll. Umgekehrt aber, wenn [139] einem politisch bürgerlichen, an sich nicht unmoralischen Gesetze ein dafür gehaltenes göttliches statutarisches entgegengesetzt wird, so ist Grund da, das letztere für untergeschoben anzusehen, weil es einer klaren Pflicht widerstreitet, selbst aber, daß es wirklich auch göttliches Gebot sei, durch empirische Merkmale niemals hinreichend beglaubigt werden kann, um eine sonst bestehende Pflicht jenem zufolge übertreten zu dürfen.

Aber eine solche Verfassung, deren Existenz und Form gänzlich auf historischen Gründen beruht, ist nicht diejenige, welche die Aufgabe der reinen moralisch-gesetzgebenden Vernunft ausmacht, deren Auflösung wir hier allein zu bewirken haben; sie wird in der historischen Abteilung als Anstalt nach politisch-bürgerlichen Gesetzen, deren Gesetzgeber, obgleich Gott, doch äußerlich ist, in Erwägung kommen, anstatt daß wir es hier nur mit einer solchen, deren Gesetzgebung bloß innerlich ist, einer Republik unter Tugendgesetzen, d. i. mit einem Volke Gottes, „das fleißig wäre zu guten Werken," zu tun haben.

Einem solchen Volke Gottes kann man die Idee einer Rotte des bösen Prinzips entgegensetzen, als Vereinigung derer, die seines Teils sind, zur Ausbreitung des Bösen, welchem daran gelegen ist, jene Vereinigung nicht zustande kommen zu lassen; wiewohl auch hier das die Tugendgesinnungen anfechtende Prinzip gleichfalls in uns selbst liegt und nur bildlich als äußere Macht vorgestellt wird.

IV.

Die Idee eines Volkes Gottes ist (unter menschlicher Veranstaltung) nicht anders als in der Form einer Kirche auszuführen.

Die erhabene, nie völlig erreichbare Idee eines ethischen
[141] gemeinen Wesens verkleinert sich sehr unter | menschlichen Händen, nämlich zu einer Anstalt, die allenfalls nur die Form desselben rein vorzustellen vermögend, was aber die Mittel betrifft, ein solches Ganze zu errichten, unter Bedingungen der sinnlichen[a]) Menschennatur sehr eingeschränkt ist. Wie kann man aber erwarten, daß aus so krummem Holze etwas völlig Gerades gezimmert werde?

Ein moralisches Volk Gottes zu stiften, ist also ein Werk, dessen Ausführung nicht von Menschen, sondern nur von Gott selbst erwartet werden kann. Deswegen ist aber doch dem Menschen nicht erlaubt, in Ansehung dieses Geschäfts untätig zu sein, und die Vorsehung

---

a) 2. Aufl.: „sittlichen" (offenbar Druckfehler).

walten zu lassen, als ob ein jeder nur seiner moralischen Privatangelegenheit nachgehen, das Ganze der Angelegenheit des menschlichen Geschlechts aber (seiner moralischen Bestimmung nach) einer höheren Weisheit überlassen dürfe. Er muß vielmehr so verfahren, als ob alles auf ihn ankomme, und nur unter dieser Bedingung darf er hoffen, daß höhere Weisheit seiner wohlgemeinten Bemühung die Vollendung werde angedeihen lassen.

Der Wunsch aller Wohlgesinnten ist also: „daß das Reich Gottes komme, daß sein Wille auf Erden geschehe"; aber was haben sie nun zu veranstalten, damit dieses mit ihnen geschehe?

Ein ethisches gemeines Wesen unter der göttlichen [142] moralischen Gesetzgebung ist eine *Kirche*, welche, sofern sie kein Gegenstand möglicher Erfahrung ist, die *unsichtbare Kirche* heißt (eine bloße Idee von der Vereinigung aller Rechtschaffenen unter der göttlichen unmittelbaren, aber moralischen Weltregierung, wie sie jeder von Menschen zu stiftenden zum Urbilde dient). Die *sichtbare* ist die wirkliche Vereinigung der Menschen zu einem Ganzen, das mit jenem Ideal zusammenstimmt. Sofern eine jede Gesellschaft unter öffentlichen Gesetzen eine Unterordnung ihrer Glieder (in Verhältnis derer, die den Gesetzen derselben gehorchen, zu denen, welche auf die Beobachtung derselben halten) bei sich führt, ist die zu jenem Ganzen (der Kirche) vereinigte Menge die *Gemeinde* unter ihren Oberen, welche[a]) (Lehrer oder auch Seelenhirten genannt) nur die Geschäfte des unsichtbaren Oberhauptes derselben verwalten und in dieser Beziehung insgesamt *Diener* der Kirche heißen, sowie im politischen Gemeinwesen das sichtbare Oberhaupt sich selbst bisweilen den obersten Diener des Staates nennt, ob er zwar keinen einzigen Menschen (gemeiniglich auch nicht einmal das Volksganze selbst) über sich erkennt. Die wahre (sichtbare) Kirche ist diejenige, welche das (moralische) Reich Gottes auf Erden, soviel es durch Menschen geschehen kann, darstellt. Die Erfordernisse, mithin auch die Kennzeichen der wahren Kirche sind folgende:

---

a) Kant und die bisherigen Herausgeber: „welche unter ihren Obern".

[143] 1. Die *Allgemeinheit*, folglich numerische *Einheit* derselben; wozu sie die Anlage in sich enthalten muß: daß nämlich, ob sie zwar in zufällige Meinungen geteilt und uneins, doch in Ansehung der wesentlichen Absicht auf solchen Grundsätzen errichtet ist, welche sie notwendig zur allgemeinen Vereinigung in eine einzige Kirche führen müssen (also keine Sektenspaltung).

2. Die *Beschaffenheit* (Qualität) derselben; d. i. die *Lauterkeit*, die Vereinigung unter keinen anderen als *moralischen* Triebfedern. (Gereinigt vom Blödsinn des Aberglaubens und dem Wahnsinn der Schwärmerei.)

3. Das *Verhältnis* unter dem Prinzip der *Freiheit*, sowohl das innere Verhältnis ihrer Glieder untereinander als auch das äußere der Kirche zur politischen Macht, beides in einem *Freistaat* (also weder *Hierarchie* noch *Illuminatismus*, eine Art von *Demokratie* durch besondere Eingebungen, die nach jedes seinem Kopfe von anderer ihrer verschieden sein können).

4. Die *Modalität* derselben, die *Unveränderlichkeit* ihrer *Konstitution* nach, doch mit dem Vorbehalt der nach Zeit und Umständen abzuändernden, bloß die Administration derselben be-
[144] tref|fenden zufälligen Anordnungen, wozu sie doch auch die sicheren Grundsätze schon in sich selbst (in der Idee ihres Zweckes) *a priori* enthalten muß. (Also unter ursprünglichen, einmal gleich als durch ein Gesetzbuch öffentlich zur Vorschrift gemachten Gesetzen, nicht willkürlichen Symbolen, die, weil ihnen die Authentizität mangelt, zufällig, dem Widerspruche ausgesetzt und veränderlich sind.)

Ein ethisches gemeines Wesen also als Kirche, d. i. als bloße *Repräsentantin* eines Staates Gottes betrachtet, hat eigentlich keine ihren Grundsätzen nach der politischen ähnliche Verfassung. Diese ist in ihm weder *monarchisch* (unter einem Papst oder Patriarchen) noch *aristokratisch* (unter Bischöfen und Prälaten) noch *demokratisch* (als sektirerischer Illuminaten). Sie würde noch am besten mit der einer Hausgenossenschaft (Familie) unter einem gemeinschaftlichen, obzwar unsichtbaren, moralischen Vater verglichen werden können, sofern sein heiliger Sohn, der seinen Willen weiß und zugleich mit allen ihren Gliedern in Blutsverwandtschaft steht, die Stelle desselben darin vertritt, daß er seinen Willen diesen näher bekannt macht, welche daher in ihm den Vater ehren und so untereinander in eine freiwillige, allgemeine und fortdauernde Herzensvereinigung treten.

V. [145]

Die Konstitution einer jeden Kirche geht allemal von irgend einem historischen (Offenbarungs-) Glauben aus, den man den Kirchenglauben nennen kann, und dieser wird am besten auf eine heilige Schrift gegründet.

Der reine Religionsglaube ist zwar der, welcher allein eine allgemeine Kirche gründen kann; weil er ein bloßer Vernunftglaube ist, der sich jedermann zur Überzeugung mitteilen läßt, indessen daß ein bloß auf Fakta gegründeter historischer Glaube seinen Einfluß nicht weiter ausbreiten kann, als soweit die Nachrichten in Beziehung auf das Vermögen, ihre Glaubwürdigkeit zu beurteilen, nach Zeit- und Ortsumständen hingelangen können. Allein es ist eine besondere Schwäche der menschlichen Natur daran schuld, daß auf jenen reinen Glauben niemals soviel gerechnet werden kann, als er wohl verdient, nämlich eine Kirche auf ihn allein zu gründen.

Die Menschen, ihres Unvermögens in Erkenntnis übersinnlicher[a]) Dinge sich bewußt, ob sie zwar jenem Glauben (als welcher im allgemeinen für sie überzeugend sein muß) alle Ehre widerfahren lassen, sind doch nicht leicht zu überzeugen, daß die standhafte Beflissenheit zu einem moralisch-guten Lebenswandel alles sei, was Gott von Menschen fordert, um ihm | wohlgefällige Untertanen [146] in seinem Reiche zu sein. Sie können sich ihre Verpflichtung nicht wohl anders als zu irgend einem Dienst denken, den sie Gott zu leisten haben, wo es nicht sowohl auf den inneren moralischen Wert der Handlungen,

---

a) Kant und die bisherigen Ausgaben: „sinnlicher"; zuerst verbessert in N. Theol. Journal (s. Einl.), S. 304.

als vielmehr darauf ankommt, daß sie Gott geleistet werden, um, so moralisch indifferent sie auch an sich selbst sein möchten, doch wenigstens durch passiven Gehorsam[a]) Gott zu gefallen. Daß sie, wenn sie ihre Pflichten gegen Menschen (sich selbst und andere) erfüllen, eben dadurch auch göttliche Gebote ausrichten, mithin in allem ihrem Tun und Lassen, sofern es Beziehung auf Sittlichkeit hat, *beständig im Dienste Gottes* sind, und daß es auch schlechterdings unmöglich sei, Gott auf andere Weise näher zu dienen (weil sie doch auf keine anderen als bloß auf Weltwesen, nicht aber auf Gott wirken und Einfluß haben können), will ihnen nicht in den Kopf. Weil ein jeder große Herr der Welt ein besonderes Bedürfnis hat, von seinen Untertanen *geehrt* und durch Unterwürfigkeitsbezeigungen *gepriesen* zu werden, ohne welches er nicht soviel Folgsamkeit gegen seine Befehle, als er wohl nötig hat, um sie beherrschen zu können, von ihnen erwarten kann, überdem auch der Mensch, so vernunftvoll er auch sein mag, an Ehrenbezeigungen doch immer ein unmittelbares Wohlgefallen findet, so behandelt man die Pflicht, sofern sie zugleich göttliches Gebot ist, als Betreibung einer
[147] *Angelegenheit Got|tes*, nicht des Menschen, und so entspringt der Begriff einer *gottesdienstlichen* statt des Begriffs einer reinen moralischen Religion.

Da alle Religion darin besteht, daß wir Gott für alle unsere Pflichten als den allgemein zu verehrenden Gesetzgeber ansehen, so kommt es bei der Bestimmung der Religion in Absicht auf unser ihr gemäßes Verhalten darauf an, zu wissen: *wie Gott* verehrt (und gehorcht) sein *wolle*. — Ein göttlicher gesetzgebender Wille aber gebietet entweder durch an sich *bloß statutarische* oder durch *rein moralische* Gesetze. In Ansehung der letzteren kann ein jeder aus sich selbst durch seine eigene Vernunft den Willen Gottes, der seiner Religion zum Grunde liegt, erkennen; denn eigentlich entspringt der Begriff von der Gottheit nur aus dem Bewußtsein dieser Gesetze und dem Vernunftbedürfnisse, eine Macht anzunehmen, welche diesen den ganzen in einer Welt möglichen, zum sittlichen Endzweck zusammenstimmenden

a) „doch ... Gehorsam" Zusatz der 2. Auflage; statt dessen hat die 1. Auflage nur: „dadurch".

Effekt verschaffen kann. Der Begriff eines nach bloßen rein-moralischen Gesetzen bestimmten göttlichen Willens läßt uns, wie nur *einen* Gott, also auch nur *eine* Religion denken, die rein moralisch ist. Wenn wir aber statutarische Gesetze desselben annehmen und in unsere Befolgung derselben die Religion setzen, so ist die Kenntnis derselben nicht durch unsere eigene bloße Vernunft, sondern nur durch Offenbarung möglich, welche, sie mag nun je|dem einzelnen insgeheim oder öffentlich gegeben [148] werden, um durch Tradition oder Schrift unter Menschen fortgepflanzt zu werden, ein *historischer*, nicht ein *reiner Vernunftglaube* sein würde. — Es mögen nun aber auch statutarische göttliche Gesetze (die sich nicht von selbst als verpflichtend, sondern nur als geoffenbarter göttlicher Wille für solche erkennen lassen) angenommen werden, so ist doch die reine *moralische* Gesetzgebung, dadurch der Wille Gottes ursprünglich in unser Herz geschrieben ist, nicht allein die unumgängliche Bedingung aller wahren Religion überhaupt, sondern sie ist auch das, was diese selbst[a]) eigentlich ausmacht, und wozu die statutarische nur das Mittel ihrer Beförderung und Ausbreitung enthalten kann.

Wenn also die Frage: wie Gott verehrt sein wolle, für jeden Menschen, *bloß als Mensch betrachtet*, allgemeingültig beantwortet werden soll, so ist kein Bedenken hierüber, daß die Gesetzgebung seines Willens nicht sollte bloß *moralisch* sein; denn die statutarische (welche eine Offenbarung voraussetzt) kann nur als zufällig und als eine solche, die nicht an jeden Menschen gekommen ist oder kommen kann, mithin nicht als den Menschen überhaupt verbindend betrachtet werden. Also: „nicht, die da sagen: Herr, Herr! sondern die den Willen Gottes tun"; mithin die nicht durch Hochpreisung desselben (oder seines Gesandten als eines Wesens von göttlicher Abkunft) | nach geoffenbarten Begriffen, die nicht [149] jeder Mensch haben kann, sondern durch den guten Lebenswandel, in Ansehung dessen jeder seinen Willen weiß, ihm wohlgefällig zu werden suchen, werden diejenigen sein, die ihm die wahre Verehrung, die er verlangt, leisten.

a) „selbst" fehlt in der 1. Auflage.

Wenn wir uns aber nicht bloß als Menschen, sondern auch als *Bürger* in einem göttlichen Staate auf Erden zu betragen und auf die Existenz einer solchen Verbindung unter dem Namen einer Kirche zu wirken uns verpflichtet halten, so scheint die Frage: wie Gott in *einer Kirche* (als einer Gemeinde Gottes) verehrt sein wolle, nicht durch bloße Vernunft beantwortlich zu sein, sondern einer statutarischen, uns nur durch Offenbarung kund werdenden Gesetzgebung, mithin eines historischen Glaubens, welchen man im Gegensatz mit dem reinen Religionsglauben den Kirchenglauben nennen kann, zu bedürfen. Denn bei dem ersteren kommt es bloß auf das, was die Materie der Verehrung Gottes ausmacht, nämlich die in moralischer Gesinnung geschehende Beobachtung aller Pflichten als seiner Gebote an; eine Kirche aber, als Vereinigung vieler Menschen unter solchen Gesinnungen zu einem moralischen gemeinen Wesen, bedarf einer *öffentlichen* Verpflichtung, einer gewissen auf Erfahrungsbedingungen beruhenden kirchlichen Form, die an sich zufällig und mannigfaltig ist, mithin ohne göttliche statutarische Gesetze nicht als Pflicht erkannt werden
[150] kann. | Aber diese Form zu bestimmen, darf darum nicht sofort als ein Geschäft des göttlichen Gesetzgebers angesehen werden, vielmehr kann man mit Grunde annehmen, der göttliche Wille sei: daß wir die Vernunftidee eines solchen gemeinen Wesens selbst ausführen und, ob die Menschen zwar manche Form einer Kirche mit unglücklichem Erfolg versucht haben möchten, sie dennoch nicht aufhören sollen, nötigenfalls durch neue Versuche, welche die Fehler der vorigen bestmöglichst vermeiden, diesem Zwecke nachzustreben; indem dieses Geschäft, welches zugleich für sie Pflicht ist, gänzlich ihnen selbst überlassen ist. Man hat also nicht Ursache, zur Gründung und Form irgend einer Kirche die Gesetze geradezu für göttliche, *statutarische* zu halten, vielmehr ist es Vermessenheit, sie dafür auszugeben, um sich der Bemühung zu überheben, noch ferner an der Form der letzteren zu bessern oder wohl gar Usurpation höheren Ansehens,[a]) um mit Kirchensatzungen durch das Vorgeben göttlicher Autorität der Menge ein Joch aufzulegen; wobei es aber

---

a) 1. Aufl.: „gar ein usurpiertes Ansehen“.

doch ebensowohl Eigendünkel sein würde, schlechtweg zu leugnen, daß die Art, wie eine Kirche angeordnet ist, nicht vielleicht auch eine besondere göttliche Anordnung sein könne, wenn sie, soviel wir einsehen, mit der moralischen Religion in der größten Einstimmung ist, und noch dazukommt, daß, wie sie ohne die gehörig vorbereiteten[a]) Fortschritte des Publikums in Religionsbegriffen auf einmal habe erscheinen können, nicht wohl eingesehen werden kann. | In der Zweifelhaftigkeit dieser [151] Aufgabe nun, ob Gott oder die Menschen selbst eine Kirche gründen sollen, beweist sich der Hang der letzteren zu einer gottesdienstlichen Religion (*cultus*) und, weil diese auf willkürlichen Vorschriften beruht, zum Glauben an statutarische göttliche Gesetze, unter der Voraussetzung, daß über dem besten Lebenswandel (den der Mensch nach Vorschrift der rein moralischen Religion immer einschlagen mag) doch noch eine durch Vernunft nicht erkennbare, sondern eine der Offenbarung bedürftige göttliche Gesetzgebung hinzukommen müsse; womit es unmittelbar auf Verehrung des höchsten Wesens (nicht vermittelst der durch Vernunft uns schon[b]) vorgeschriebenen Befolgung seiner Gebote) angesehen ist. Hierdurch geschieht es nun, daß Menschen die Vereinigung zu einer Kirche und die Einigung in Ansehung der ihr zu gebenden Form, imgleichen öffentliche Veranstaltungen zur Beförderung des Moralischen in der Religion niemals für an sich notwendig halten werden; sondern nur, um durch Feierlichkeiten, Glaubensbekenntnisse geoffenbarter Gesetze und Beobachtung der zur Form der Kirche (die doch selbst bloß Mittel ist) gehörigen Vorschriften, wie sie sagen, ihrem Gott zu dienen, obgleich alle diese Observanzen im Grunde moralisch indifferente Handlungen sind, ebendarum aber, weil sie bloß um seinetwillen geschehen sollen, für ihm[c]) desto gefälliger gehalten werden. Der Kirchenglaube geht also in der Bearbeitung der Menschen zu | einem ethischen [152]

---

a) 1. Aufl.: „die gewöhnlichen vorbereitenden" (schon im Druckfehler-Verzeichnis der 1. Auflage verbessert).

b) 1. Aufl.: „der Vernunft und schon".

c) 1. Aufl.: „ihn".

gemeinen Wesen, natürlicherweise*) vor dem reinen Religionsglauben vorher, und Tempel (dem öffentlichen Gottesdienste geweihte Gebäude) waren eher als Kirchen (Versammlungsörter zur Belehrung und Belebung in moralischen Gesinnungen), Priester (geweihte Verwalter frommer Gebräuche) eher als Geistliche (Lehrer der rein moralischen Religion) und sind es mehrenteils auch noch im Range und Werte, den ihnen die große Menge zugesteht.

Wenn es nun also einmal nicht zu ändern steht, daß
nicht ein statutarischer Kirchenglaube dem reinen
Religionsglauben als Vehikel und Mittel der öffentlichen
beigeVereinigung der Menschen zur Beförderung des letzteren
unveränderlic werde, so muß man auch eingestehen, daß die
einförmige Ausche Aufbehaltung desselben, die allgemeine
in ihm angenobreitung und selbst die Achtung für die
Tradition, sondemmene Offenbarung schwerlich durch
wiederum als Offenbarn nur durch Schrift, die selbst
kommenschaft ein Gegebarung für Zeitgenossen und Nach-
hinreichend gesorgt werdestand der Hochachtung sein muß,
Bedürfnis der Menschen, kann; denn das fordert a) das
Pflicht gewiß zu sein. Ein hen ihrer gottesdienstlichen
selbst bei denen (und gerade bei diliges Buch erwirbt sich
[153] es nicht lesen, wenigstens sich | daraesen am meisten), die
hängenden Religionsbegriff machen kös keinen zusammen-
Achtung, und alles Vernünfteln verschlinnen, die größte
den alle Einwürfe b) niederschlagenden Macgt nichts wider
steht's geschrieben. Daher heißen auchhtspruch: da
desselben, die einen Glaubenspunkt darlegedie Stellen
schlechthin Sprüche. Die bestimmten c) Auslegen sollen,
solchen Schrift sind eben durch dieses ihr Geschäft r einer
gleichsam geweihte Personen, und die Geschichte bew selbst
daß kein auf Schrift gegründeter Glaube selbst durch eist,
verwüstendsten Staatsrevolutionen hat vertilgt werdedie
können; indessen daß der, so sich auf Tradition und alten
öffentliche Observanzen gründete, in der Zerrüttung des g

---

*) Moralischerweise sollte es umgekehrt zugehen. (Zusatz der 2. Aufl.)

a) Kant und die bisherigen Ausgaben: „fördert".

b) 1. Aufl.: „Zweifel". c) 1. Aufl.: „bestellten".

Staates zugleich seinen Untergang fand. Glücklich!*) wenn ein solches den Menschen zu Händen gekommenes Buch neben seinen Statuten als Glaubensgesetzen zugleich die reinste moralische Religionslehre mit Vollständigkeit enthält, die mit jenen (als Vehikeln[a]) ihrer Introduktion) in die beste Harmonie gebracht werden kann, in welchem Falle es, sowohl des dadurch zu erreichenden Zwecks halber als wegen der Schwierigkeit, sich den Ursprung einer solchen durch dasselbe vorgegangenen Er|leuchtung [154]
des Menschengeschlechts nach natürlichen Gesetzen begreiflich zu machen, das Ansehen gleich einer Offenbarung behaupten kann.

Nun noch einiges, was diesem Begriffe eines Offenbarungsglaubens anhängt.

Es ist nur *eine* (wahre) *Religion*; aber es kann vielerlei Arten des *Glaubens* geben. — Man kann hinzusetzen, daß in den mancherlei sich der Verschiedenheit ihrer Glaubensarten wegen voneinander absondernden Kirchen dennoch eine und dieselbe wahre Religion anzutreffen sein kann.

Es ist daher schicklicher (wie es auch wirklich mehr im Gebrauche ist), zu sagen: dieser Mensch ist von diesem oder jenem (jüdischen, muhamedanischen, christlichen, katholischen, lutherischen) *Glauben*, als: er ist von dieser oder jener Religion. Der letztere Ausdruck sollte billig nicht einmal in der Anrede an das große Publikum (in Katechismen und Predigten) gebraucht werden; denn er ist diesem[b]) zu gelehrt und unverständlich, wie denn auch die neueren Sprachen für ihn kein gleichbedeutendes Wort liefern. Der gemeine Mann versteht darunter jederzeit seinen Kirchenglauben, der ihm in die Sinne fällt, anstatt daß Religion innerlich verborgen ist und auf moralische Ge|sinnungen ankommt. [155]

---

*) Ein Ausdruck für alles Gewünschte oder Wünschenswerte, was wir doch weder voraussehen noch durch unsere Bestrebung nach Erfahrungsgesetzen herbeiführen können; von dem wir[c]) also, wenn wir einen Grund nennen wollen, keinen anderen als eine gütige Vorsehung anführen können.

a) 1. Aufl.: „Vehikel".

b) sc. Publikum; Kant: „diesen".

c) Handschrift und 1. Auflage: „man".

Man tut den meisten zuviel Ehre an, von ihnen zu sagen: sie bekennen sich zu dieser oder jener Religion; denn sie kennen und verlangen keine; der statutarische Kirchenglaube ist alles, was sie unter diesem Worte verstehen. Auch sind die sogenannten Religionsstreitigkeiten, welche die Welt so oft erschüttert und mit Blut bespritzt haben, nie etwas anderes als Zänkereien um den Kirchenglauben gewesen, und der Unterdrückte klagte nicht eigentlich darüber, daß man ihn hinderte, seiner Religion anzuhängen (denn das kann keine äußere Gewalt), sondern daß man ihm seinen Kirchenglauben öffentlich zu befolgen nicht erlaubte.

Wenn nun eine Kirche sich selbst, wie gewöhnlich geschieht, für die einige allgemeine ausgibt (ob sie zwar auf einen besonderen Offenbarungsglauben gegründet ist, der als historisch nimmermehr von jedermann gefordert werden kann), so wird der, welcher ihren (besonderen) Kirchenglauben gar nicht anerkennt, von ihr ein Ungläubiger genannt und von ganzem Herzen gehaßt; der nur zum Teil (im Nichtwesentlichen) davon abweicht, ein Irrgläubiger und wenigstens als ansteckend vermieden. Bekennt er sich endlich zwar zu derselben Kirche, weicht aber doch im Wesentlichen des Glaubens derselben (was man nämlich dazu macht) von ihr ab, so heißt er, vornehmlich wenn er seinen Irrglauben aus-
[156] breitet, ein | Ketzer*) und wird, so wie ein Aufrührer, noch für strafbarer gehalten als ein äußerer Feind, und von der Kirche durch einen Bannfluch (dergleichen die Römer über den aussprachen, der wider des Senats Einwilligung über den Rubikon ging), ausgestoßen und allen Höllengöttern übergeben. Die angemaßte alleinige Rechtgläubigkeit der Lehrer oder Häupter einer Kirche im

[156] *) Die Mongolen nennen Tibet (nach Georgii *Alphab. Tibet, pag. 11)* Tangut-Chadzar, d. i. das Land der Häuserbewohner, um diese von sich, als in Wüsten unter Zelten lebenden Nomaden, zu unterscheiden, woraus der Name der Chadzaren und aus diesem der der Ketzer entsprungen ist, weil jene dem tibetanischen Glauben (der Lamas), der mit dem Manichäismus übereinstimmt, vielleicht auch wohl von daher seinen Ursprung nimmt, anhänglich waren und ihn bei ihren Einbrüchen in Europa verbreiteten; daher auch eine geraume Zeit hindurch die Namen *Haeretici* und *Manichaei* als gleichbedeutend im Gebrauch waren.

Punkte des Kirchenglaubens heißt *Orthodoxie*, welche man wohl in *despotische* (*brutale*) und *liberale* Orthodoxie einteilen könnte. — Wenn eine Kirche, die ihren Kirchenglauben für allgemein verbindlich ausgibt, eine *katholische*, diejenige aber, welche sich gegen diese Ansprüche anderer verwahrt (ob sie gleich diese öfters selbst gerne ausüben möchte, wenn sie könnte), eine *protestantische* Kirche genannt werden soll, so wird ein aufmerksamer Beobachter manche rühmliche Beispiele von protestantischen Katholiken und dagegen noch mehrere an|stößige von erzkatholischen Protestanten [157] antreffen; die erste von Männern einer sich *erweiternden* Denkungsart (ob es gleich die ihrer Kirche wohl nicht ist), gegen welche die letzteren mit ihrer *eingeschränkten* gar sehr, doch keineswegs zu ihrem Vorteil abstechen.

VI.

Der Kirchenglaube hat zu seinem höchsten Ausleger den reinen Religionsglauben.

Wir haben angemerkt, daß, obzwar eine Kirche das wichtigste Merkmal ihrer Wahrheit, nämlich das eines rechtmäßigen Anspruchs auf Allgemeinheit entbehrt, wenn sie sich auf einen Offenbarungsglauben, der als historischer (obwohl durch Schrift weit ausgebreiteter und der spätesten [a]) Nachkommenschaft zugesicherter) Glaube doch keiner allgemeinen überzeugenden Mitteilung fähig ist, gründet, dennoch wegen des natürlichen Bedürfnisses aller Menschen, zu den höchsten Vernunftbegriffen und Gründen immer etwas *Sinnlichhaltbares*, irgend eine Erfahrungsbestätigung u. dgl. zu verlangen (worauf man bei der Absicht, einen Glauben allgemein zu *introduzieren*, wirklich auch Rücksicht nehmen muß), irgend ein historischer Kirchenglaube, den man auch gemeiniglich schon vor sich findet, müsse benutzt werden.

Um aber nun mit einem solchen empirischen Glauben, den uns dem Ansehen nach ein Ungefähr in die | Hände [158] gespielt hat, die Grundlage eines moralischen Glaubens

---

a) 1. Aufl.: durch späteste" (offenbar Druckfehler).

zu vereinigen (er sei nun Zweck oder nur[a]) Hilfsmittel), dazu wird eine Auslegung der uns zu Händen gekommenen Offenbarung erfordert, d. i. durchgängige Deutung derselben zu einem Sinn, der mit den allgemeinen praktischen Regeln einer reinen Vernunftreligion zusammenstimmt. Denn das Theoretische des Kirchenglaubens kann uns moralisch nicht interessieren, wenn es nicht zur Erfüllung aller Menschenpflichten als göttlicher Gebote (was das Wesentliche aller Religion ausmacht) hinwirkt. Diese Auslegung mag uns selbst in Ansehung des Textes (der Offenbarung) oft gezwungen scheinen, oft es auch wirklich sein, und doch muß sie, wenn es nur möglich ist, daß dieser sie annimmt, einer solchen buchstäblichen vorgezogen werden, die entweder schlechterdings nichts für die Moralität in sich enthält oder dieser ihren Triebfedern wohl gar entgegenwirkt.*) Man wird auch finden, daß
[159] es mit allen alten und neueren zum Teil in heiligen Büchern abgefaßten Glaubensarten jederzeit so ist gehalten

[158] *) Um dieses an einem Beispiel zu zeigen, nehme man Psalm LIX, v. 11—19, wo ein Gebet um Rache, die bis zum Entsetzen weit geht, angetroffen wird. Michaelis (Moral, 2. Teil S. 202) billigt dieses Gebet und setzt hinzu: „die Psalmen sind inspiriert; wird in diesen um eine Strafe gebeten, so kann es nicht unrecht sein, und wir sollen keine heiligere Moral haben als die Bibel". Ich halte mich hier an den letzteren Ausdruck und frage, ob die Moral nach der Bibel oder die Bibel vielmehr nach der Moral ausgelegt werden müsse? — Ohne nun einmal auf die Stelle des N. T.: „Zu den Alten wurde gesagt u. s. w.;
[159] ich aber sage euch: liebet eure Feinde, segnet, die euch fluchen" u. s. w. Rücksicht zu nehmen, wie diese, die auch inspiriert ist, mit jener zusammen bestehen könne, werde ich versuchen, sie entweder meinen für sich bestehenden sittlichen Grundsätzen anzupassen (daß hier nicht etwa[b]) leibliche, sondern unter dem Symbol derselben die uns weit verderblicheren unsichtbaren Feinde, nämlich böse Neigungen, verstanden werden, die wir wünschen müssen völlig unter den Fuß zu bringen), oder will dieses nicht angehen, so werde ich lieber annehmen, daß diese Stelle gar nicht im moralischen Sinn, sondern nach dem Verhältnis, in welchem sich die Juden zu Gott als ihrem politischen Regenten betrachteten, zu verstehen sei, sowie auch eine andere Stelle der Bibel, da es heißt: „Die Rache ist mein; ich

a) So nach der 1. Auflage; die zweite, der Hartenstein (u. Kirchmann) folgen, hat den Druckfehler „nur oder".
b) Kant: „etwa hier nicht".

worden, und daß vernünftige wohldenkende Volkslehrer sie so lange gedeutet haben, bis sie dieselbe ihrem wesentlichen Inhalte nach nachgerade mit den allgemeinen moralischen Glaubenssätzen in Übereinstimmung brachten. Die Moralphilosophen unter den G r i e c h e n und nachher den R ö m e r n machten es nachgerade[a]) mit ihrer fabelhaften Götterlehre ebenso.[b]) Sie wußten den gröbsten Polytheismus doch zuletzt als bloße | symbolische Vor- [160] stellung der Eigenschaften des einigen göttlichen Wesens auszudeuten und den mancherlei lasterhaften Handlungen, oder auch wilden, aber doch schönen Träumereien ihrer Dichter einen mystischen Sinn unterzulegen, der einen Volksglauben (welchen zu vertilgen nicht einmal ratsam gewesen wäre, weil daraus vielleicht ein dem Staat noch gefährlicherer Atheismus hätte entstehen können) einer allen Menschen verständlichen und allein ersprießlichen moralischen Lehre nahe brachte. Das spätere J u d e n t u m und selbst das Christentum besteht aus solchen, zum Teil sehr gezwungenen, Deutungen, aber beides zu ungezweifelt guten und für alle Menschen notwendigen Zwecken. Die M u h a m m e d a n e r wissen (wie R e l a n d[c]) zeigt) der Beschreibung ihres aller Sinnlichkeit geweihten Paradieses sehr gut einen geistigen Sinn unterzulegen, und eben das tun die I n d i e r mit der Auslegung ihrer V e d a s[d]), wenigstens für den aufgeklärteren Teil ihres Volkes. — Daß sich dies aber tun läßt, ohne eben immer wider den buchstäblichen Sinn des Volksglaubens sehr zu verstoßen, kommt daher: weil lange vor diesem letzteren die Anlage zur moralischen Religion in der menschlichen Vernunft verborgen lag, wovon zwar die ersten rohen Äußerungen bloß auf gottesdienstlichen Gebrauch ausgingen und zu diesem Behuf selbst jene angeblichen Offenbarungen ver-

will vergelten, spricht der Herr!", die man gemeiniglich als moralische Warnung vor Selbstrache auslegt, ob sie gleich wahrscheinlich nur das in jedem Staat geltende Gesetz andeutet, Genugtuung wegen Beleidigungen im Gerichtshofe des Oberhauptes nachzusuchen; wo die Rachsucht des Klägers gar nicht für gebilligt angesehen werden darf, wenn der Richter ihm verstattet, auf noch so harte Strafe, als er will, anzutragen. (Diese Anmerkung ist Zusatz der 2. Aufl.)

a) „nachgerade" fehlt in der 1. Auflage.

b) 1. Aufl.: „so". c) Holländischer Orientalist (1626—1718).

d) Kant: „ihres Bedas".

anlaßten, hierdurch aber auch etwas von dem Charakter ihres übersinnlichen Ursprungs selbst in diese Dichtungen,
[161] obzwar un|vorsätzlich, gelegt haben. Auch kann man dergleichen Auslegungen nicht der Unredlichkeit beschuldigen, vorausgesetzt, daß man nicht behaupten will, der Sinn, den wir den Symbolen des Volksglaubens oder auch heiligen Büchern geben, sei von ihnen auch durchaus so beabsichtigt worden, sondern dieses dahingestellt sein läßt, und nur die *Möglichkeit*, die Verfasser derselben so zu verstehen, annimmt. Denn selbst das Lesen dieser heiligen Schriften oder die Erkundigung nach ihrem Inhalt hat zur Endabsicht, bessere Menschen zu machen; das Historische aber, was dazu nichts beiträgt, ist etwas an sich ganz Gleichgültiges, mit dem man es halten kann, wie man will. — (Der Geschichtsglaube ist „tot an ihm selber", d. i. für sich, als Bekenntnis betrachtet, enthält er nichts, was einen moralischen Wert für uns hätte.)

Wenn also gleich eine Schrift als göttliche Offenbarung angenommen worden, so wird doch das oberste Kriterium derselben als einer solchen sein: „Alle Schrift, von Gott eingegeben, ist nützlich zur Lehre, zur Strafe, zur Besserung" u. s. w. und da das letztere, nämlich die moralische Besserung des Menschen, den eigentlichen Zweck aller Vernunftreligion ausmacht, so wird diese auch das oberste Prinzip aller Schriftauslegung enthalten. Diese Religion ist „der Geist Gottes, der uns in alle Wahrheit
[162] leitet". Dieser | aber ist derjenige, der, indem er uns *belehrt*, auch zugleich mit Grundsätzen zu Handlungen *belebt*, und er bezieht alles, was die Schrift für den historischen Glauben noch enthalten mag, gänzlich auf die Regeln und Triebfedern des reinen moralischen Glaubens, der allein in jedem Kirchenglauben dasjenige ausmacht, was darin eigentliche Religion ist. Alles Forschen und Auslegen der Schrift muß von dem Prinzip ausgehen, diesen Geist darin zu suchen, und „man kann das ewige Leben darin nur finden, sofern sie von diesem Prinzip zeuget".

Diesem Schriftausleger ist nun noch ein anderer beigesellt, aber untergeordnet, nämlich der *Schriftgelehrte*. Das Ansehen der Schrift, als des würdigsten und jetzt in dem aufgeklärtesten Weltteile einzigen Instruments der

Vereinigung aller Menschen in eine Kirche, macht den Kirchenglauben aus, der als Volksglaube nicht vernachlässigt werden kann, weil dem Volke[a]) keine Lehre zu einer unveränderlichen Norm tauglich zu sein scheint, die auf bloße Vernunft gegründet ist, und es[b]) göttliche Offenbarung, mithin auch eine historische Beglaubigung ihres Ansehens durch die Deduktion ihres Ursprunges fordert. Weil nun menschliche Kunst und Weisheit nicht bis zum Himmel hinaufsteigen kann, um das Kreditiv der Sendung des ersten Lehrers selbst nachzusehen, sondern sich mit den Merkmalen, die außer dem Inhalt noch von der Art, | wie ein solcher Glaube introduziert worden, [163] hergenommen werden können, d. i. mit menschlichen Nachrichten begnügen muß, die nachgerade in sehr alten Zeiten und[c]) jetzt toten Sprachen aufgesucht werden müssen, um sie nach ihrer historischen Glaubhaftigkeit zu würdigen: so wird *Schriftgelehrsamkeit* erfordert werden, um eine auf eine heilige Schrift gegründete Kirche, nicht eine Religion (denn die muß, um allgemein zu sein, jederzeit auf bloße Vernunft gegründet sein), im Ansehen zu erhalten; wenn diese[d]) gleich nichts mehr ausmacht, als daß jener ihr Ursprung nichts in sich enthält, was die Annahme derselben als unmittelbarer göttlichen Offenbarung unmöglich machte; welches hinreichend sein würde, um diejenigen, welche in dieser Idee besondere Stärkung ihres moralischen Glaubens zu finden meinen und sie daher gerne annehmen, daran nicht zu hindern. — Aber nicht bloß die *Beurkundung*, sondern auch die *Auslegung* der heiligen Schrift bedarf aus derselben Ursache Gelehrsamkeit. Denn wie will der Ungelehrte, der sie nur in Übersetzungen lesen kann, von dem Sinne derselben gewiß sein? daher[e]) der Ausleger, welcher auch die Grundsprache inne hat, doch noch ausgebreitete historische Kenntnis und Kritik besitzen muß[e]), um aus dem Zustande, den Sitten und den Meinungen (dem Volksglauben) der damaligen Zeit die Mittel zu nehmen, wo-

a) 1. Aufl.: „ihm".
b) 1. Aufl.: „er".
c) 1. Aufl.: „alten, jetzt toten".
d) 1. Aufl.: „die".
e) 1. Aufl.: „aber der Ausleger . . bedarf doch noch u. s. w.".

durch dem kirchlichen gemeinen Wesen das Verständnis geöffnet werden kann.

[164] Vernunftreligion und Schriftgelehrsamkeit sind also die eigentlichen berufenen Ausleger und Depositäre einer heiligen Urkunde. Es fällt in die Augen, daß diese an öffentlichem Gebrauche ihrer Einsichten und Entdeckungen in diesem Felde vom weltlichen Arm schlechterdings nicht können gehindert und an gewisse Glaubenssätze gebunden werden, weil sonst Laien die Kleriker nötigen würden, in ihre Meinung einzutreten, die jene doch nur von dieser ihrer Belehrung her haben. Wenn der Staat nur dafür sorgt, daß es nicht an Gelehrten und ihrer Moralität nach in gutem Rufe stehenden Männern fehle, welche das Ganze des Kirchenwesens verwalten, deren Gewissen er diese Besorgung anvertraut, so hat er alles getan, was seine Pflicht und Befugnis mit sich bringen. Diese selbst aber in die Schule zu führen und sich mit ihren Streitigkeiten zu befassen (die, wenn sie nur nicht von Kanzeln geführt werden, das Kirchenpublikum im völligen Frieden lassen), ist eine Zumutung, die das Publikum an den Gesetzgeber[a]) nicht ohne Unbescheidenheit tun kann, weil sie unter seiner Würde ist.[b])

Aber es tritt noch ein dritter Prätendent zum Amte eines Auslegers auf, welcher weder Vernunft noch Gelehrsamkeit, sondern nur ein inneres Gefühl bedarf, um den wahren Sinn der Schrift und zugleich ihren göttlichen Ursprung zu erkennen. Nun kann man freilich nicht in
[165] Abrede ziehen, daß, „wer ihrer | Lehre folgt und das tut, was sie vorschreibt, allerdings finden wird, daß sie von Gott sei", und daß selbst der Antrieb zu guten Handlungen und zur Rechtschaffenheit im Lebenswandel, den der Mensch, der sie liest oder ihren Vortrag hört, fühlen muß, ihn von der Göttlichkeit derselben überführen müsse, weil er nichts anderes als die Wirkung von dem den Menschen mit inniglicher Achtung erfüllenden moralischen Gesetze ist, welches darum auch als göttliches Gebot angesehen zu werden verdient. Aber so wenig wie aus irgend einem Gefühl Erkenntnis der Gesetze und daß diese moralisch sind, ebensowenig und noch weniger kann

---

a) 1. Aufl.: „an ihn".

b) „weil sie unter seiner Würde ist" Zusatz der 2. Aufl.

durch ein Gefühl das sichere Merkmal eines unmittelbaren göttlichen Einflusses gefolgert und ausgemittelt werden; weil zu derselben Wirkung mehr als eine Ursache stattfinden kann, in diesem Falle aber die bloße Moralität des Gesetzes (und der Lehre), durch die Vernunft erkannt, die Ursache derselben ist, und selbst in dem Falle der bloßen Möglichkeit dieses Ursprunges es Pflicht ist, ihm die letztere Deutung zu geben, wenn man nicht aller Schwärmerei Tür und Tor öffnen und nicht selbst das unzweideutige moralische Gefühl durch die Verwandtschaft mit jedem anderen phantastischen um seine Würde bringen will. — Gefühl, wenn das Gesetz, woraus oder auch wonach es erfolgt, vorher bekannt ist, hat jeder nur für sich und kann es anderen nicht zumuten, also auch nicht als einen Probierstein der Echtheit einer Of|fenbarung [166] anpreisen, denn es lehrt schlechterdings nichts, sondern enthält nur die Art, wie das Subjekt in Ansehung seiner Lust oder Unlust affiziert wird, worauf gar keine Erkenntnis gegründet werden kann. —

Es gibt also keine Norm des Kirchenglaubens als die Schrift und keinen anderen Ausleger desselben als reine *Vernunftreligion* und *Schriftgelehrsamkeit* (welche das Historische derselben angeht), von welchen der erstere allein *authentisch* und für alle Welt gültig, der zweite aber nur *doktrinal* ist, um den Kirchenglauben für ein gewisses Volk zu einer gewissen Zeit in ein bestimmtes, sich beständig erhaltendes System zu verwandeln. Was aber diesen betrifft, so ist es nicht zu ändern, daß der historische Glaube nicht endlich ein bloßer Glaube an Schriftgelehrte und ihre Einsicht werde; welches freilich der menschlichen Natur nicht sonderlich zur Ehre gereicht, aber doch durch die öffentliche Denkfreiheit wiederum gut gemacht wird, dazu diese deshalb um desto mehr berechtigt ist, weil nur dadurch, daß Gelehrte ihre Auslegungen jedermanns Prüfung aussetzen, selbst aber auch zugleich für bessere Einsicht immer offen und empfänglich bleiben, sie auf das Zutrauen des gemeinen Wesens zu ihren Entscheidungen rechnen können.

[167]

VII.

Der allmähliche Übergang des Kirchenglaubens zur Alleinherrschaft des reinen Religionsglaubens ist die Annäherung des Reiches Gottes.

Das Kennzeichen der wahren Kirche ist ihre Allgemeinheit; hiervon aber ist wiederum das Merkmal ihre Notwendigkeit und ihre nur auf eine einzige Art mögliche Bestimmbarkeit. Nun hat der historische Glaube (der auf Offenbarung als Erfahrung gegründet ist) nur partikuläre Gültigkeit, für die nämlich, an welche die Geschichte gelangt ist, worauf er beruht, und enthält, wie alle Erfahrungserkenntnis, nicht das Bewußtsein, daß der geglaubte Gegenstand so und nicht anders sein müsse, sondern nur, daß er so sei, in sich; mithin enthält er zugleich das Bewußtsein seiner Zufälligkeit. Also kann er zwar zum Kirchenglauben (deren es mehrere geben kann) zulangen, aber[a] nur der reine Religionsglaube, der sich gänzlich auf Vernunft gründet, kann als notwendig, mithin für den einzigen erkannt werden, der die wahre Kirche auszeichnet. — Wenn also gleich (der unvermeidlichen Einschränkung der menschlichen Vernunft gemäß) ein historischer Glaube als Leitmittel die reine Religion affiziert, doch mit dem Bewußtsein, daß er bloß ein solches[b] sei, und dieser als Kirchenglaube ein Prinzip bei sich führe, dem reinen Religionsglauben sich kontinuierlich zu nähern, um jenes Leitmittel endlich | [168] entbehren zu können, so kann eine solche Kirche immer die wahre heißen; da aber über historische Glaubenslehren der Streit nie vermieden werden kann, nur die streitende Kirche genannt werden; doch mit der Aussicht, endlich in die unveränderliche und alles vereinigende triumphierende auszuschlagen! Man nennt den Glauben jedes einzelnen, der die moralische Empfänglichkeit (Würdigkeit) mit sich führt, ewig glückselig zu sein, den seligmachenden Glauben. Dieser kann also auch nur ein einziger sein und bei aller Verschiedenheit des Kirchenglaubens doch in jedem angetroffen werden, in welchem er, sich auf sein Ziel, den reinen Religionsglauben, beziehend, praktisch

---

a) 1. Aufl.: „und". b) 1. Aufl.: „solcher".

ist. Der Glaube einer gottesdienstlichen Religion ist dagegen ein Fron- und Lohnglaube (*fides mercenaria, servilis*) und kann nicht für den seligmachenden angesehen werden, weil er nicht moralisch ist. Denn dieser muß ein freier, auf lautere[a]) Herzensgesinnungen gegründeter (*fides ingenua*) Glaube sein. Der erstere wähnt durch Handlungen (des *cultus*), welche (obzwar mühsam) doch für sich keinen moralischen Wert haben, mithin nur durch Furcht oder Hoffnung abgenötigte Handlungen sind, die auch ein böser Mensch ausüben kann, Gott wohlgefällig zu werden, anstatt daß der letztere dazu eine moralisch gute Gesinnung als notwendig voraussetzt.

Der seligmachende Glaube enthält zwei Bedingungen seiner Hoffnung der Seligkeit: die eine in Ansehung dessen, was er selbst nicht tun kann, näm|lich seine [160] geschehenen Handlungen rechtlich (vor einem göttlichen Richter) ungeschehen zu machen, die andere in Ansehung dessen, was er selbst tun kann und soll, nämlich in einem neuen, seiner Pflicht gemäßen Leben zu wandeln. Der erstere Glaube ist der an eine Genugtuung (Bezahlung für seine Schuld, Erlösung, Versöhnung mit Gott), der zweite ist der Glaube, in einem ferner zu führenden guten[b]) Lebenswandel Gott wohlgefällig werden zu können. — Beide Bedingungen machen nur einen Glauben aus und gehören notwendig zusammen. Man kann aber die Notwendigkeit einer Verbindung nicht anders einsehen, als wenn man annimmt, es lasse sich eine von der anderen ableiten, also, daß entweder der Glaube an die Lossprechung von der auf uns liegenden Schuld den guten Lebenswandel, oder daß die wahrhafte und tätige Gesinnung eines jederzeit zu führenden guten Lebenswandels den Glauben an jene Lossprechung nach dem Gesetze moralisch wirkender Ursachen hervorbringe.

Hier zeigt sich nun eine merkwürdige Antinomie der menschlichen Vernunft mit ihr selbst, deren Auflösung oder, wenn diese nicht möglich sein sollte, wenigstens Beilegung es allein ausmachen kann, ob ein historischer (Kirchen-) Glaube jederzeit als wesentliches Stück des seligmachenden über den reinen Religionsglauben hinzu-

---

a) So nach der Handschrift. Druck: „lauter".

b) „guten" fehlt in der 1. Auflage.

[170] kommen müsse, oder ob er als bloßes Leit|mittel endlich, wie ferne diese Zukunft auch sei, in den reinen Religionsglauben übergehen könne.

1. Vorausgesetzt: daß für die Sünden des Menschen eine Genugtuung geschehen sei, so ist zwar wohl begreiflich, wie ein jeder Sünder sie gern auf sich beziehen möchte und, wenn es bloß aufs Glauben ankommt (welches soviel als Erklärung bedeutet, er wolle, sie sollte auch für ihn geschehen sein), deshalb nicht einen Augenblick Bedenken tragen würde. Allein es ist gar nicht einzusehen, wie ein vernünftiger Mensch, der sich strafschuldig weiß, im Ernst glauben könne, er habe nur nötig, die Botschaft von einer für ihn geleisteten Genugtuung zu glauben und sie (wie die Juristen sagen) *utiliter* anzunehmen, um seine Schuld als getilgt anzusehen, und zwar dermaßen (mit der Wurzel sogar), daß auch fürs künftige ein guter Lebenswandel, um den er sich bisher nicht die mindeste Mühe gegeben hat, von diesem Glauben und der Acceptation der angebotenen Wohltat die unausbleibliche Folge sein werde. Diesen Glauben kann kein überlegender Mensch, so sehr auch die Selbstliebe öfters den bloßen Wunsch eines Gutes,[a]) wozu man nichts tut oder tun kann, in Hoffnung verwandelt, als werde sein Gegenstand durch die bloße Sehnsucht gelockt von selbst kommen, in sich zuwege bringen. Man kann dieses sich nicht anders möglich denken, als daß der Mensch sich
[171] diesen Glauben selbst | als ihm himmlisch eingegeben und so als etwas, worüber er seiner Vernunft weiter keine Rechenschaft zu geben nötig hat, betrachte. Wenn er dies nicht kann oder noch zu aufrichtig ist, ein solches Vertrauen als bloßes Einschmeichelungsmittel in sich zu erkünsteln, so wird er, bei aller Achtung für eine solche überschwengliche Genugtuung, bei allem Wunsche, daß eine solche auch für ihn offen stehen möge, doch nicht umhin können, sie nur als bedingt anzusehen, nämlich daß sein, soviel in seinem Vermögen ist, gebesserter Lebenswandel vorhergehen müsse, um auch nur den mindesten Grund zur Hoffnung zu geben, ein solches höheres Verdienst könne ihm zu gute kommen. — Wenn also die historische Erkenntnis von dem letzteren zum

a) 1. Aufl.: „Guten".

Kirchenglauben, der erstere aber als Bedingung zum reinen moralischen Glauben gehört, so wird *dieser vor jenem vorhergehen müssen.*

2. Wenn aber der Mensch von Natur verderbt ist, wie kann er glauben, aus sich, er mag sich auch bestreben, wie er wolle, einen neuen, Gott wohlgefälligen Menschen zu machen, wenn er, sich der Vergehungen, deren er sich bisher schuldig gemacht hat, bewußt, noch unter der Macht des bösen Prinzips steht und in sich kein hinreichendes Vermögen antrifft, es künftighin besser zu machen? Wenn er nicht die Gerechtigkeit, die er selbst wider sich erregt hat, durch fremde Genugtuung als versöhnt, sich selbst aber | durch diesen Glauben [172] gleichsam als neugeboren ansehen und so allererst einen neuen Lebenswandel antreten kann, der alsdann die Folge von dem mit ihm vereinigten guten Prinzip sein würde, worauf will er seine Hoffnung, ein Gott gefälliger Mensch zu werden, gründen?[a]) — Also muß der Glaube an ein Verdienst, das nicht das seinige ist und wodurch er mit Gott versöhnt wird, vor aller Bestrebung zu guten Werken vorhergehen; welches dem vorigen Satze widerstreitet. Dieser Streit kann nicht durch Einsicht in die Kausalbestimmung der Freiheit des menschlichen Wesens, d. i. der Ursachen, welche machen, daß ein Mensch gut oder böse wird, also nicht theoretisch ausgeglichen werden; denn diese Frage übersteigt das ganze Spekulationsvermögen unserer Vernunft. Aber fürs Praktische, wo nämlich nicht gefragt wird, was physisch, sondern was moralisch für den Gebrauch unserer freien Willkür das erste sei, wovon wir nämlich den Anfang machen sollen, ob vom Glauben an das, was Gott unsertwegen getan hat, oder von dem, was wir tun sollen, um dessen (es mag auch bestehen, worin es wolle) würdig zu werden, ist kein Bedenken, für das letztere zu entscheiden.

Denn die Annehmung des ersten Requisits zur Seligmachung, nämlich des Glaubens an eine stellvertretende Genugtuung, ist allenfalls bloß für den theoretischen Begriff notwendig; wir können die Entsün|digung uns [173] nicht anders *begreiflich machen.* Dagegen ist die

---

a) „worauf will er . . . gründen?" Zusatz der 2. Aufl.

Notwendigkeit des zweiten Prinzips[b]) praktisch und zwar rein moralisch; wir können sicher nicht anders hoffen, der Zueignung selbst eines fremden genugtuenden Verdienstes und so der Seligkeit teilhaftig zu werden, als wenn wir uns dazu durch unsere Bestrebung in Befolgung jeder Menschenpflicht qualifizieren, welche letztere die Wirkung unserer eigenen Bearbeitung und nicht wiederum ein fremder Einfluß sein muß, dabei wir passiv sind. Denn da das letztere Gebot unbedingt ist, so ist es auch notwendig, daß der Mensch es seinem Glauben als Maxime unterlege, daß er nämlich von der Besserung des Lebens anfange, als der obersten Bedingung, unter der allein ein seligmachender Glaube stattfinden kann.

Der Kirchenglaube, als ein historischer, fängt mit Recht von dem ersteren an; da er aber nur das Vehikel für den reinen Religionsglauben enthält (in welchem der eigentliche Zweck liegt), so muß das, was in diesem als einem praktischen die Bedingung ist, nämlich die Maxime des Tuns, den Anfang machen, und die des Wissens oder theoretischen Glaubens nur die Befestigung und Vollendung der ersteren bewirken.

Hierbei kann auch angemerkt werden, daß nach dem
[174] ersten Prinzip der Glaube (nämlich der an eine | stellvertretende Genugtuung) dem Menschen zur Pflicht, dagegen der Glaube des guten Lebenswandels, als durch höheren Einfluß gewirkt, ihm zur Gnade angerechnet werden würde. — Nach dem zweiten Prinzip aber ist es umgekehrt. Denn nach diesem ist der gute Lebenswandel, als oberste Bedingung der Gnade, unbedingte Pflicht, dagegen die höhere Genugtuung eine bloße Gnadensache. — Dem ersteren wirft man (oft nicht mit Unrecht) den gottesdienstlichen Aberglauben vor, der einen sträflichen Lebenswandel doch mit der Religion zu vereinigen weiß; dem zweiten den naturalistischen Unglauben, welcher mit einem sonst vielleicht auch wohl exemplarischen Lebenswandel Gleichgültigkeit oder wohl gar Widersetzlichkeit gegen alle Offenbarung verbindet. — Das wäre aber den Knoten (durch eine praktische Maxime) zerhauen, anstatt ihn (theoretisch) auf-

b) N. Theol. Journal (s. Einl.) a. a. O. vermutet: „Requisita"; vgl. indessen S. 174 Anfang.

zulösen, welches auch allerdings in Religionsfragen erlaubt ist. — Zu Befriedigung des letzteren Ansinnens kann indessen folgendes dienen. — Der lebendige Glaube an das Urbild der Gott wohlgefälligen Menschheit (den Sohn Gottes) an sich selbst ist auf eine moralische Vernunftidee bezogen, sofern diese uns nicht allein zur Richtschnur, sondern auch zur Triebfeder dient, und also einerlei, ob ich von ihm als rationalem Glauben oder vom Prinzip des guten Lebenswandels anfange. Dagegen ist der Glaube an ebendasselbe Urbild in der Erscheinung (an den Gottmenschen), als empirischer (histori|scher) Glaube, nicht einerlei mit dem Prinzip des [175]
guten Lebenswandels (welches ganz rational sein muß), und es wäre ganz etwas anderes, von einem solchen*) anfangen und daraus den guten Lebenswandel ableiten zu wollen. Sofern wäre also ein Widerstreit zwischen den obigen zwei Sätzen. Allein in der Erscheinung des Gottmenschen ist nicht das, was von ihm in die Sinne fällt oder durch Erfahrung erkannt werden kann, sondern das in unserer Vernunft liegende Urbild, welches wir dem letzteren unterlegen (weil, soviel sich an seinem Beispiel wahrnehmen läßt, er jenem gemäß befunden wird), eigentlich das Objekt des seligmachenden Glaubens, und ein solcher Glaube ist einerlei mit dem Prinzip eines Gott wohlgefälligen Lebenswandels. — Also sind hier nicht zwei an sich verschiedene Prinzipien, von deren einem oder dem anderen anzufangen, entgegengesetzte Wege einzuschlagen wären, sondern nur eine und dieselbe praktische Idee, von der wir ausgehen, einmal, sofern sie das Urbild als in Gott befindlich und von ihm ausgehend, ein andermal, sofern sie es als in uns befindlich, beidemal aber, sofern sie es als Richtmaß unseres Lebenswandels vorstellt; und die Antinomie ist also nur scheinbar; weil sie ebendieselbe praktische Idee, nur in verschiedener Beziehung genommen, durch einen Mißverstand für zwei verschiedene Prinzipien ansieht. — Wollte man [176]
aber den Geschichtsglauben an die Wirklichkeit einer solchen einmal in der Welt vorgekommenen Erscheinung zur Bedingung des allein seligmachenden Glaubens machen,

---

*) Der die Existenz einer solchen Person auf historische Beweistümer gründen muß. (Zusatz der 2. Aufl.)

so wären es allerdings zwei ganz verschiedene Prinzipien (das eine empirisch, das andere rational), über die, ob man von einem oder dem anderen ausgehen und anfangen müßte, ein wahrer Widerstreit der Maximen eintreten würde, den aber auch keine Vernunft je würde schlichten können. — Der Satz: man muß glauben, daß es einmal einen Menschen, der durch seine Heiligkeit und Verdienst[a]) sowohl für sich (in Ansehung seiner Pflicht) als auch für alle anderen (und deren Ermangelung in Ansehung ihrer Pflicht) genug getan, gegeben habe (wovon uns die Vernunft nichts sagt), um zu hoffen, daß wir selbst in einem guten Lebenswandel, doch nur kraft jenes Glaubens selig werden können, dieser Satz sagt ganz etwas anderes als folgender: man muß mit allen Kräften der heiligen Gesinnung eines Gott wohlgefälligen Lebenswandels nachstreben, um glauben zu können, daß die (uns schon durch die Vernunft versicherte) Liebe desselben zur Menschheit, sofern sie seinem Willen nach allem ihrem Vermögen nachstrebt, in Rücksicht auf die redliche Gesinnung den Mangel der Tat, auf welche Art es auch sei, ergänzen werde. — Das Erste aber steht nicht in jedes (auch des ungelehrten)[b]) Menschen Vermögen. Die
[177] Geschichte beweist, daß in allen Re|ligionsformen dieser Streit zweier Glaubensprinzipien obgewaltet hat; denn Expiationen hatten alle Religionen, sie mochten sie nun setzen, worein sie wollten. Die moralische Anlage in jedem Menschen aber ermangelte ihrerseits auch nicht, ihre Forderungen hören zu lassen. Zu aller Zeit klagten aber doch die Priester mehr als die Moralisten: jene nämlich laut (und unter der Aufforderung an[c]) Obrigkeiten, dem Unwesen zu steuern) über Vernachlässigung des Gottesdienstes, welcher, das Volk mit dem Himmel zu versöhnen und Unglück vom Staat abzuwenden, eingeführt war; diese dagegen[d]) über den Verfall der Sitten, den sie sehr auf die Rechnung jener Entsündigungsmittel schrieben, wodurch die Priester es jedermann leicht machten, sich wegen der gröbsten Laster mit der Gottheit auszusöhnen. In der Tat, wenn ein unerschöpflicher

a) 1. Aufl.: „Verdienst jetzt".
b) „(auch des ungelehrten)" Zusatz der 2. Auflage.
c) 1. Aufl.: „der".
d) „dagegen" fehlt in der 1. Auflage.

Fond zu Abzahlung gemachter oder noch zu machender Schulden schon vorhanden ist, da man nur hinlangen darf (und bei allen Ansprüchen, die das Gewissen tut, auch ohne Zweifel zu allererst hinlangen wird), um sich schuldenfrei zu machen, indessen daß der Vorsatz des guten Lebenswandels, bis man wegen jener allererst im Reinen ist, ausgesetzt werden kann; so kann man sich nicht leicht andere Folgen eines solchen Glaubens denken. — Würde aber sogar dieser Glaube selbst so vorgestellt, als ob er eine so besondere Kraft und einen solchen mystischen (oder magischen) Einfluß habe, daß, ob er zwar, soviel wir wissen, für bloß historisch gehalten | werden [178]
sollte, er doch, wenn man ihm und den damit verbundenen Gefühlen nachhängt, den ganzen Menschen von Grunde aus zu bessern (einen neuen Menschen aus ihm zu machen) imstande sei: so müßte dieser Glaube selbst als unmittelbar vom Himmel (mit und unter dem historischen Glauben) erteilt und eingegeben angesehen werden, wo denn alles selbst mit der moralischen Beschaffenheit des Menschen zuletzt auf einen unbedingten Ratschluß Gottes hinausläuft: „e r e r b a r m e t s i c h, welches er will, und v e r s t o c k e t, welchen er will",*) welches, nach dem Buchstaben genommen, der *salto mortale* der menschlichen Vernunft ist.

---

*) Das kann wohl so ausgelegt werden: kein Mensch kann [178]
mit Gewißheit sagen, woher dieser ein guter, jener ein böser Mensch (beide komparative) wird, da oftmals die Anlage zu diesem Unterschiede schon in der Geburt anzutreffen zu sein scheint, bisweilen auch Zufälligkeiten des Lebens, für die niemand kann, hierin einen Ausschlag geben; ebensowenig auch, was aus ihm werden könne. Hierüber müssen wir also das Urteil dem Allsehenden überlassen, welches hier so ausgedrückt wird, als ob, ehe sie geboren wurden, sein Ratschluß über sie ausgesprocnen einem jeden seine Rolle vorgezeichnet habe, die er einst spielen sollte. Das V o r h e r s e h e n ist in der Ordnung der Erscheinungen für den Welturheber, wenn er hierbei selbst anthropomorphistisch a) gedacht wird, zugleich ein V o r h e r b e s c h l i e ß e n. In der übersinnlichen Ordnung der Dinge aber nach Freiheitsgesetzen, wo die Zeit wegfällt, ist es bloß ein a l l s e h e n d e s W i s s e n, ohne, warum der eine Mensch so, der andere nach entgegengesetzten [179]
Grundsätzen verfährt, erklären und doch auch zugleich mit der Freiheit des Willens vereinigen zu können.

---

a) 2. Aufl. und Akad.-Ausg.: „anthropopathisch".

[179] Es ist also eine notwendige Folge der physischen und zugleich der moralischen Anlage in uns, welche letztere die Grundlage und zugleich Auslegerin aller Religion ist, daß diese endlich von allen empirischen Bestimmungsgründen, von allen Statuten, welche auf Geschichte beruhen, und die vermittelst eines Kirchenglaubens provisorisch die Menschen zur Beförderung des Guten vereinigen, allmählich losgemacht werde und so reine Vernunftreligion zuletzt über alle herrsche, „damit Gott sei alles in allem". — Die Hüllen, unter welchen der Embryo sich zuerst zum Menschen bildete, müssen abgelegt werden, wenn er nun an das Tageslicht treten soll. Das Leitband der heiligen Überlieferung mit seinen Anhängseln, den Statuten und Observanzen, welches zu seiner Zeit gute Dienste tat, wird nach und nach entbehrlich, ja endlich zur Fessel, wenn er in das Jünglingsalter eintritt. So lange er (die Menschengattung) „ein Kind war, war er klug als ein Kind" und wußte mit Satzungen, die ihm ohne sein Zutun auferlegt wurden, auch wohl Gelehrsamkeit, ja sogar eine der Kirche dienstbare Philosophie zu verbinden; „nun er aber ein Mann wird, legt er ab, was kindisch ist". Der erniedrigende Unterschied zwischen L a i e n und K l e r i k e r n hört auf, und Gleichheit entspringt aus
[180] der wahren | Freiheit, jedoch ohne Anarchie, weil ein jeder zwar dem (nicht statutarischen) Gesetz gehorcht, das er sich selbst vorschreibt, das er aber auch zugleich als den ihm durch die Vernunft geoffenbarten Willen des Weltherrschers ansehen muß, der alle unter einer gemeinschaftlichen Regierung unsichtbarerweise in einem Staate verbindet, welcher durch die sichtbare Kirche vorher dürftig vorgestellt und vorbereitet war. — Das alles ist nicht von einer äußeren[a]) Revolution zu erwarten, die stürmisch und gewaltsam ihre von Glücksumständen sehr abhängige Wirkung tut, in welcher, was bei der Gründung einer neuen Verfassung einmal versehen worden, Jahrhunderte hindurch mit Bedauern beibehalten wird, weil es nicht mehr, wenigstens nicht anders als durch eine neue (jederzeit gefährliche) Revolution abzuändern ist. — In dem Prinzip der reinen Vernunftreligion, als einer an alle Menschen beständig geschehenden[b]) göttlichen (obzwar

---

a) „äußeren" Zusatz der 2. Aufl. b) 2. Aufl.: „geschehenen".

nicht empirischen) Offenbarung, muß der Grund zu jenem Überschritt zu jener neuen Ordnung der Dinge liegen, welcher, einmal aus reiner Überlegung gefaßt, durch allmählich fortgehende Reform zur Ausführung gebracht wird, sofern sie ein menschliches Werk sein soll; denn, was Revolutionen betrifft, die diesen Fortschritt abkürzen können, so bleiben sie der Vorsehung überlassen und lassen sich nicht planmäßig der Freiheit unbeschadet einleiten.

Man kann aber mit Grunde sagen: „daß das Reich [181] Gottes zu uns gekommen sei", wenn auch nur das Prinzip des allmählichen Überganges des Kirchenglaubens zur allgemeinen Vernunftreligion und so zu einem (göttlichen) ethischen Staat auf Erden allgemein und irgendwo auch **öffentlich** Wurzel gefaßt hat; obgleich die wirkliche Errichtung desselben noch in unendlicher Weite von uns entfernt liegt. Denn weil dieses Prinzip den Grund einer kontinuierlichen Annäherung zu dieser Vollkommenheit enthält, so liegt in ihm als in einem sich entwickelnden und in der Folge wiederum besamenden Keime das Ganze (unsichtbarerweise), welches dereinst die Welt erleuchten und beherrschen soll. Das Wahre und Gute aber, wozu in der Naturanlage jedes Menschen der Grund sowohl der Einsicht als des Herzensanteils liegt, ermangelt nicht, wenn es einmal öffentlich geworden, vermöge der natürlichen Affinität, in der es mit der moralischen Anlage vernünftiger Wesen überhaupt steht, sich durchgängig mitzuteilen. Die Hemmungen[a]) durch politische bürgerliche Ursachen, die seiner Ausbreitung von Zeit zu Zeit zustoßen mögen, dienen eher dazu, die Vereinigung der Gemüter zum Guten (was, nachdem sie es einmal ins Auge gefaßt haben, ihre Gedanken nie verläßt) noch desto inniglicher zu machen.*)

*) Dem Kirchenglauben kann, ohne daß man ihm weder den [181] Dienst aufsagt noch ihn befehdet, sein nützlicher Einfluß | als [182] eines Vehikels erhalten und ihm gleichwohl als einem Wahne von gottesdienstlicher Pflicht aller Einfluß auf den Begriff der eigentlichen (nämlich moralischen) Religion abgenommen werden und so, bei Verschiedenheit statutarischer Glaubensarten, Verträglichkeit der Anhänger derselben untereinander durch die Grundsätze der einigen Vernunftreligion, wohin die Lehrer alle jene Satzungen und Observanzen auszulegen haben, gestiftet werden; bis man mit der Zeit, vermöge der überhandgenommenen

a) Kant: „Hemmung"; bisher nur verbessert von Rosenkranz.

[182] Das ist also die, menschlichen Augen unbemerkte, aber beständig fortgehende Bearbeitung des guten Prinzips,
[183] sich im menschlichen Geschlecht, als einem | gemeinen Wesen nach Tugendgesetzen, eine Macht und ein Reich zu errichten, welches den Sieg über das Böse behauptet und unter seiner Herrschaft der Welt einen ewigen Frieden zusichert.

---

wahren Aufklärung (einer Gesetzlichkeit, die aus der moralischen[a]) Freiheit hervorgeht) mit jedermanns Einstimmung die Form eines erniedrigenden Zwangsglaubens[b]) gegen eine kirchliche Form, die der Würde einer moralischen Religion angemessen ist, nämlich die eines freien Glaubens vertauschen kann. — Die kirchliche Glaubenseinheit mit der Freiheit in Glaubenssachen zu vereinigen, ist ein Problem, zu dessen Auflösung die Idee der objektiven Einheit der Vernunftreligion durch das moralische Interesse, welches wir an ihr nehmen, kontinuierlich antreibt; welches aber in einer sichtbaren Kirche zu stande zu bringen, wenn wir hierüber die menschliche Natur befragen, wenig Hoffnung vorhanden ist. Es ist eine Idee der Vernunft, deren Darstellung in einer ihr angemessenen Anschauung uns unmöglich ist, die aber doch als praktisches regulatives Prinzip objektive Realität hat, um auf diesen Zweck der Einheit der reinen Vernunftreligion[c]) hinzuwirken. Es geht hiermit wie mit der politischen Idee eines Staatsrechts, sofern es zugleich auf ein allgemeines und machthabendes Völkerrecht bezogen werden soll. Die Erfahrung spricht uns hierzu alle Hoffnung ab. Es
[183] scheint ein Hang in das | menschliche Geschlecht (vielleicht absichtlich) gelegt zu sein, daß ein jeder einzelne Staat, wenn es ihm nach Wunsch geht, sich jeden anderen zu unterwerfen und eine Universalmonarchie zu errichten strebe; wenn er aber eine gewisse Größe erreicht hat, sich doch von selbst in kleinere Staaten zersplittere. So hegt eine jede Kirche den stolzen Anspruch, eine allgemeine zu werden; sowie sie sich aber ausgebreitet hat und herrschend wird, zeigt sich bald ein Prinzip der Auflösung und Trennung in verschiedene Sekten.

Das zu frühe und dadurch (daß es eher kommt, als die Menschen moralisch besser geworden sind) schädliche Zusammenschmelzen der Staaten wird — wenn es uns erlaubt ist, hierin eine Absicht der Vorsehung anzunehmen — vornehmlich durch zwei mächtig wirkende Ursachen, nämlich Verschiedenheiten der Sprachen und Verschiedenheit der Religionen, verhindert.[d])

---

a) „moralischen" fehlt in der 1. Auflage.
b) So die 1. Auflage; zweite und Ak.-Ausg.: „Zwangsmittels".
c) 1. Aufl.: „Vernunftreligion gemäß".
d) Der letzte Absatz ist Zusatz der 2. Auflage.

Zweite Abteilung.

Historische Vorstellung der allmählichen Gründung der Herrschaft des guten Prinzips auf Erden.

Von der Religion auf Erden (in der engsten Bedeutung des Wortes) kann man keine Universalhisto|rie [184]
des menschlichen Geschlechts verlangen; denn sie ist, als auf den reinen moralischen Glauben gegründet, kein öffentlicher Zustand, sondern jeder kann sich der Fortschritte, die er in demselben gemacht hat, nur für sich selbst bewußt sein. Der Kirchenglaube ist es daher allein, von dem man eine allgemeine historische Darstellung erwarten kann, indem man ihn nach seiner verschiedenen und veränderlichen Form mit dem alleinigen, unveränderlichen, reinen Religionsglauben vergleicht. Von da an, wo der erstere seine Abhängigkeit von den einschränkenden Bedingungen des letzteren und der Notwendigkeit der Zusammenstimmung mit ihm öffentlich anerkennt, fängt die allgemeine Kirche an sich zu einem ethischen Staat Gottes zu bilden und nach einem feststehenden Prinzip, welches für alle Menschen und Zeiten ein und dasselbe ist, zur Vollendung desselben fortzuschreiten. — Man kann voraussehen, daß diese Geschichte nichts als die Erzählung von dem beständigen Kampf zwischen dem gottesdienstlichen und dem moralischen Religionsglauben sein werde, deren ersteren als Geschichtsglauben der Mensch beständig geneigt ist obenanzusetzen, anstatt daß der letztere seinen Anspruch auf den Vorzug, der ihm als allein seelenbesserndem Glauben zukommt, nie aufgegeben hat und ihn endlich gewiß behaupten wird.

Diese Geschichte kann aber nur Einheit haben, wenn sie bloß auf denjenigen Teil des menschlichen | Geschlechts [185]
eingeschränkt wird, bei welchem jetzt die Anlage zur Einheit der allgemeinen Kirche schon ihrer Entwickelung nahe gebracht ist, indem durch sie wenigstens die Frage

wegen des Unterschiedes des Vernunft- und Geschichtsglaubens schon öffentlich aufgestellt und ihre Entscheidung zur größten moralischen Angelegenheit gemacht ist; denn die Geschichte der Satzungen[a]) verschiedener Völker, deren Glaube in keiner Verbindung untereinander steht, gewährt sonst keine Einheit der Kirche. Zu dieser Einheit aber kann nicht gerechnet werden, daß in einem und demselben Volk ein gewisser neuer Glaube einmal entsprungen ist, der sich von dem vorher herrschenden namhaft unterschied; wenn gleich dieser die *veranlassenden* Ursachen zu des neuen Erzeugung bei sich führte. Denn es muß Einheit des Prinzips sein, wenn man die Folge verschiedener Glaubensarten nacheinander zu den Modifikationen einer und derselben Kirche rechnen soll, und die Geschichte der letzteren ist es eigentlich, womit wir uns jetzt beschäftigen.

Wir können also in dieser Absicht nur die Geschichte derjenigen Kirche, die von ihrem ersten Anfange an den Keim und die Prinzipien zur objektiven Einheit des wahren und *allgemeinen* Religionsglaubens bei sich führte, dem sie allmählich näher gebracht wird, abhandeln. — Da zeigt sich nun zuerst, daß der *jüdische* Glaube mit diesem Kirchenglauben, dessen Geschichte
[186] wir betrachten wollen, in ganz und gar kei|ner wesentlichen Verbindung, d. i. in keiner Einheit nach Begriffen steht, obzwar jener unmittelbar vorhergegangen und zur Gründung dieser (der christlichen) Kirche die physische Veranlassung gab.

Der *jüdische Glaube* ist seiner ursprünglichen Einrichtung nach ein Inbegriff bloß statutarischer Gesetze, auf welchem eine Staatsverfassung gegründet war; denn welche moralische Zusätze entweder damals schon oder auch in der Folge ihm *angehängt* worden sind, die sind schlechterdings nicht zum Judentum als einem solchen gehörig. Das letztere ist eigentlich gar keine Religion, sondern bloß Vereinigung einer Menge Menschen, die, da sie zu einem besonderen Stamm gehörten, sich zu einem gemeinen Wesen unter bloß politischen Gesetzen,

---

a) Das in Kants Manuskript vorhandene „der Satzungen" (cf. Arnoldt a. a. O. S. 405) ist nur durch ein Versehen beim Druck ausgefallen, deshalb von mir wiederhergestellt.

mithin nicht zu einer Kirche formten: vielmehr sollte es ein bloß weltlicher Staat sein, sodaß, wenn dieser etwa durch widrige Zufälle zerrissen worden, ihm noch immer der (wesentlich zu ihm gehörige) Glaube übrig bliebe,[a]) ihn (bei Ankunft des Messias) wohl einmal wiederherzustellen. Daß diese Staatsverfassung Theokratie zur Grundlage hat (sichtbarlich eine Aristokratie der Priester oder Anführer, die sich unmittelbar von Gott erteilter Instruktionen[b]) rühmten), mithin der Name von Gott, der doch hier bloß als weltlicher Regent, der über und an das Gewissen gar keinen Anspruch tut, verehrt wird, macht sie nicht zu einer Religionsverfassung. Der Beweis, | daß [187] sie das letztere nicht hat sein sollen, ist klar. Erstlich sind alle Gebote von der Art, daß auch eine politische Verfassung darauf halten und sie als Zwangsgesetze auferlegen kann, weil sie bloß äußere Handlungen betreffen, und obzwar die zehn Gebote, auch ohne daß sie öffentlich gegeben sein möchten, schon als ethische vor der Vernunft gelten, so sind sie in jener Gesetzgebung gar nicht mit der Forderung an die moralische Gesinnung in Befolgung derselben (worin nachher das Christentum das Hauptwerk setzte) gegeben, sondern schlechterdings nur auf die äußere Beobachtung gerichtet worden; welches auch daraus erhellt, daß: zweitens alle Folgen aus der Erfüllung oder Übertretung dieser Gebote, alle Belohnung oder Bestrafung nur auf solche eingeschränkt werden, welche in dieser Welt jedermann zugeteilt werden können, und selbst diese auch nicht einmal nach ethischen Begriffen; indem beide auch die Nachkommenschaft, die an jenen Taten oder Untaten keinen praktischen Anteil genommen, treffen sollten, welches in einer politischen Verfassung allerdings wohl ein Klugheitsmittel sein kann, sich Folgsamkeit zu verschaffen, in einer ethischen aber aller Billigkeit zuwider sein würde. Da nun ohne Glauben an ein künftiges Leben gar keine Religion gedacht werden kann, so enthält das Judentum als ein solches, in seiner Reinigkeit genommen, gar keinen Religionsglauben. Dieses wird durch folgende Bemerkung noch mehr bestärkt. Es ist nämlich kaum | zu zweifeln, daß[c]) die Juden eben- [188]

---

a) 1. Aufl.: „bleibt". b) 2. Aufl.: „Instruktion".

c) 1. Aufl.: „daß nicht" (wohl Schreib- oder Druckfehler).

sowohl wie andere, selbst die rohesten, Völker nicht auch einen Glauben an ein künftiges Leben, mithin ihren Himmel und ihre Hölle sollten gehabt haben; denn dieser Glaube dringt sich, kraft der allgemeinen moralischen Anlage in der menschlichen Natur, jedermann von selbst auf. Es ist also gewiß *absichtlich* geschehen, daß der Gesetzgeber dieses Volkes, ob er gleich als Gott selbst vorgestellt wird, doch nicht die mindeste Rücksicht auf das künftige Leben habe nehmen *wollen*, welches anzeigt, daß er nur ein politisches, nicht ein ethisches gemeines Wesen habe gründen wollen; in dem ersteren aber von Belohnungen und Strafen zu reden, die hier im Leben nicht sichtbar werden können, wäre unter jener Voraussetzung ein ganz inkonsequentes und unschickliches Verfahren gewesen. Ob nun gleich auch nicht zu zweifeln ist, daß die Juden sich nicht in der Folge, ein jeder für sich selbst, einen gewissen Religionsglauben werden gemacht haben, der den Artikeln ihres statutarischen beigemengt war, so hat jener doch nie ein zur Gesetzgebung des Judentums gehöriges Stück ausgemacht. *Drittens* ist es soweit gefehlt, daß das Judentum eine zum Zustande der *allgemeinen Kirche* gehörige Epoche oder diese allgemeine Kirche wohl gar selbst zu seiner Zeit ausgemacht habe, daß es vielmehr das ganze menschliche Geschlecht von seiner Gemeinschaft ausschloß, als ein besonders vom Jehovah für sich auserwähltes Volk, welches
[189] alle an|deren Völker anfeindete und dafür von jedem angefeindet wurde. Hierbei ist es auch nicht so hoch anzuschlagen, daß dieses Volk sich einen einigen, durch kein sichtbares Bild vorzustellenden Gott zum allgemeinen Weltherrscher setzte. Denn man findet bei den meisten anderen Völkern, daß ihre Glaubenslehre darauf gleichfalls hinausging und sich nur durch die *Verehrung* gewisser jenem untergeordneten mächtigen Untergötter des Polytheismus verdächtig machte. Denn ein Gott, der bloß die Befolgung solcher Gebote will, dazu gar keine gebesserte moralische Gesinnung erfordert wird, ist doch eigentlich nicht dasjenige moralische Wesen, dessen Begriff wir zu einer Religion nötig haben. Diese würde noch eher bei einem Glauben an viele solche mächtige unsichtbare Wesen stattfinden, wenn ein Volk sich diese etwa so dächte, daß sie bei der Verschiedenheit ihrer Departements doch

alle darin übereinkämen, daß sie ihres Wohlgefallens nur den würdigten, der mit ganzem Herzen der Tugend anhinge, als wenn der Glaube nur einem einzigen Wesen gewidmet ist, das aber aus einem mechanischen Kultus das Hauptwerk macht.[a])

Wir können also die allgemeine Kirchengeschichte, sofern sie ein System ausmachen soll, nicht anders als vom Ursprunge des Christentums anfangen, das, als eine völlige Verlassung des Judentums, worin es entsprang, auf einem ganz neuen Prinzip gegrün|det, eine gänzliche [190] Revolution in Glaubenslehren bewirkte. Die Mühe, welche sich die Lehrer des ersteren geben oder gleich zu Anfange gegeben haben mögen, aus beiden einen zusammenhängenden Leitfaden zu knüpfen, indem sie den neuen Glauben nur für eine Fortsetzung des alten, der alle Ereignisse desselben in Vorbildern enthalten habe, gehalten wissen wollen, zeigt gar zu deutlich, daß es ihnen hierbei nur um die schicklichsten Mittel zu tun sei oder war, eine reine moralische Religion statt eines alten Kultus, woran das Volk gar zu stark gewöhnt war, zu introduzieren, ohne doch wider seine Vorurteile gerade zu verstoßen. Schon die nachfolgende Abschaffung des körperlichen Abzeichens, welches jenes Volk von anderen gänzlich abzusondern diente, läßt urteilen, daß der neue, nicht an die Statuten des alten, ja an keine Statuten überhaupt gebundene Glaube eine für die Welt, nicht für ein einziges Volk gültige Religion habe enthalten sollen.

Aus dem Judentum also — aber aus dem nicht mehr altväterlichen und unvermengten, bloß auf eigene politische Verfassung (die auch schon sehr zerrüttet war) gestellten, sondern aus dem schon durch allmählich darin öffentlich gewordene moralische Lehren mit einem Religionsglauben vermischten Judentum, in einem Zustande, wo diesem sonst unwissenden Volke schon viel fremde (griechische) Weisheit zugekommen | war, welche vermutlich auch dazu [191] beitrug, es durch Tugendbegriffe aufzuklären und bei der drückenden Last ihres Satzungsglaubens zu Revolutionen zuzubereiten, bei Gelegenheit der Verminderung der Macht

a) 1. Aufl.: „machte“.

der Priester, durch ihre Unterwerfung unter die Oberherrschaft eines Volkes, das allen fremden Volksglauben mit Gleichgültigkeit ansah, — aus einem solchen Judentum erhob sich nun plötzlich, obzwar nicht unvorbereitet, das Christentum. Der Lehrer des Evangeliums kündigte sich als einen vom Himmel gesandten, indem er zugleich als einer solchen Sendung würdig den Fronglauben (an gottesdienstliche Tage, Bekenntnisse und Gebräuche) für an sich nichtig, den moralischen dagegen, der allein die Menschen heiligt, „wie ihr Vater im Himmel heilig ist“, und durch den guten Lebenswandel seine Echtheit beweist, für den alleinseligmachenden erklärte, nachdem er aber durch Lehre und Leiden bis zum unverschuldeten und zugleich verdienstlichen Tode*) an seiner Person ein dem

[191] *) Mit welchem sich die öffentliche Geschichte desselben (die daher auch allgemein zum Beispiel der Nachfolge dienen konnte) endigt. Die als Anhang hinzugefügte geheimere, bloß vor den Augen seiner Vertrauten vorgegangene Geschichte seiner *Auferstehung* und *Himmelfahrt* (die, wenn man sie bloß als Vernunftideen nimmt, den Anfang eines anderen Lebens und Eingang in den Sitz der Seligkeit, d. i. in die Gemeinschaft mit allen Guten bedeuten würden) kann, ihrer historischen Würdigung unbeschadet, zur Religion innerhalb der Grenzen der bloßen
[192] Vernunft nicht benutzt werden. Nicht etwa deswegen, weil sie Geschichtserzählung ist (denn das ist auch die vorhergehende), sondern weil sie, buchstäblich genommen, einen Begriff, der zwar der sinnlichen Vorstellungsart der Menschen sehr angemessen, der Vernunft aber in ihrem Glauben an die Zukunft sehr lästig ist, nämlich den der Materialität aller Weltwesen annimmt, sowohl den *Materialismus* der *Persönlichkeit* des Menschen (den psychologischen), die nur unter der Bedingung ebendesselben *Körpers* stattfinden[a]), als auch der *Gegenwart* in einer Welt überhaupt (den kosmologischen), welche nach diesem Prinzip nicht anders als *räumlich* sein könne: wogegen die Hypothese des Spiritualismus vernünftiger Weltwesen, wo der Körper tot in der Erde bleiben und doch dieselbe Person lebend da sein, imgleichen der Mensch dem Geiste nach (in seiner nicht sinnlichen Qualität) zum Sitz der Seligen, ohne in irgend einen Ort im unendlichen Raume, der die Erde umgibt (und den wir auch Himmel nennen), versetzt zu werden, gelangen kann, der Vernunft günstiger ist, nicht bloß wegen der Unmöglichkeit, sich eine denkende Materie verständlich zu machen, sondern vornehmlich wegen der Zufälligkeit, der unsere Existenz nach dem

a) „stattfinde“? [K. V.]

Urbil|de der allein Gott wohlgefälligen Menschheit gemäßes [192] Beispiel gegeben hatte, als zum Himmel, aus dem er | gekommen war, wieder zurückkehrend vorgestellt [193] wird, indem er seinen letzten Willen (gleich als in einem Testamente) mündlich zurückließ und, was die Kraft der Erinnerung an sein Verdienst, Lehre und Beispiel betrifft, doch sagen konnte, „er (das Ideal der Gott wohlgefälligen Menschheit) bleibe nichtsdestoweniger bei seinen Lehrjüngern bis an der Welt Ende.“ — Dieser Lehre, die, wenn es etwa um einen Geschichtsglauben wegen der Abkunft und des vielleicht überirdischen Ranges seiner Person zu tun wäre, wohl der Bestätigung durch Wunder bedurfte, die aber als bloß zum moralischen seelenbessernden Glauben gehörig aller solcher Beweistümer ihrer Wahrheit entbehren kann, werden in einem heiligen Buche noch Wunder und Geheimnisse beigesellt, deren Bekanntmachung selbst wiederum ein Wunder ist und einen Geschichtsglauben erfordert, der nicht anders als durch Gelehrsamkeit sowohl beurkundet als auch der Bedeutung und dem Sinne nach gesichert werden kann.

Aller Glaube aber, der sich als Geschichtsglaube auf Bücher gründet, hat zu seiner Gewährleistung | ein gelehrtes Publikum nötig, in welchem er durch Schrift- [194] steller als Zeitgenossen, die in keinem Verdacht einer besonderen Verabredung mit den ersten Verbreitern desselben stehen, und deren Zusammenhang mit unserer jetzigen Schriftstellerei sich ununterbrochen erhalten hat,

---

Tode dadurch[a]) ausgesetzt wird, daß sie bloß auf dem Zusammenhalten eines gewissen Klumpens Materie in gewisser Form beruhen soll, anstatt daß sie die Beharrlichkeit einer einfachen Substanz als auf ihre Natur gegründet denken kann. — Unter der letzteren Voraussetzung (der des Spiritualismus) aber kann die Vernunft weder ein Interesse dabei finden, einen Körper, der, so geläutert er auch sein mag, doch (wenn die Persönlichkeit auf der Identität desselben beruht) immer aus demselben Stoffe, der die Basis seiner Organisation ausmacht, bestehen muß, und den er selbst im Leben nie | recht lieb gewonnen hat, in Ewigkeit mitzuschleppen, [193] noch kann sie es sich begreiflich machen, was diese Kalkerde, woraus er besteht, im Himmel, d. i. in einer anderen Weltgegend soll, wo vermutlich andere Materien die Bedingung des Daseins und der Erhaltung lebender Wesen ausmachen möchten.

---

a) „dadurch“ fehlt in 2. Aufl.

gleichsam kontrolliert werden könne. Der reine Vernunftglaube dagegen bedarf einer solchen Beurkundung nicht, sondern beweist sich selbst. Nun war zu den Zeiten jener Revolution in dem Volke, welches die Juden beherrschte und in dieser ihrem Sitze selbst verbreitet war (im römischen Volke), schon ein gelehrtes Publikum, von welchem uns auch die Geschichte der damaligen Zeit, was die Ereignisse in der politischen Verfassung betrifft, durch eine ununterbrochene Reihe von Schriftstellern überliefert worden; auch war dieses Volk, wenn es sich gleich um den Religionsglauben seiner[a]) nicht römischen Untertanen wenig bekümmerte, doch in Ansehung der unter ihnen öffentlich geschehen sein sollenden Wunder keineswegs ungläubig; allein sie erwähnten als Zeitgenossen nichts weder von diesen noch von der gleichwohl öffentlich vorgegangenen Revolution, die sie in dem ihnen unterworfenen Volke (in Absicht auf die Religion) hervorbrachten. Nur spät, nach mehr als einem Menschenalter, stellten sie Nachforschung wegen der Beschaffenheit dieser ihnen bis dahin unbekannt gebliebenen Glaubensveränderung (die nicht ohne öffentliche Bewegung vorgegangen war), keine [195] aber wegen der Geschichte ihres | ersten Anfangs an, um sie in ihren eigenen Annalen aufzusuchen. Von diesem an bis auf die Zeit, da das Christentum für sich selbst ein gelehrtes Publikum ausmachte, ist daher die Geschichte desselben dunkel, und also bleibt uns unbekannt, welche Wirkung die Lehre desselben auf die Moralität seiner Religionsgenossen tat, ob die ersten Christen wirklich moralisch gebesserte Menschen oder aber Leute von gewöhnlichem Schlage gewesen. Seitdem aber das Christentum selbst ein gelehrtes Publikum wurde oder doch in das allgemeine eintrat, gereicht die Geschichte desselben, was die wohltätige Wirkung betrifft, die man von einer moralischen Religion mit Recht erwarten kann, ihm keineswegs zur Empfehlung. — Wie mystische Schwärmereien im Eremiten- und Mönchsleben und Hochpreisung der Heiligkeit des ehelosen Standes eine große Menschenzahl für die Welt unnütz machten; wie damit zusammenhängende vorgebliche Wunder das Volk unter einem blinden Aberglauben mit schweren Fesseln drückten[b]), wie mit einer sich

a) Kant und Akad.-Ausg.: „ihrer".
b) Kant: „drückte"; verb. Wobbermin.

freien Menschen aufdringenden Hierarchie sich die schreckliche Stimme der *Rechtgläubigkeit* aus dem Munde anmaßender, alleinig berufener Schriftausleger erhob und die christliche Welt wegen Glaubensmeinungen (in die, wenn man nicht die reine Vernunft zum Ausleger ausruft, schlechterdings keine allgemeine Einstimmung zu bringen ist) in erbitterte Parteien trennte; wie im Orient, wo der Staat sich auf eine lächerliche Art selbst mit Glaubensstatuten der Priester und dem Pfaffentum befaßte, anstatt [196] sie in den engen Schranken eines bloßen Lehrstandes (aus dem sie jederzeit in einen regierenden überzugehen geneigt sind) zu halten, wie, sage ich, dieser Staat endlich auswärtigen Feinden, die zuletzt seinem herrschenden Glauben ein Ende machten, unvermeidlicherweise zur Beute werden mußte; wie im Occident, wo der Glaube seinen eigenen, von der weltlichen Macht unabhängigen Thron errichtet hat, von einem angemaßten Statthalter Gottes die bürgerliche Ordnung samt den Wissenschaften (welche jene erhalten) zerrüttet und kraftlos gemacht wurde;*) wie beide christliche Weltteile, gleich den Gewächsen und Tieren, die, durch eine Krankheit ihrer Auflösung nahe, zerstörende Insekten herbeilocken, diese zu vollenden, von Barbaren befallen wurden; wie in dem letzteren jenes geistliche Oberhaupt Könige wie Kinder durch die Zauberrute seines angedrohten Bannes beherrschte und züchtigte, sie zu einen anderen Weltteil entvölkernden, auswärtigen Kriegen (den Kreuzzügen), zur Befehdung untereinander, zur Empörung der Untertanen gegen ihre Obrigkeit und zum blutdürstigen Haß gegen ihre andersdenkenden Mitgenossen eines und desselben allgemeinen sogenannten Christentums aufreizte; wie zu diesem Unfrieden, der auch jetzt nur noch durch das politische Interesse von gewalttätigen Ausbrüchen abgehalten wird, die Wurzel in dem Grundsatze eines despotisch gebietenden Kirchenglaubens ver|borgen liegt und jenen Auftritten [197] ähnliche noch immer besorgen läßt: — diese Geschichte des Christentums (welche, sofern es auf einem Geschichtsglauben errichtet werden sollte, auch nicht anders ausfallen konnte), wenn man sie als ein Gemälde unter einem Blick faßt, könnte wohl den Ausruf rechtfertigen: *tantum religio* *potuit suadere malorum*! [zu so viel Unheil konnte die Religion den Anlaß geben][a]), wenn nicht aus der Stiftung desselben immer doch deutlich genug hervorleuchtete, daß seine wahre erste Absicht keine andere als die gewesen sei, einen reinen Religionsglauben, über welchen es keine streitenden Meinungen geben kann, einzuführen, alles jenes Gewühl aber, wodurch das menschliche Geschlecht zerrüttet ward und noch entzweit wird, bloß davon herrühre, daß durch einen Hang der menschlichen Natur, was beim Anfange zur Introduktion des letzteren dienen sollte, nämlich die an den alten Geschichtsglauben gewöhnte Nation durch ihre eigenen Vorurteile für die neue zu gewinnen, in der Folge zum Fundament einer allgemeinen Weltreligion gemacht worden.

Fragt man nun: welche Zeit der ganzen bisher bekannten Kirchengeschichte die beste sei, so trage ich kein Bedenken, zu sagen: **es ist die jetzige**, und zwar so, daß man den Keim des wahren Religionsglaubens, so wie er jetzt in der Christenheit zwar nur von einigen, aber doch öffentlich gelegt worden, nur ungehindert sich
[198] mehr und mehr darf entwickeln lassen, um da|von eine kontinuierliche Annäherung zu derjenigen alle Menschen auf immer vereinigenden Kirche zu erwarten, die die sichtbare Vorstellung (das Schema) eines unsichtbaren Reiches Gottes auf Erden ausmacht. — Die in Dingen, welche ihrer Natur nach moralisch und seelenbessernd sein sollen, sich von der Last eines der Willkür der Ausleger beständig ausgesetzten Glaubens loswindende Vernunft hat in allen Ländern unseres Weltteils unter wahren Religionsverehrern allgemein (wenngleich nicht allenthalben öffentlich) **erstlich** den Grundsatz der billigen **Bescheidenheit** in Aussprüchen über alles, was Offenbarung heißt, angenommen; daß, da niemand einer Schrift, die ihrem praktischen Inhalte nach lauter Göttliches enthält, nicht die **Möglichkeit** abstreiten kann, sie könne (nämlich in Ansehung dessen, was darin historisch ist) auch wohl wirklich als göttliche Offenbarung angesehen werden, imgleichen die Verbindung der Menschen zu einer Religion nicht füglich ohne ein heiliges Buch und einen auf dasselbe gegründeten Kirchenglauben zustande gebracht und beharrlich gemacht werden kann; da auch, wie der gegenwärtige Zustand menschlicher Einsicht

a) Lucrez, De rerum natura V, 101.

beschaffen ist, wohl schwerlich jemand eine neue Offenbarung, durch neue Wunder eingeführt, erwarten wird, — es das Vernünftigste und Billigste sei, dies[a]) Buch, was einmal da ist, fernerhin zur Grundlage des Kirchenunterrichts zu brauchen und seinen Wert nicht durch unnütze oder mutwillige Angriffe zu schwächen, dabei aber auch keinem Menschen den Glauben daran als zur [199]
Seligkeit erforderlich aufzudringen. Der zweite Grundsatz ist: daß, da die heilige Geschichte, die bloß zum Behuf des Kirchenglaubens angelegt ist, für sich allein auf die Annehmung moralischer Maximen schlechterdings keinen Einfluß haben kann und soll, sondern diesem nur zur lebendigen Darstellung ihres wahren Objekts (der zur Heiligkeit hinstrebenden Tugend) gegeben ist, sie jederzeit als auf das Moralische abzweckend gelehrt und erklärt werden, hierbei aber auch sorgfältig und (weil vornehmlich der gemeine Mensch einen beständigen Hang in sich hat, zum passiven*) Glauben überzuschreiten) wiederholentlich eingeschärft werden müsse, daß die wahre Religion nicht im Wissen oder Bekennen dessen, was Gott zu unserer Seligwerdung tue oder getan habe, sondern in dem, was wir | tun müssen, um dessen würdig zu werden, zu setzen [200]
sei, welches niemals etwas anderes sein kann, als was für sich selbst einen unbezweifelten **unbedingten** Wert hat, mithin uns allein Gott wohlgefällig machen, und von dessen Notwendigkeit zugleich jeder Mensch ohne alle Schriftgelehrsamkeit völlig gewiß werden kann. — Diese Grundsätze nun nicht zu hindern, damit sie öffentlich werden, ist Regentenpflicht; dagegen sehr viel dabei gewagt

---

*) Eine von den Ursachen dieses Hanges liegt in dem Sicherheitsprinzip, daß die Fehler einer Religion, in der ich geboren und erzogen bin, deren Belehrung nicht von meiner Wahl abhing, und in der ich durch eigenes Vernünfteln nichts verändert habe, nicht auf meine, sondern meiner Erzieher oder öffentlich dazu gesetzter Lehrer ihre Rechnung komme: ein Grund mit, warum man der öffentlichen Religionsveränderung eines Menschen nicht leicht Beifall gibt, wozu dann freilich noch ein anderer (tiefer liegender) Grund kommt, daß bei der Ungewißheit, die ein jeder in sich fühlt, welcher Glaube (unter den historischen) der rechte sei, indessen daß der moralische allerwärts der nämliche ist, man es sehr unnötig findet, hierüber Aufsehen zu erregen. [199]

a) 1. Aufl.: „das“.

und auf eigene Verantwortung unternommen wird, hierbei in den Gang der göttlichen Vorsehung einzugreifen und, gewissen historischen Kirchenlehren zu gefallen, die doch höchstens nur eine durch Gelehrte auszumachende Wahrscheinlichkeit für sich haben, die Gewissenhaftigkeit der Untertanen durch Anbietung oder Versagung gewisser bürgerlicher, sonst jedem offen stehenden Vorteile in Ver-
[201] suchung zu bringen,*) welches, den Abbruch, der hier | durch einer in diesem Falle heiligen Freiheit geschieht, ungerechnet, dem Staate schwerlich gute Bürger verschaffen kann. Wer von denen, die sich zur Verhinderung einer solchen freien Entwickelung göttlicher Anlagen zum Weltbesten anbieten oder sie gar vorschlagen, würde, wenn er
[202] mit Zurateziehung des Ge|wissens darüber nachdenkt, sich wohl für alle das Böse verbürgen wollen, was aus solchen gewalttätigen Eingriffen entspringen kann; wodurch der von der Weltregierung beabsichtigte Fortgang im Guten vielleicht auf lange Zeit gehemmt, ja wohl in einen

[200] *) Wenn eine Regierung es nicht für Gewissenszwang gehalten wissen will, daß sie nur verbietet, öffentlich seine Religionsmeinung zu sagen, indessen sie doch keinen hinderte, bei sich im geheim zu denken, was er gut findet, so spaßt man gemeiniglich darüber und sagt, daß dieses gar keine von ihr vergönnte Freiheit sei; weil sie es ohnedem nicht verhindern kann. Allein was die weltliche oberste Macht nicht kann, das kann doch die geistliche: nämlich selbst das Denken zu verbieten und wirklich auch zu hindern; sogar, daß sie einen solchen Zwang, nämlich das Verbot, anders als was sie vorschreibt, auch nur zu denken, selbst ihren mächtigen Oberen aufzuerlegen
[201] vermag. — Denn wegen des Hanges der Menschen zum | gottesdienstlichen Fronglauben, dem sie nicht allein vor dem moralischen (durch Beobachtung seiner Pflichten überhaupt Gott zu dienen) die größte, sondern auch die einzige, allen übrigen Mangel vergütende Wichtigkeit zu geben von selbst geneigt sind, ist es den Bewahrern der Rechtgläubigkeit als Seelenhirten jederzeit leicht, ihrer Herde ein frommes Schrecken vor der mindesten Abweichung von gewissen auf Geschichte beruhenden Glaubenssätzen und selbst vor aller Untersuchung dermaßen einzujagen, daß[a]) sie sich nicht getrauen, auch nur in Gedanken einen Zweifel wider die ihnen aufgedrungenen Sätze in sich aufsteigen zu lassen, weil dieses soviel sei als dem bösen Geiste ein Ohr leihen. Es ist wahr, daß, um von diesem Zwange los zu werden, man nur wollen darf (welches bei jenem landes-

a) 1. Aufl.: „so, daß."

Rückgang gebracht werden dürfte; wenn er gleich durch keine menschliche Macht und Anstalt jemals gänzlich aufgehoben werden kann.

Das Himmelreich wird zuletzt auch, was die Leitung der Vorsehung betrifft, in dieser Geschichte nicht allein als in einer zwar zu gewissen Zeiten verweilten, aber nie ganz unterbrochenen Annäherung, sondern auch in seinem Eintritte vorgestellt. Man kann es nun als eine bloß zur größeren Belebung der Hoffnung und des Mutes und Nachstrebung zu demselben abgezweckte symbolische Vorstellung auslegen, wenn dieser Geschichtserzählung noch eine Weissagung (gleich als in sibyllinischen Büchern) von der Vollendung dieser großen Weltveränderung in dem Gemälde eines sichtbaren Reiches Gottes auf Erden (unter der Regierung seines wieder herabgekommenen Stellvertreters und Statthalters) und der Glückseligkeit, die unter ihm nach Absonderung und Ausstoßung der Rebellen, die ihren Widerstand noch einmal versuchen, hier auf Erden genossen werden soll, samt der gänzlichen Vertilgung derselben und ihres Anführers (in der Apokalypse) beigefügt wird und so das *Ende der Welt* den Be|schluß [203] der Geschichte macht. Der Lehrer des Evangeliums hat seinen Jüngern das Reich Gottes auf Erden nur von der herrlichen, seelenerhebenden, moralischen Seite, nämlich der Würdigkeit, Bürger eines göttlichen Staates zu sein, gezeigt und sie dahin angewiesen, was sie zu tun hätten, nicht allein, um selbst dazu zu gelangen, sondern sich

herrlichen in Ansehung der öffentlichen Bekenntnisse nicht der Fall ist); aber dieses Wollen ist eben dasjenige, dem[a]) innerlich ein Riegel vorgeschoben wird. Doch ist dieser eigentliche Gewissenszwang zwar schlimm genug (weil er zur inneren Heuchelei verleitet), aber noch nicht so schlimm als die Hemmung der äußeren Glaubensfreiheit, weil jener durch den Fortschritt der moralischen Einsicht und das[b]) Bewußtsein seiner Freiheit, aus welcher die wahre Achtung für Pflicht allein entspringen kann, allmählich von selbst schwinden muß, dieser[c]) äußere hingegen alle freiwilligen Fortschritte in der ethischen Gemeinschaft der Gläubigen, die das Wesen der wahren Kirche ausmacht, verhindert und die Form derselben ganz politischen Verordnungen unterwirft.

a) 1. Aufl.: „eben, daß dem". b) „das" fehlt in der 2. Auflage. c) 1. Aufl.: „jener".

mit anderen Gleichgesinnten und womöglich mit dem ganzen menschlichen Geschlecht dahin zu vereinigen. Was aber die Glückseligkeit betrifft, die den anderen Teil der unvermeidlichen menschlichen Wünsche ausmacht, so sagte er ihnen voraus, daß sie auf diese sich in ihrem Erdenleben keine Rechnung machen möchten. Er bereitete sie vielmehr vor, auf die größten Trübsale und Aufopferungen gefaßt zu sein; doch setzte er (weil eine[a]) gänzliche Verzichttuung auf das Physische der Glückseligkeit dem Menschen, solange er existiert, nicht zugemutet werden kann) hinzu: „Seid fröhlich und getrost, es wird euch im Himmel wohl vergolten werden.“ Der angeführte Zusatz zur Geschichte der Kirche, der das künftige und letzte Schicksal derselben betrifft, stellt diese nun endlich als *triumphierend*, d. i. nach allen überwundenen Hindernissen als mit Glückseligkeit noch hier auf Erden bekrönt vor. — Die Scheidung der Guten von den Bösen, die während der Fortschritte der Kirche zu ihrer Vollkommenheit diesem Zwecke nicht zuträglich gewesen sein würde (indem die Vermischung beider untereinander gerade
[204] dazu nötig war, teils | um den ersteren zum Wetzstein der Tugend zu dienen, teils um die anderen durch ihr Beispiel vom Bösen abzuziehen), wird nach vollendeter Errichtung des göttlichen Staates als die letzte Folge derselben vorgestellt; wo noch der letzte Beweis seiner Festigkeit als Macht betrachtet, sein Sieg über alle äußeren Feinde, die ebensowohl auch als in einem Staate (dem Höllenstaat) betrachtet werden, hinzugefügt wird, womit dann alles Erdenleben ein Ende hat, indem „der letzte Feind (der guten Menschen), der Tod, aufgehoben wird“, und an beiden Teilen, dem einen zum Heil, dem anderen zum Verderben, Unsterblichkeit anhebt, die Form einer Kirche selbst aufgelöst wird, der Statthalter auf Erden mit denen zu ihm als Himmelsbürger erhobenen Menschen in eine Klasse tritt und so Gott alles in allem ist.*)

---

[204] *) Dieser Ausdruck kann (wenn man das Geheimnisvolle, über alle Grenzen möglicher Erfahrung Hinausreichende, bloß zur heiligen *Geschichte* der Menschheit Gehörige, uns also *praktisch* nichts Angehende beiseite setzt) so verstanden werden, daß der Geschichtsglaube, der als Kirchenglaube ein

---

a) „eine“ fehlt in Kants Manuskript (Arnoldt a. a. O. 406).

Diese Vorstellung einer Geschichtserzählung der Nach- [205]
welt, die selbst keine Geschichte ist, ist ein schönes Ideal der durch Einführung der wahren allgemeinen Religion bewirkten moralischen, im Glauben vorausgesehenen Weltepoche bis zu ihrer Vollendung, die wir nicht als empirische Vollendung absehen, sondern auf die wir nur im kontinuierlichen Fortschreiten und Annäherung zum höchsten auf Erden möglichen Guten (worin nichts Mystisches ist, sondern alles auf moralische Weise natürlich zugeht) hinaussehen, d. i. dazu Anstalt machen können. Die Erscheinung des Antichrists, der[a]) Chiliasmus, die Ankündigung der Naheit des Weltendes können vor der Vernunft ihre gute symbolische Bedeutung annehmen und die letztere, als ein (sowie das Lebensende, ob nahe oder fern) nicht vorherzusehendes Ereignis vorgestellt, drückt sehr gut die Notwendigkeit aus, jederzeit darauf in Bereitschaft zu stehen, in der Tat aber (wenn man diesem Symbol den intellektuellen Sinn unterlegt), uns jederzeit wirklich als berufene Bürger eines göttlichen (ethischen) Staats anzusehen. „Wenn kommt nun also das Reich Gottes?" — „Das Reich Gottes kommt nicht in sichtbarer Gestalt. Man wird auch nicht sagen: siehe hier oder da ist es. Denn sehet, das | Reich [206]
Gottes ist inwendig in euch!" (Luc. 17, 21 bis 22.)*)

---

heiliges Buch zum Leitbande der Menschen bedarf, aber eben dadurch die Einheit und Allgemeinheit der Kirche verhindert, selbst aufhören und in einen reinen, für alle Welt gleich einleuchtenden Religionsglauben übergehen werde; wohin wir schon jetzt durch anhaltende Entwickelung der reinen Vernunftreligion aus jener gegenwärtig noch nicht entbehrlichen Hülle fleißig arbeiten sollen.

Nicht daß er aufhöre (denn vielleicht mag er als Vehikel [205]
immer nützlich und nötig sein), sondern aufhören könne; womit nur die innere Festigkeit des reinen moralischen Glaubens gemeint ist. (Der letzte Satz ist Zusatz der 2. Aufl.)

*)[b]) Hier wird nun ein Reich Gottes nicht nach einem be- [206]
sonderen Bunde (kein messianisches), sondern ein moralisches (durch bloße Vernunft erkennbares) vorgestellt. Das erstere (*regnum divinum pactitium*) mußte seinen Beweis aus der Geschichte ziehen, und da wird es in das messianische Reich nach dem alten oder nach dem neuen Bunde eingeteilt. Nun

---

a) 2. Aufl.: „des".

b) Die ganze folgende Anmerkung ist Zusatz der 2. Aufl.

Allgemeine Anmerkung.

[207] In allen Glaubensarten, die sich auf Religion be-
ziehen, stößt das Nachforschen hinter ihrer inneren Be-
[208] schaffenheit | unvermeidlich auf ein Geheimnis, d. i.
auf etwas Heiliges, was zwar von jedem einzelnen ge-

---

ist es merkwürdig, daß die Verehrer des ersteren (die Juden) sich noch als solche, obzwar in alle Welt zerstreut, erhalten haben, indessen daß anderer Religionsgenossen ihr Glaube mit dem Glauben des Volkes, worin sie zerstreut worden, gewöhnlich zusammenschmolz. Dieses Phänomen dünkt vielen so wundersam zu sein, daß sie es nicht wohl als nach dem Laufe der Natur möglich, sondern als außerordentliche Veranstaltung zu einer besonderen göttlichen Absicht beurteilen. — Aber ein Volk, das eine geschriebene Religion (heilige Bücher) hat, schmilzt mit einem solchen, was (wie das römische Reich — damals die ganze gesittete Welt) keine dergleichen, sondern bloß Gebräuche hat, niemals in einen Glauben zusammen; es macht vielmehr über kurz oder lang Proselyten. Daher auch die Juden nach[a]) der babylonischen Gefangenschaft, nach welcher, wie es scheint, ihre heiligen Bücher allererst öffentliche Lektüre wurden, nicht mehr ihres Hanges wegen, fremden Göttern nachzulaufen, beschuldigt werden; zumal die alexandrinische Kultur, die auch auf sie Einfluß haben mußte, ihnen günstig sein konnte, jenen eine systematische Form zu verschaffen. So haben die Parsis, Anhänger der Religion des Zoroaster, ihren Glauben bis jetzt erhalten, ungeachtet ihrer Zerstreuung; weil ihre Desturs[b]) den
Zendavesta hatten. Dahingegen die Hindus, welche unter dem
[207] Namen Zigeuner weit und breit zerstreut sind, | weil sie aus den
Hefen des Volkes (den Parias) waren (denen es sogar verboten ist, in ihren heiligen Büchern zu lesen), der Vermischung mit fremdem Glauben nicht entgangen sind. Was die Juden aber für sich allein dennoch nicht würden bewirkt haben, das tat die christliche und späterhin die mohammedanische Religion, vornehmlich die erstere; weil sie den jüdischen Glauben und die dazu gehörigen heiligen Bücher voraussetzen (wenngleich die letztere sie für verfälscht ausgibt). Denn die Juden konnten bei den von ihnen ausgegangenen Christen ihre alten Dokumente immer wieder auffinden, wenn sie bei ihren Wanderungen, wo die Geschicklichkeit sie zu lesen und daher die Lust sie zu be-

---

a) Kant: „vor", verb. Vorländer.

b) Destur (persisch, wörtlich: „aus dem Wege") bezeichnet die höchste Rangklasse der persischen Priester (Näheres s. bei D. Sanders, Fremdwörterbuch I, 257 a).

[Anmerk. des Herausgebers.]

kannt, aber doch nicht öffentlich bekannt, d. i. allgemein mitgeteilt werden kann. — Als etwas Heiliges muß es ein moralischer, mithin ein Gegenstand der Vernunft sein und innerlich[a]) für den praktischen Gebrauch hinreichend erkannt werden können, aber als etwas Geheimes doch nicht für den theoretischen; weil es alsdann auch jedermann müßte mitteilbar sein und also auch äußerlich und öffentlich bekannt werden können.

Der Glaube an etwas, was wir doch zugleich als heiliges Geheimnis betrachten sollen, kann nun entweder für einen göttlich eingegebenen oder einen reinen Vernunftglauben gehalten werden. Ohne durch die größte Not zur Annahme des ersten gedrungen zu sein, werden wir es uns zur Maxime machen, es mit dem letzteren zu halten. — Gefühle sind nicht Erkenntnisse und bezeichnen also auch kein Geheimnis, und da das letztere auf Vernunft Beziehung hat, aber doch nicht allgemein mitgeteilt werden kann, so wird (wenn je ein solches

---

sitzen vielfältig erloschen sein mag, nur die Erinnerung übrig behielten, daß sie deren ehedem einmal gehabt hätten. Daher trifft man außer den gedachten Ländern auch keine Juden; wenn man die wenigen auf der Malabarküste und etwa eine Gemeinde in China ausnimmt (von welchen die ersteren mit ihren Glaubensgenossen in Arabien im beständigen Handelsverkehr sein konnten), obgleich nicht zu zweifeln ist, daß sie sich nicht in jene reichen Länder auch sollten ausgebreitet haben, aber aus Mangel aller Verwandtschaft ihres Glaubens mit den dortigen Glaubensarten in völlige Vergessenheit des ihrigen geraten sind. Erbauliche Betrachtungen aber auf diese Erhaltung des jüdischen Volkes samt ihrer Religion unter ihnen so nachteiligen Umständen zu gründen, ist sehr mißlich, weil ein jeder beider Teile dabei seine Rechnung zu finden glaubt. Der eine sieht in der Erhaltung des Volkes, wozu er gehört, und seines, ungeachtet der Zerstreuung unter so mancherlei Völker, unvermischt bleibenden alten Glaubens den | Beweis einer dasselbe für ein künftiges [208] Erdenreich aufsparenden besonderen gütigen Vorsehung; der andere nichts als warnende Ruinen eines zerstörten, dem eintretenden Himmelreich sich widersetzenden Staates, die eine besondere Vorsehung noch immer erhält, teils um die alte Weissagung eines von diesem Volke ausgehenden Messias im Andenken aufzubehalten, teils um ein Beispiel der Strafgerechtigkeit, weil es sich hartnäckigerweise einen politischen, nicht einen moralischen Begriff von demselben machen wollte, an ihm zu statuieren.

a) „innerlich" fehlt in der 1. Auflage.

ist) jeder es nur in seiner eigenen Vernunft aufzusuchen haben.

[209] Es ist unmöglich, *a priori* und objektiv auszumachen, ob es dergleichen Geheimnisse gebe oder nicht. Wir werden also in dem Inneren, dem Subjektiven unserer moralischen Anlage, unmittelbar nachsuchen müssen, um zu sehen, ob sich dergleichen in uns finde.a) Doch werden wir nicht die uns unerforschlichen Gründe zu dem Moralischen, was sich zwar öffentlich mitteilen läßt, wozu uns aber die Ursache nicht gegeben ist, sondern das allein, was uns für die Erkenntnis gegeben, aber doch einer öffentlichen Mitteilung unfähig ist, zu den heiligen Geheimnissen zählen dürfen. So ist die Freiheit, eine Eigenschaft, die dem Menschen aus der Bestimmbarkeit seiner Willkür durch das unbedingt moralische Gesetz kund wird, kein Geheimnis, weil ihre Erkenntnis jedermann mitgeteilt werden kann; der uns unerforschliche Grund dieser Eigenschaft aber ist ein Geheimnis; weil er uns zur Erkenntnis nicht gegeben ist. Aber eben diese Freiheit ist auch allein dasjenige, was, wenn sie auf das letzte Objekt der praktischen Vernunft, die Realisierung der Idee des moralischen Endzwecks angewandt wird, uns unvermeidlich auf heilige Geheimnisse führt.*)

---

[209] *) So ist die Ursache der allgemeinen Schwere aller Materie der Welt uns unbekannt, dermaßen, daß man noch dazu einsehen kann, sie könne von uns nie erkannt werden; weil schon der Begriff von ihr eine erste und unbedingt ihr selbst beiwohnende Bewegungskraft voraussetzt. Aber sie ist doch kein Geheimnis, sondern kann jedem offenbar gemacht werden, weil ihr Gesetz hinreichend erkannt ist. Wenn Newton sie gleichsam wie die göttliche Allgegenwart in der Erscheinung (*omnipraesentia phaenomenon*) vorstellt, so ist das kein Versuch, sie zu erklären (denn
[210] das Dasein Gottes im Raum enthält einen Wider|spruch), aber doch eine erhabene Analogie, in der es bloß auf die Vereinigung körperlicher Wesen zu einem Weltganzen angesehen ist, indem man ihr eine unkörperliche Ursache unterlegt; und so würde es auch dem Versuch ergehen, das selbständige Prinzip der Vereinigung der vernünftigen Weltwesen in einem ethischen Staat einzusehen und die letztere daraus zu erklären. Nur die Pflicht,

---

a) 1. Aufl.: „finden".

Weil der Mensch die mit der reinen moralischen Gesinnung unzertrennlich verbundene Idee des höchsten Gutes (nicht allein von seiten der dazu gehörigen Glückseligkeit, sondern auch der notwendigen Vereinigung der Menschen zu dem ganzen Zweck) nicht selbst realisieren kann, gleichwohl aber darauf hinzuwirken in sich Pflicht antrifft, so findet er sich zum Glauben an die Mitwirkung oder Veranstaltung eines moralischen Weltherrschers hingezogen, wodurch dieser Zweck allein möglich ist, und nun eröffnet sich vor ihm der Abgrund eines Geheimnisses von dem, was Gott hierbei tue, ob ihm überhaupt etwas, [211]
und was | ihm (Gott) besonders zuzuschreiben sei, indessen daß der Mensch an jeder Pflicht nichts anderes erkennt, als was er selbst zu tun habe, um jener ihm unbekannten, wenigstens unbegreiflichen Ergänzung würdig zu sein.

Diese Idee eines moralischen Weltherrschers ist eine Aufgabe für unsere praktische Vernunft. Es liegt uns nicht sowohl daran zu wissen, was Gott an sich selbst (seine Natur)[a]) sei, sondern was er für uns als moralische Wesen sei; wiewohl wir zum Behuf dieser Beziehung die göttliche Naturbeschaffenheit so denken und annehmen müssen, als es zu diesem Verhältnisse in der ganzen zur Ausführung seines Willens erforderlichen Vollkommenheit

---

die uns dazu hinzieht, erkennen wir: die Möglichkeit der beabsichtigten Wirkung, wenn wir jener gleich gehorchen, liegt über die Grenzen aller unserer Einsicht hinaus. — Es gibt Geheimnisse, Verborgenheiten (*arcana*) der Natur, es kann Geheimnisse (Geheimnishaltung[b]), *secreta*) der Politik geben, die nicht öffentlich bekannt werden sollen; aber beide können uns doch, sofern sie auf empirischen Ursachen beruhen, bekannt werden. In Ansehung dessen, was zu erkennen allgemeine Menschenpflicht ist (nämlich des Moralischen), kann es kein Geheimnis geben, aber in Ansehung dessen, was nur Gott tun kann, wozu etwas selbst zu tun unser Vermögen, mithin auch unsere Pflicht übersteigt, da kann es nur eigentliches, nämlich heiliges Geheimnis (*mysterium*) der Religion geben, wovon uns etwa[c]) nur, daß es ein solches gebe, zu wissen und es zu verstehen, nicht eben es einzusehen, nützlich sein möchte.[d])

---

a) „(seine Natur)“ Zusatz der 2. Auflage.
b) 1. Aufl. und Ak.-Ausg.: „Geheimhaltung“.
c) „etwa“ fehlt in der 1. Auflage.
d) 1. Aufl.: „nützlich ist“.

nötig ist (z. B. als eines unveränderlichen, allwissenden, allmächtigen etc. Wesens) und ohne diese Beziehung nichts an ihm erkennen können.

Diesem Bedürfnisse der praktischen Vernunft gemäß ist nun der allgemeine wahre Religionsglaube der Glaube an Gott, 1) als den allmächtigen Schöpfer Himmels und der Erden, d. i. moralisch als *heiligen* Gesetzgeber, 2) an ihn, den Erhalter des menschlichen Geschlechts, als *gütigen* Regierer und moralischen Versorger desselben, 3) an ihn, den Verwalter seiner eigenen heiligen Gesetze, d. i. als *gerechten* Richter.

Dieser Glaube enthält eigentlich kein Geheimnis, weil er lediglich das moralische Verhalten Gottes zum menschlichen Geschlechte ausdrückt; auch bietet er sich aller menschlichen Vernunft von selbst dar und wird daher in der Religion der meisten gesitteten Völker angetroffen.*)
[212] Er liegt | in dem Begriffe eines Volkes als eines gemeinen Wesens, worin eine solche dreifache obere Gewalt (*pouvoir*) jederzeit gedacht werden muß, nur daß dieses hier als ethisch vorgestellt wird; daher diese dreifache Qualität des moralischen Oberhaupts des menschlichen

---

[211] *) In der heiligen Weissagungsgeschichte der letzten Dinge wird der *Weltrichter* (eigentlich der, welcher die, die zum
[212] Reiche des guten Prinzips gehören, als die Seinigen | unter seine Herrschaft nehmen und sie aussondern wird) nicht als Gott, sondern als Menschensohn vorgestellt und genannt. Das scheint anzuzeigen, daß die *Menschheit selbst*, ihrer Einschränkung und Gebrechlichkeit sich bewußt, in dieser Auswahl den Ausspruch tun werde; welches eine Gütigkeit ist, die doch der Gerechtigkeit nicht Abbruch tut. — Dagegen kann der Richter der Menschen in seiner Gottheit, d. i. wie[a]) er zu unserem Gewissen nach dem heiligen von uns anerkannten Gesetze und unserer eigenen Zurechnung spricht, vorgestellt[b]) (der heilige Geist), nur als nach der Strenge des Gesetzes richtend gedacht werden, weil wir selbst, wieviel auf Rechnung unserer Gebrechlichkeit uns zu gute kommen könne, schlechterdings nicht wissen, sondern bloß unsere Übertretung mit dem Bewußtsein unserer Freiheit und der gänzlich uns zu schulden kommenden Verletzung der Pflicht vor Augen haben und so keinen Grund haben, in dem Richterausspruche über uns Gütigkeit anzunehmen.

---

a) 1. Aufl.: „so, wie“.
b) 1. Aufl.: „vorgestellt wird“.

Geschlechts in einem und demselben[a]) Wesen vereinigt gedacht werden kann, die in einem juridisch-bürgerlichen Staate notwendig unter drei verschiedene Subjekte verteilt sein müßte.[b])*)

Weil aber doch dieser Glaube, der das moralische [213] Verhältnis der Menschen zum höchsten Wesen, zum Behuf einer Religion überhaupt, von schädlichen Anthropomorphismen gereinigt und der echten Sittlichkeit eines Volkes Gottes angemessen hat, in einer (der christlichen) Glaubenslehre zuerst und in derselben allein der Welt öffentlich aufgestellt worden, so kann man die Bekanntmachung desselben wohl die Offenbarung desjenigen nennen, was für Menschen durch ihre eigene Schuld bis dahin Geheimnis war.

In ihr nämlich heißt es **erstlich**: man soll den höchsten Gesetzgeber als einen solchen sich nicht als

---

*) Man kann nicht wohl den Grund angeben, warum so viele [212] alte Völker in dieser Idee übereinkamen, wenn es nicht der ist, daß sie in der allgemeinen Menschenvernunft liegt, wenn man sich eine Volks- und (nach der Analogie mit derselben) eine Weltregierung denken will. Die Religion des **Zoroaster** hatte diese drei göttlichen Personen: Ormuzd, Mithra und Ahriman, die **hinduische**: den Brahma, Wischnu und Siewen (nur mit dem Unterschiede, daß **jene** die dritte Person nicht bloß als Urheber | des **Übels**, sofern es Strafe ist, sondern selbst des [213] **Moralisch-Bösen**, wofür der Mensch bestraft wird; **diese** aber sie bloß als richtend und strafend vorstellt). Die **ägyptische** hatte ihre **Phta**, **Kneph** und **Neith**, wovon, soviel die Dunkelheit der Nachrichten aus den ältesten Zeiten dieses Volkes erraten läßt, das erste den von der Materie unterschiedenen Geist als **Weltschöpfer**, das zweite Prinzip die erhaltende und **regierende** Gütigkeit, das dritte die jene einschränkende Weisheit, d. i. **Gerechtigkeit** vorstellen sollte. Die **gotische** verehrte ihren **Odin** (Allvater), ihre **Freya** (auch **Freyer**, die Güte) und **Thor**, den richtenden (strafenden) Gott. Selbst die **Juden** scheinen in den letzten Zeiten ihrer hierarchischen Verfassung diesen Ideen nachgegangen zu sein. Denn in der Anklage der Pharisäer: daß Christus sich einen **Sohn Gottes** genannt habe, scheinen sie auf die Lehre, daß Gott einen Sohn habe, kein besonderes Gewicht der Beschuldigung zu legen, sondern nur darauf, daß **er** dieser Sohn Gottes habe sein wollen. (Diese Anmerkung ist Zusatz der 2. Auflage.)

---

a) 1. Aufl.: „in einem einigen“.
b) 1. Aufl.: „mußte“.

gnädig, mithin *nachsichtlich* (indulgent) für die Schwäche der Menschen, noch *despotisch* und bloß nach seinem unbeschränktem Recht gebietend und seine
[214] Gesetze nicht als | willkürliche, mit unseren Begriffen der Sittlichkeit gar nicht verwandte, sondern als auf Heiligkeit des Menschen bezogene Gesetze vorstellen. *Zweitens*, man muß seine Güte nicht in einem unbedingten *Wohlwollen* gegen seine Geschöpfe, sondern darein setzen, daß er auf die moralische Beschaffenheit derselben, dadurch sie ihm *wohlgefallen* können, zuerst sieht und ihr Unvermögen, dieser Bedingung von selbst Genüge zu tun, nur alsdann ergänzt. *Drittens*, seine Gerechtigkeit kann nicht als *gütig* und *abbittlich* (welches einen Widerspruch enthält), noch weniger als in der Qualität der *Heiligkeit* des Gesetzgebers (vor der kein Mensch gerecht ist) ausgeübt vorgestellt werden, sondern nur als Einschränkung der Gütigkeit auf die Bedingung der Übereinstimmung der Menschen mit dem heiligen Gesetze, soweit sie als *Menschenkinder* der Anforderung des letzteren gemäß sein könnten. — Mit einem Wort: Gott will in einer dreifachen spezifisch verschiedenen moralischen Qualität gedient sein, für welche die Benennung der verschiedenen (nicht physischen, sondern moralischen) Persönlichkeit eines und desselben Wesens kein unschicklicher Ausdruck ist, welches Glaubenssymbol zugleich die ganze reine moralische Religion ausdrückt, die ohne diese Unterscheidung sonst Gefahr läuft, nach dem Hange des Menschen, sich die Gottheit wie ein menschliches Oberhaupt zu denken (weil er in seinem Regiment diese dreifache Qualität gemeiniglich nicht voneinander absondert, sondern sie oft vermischt oder verwechselt), in einen anthropomorphistischen Fronglauben auszuarten.

Wenn aber eben dieser Glaube (an eine göttliche Dreieinigkeit) nicht bloß als Vorstellung einer praktischen Idee, sondern als ein solcher, der das, was Gott an sich selbst sei, vorstellen solle, betrachtet würde, so würde er
[215] ein alle | menschlichen Begriffe übersteigendes, mithin einer Offenbarung für die menschliche Fassungskraft unfähiges Geheimnis sein und als ein solches in diesem Betracht angekündigt werden können. Der Glaube an dasselbe als Erweiterung der theoretischen Erkenntnis von der göttlichen Natur würde nur das Bekenntnis zu einem

den Menschen ganz unverständlichen und, wenn sie es zu verstehen meinen, anthropomorphistischen Symbol eines Kirchenglaubens sein, wodurch für die sittliche Besserung nicht das Mindeste ausgerichtet würde. — Nur das, was man zwar in praktischer Beziehung ganz wohl verstehen und einsehen kann, was aber in theoretischer Absicht (zur Bestimmung der Natur des Objekts an sich) alle unsere Begriffe übersteigt, ist Geheimnis (in einer Beziehung) und kann doch (in einer anderen) geoffenbart werden. Von der letzteren Art ist das obenbenannte, welches man in drei uns durch unsere eigene Vernunft geoffenbarte Geheimnisse einteilen kann:

1. Das der *Berufung* (der Menschen als Bürger zu einem ethischen Staat). — Wir können uns die allgemeine *unbedingte* Unterwerfung des Menschen unter die göttliche Gesetzgebung nicht anders denken, als sofern wir uns zugleich als seine *Geschöpfe* ansehen; ebenso, wie Gott nur darum als Urheber aller Naturgesetze angesehen werden kann, weil er der Schöpfer der Naturdinge ist. Es ist aber für unsere Vernunft schlechterdings unbegreiflich, wie Wesen zum freien Gebrauch ihrer Kräfte *erschaffen* sein sollen; weil wir nach dem Prinzip der Kausalität einem Wesen, das als hervorgebracht angenommen wird, keinen anderen inneren Grund seiner Handlungen beilegen können als denjenigen, welchen die hervorbringende Ursache in dasselbe gelegt hat, durch welchen | (mithin durch eine äußere Ursache) dann auch [216]
jede Handlung desselben bestimmt, mithin dieses Wesen selbst nicht frei sein würde. Also läßt sich die göttliche, heilige, mithin bloß freie Wesen angehende Gesetzgebung mit dem Begriffe einer Schöpfung derselben durch unsere Vernunfteinsicht nicht vereinbaren, sondern man muß jene als schon[a]) existierende freie Wesen betrachten, welche nicht durch ihre Naturabhängigkeit vermöge ihrer Schöpfung, sondern durch eine bloß moralische, nach Gesetzen der Freiheit mögliche Nötigung, d. i. eine Berufung zur Bürgerschaft[b]) im göttlichen Staate bestimmt werden. So ist die Berufung zu diesem Zwecke moralisch ganz klar, für die Spekulation aber ist die Möglichkeit dieser Berufenen ein undurchdringliches Geheimnis.

a) Kant: „schon als“, verb. Vorländer.

b) 1. Aufl.: „Bürgschaft“; Handschrift: „zu Bürgern“.

2. Das Geheimnis der *Genugtuung*. Der Mensch, so wie wir ihn kennen, ist verderbt und keineswegs jenem heiligen Gesetze von selbst angemessen. Gleichwohl, wenn ihn die Güte Gottes gleichsam ins Dasein gerufen, d. i. zu einer besonderen Art zu existieren (zum Gliede des Himmelreichs) eingeladen hat, so muß er auch ein Mittel haben, den Mangel seiner hierzu erforderlichen Tauglichkeit aus der Fülle seiner eigenen Heiligkeit zu ersetzen. Dieses ist aber der Spontaneität (welche bei allem moralischen Guten oder Bösen, das ein Mensch an sich haben mag, vorausgesetzt wird) zuwider, nach welcher ein solches Gute nicht von einem anderen, sondern von ihm selbst herrühren muß, wenn es ihm soll zugerechnet werden können. — Es kann ihn also, soviel die Vernunft einsieht, kein anderer durch das Übermaß seines Wohlverhaltens und durch sein Verdienst vertreten oder, wenn dieses angenommen wird, so kann es nur in moralischer
[217] Absicht not|wendig sein, es *anzunehmen*; denn fürs Vernünfteln ist es ein unerreichbares Geheimnis.

3. Das Geheimnis der *Erwählung*. Wenn auch jene stellvertretende Genugtuung als möglich eingeräumt wird, so ist doch die moralisch-gläubige Annehmung derselben eine Willensbestimmung zum Guten, die schon eine gottgefällige Gesinnung im Menschen voraussetzt, die dieser aber nach dem natürlichen Verderben in sich von selbst nicht hervorbringen kann. Daß aber eine himmlische *Gnade* in ihm wirken solle, die diesen Beistand[a]) nicht nach Verdienst der Werke, sondern durch unbedingten *Ratschluß* einem Menschen bewilligt, dem anderen verweigert, und der eine Teil unseres Geschlechts zur Seligkeit, der andere zur ewigen Verwerfung ausersehen werde, gibt wiederum keinen Begriff von einer göttlichen Gerechtigkeit, sondern müßte allenfalls auf eine Weisheit bezogen werden, deren Regel für uns schlechterdings ein Geheimnis ist.

Über diese Geheimnisse nun, sofern sie die moralische Lebensgeschichte jedes Menschen betreffen: wie es nämlich zugeht, daß ein sittlich Gutes oder Böses überhaupt in der Welt sei, und (ist das letztere in allen und zu jeder Zeit), wie aus dem letzteren doch das erstere entspringe

a) „diesen Beistand" Zusatz der 2. Aufl.

und in irgend einem Menschen hergestellt werde; oder warum, wenn *dieses* an einigen geschieht, andere doch davon ausgeschlossen bleiben — hat uns Gott nichts offenbart und kann uns auch nichts offenbaren, weil wir es doch nicht *verstehen**) | würden. Es wäre, als wenn [218]
wir das, was geschieht, am Menschen aus seiner Freiheit *erklären* und uns *begreiflich machen* wollten, darüber Gott zwar durchs moralische Gesetz in uns seinen Willen offenbart hat, die *Ursachen* aber, aus welchen eine freie Handlung[a]) auf Erden geschehe oder auch nicht geschehe, in demjenigen Dunkel gelassen hat, in welchem für menschliche Nachforschung alles bleiben muß, was als Geschichte, doch auch aus der Freiheit nach dem Gesetze der Ursachen und Wirkungen begriffen werden soll.**) Über die objektive Regel unseres Verhaltens

---

*) Man trägt gemeiniglich kein Bedenken, den Lehrlingen [217]
der Religion den Glauben an Geheimnisse zuzumuten, weil, daß wir sie nicht *begreifen*, d. i. die Möglichkeit des Gegenstandes derselben nicht einsehen können, uns ebensowenig zur Weigerung ihrer Annahme berechtigen könne, als etwa das Fortpflanzungs- [218]
vermögen orga|nischer Materien, was auch kein Mensch begreift und darum doch nicht anzunehmen geweigert werden kann, ob es gleich ein Geheimnis für uns ist und bleiben wird. Aber wir *verstehen* doch sehr wohl, was dieser Ausdruck sagen wolle, und haben einen empirischen Begriff von dem Gegenstande mit Bewußtsein, daß darin kein Widerspruch sei. — Von einem jeden zum Glauben aufgestellten Geheimnisse kann man nun mit Recht fordern, daß man *verstehe*, was unter demselben gemeint sei; welches nicht dadurch geschieht, daß man die Wörter, wodurch es angedeutet wird, *einzeln* versteht, d. i. damit einen Sinn verbindet, sondern daß sie, zusammen in einen Begriff gefaßt, noch einen Sinn zulassen müssen und nicht etwa dabei alles Denken ausgehe. — Daß, wenn man seinerseits es nur nicht am ernstlichen Wunsch ermangeln läßt, Gott diese Erkenntnis uns wohl durch *Eingebung* zukommen lassen könne, läßt sich nicht denken; denn es kann uns gar nicht inhärieren, weil die Natur unseres Verstandes dessen unfähig ist. (Diese Anmerkung ist Zusatz der 2. Aufl.)

**) Daher wir, was Freiheit sei, in praktischer Beziehung (wenn von Pflicht die Rede ist) gar wohl verstehen, in theoretischer Absicht aber, was die Kausalität derselben (gleichsam ihre Natur) betrifft, ohne Widerspruch nicht einmal daran denken können, sie verstehen zu wollen. (Diese Anmerkung ist Zusatz der 2. Aufl.)

---

a) 1. Aufl.: „aus welchen Ursachen dieses aber“.

[219] aber | ist uns alles, was wir bedürfen (durch Vernunft und Schrift), hinreichend offenbart, und diese Offenbarung ist zugleich für jeden Menschen verständlich.

Daß der Mensch[a]) durchs moralische Gesetz zum guten Lebenswandel berufen sei, daß er durch unauslöschliche Achtung für dasselbe, die in ihm liegt, auch zum Zutrauen gegen diesen guten Geist und zur Hoffnung, ihm, wie es auch zugehe, genugtun zu können, Verheißung in sich finde, endlich, daß er, die letztere Erwartung mit dem strengen Gebot des ersteren zusammenhaltend, sich als zur Rechenschaft vor einen Richter gefordert beständig prüfen müsse: darüber belehren und dahin treiben zugleich Vernunft, Herz und Gewissen. Es ist unbescheiden zu verlangen, daß uns noch mehr eröffnet werde, und wenn dieses geschehen sein sollte, müßte er es nicht zum allgemeinen menschlichen Bedürfnis zählen.

Obzwar aber jenes, alle genannten in einer Formel befassende, große Geheimnis jedem Menschen durch seine Vernunft als praktisch notwendige Religionsidee begreiflich gemacht werden kann, so kann man doch sagen, daß es, um moralische Grundlage der Religion, vornehmlich einer öffentlichen, zu werden, damals allererst offenbart worden, als es öffentlich gelehrt und zum Symbol einer ganz neuen Religionsepoche gemacht wurde. Solenne Formeln enthalten gewöhnlich ihre eigene, bloß für die, welche zu einem besonderen Verein (einer Zunft oder gemeinen Wesen) gehören, bestimmte, bisweilen mystische, nicht von jedem verstandene Sprache, deren man sich auch billig (aus Achtung) nur zum Behuf einer feierlichen Handlung bedienen sollte (wie etwa, wenn jemand in eine sich von anderen aussondernde Gesellschaft als Glied aufgenommen werden soll). Das höchste, für Menschen nie
[220] völlig erreichbare Ziel | der moralischen Vollkommenheit endlicher Geschöpfe ist aber[b]) die Liebe des Gesetzes.

Dieser Idee gemäß würde es in der Religion ein Glaubensprinzip[c]) sein: „Gott ist die Liebe"; in ihm kann man den Liebenden (mit der Liebe des moralischen Wohlgefallens an Menschen, sofern sie seinem heiligen

a) 1. Aufl.: „er".
b) „aber" fehlt in der 1. Auflage.
c) 1. Aufl.: „Glaubensgesetz".

Gesetze adäquat sind), den Vater; ferner[a]) in ihm, so-
fern er sich in seiner alles erhaltenden[b]) Idee, dem[a]) von
ihm selbst gezeugten und geliebten Urbilde[a]) der Mensch-
heit darstellt, seinen Sohn; endlich auch, sofern er
dieses Wohlgefallen auf die Bedingungen der Überein-
stimmung der Menschen mit der Bedingung jener Liebe
des Wohlgefallens einschränkt und dadurch als auf Weis-
heit gegründete Liebe beweist, den heiligen Geist*)
verehren; eigent|lich aber nicht in so vielfacher Persön- [221]

*) Dieser Geist, durch welchen die Liebe Gottes als Selig- [220]
machers (eigentlich unsere dieser gemäße Gegenliebe) mit der
Gottesfurcht vor ihm als Gesetzgeber, d. i. das Bedingte mit der
Bedingung vereinigt wird, welcher also „als von beiden aus-
gehend“ vorgestellt werden kann, ist, außerdem daß „er in alle
Wahrheit (Pflichtbeobachtung) leitet“, zugleich der eigentliche
Richter der Menschen (vor ihrem Gewissen). Denn das Richten
kann in zwiefacher Bedeutung genommen werden: entweder als
das über Verdienst und Mangel des Verdienstes oder über[c])
Schuld und Unschuld. Gott als die Liebe betrachtet (in seinem
Sohn) richtet die Menschen sofern, als ihnen über ihre Schuldig-
keit noch ein Verdienst zu statten kommen kann, und da ist
sein Ausspruch: würdig oder nichtwürdig. Er sondert die-
jenigen als die Seinen aus, denen ein solches noch zugerechnet
werden kann. Die übrigen gehen leer aus. Dagegen ist die
Sentenz des Richters nach Gerechtigkeit (des eigentlich so
zu nennenden Richters, unter dem Namen des heiligen Geistes)
über die, denen kein Verdienst zu statten kommen kann:
schuldig oder unschul|dig, d. i. Verdammung oder Los- [221]
sprechung. — [d])Das Richten bedeutet im ersten Falle die
Aussonderung der Verdienten von den Unverdienten, die
beiderseits um einen Preis (der Seligkeit) sich bewerben. Unter
Verdienst aber wird hier nicht ein Vorzug der Moralität in
Beziehung aufs Gesetz (in Ansehung dessen uns kein Überschuß
der Pflichtbeobachtung über unsere Schuldigkeit zukommen kann),
sondern in Vergleichung mit anderen Menschen, was ihre mora-
lische Gesinnung betrifft, verstanden. Die Würdigkeit hat
immer auch nur negative Bedeutung (nicht-unwürdig), nämlich
der moralischen Empfänglichkeit für eine solche Güte. — Der

a) 1. Aufl.: „ferner, der in ihm . . . Idee der von ihm . . . geliebten, dem Urbilde“.

b) Rosenkranz: „enthaltenden“.

c) „über“ fehlt in der 2. Auflage.

d) „Das Richten bedeutet . . . Rechtsausspruch tut“. Zusatz der 2. Auflage.

lichkeit anrufen (denn das würde eine Verschiedenheit
[222] der Wesen andeu|ten, er ist aber immer nur ein einiger Gegenstand), wohl aber im Namen des von ihm selbst über alles verehrten, geliebten Gegenstandes, mit dem es Wunsch und zugleich Pflicht ist, in moralischer Ver-

---

also in der ersten Qualität (als Brabenta)[a]) richtet, fällt das Urteil der Wahl zwischen zweien sich um den Preis (der Seligkeit) bewerbenden Personen (oder Parteien); der in der zweiten Qualität aber (der eigentliche Richter) die Sentenz über eine und dieselbe Person vor einem Gerichtshofe (dem Gewissen), der zwischen Ankläger und Sachwalter den Rechtsausspruch tut.[b]) — Wenn nun angenommen wird, daß alle Menschen zwar unter der Sündenschuld stehen, einigen von ihnen aber doch ein Verdienst zu statten kommen könne, so findet der Ausspruch des Richters aus Liebe statt, dessen Mangel nur ein Abweisungsurteil nach sich ziehen, wovon aber das Verdammungsurteil (indem der Mensch alsdann dem Richter aus Gerechtigkeit anheimfällt) die unausbleibliche Folge sein würde. — Auf solche Weise können meiner Meinung nach die scheinbar einander widerstreitenden Sätze: „Der Sohn wird kommen, zu richten die Lebendigen und die Toten," und andrerseits: „Gott hat ihn nicht in die Welt gesandt, daß er die Welt richte, sondern daß sie durch ihn selig werde" (Ev. Joh. 3, 17), vereinigt werden und mit dem in Übereinstimmung stehen, wo gesagt wird: „Wer an den Sohn nicht glaubet, der ist schon
[222] gerichtet" (V. 18), nämlich durch den|jenigen Geist, von dem es heißt: „Er wird die Welt richten um der Sünde und um der Gerechtigkeit willen". — Die ängstliche Sorgfalt solcher Unterscheidungen im Felde der bloßen Vernunft, als für welche sie hier eigentlich angestellt werden, könnte man leicht für unnütze und lästige Subtilität halten; sie würde es auch sein, wenn sie auf die Erforschung der göttlichen Natur angelegt wäre. Allein, da die Menschen in ihrer Religionsangelegenheit beständig geneigt sind, sich wegen ihrer Verschuldigungen an die göttliche Güte zu wenden, gleichwohl aber seine Gerechtigkeit nicht umgehen können, ein gütiger Richter aber in einer und derselben Person ein Widerspruch ist, so sieht man wohl, daß selbst in praktischer Rücksicht ihre Begriffe hierüber sehr schwankend und mit sich selbst unzusammenstimmend sein müssen, ihre Berichtigung und genaue Bestimmung also von großer praktischer Wichtigkeit sei.

---

a) Brabenta: im Altertum = Kampfrichter, bezeichnete zu Kants Zeit den Vorsitzenden bei Disputationen an den Universitäten. [Anm. des Herausg.]

b) Siehe vorige Seite d).

einigung zu stehen. Übrigens gehört das theoretische Bekenntnis des Glaubens an die göttliche Natur in dieser dreifachen Qualität zur bloßen klassischen Formel eines Kirchenglaubens, um ihn von anderen aus historischen Quellen abgeleiteten Glaubensarten zu unterscheiden, mit welchem wenige Menschen einen deutlichen und bestimmten (keiner Mißdeutung ausgesetzten) Begriff zu verbinden imstande sind, und dessen Erörterung mehr den Lehrern in ihrem Verhältnis zueinander (als philosophischen und gelehrten Auslegern eines heiligen Buches) zukommt, um sich über dessen Sinn zu einigen, in welchem nicht alles für die gemeine Fassungskraft oder auch für das Bedürfnis dieser Zeit ist, der bloße Buchstabenglaube aber die wahre Religionsgesinnung eher verdirbt als bessert.

Der

philosophischen Religionslehre

viertes Stück.

Viertes Stück. [225]

Vom Dienst und Afterdienst unter der Herrschaft des guten Prinzips,

oder

von Religion und Pfaffentum.

Es ist schon ein Anfang der Herrschaft des guten Prinzips und ein Zeichen, „daß das Reich Gottes zu uns komme“, wenn auch nur die Grundsätze der Konstitution desselben *öffentlich* zu werden anheben; denn das ist in der Verstandeswelt schon da, wozu die Gründe, die es allein bewirken können, allgemein Wurzel gefaßt haben, obschon die vollständige Entwickelung seiner Erscheinung in der Sinnenwelt noch in unabsehliche Ferne hinausgerückt ist. Wir haben gesehen, daß zu einem ethischen gemeinen Wesen sich zu vereinigen, eine Pflicht von besonderer Art (*officium sui generis*) sei, und daß, wenngleich ein jeder seiner Privatpflicht gehorcht, man daraus wohl eine *zu|fällige Zusammenstimmung* aller zu [226] einem gemeinschaftlichen Guten, auch ohne daß dazu noch besondere Veranstaltung nötig wäre, folgern könne, daß aber doch jene Zusammenstimmung aller nicht gehofft werden darf, wenn nicht aus der Vereinigung derselben miteinander zu ebendemselben Zwecke und Errichtung eines **gemeinen Wesens** unter moralischen Gesetzen als vereinigter und darum stärkerer Kraft, den Anfechtungen des bösen Prinzips (welchem Menschen zu Werkzeugen zu dienen sonst voneinander selbst versucht werden) sich zu widersetzen, ein besonderes Geschäft gemacht wird. — Wir haben auch gesehen, daß ein solches gemeines Wesen, als ein **Reich Gottes**, nur durch *Religion* von Menschen unternommen, und daß endlich, damit diese öffentlich sei (welches zu einem gemeinen Wesen erfordert wird), jenes in der sinnlichen Form einer *Kirche* vorgestellt werden könne, deren Anordnung also den Menschen als ein Werk, was ihnen überlassen ist und von ihnen gefordert werden kann, zu stiften obliegt.

Eine Kirche aber als ein gemeines Wesen nach Religionsgesetzen zu errichten, scheint mehr Weisheit (sowohl der Einsicht als der guten Gesinnung nach) zu erfordern, als man wohl den Menschen zutrauen darf; zumal das moralische Gute, welches durch eine solche Veranstaltung beabsichtigt wird, zu diesem Behuf schon an ihnen *vor-*
[227] *ausgesetzt* werden zu müssen scheint. In | der Tat ist es auch ein widersinnischer Ausdruck, daß *Menschen* ein Reich Gottes *stiften* sollten (so wie man von ihnen wohl sagen mag, daß sie ein Reich eines menschlichen Monarchen errichten können); Gott muß selbst der Urheber seines Reiches sein. Allein da wir nicht wissen, was Gott unmittelbar tue, um die Idee seines Reiches, in welchem Bürger und Untertanen zu sein wir die moralische Bestimmung in uns finden, in der Wirklichkeit darzustellen, aber wohl, was wir zu tun haben, um uns zu Gliedern desselben tauglich zu machen, so wird diese Idee, sie mag nun durch Vernunft oder durch Schrift im menschlichen Geschlecht erweckt und *öffentlich* geworden sein, uns doch zur Anordnung einer Kirche verbinden, von welcher im letzteren Fall Gott selbst als Stifter der Urheber der *Konstitution*, Menschen aber doch, als Glieder und freie Bürger dieses Reiches, in allen Fällen die Urheber der *Organisation* sind; da denn diejenigen unter ihnen[a]), welche der letzteren gemäß die öffentlichen Geschäfte derselben verwalten, die *Administration* derselben als Diener[b]) der Kirche, sowie alle übrigen eine ihren Gesetzen unterworfene Mitgenossenschaft, die *Gemeinde*, ausmachen.

Da eine reine Vernunftreligion als öffentlicher Religionsglaube nur die bloße Idee von einer Kirche (nämlich einer unsichtbaren) verstattet und die sichtbare, die auf

---

a) 1. Aufl.: „diejenigen unter ihnen aber".

b) Die 1. Aufl. hat hinter „Diener" den Zusatz „(officiales)", vgl. unten S. 184.

Satzungen gegründet ist, allein einer Organisation durch [228]
Menschen bedürftig und fähig ist: so wird der Dienst unter der Herrschaft des guten Prinzips in der ersten nicht als Kirchendienst angesehen werden können, und jene Religion hat keine gesetzlichen Diener als *Beamte* eines ethischen gemeinen Wesens; ein jedes Glied desselben empfängt unmittelbar von dem höchsten Gesetzgeber seine Befehle. Da wir aber gleichwohl in Ansehung aller unserer Pflichten (die wir insgesamt zugleich als göttliche Gebote anzusehen haben) jederzeit im Dienste Gottes stehen, so wird die *reine Vernunftreligion* alle wohldenkenden Menschen zu ihren *Dienern* (doch ohne *Beamte* zu sein) haben; nur werden sie sofern nicht Diener einer Kirche (einer sichtbaren nämlich, von der allein hier die Rede ist) heißen können. — Weil indessen jede auf statutarischen Gesetzen errichtete Kirche nur sofern die wahre sein kann, als sie in sich ein Prinzip enthält, sich dem reinen Vernunftglauben (als demjenigen, der, wenn er praktisch ist, in jedem Glauben eigentlich die Religion ausmacht) beständig zu nähern und den Kirchenglauben (nach dem, was in ihm historisch ist) mit der Zeit entbehren zu können, so werden wir in diesen Gesetzen und an den Beamten der darauf gegründeten Kirche doch einen *Dienst* (*cultus*) der Kirche sofern setzen können, als diese ihre Lehren und Anordnung jederzeit auf jenen letzten Zweck (einen öffentlichen Religionsglauben) richten. Im Gegenteil werden die Diener einer Kirche, welche darauf gar nicht Rücksicht nehmen, vielmehr die Maxime der kontinuierlichen Annäherung zu [229]
demselben für verdammlich, die Anhänglichkeit aber an den historischen und statutarischen Teil des Kirchenglaubens für allein seligmachend erklären, des *Afterdienstes* der Kirche oder (dessen, was durch diese vorgestellt wird) des ethischen gemeinen Wesens unter der Herrschaft des guten Prinzips mit Recht beschuldigt werden können. — Unter einem Afterdienst (*cultus spurius*) wird die Überredung, jemand durch solche Handlungen zu dienen, verstanden, die in der Tat[a]) dieses seine Absicht rückgängig machen. Das geschieht aber in einem

a) „in der Tat" Zusatz der 2. Aufl.

gemeinen Wesen dadurch, daß, was nur den Wert eines Mittels hat, um dem Willen eines Oberen Genüge zu tun, für dasjenige ausgegeben und an die Stelle dessen gesetzt wird, was uns ihm unmittelbar wohlgefällig mache[a]); wodurch dann die Absicht des letzteren vereitelt wird.

a) So nach Kants Manuskript (Arnoldt S. 405), anstatt des in den Druck übergegangenen „macht".

Erster Teil.

Vom Dienst Gottes in einer Religion überhaupt.

Religion ist (subjektiv betrachtet) die Erkenntnis aller unserer Pflichten als göttlicher Gebote.*) Die-
je|nige, in welcher ich vorher wissen muß, daß etwas ein [230]

---

*) Durch diese Definition wird mancher fehlerhaften Deutung [229]
des Begriffes einer Religion überhaupt vorgebeugt. | Erstlich: [230]
daß in ihr, was das theoretische Erkenntnis und Bekenntnis betrifft, kein assertorisches Wissen (selbst des Daseins Gottes nicht) gefordert wird, weil bei dem Mangel unserer Einsicht übersinnlicher Gegenstände dieses Bekenntnis[a]) schon geheuchelt sein könnte; sondern nur ein der Spekulation nach über die oberste Ursache der Dinge problematisches Annehmen (Hypothesis), in Ansehung des Gegenstandes aber, wohin uns unsere moralisch gebietende Vernunft zu wirken anweist, ein dieser ihrer Endabsicht Effekt verheißendes praktisches, mithin freies assertorisches Glauben vorausgesetzt wird, welches nur der Idee von Gott, auf die alle moralische ernstliche (und darum gläubige) Bearbeitung zum Guten unvermeidlich geraten muß, bedarf, ohne sich anzumaßen, ihr durch theoretische Erkenntnis die objektive Realität sichern zu können. Zu dem, was jedem Menschen zur Pflicht gemacht werden kann, muß das Minimum der Erkenntnis (es ist möglich, daß ein Gott sei) subjektiv schon hinreichend sein. Zweitens wird durch diese Definition einer Religion überhaupt der irrigen Vorstellung, als sei sie ein Inbegriff besonderer, auf Gott unmittelbar bezogener Pflichten, vorgebeugt und dadurch verhütet, daß wir nicht (wie dazu Menschen ohnedem sehr geneigt sind) außer den ethisch-bürgerlichen Menschenpflichten (von Menschen gegen Menschen) noch Hofdienste annehmen und hernach wohl gar die Ermangelung in Ansehung der ersteren durch die letzteren gut zu machen suchen. Es gibt keine besonderen Pflichten gegen Gott in einer allgemeinen Religion; denn Gott kann von uns nichts empfangen; wir können auf und für ihn nicht wirken. Wollte man die schuldige Ehrfurcht gegen ihn zu einer solchen Pflicht machen,

---

a) Kant: „Bekenntnisses", verbessert von Hartenstein.

[231] göttliches Gebot sei, um es als meine Pflicht an|zuerkennen, ist die *geoffenbarte* (oder einer Offenbarung benötigte) Religion; dagegen diejenige, in der ich zuvor wissen muß, daß etwas Pflicht sei, ehe ich es für ein göttliches Gebot anerkennen kann, ist die *natürliche Religion*. — Der, welcher bloß die natürliche Religion für moralisch notwendig, d. i. für Pflicht erklärt, kann auch der *Rationalist* (in Glaubenssachen) genannt werden. Wenn dieser die Wirklichkeit aller übernatürlichen göttlichen Offenbarung verneint, so heißt er Naturalist; läßt er nun diese zwar zu, behauptet aber, daß sie zu kennen und für wirklich anzunehmen, zur Religion nicht notwendig erfordert wird,
[232] so würde er ein *reiner Rationalist* genannt | werden können; hält er aber den Glauben an dieselbe zur allgemeinen Religion für notwendig, so würde er der reine *Supernaturalist* in Glaubenssachen heißen können.

Der Rationalist muß sich vermöge dieses seines Titels von selbst schon innerhalb der Schranken der menschlichen Einsicht halten. Daher wird er nie als Naturalist absprechen und weder die innere Möglichkeit einer Offenbarung überhaupt noch die Notwendigkeit einer Offenbarung als eines göttlichen Mittels zur Introduktion der wahren Religion bestreiten; denn hierüber kann kein Mensch durch Vernunft etwas ausmachen. Also kann die

---

so bedenkt man nicht, daß diese nicht eine besondere Handlung
[231] der Religion, sondern die religiöse Gesinnung | bei allen unseren pflichtmäßigen Handlungen überhaupt sei. Wenn es auch heißt: „Man soll Gott mehr gehorchen als den Menschen“, so bedeutet das nichts anderes als: wenn statutarische Gebote, in Ansehung deren Menschen Gesetzgeber und Richter sein können, mit Pflichten, die die Vernunft unbedingt vorschreibt und über deren Befolgung und Übertretung Gott allein Richter sein kann, in Streit kommen, so muß jener ihr Ansehen diesen weichen. Wollte man aber unter dem, worin Gott mehr als den Menschen gehorcht werden muß, die statutarischen, von einer Kirche dafür ausgegebenen Gebote Gottes verstehen, so würde jener Grundsatz leichtlich das mehrmalen gehörte Feldgeschrei heuchlerischer und herrschsüchtiger Pfaffen zum Aufruhr wider ihre bürgerliche Obrigkeit werden können. Denn das Erlaubte, was die letztere gebietet, ist *gewiß* Pflicht; ob aber etwas zwar an sich Erlaubtes, aber nur durch göttliche Offenbarung für uns Erkennbares wirklich von Gott geboten sei, ist (wenigstens größtenteils) höchst ungewiß.

Streitfrage nur die wechselseitigen Ansprüche des reinen Rationalisten und des Supernaturalisten in Glaubenssachen oder dasjenige betreffen, was der eine oder der andere als zur alleinigen wahren Religion notwendig und hinlänglich oder nur als zufällig an ihr annimmt.

Wenn man die Religion nicht nach ihrem ersten Ursprunge und ihrer inneren Möglichkeit (da sie in natürliche und geoffenbarte eingeteilt wird), sondern bloß nach der[a]) Beschaffenheit derselben, die sie *der äußeren Mitteilung fähig* macht, einteilt, so kann sie von zweierlei Art sein: entweder die *natürliche*, von der (wenn sie einmal da ist) jedermann durch seine Vernunft überzeugt werden kann, oder eine *gelehrte Re|ligion*, [233] von der man andere nur vermittelst der Gelehrsamkeit (in und durch welche sie geleitet werden müssen) überzeugen kann. — Diese Unterscheidung ist sehr wichtig, denn man kann aus dem Ursprunge einer Religion allein auf ihre Tauglichkeit oder Untauglichkeit, eine allgemeine Menschenreligion zu sein, nichts folgern, wohl aber aus ihrer Beschaffenheit, allgemein mitteilbar zu sein oder nicht; die erstere Eigenschaft aber macht den wesentlichen Charakter derjenigen Religion aus, die jeden Menschen verbinden soll.

Es kann demnach eine Religion die *natürliche*, gleichwohl aber auch *geoffenbart* sein, wenn sie so beschaffen ist, daß die Menschen durch den bloßen Gebrauch ihrer Vernunft auf sie von selbst *hätten kommen können und sollen*, ob sie zwar nicht so früh oder in so weiter Ausbreitung, als verlangt wird, auf dieselbe gekommen sein *würden*, mithin eine Offenbarung derselben zu einer gewissen Zeit und an einem gewissen Orte weise und für das menschliche Geschlecht sehr ersprießlich sein konnte, so doch, daß, wenn die dadurch eingeführte Religion einmal da ist und öffentlich bekannt gemacht worden, forthin jedermann sich von dieser ihrer Wahrheit durch sich selbst und seine eigene Vernunft überzeugen kann. In diesem Falle ist die Religion *objektiv* eine natürliche, obwohl *subjektiv* eine geoffenbarte; weshalb ihr auch der erstere Name eigentlich gebührt. Denn es könnte in der Folge | allenfalls gänz- [234]

a) „der“ ist in der 2. Auflage ausgefallen.

lich in Vergessenheit kommen, daß eine solche übernatürliche Offenbarung je vorgegangen sei, ohne daß dabei jene Religion doch das Mindeste weder an ihrer Faßlichkeit noch an Gewißheit noch an ihrer Kraft über die Gemüter verlöre. Mit der Religion aber, die ihrer inneren Beschaffenheit wegen nur als geoffenbart angesehen werden kann, ist es anders bewandt. Wenn sie nicht in einer ganz sicheren Tradition oder in heiligen Büchern als Urkunden aufbehalten würde, so würde sie aus der Welt verschwinden, und es müßte entweder eine von Zeit zu Zeit öffentlich wiederholte oder in jedem Menschen innerlich eine kontinuierlich fortdauernde übernatürliche Offenbarung vorgehen, ohne welche die Ausbreitung und Fortpflanzung eines solchen Glaubens nicht möglich sein würde.

Aber einem Teile nach wenigstens muß jede, selbst die geoffenbarte Religion doch auch gewisse Prinzipien der natürlichen enthalten. Denn Offenbarung kann zum Begriff einer *Religion* nur durch die Vernunft hinzugedacht werden, weil dieser Begriff selbst, als von einer Verbindlichkeit unter dem Willen eines *moralischen* Gesetzgebers abgeleitet, ein reiner Vernunftbegriff ist. Also werden wir selbst eine geoffenbarte Religion einerseits noch als *natürliche*, andererseits aber als *gelehrte* Religion betrachten, prüfen und, was oder wieviel ihr von der einen oder der anderen Quelle zustehe, unterscheiden können.

[235] Es läßt sich aber, wenn wir von einer geoffenbarten (wenigstens einer dafür angenommenen) Religion zu reden die Absicht haben, dieses nicht wohl tun, ohne irgend ein Beispiel davon aus der Geschichte herzunehmen, weil wir uns doch Fälle als Beispiele erdenken müßten, um verständlich zu werden, welcher Fälle Möglichkeit uns aber sonst[a]) bestritten werden könnte. Wir können aber[b]) nicht besser tun, als irgend ein Buch, welches dergleichen enthält, vornehmlich ein solches, welches mit sittlichen, folglich mit vernunftverwandten Lehren innigst verwebt ist, zum Zwischenmittel der Erläuterungen unserer Idee einer geoffenbarten Religion überhaupt zur Hand zu nehmen,

a) 1. Aufl.: „selbst"; näheres s. bei Arnoldt a. a. O. S. 406.
b) 1. Aufl.: „also".

welches wir dann als eins von den mancherlei Büchern, die von Religion und Tugend unter dem Kredit einer Offenbarung handeln, zum Beispiele des an sich nützlichen Verfahrens, das, was uns darin reine, mithin allgemeine Vernunftreligion sein mag, herauszusuchen, vor uns nehmen, ohne dabei in[a]) das Geschäft derer, denen die Auslegung desselben Buchs als Inbegriffs positiver Offenbarungslehren anvertraut ist, einzugreifen und ihre Auslegung, die sich auf Gelehrsamkeit gründet, dadurch anfechten zu wollen. Es ist der letzteren vielmehr vorteilhaft, da sie mit den Philosophen auf einen und denselben Zweck, nämlich das Moralisch-Gute ausgeht, diese durch ihre eigenen Vernunftgründe ebendahin zu bringen, wohin sie auf einem anderen Wege selbst zu gelangen denkt. — Dieses Buch mag | nun hier das Neue Testament, als Quelle der [236] christlichen Glaubenslehre, sein. Unserer Absicht zufolge wollen wir nun in zwei Abschnitten erstlich die christliche Religion als natürliche und dann zweitens als gelehrte Religion nach ihrem Inhalte und nach den darin vorkommenden Prinzipien vorstellig machen.

Des ersten Teils erster Abschnitt.

Die christliche Religion als natürliche Religion.

Die natürliche Religion als Moral (in Beziehung auf die Freiheit des Subjekts), verbunden mit dem Begriffe desjenigen, was ihrem letzten Zwecke Effekt verschaffen kann (dem Begriffe von Gott als moralischem Welturheber), und bezogen auf eine Dauer des Menschen, die diesem ganzen Zwecke angemessen ist (auf Unsterblichkeit), ist ein reiner praktischer Vernunftbegriff, der ungeachtet seiner unendlichen Fruchtbarkeit doch nur so wenig theoretisches Vernunftvermögen voraussetzt, daß man jeden Menschen von ihr praktisch hinreichend überzeugen und wenigstens die Wirkung derselben jedermann als Pflicht zumuten kann. Sie hat das große Erfordernis der wahren Kirche, nämlich die | Qualifikation zur All- [237]

---

a) 1. Aufl.: „an".

gemeinheit in sich, sofern man darunter die Gültigkeit für jedermann (*universalitas vel omnitudo distributiva*), d. i. allgemeine Einhelligkeit versteht. Um sie in diesem Sinne als Weltreligion auszubreiten und zu erhalten, bedarf sie freilich zwar einer Dienerschaft (*ministerium*) der bloß unsichtbaren Kirche, aber keiner Beamten (*officiales*), d. i. Lehrer, aber nicht Vorsteher, weil durch Vernunftreligion jedes einzelnen noch keine Kirche als allgemeine Vereinigung (*omnitudo collectiva*) existiert oder auch durch jene Idee eigentlich beabsichtigt wird. — Da sich aber eine solche Einhelligkeit nicht von selbst erhalten, mithin ohne eine sichtbare Kirche zu werden, in ihrer Allgemeinheit nicht fortpflanzen dürfte, sondern nur, wenn eine kollektive Allgemeinheit, d. i. Vereinigung der Gläubigen in eine (sichtbare) Kirche nach Prinzipien einer reinen Vernunftreligion dazu kommt, diese aber aus jener Einhelligkeit nicht von selbst entspringt oder auch, wenn sie errichtet worden wäre, von ihren freien Anhängern (wie oben gezeigt worden) nicht in einen beharrlichen Zustand als eine Gemeinschaft der Gläubigen gebracht werden würde (indem keiner von diesen Erleuchteten zu seinen Religionsgesinnungen der Mitgenossenschaft anderer an einer solchen Religion zu bedürfen glaubt): so wird, wenn über die natürlichen, durch bloße Vernunft erkennbaren Gesetze nicht noch gewisse statutarische, aber zugleich mit gesetzgebendem Ansehen (Autorität) begleitete Verordnungen | [238] hinzukommen, dasjenige doch immer noch mangeln, was eine besondere Pflicht der Menschen, ein Mittel zum höchsten Zwecke derselben ausmacht, nämlich die beharrliche Vereinigung derselben zu einer allgemeinen sichtbaren Kirche; welches Ansehen, ein Stifter derselben zu sein, ein Faktum und nicht bloß den reinen Vernunftbegriff voraussetzt.

Wenn wir nun einen Lehrer annehmen, von dem eine Geschichte (oder wenigstens die allgemeine nicht gründlich zu bestreitende Meinung) sagt, daß er eine reine, aller Welt faßliche (natürliche) und eindringende Religion, deren Lehren als uns aufbehalten wir desfalls selbst prüfen können, zuerst öffentlich und sogar zum Trotz eines lästigen, zur moralischen Absicht nicht abzweckenden herrschenden Kirchenglaubens (dessen Frondienst zum Beispiel jedes anderen, in der Hauptsache bloß statutarischen

Glaubens, dergleichen in der Welt zu derselben Zeit allgemein war, dienen kann) vorgetragen habe; wenn wir finden, daß er jene allgemeine Vernunftreligion zur obersten unnachläßlichen Bedingung eines jeden Religionsglaubens gemacht habe und nun gewisse Statuta hinzugefügt habe, welche Formen und Observanzen enthalten, die zu Mitteln dienen sollen,[a] eine auf jene Prinzipien zu gründende Kirche zustande zu bringen: so kann man, unerachtet der Zufälligkeit und des Willkürlichen seiner hierauf abzweckenden Anordnungen, der letzteren doch den | Namen [239]
der wahren allgemeinen Kirche, ihm selbst aber das Ansehen nicht streitig machen,[b] die Menschen zur Vereinigung in dieselbe berufen zu haben, ohne den Glauben mit neuen belästigenden Anordnungen eben vermehren oder auch aus den von ihm zuerst getroffenen besondere heilige und für sich selbst als Religionsstücke verpflichtende Handlungen machen zu wollen.

Man kann nach dieser Beschreibung die Person nicht verfehlen, die zwar nicht als *Stifter* der von allen Satzungen reinen, in aller Menschen Herz geschriebenen *Religion* (denn die ist nicht von willkürlichem Ursprunge), aber doch der ersten wahren *Kirche* verehrt werden kann. — Zur Beglaubigung dieser seiner Würde als göttlicher Sendung wollen wir einige seiner Lehren als zweifelsfreie Urkunden einer Religion überhaupt anführen; es mag mit der Geschichte stehen, wie es wolle (denn in der Idee selbst liegt schon der hinreichende Grund zur Annahme), und die freilich keine anderen als reine Vernunftlehren werden sein können; denn diese sind es allein, die sich selbst beweisen, und auf denen also die Beglaubigung der anderen vorzüglich beruhen muß.

Zuerst will er, daß nicht die Beobachtung äußerer bürgerlicher oder statutarischer Kirchenpflichten, sondern nur die reine moralische Herzensgesinnung den Menschen Gott wohlgefällig machen könne[c] (Matth. V, | 20—48); [240]
daß Sünde in Gedanken vor Gott der Tat gleich geachtet

---

a) 1. Aufl.: „sollten".
b) 1. Aufl.: „streiten".
c) 1. Aufl.: „kann".

werde (V. 28), und überhaupt Heiligkeit das Ziel sei, wohin er streben soll (V. 48); daß z. B. im Herzen hassen soviel sei als töten (V. 22); daß ein dem Nächsten zugefügtes Unrecht nur durch Genugtuung an ihm selbst, nicht durch gottesdienstliche Handlungen könne vergütet werden (V. 24), und im Punkte der Wahrhaftigkeit das bürgerliche Erpressungsmittel*), der Eid, der Achtung für
[241] die Wahr|heit selbst Abbruch tue (V. 34—37); — daß der natürliche, aber böse Hang des menschlichen Herzens ganz umgekehrt werden solle; das süße Gefühl der Rache in Duldsamkeit (V. 39, 40) und der Haß seiner Feinde in Wohltätigkeit (V. 44) übergehen müsse. So, sagt er, sei er gemeint, dem jüdischen Gesetze völlig Genüge zu tun (V. 17), wobei aber sichtbarlich nicht Schriftgelehrsamkeit, sondern reine Vernunftreligion die Auslegerin desselben sein muß; denn nach dem Buchstaben genommen, erlaubte es[a]) gerade das Gegenteil von diesem allem. — Er läßt überdem doch auch unter den Benennungen der

[240] *) Es ist nicht wohl einzusehen, warum dieses klare Verbot wider das auf bloßen Aberglauben, nicht auf Gewissenhaftigkeit gegründete Zwangsmittel zum Bekenntnisse vor einem bürgerlichen Gerichtshofe von Religionslehrern für so unbedeutend gehalten wird. Denn daß es Aberglauben sei, auf dessen Wirkung man hier am meisten rechnet, ist daran zu erkennen, daß von einem Menschen, dem man nicht zutraut, er werde in einer feierlichen Aussage, auf deren Wahrheit die Entscheidung des Rechts der Menschen (des Heiligsten[b]), was in der Welt ist) beruht, die Wahrheit sagen, doch geglaubt wird, er werde durch eine Formel dazu bewogen werden, die über jene Aussage nichts weiter enthält, als daß er die göttlichen Strafen (denen er ohnedem wegen einer solchen Lüge nicht entgehen kann) über sich aufruft, gleich als ob es auf ihn ankomme, vor diesem höchsten Gericht Rechenschaft zu geben oder nicht. — In der angeführten Schriftstelle wird diese Art der Beteuerung als eine ungereimte Vermessenheit vorgestellt, Dinge gleichsam durch Zauberworte wirklich zu machen, die doch nicht in unserer Gewalt sind. — Aber man sieht wohl, daß der weise Lehrer, der da sagt: daß, was über das Ja, Ja! Nein, Nein! als Beteuerung der Wahrheit
[241] geht, vom Übel sei, die böse Folge vor Augen gehabt habe, welche die Eide nach sich ziehen: daß nämlich die ihnen beigelegte größere Wichtigkeit die gemeine Lüge beinahe erlaubt macht.

a) scil. das jüdische Gesetz; 1 Aufl.: „sie“.
b) 2. Aufl.: „Heiligen“; vgl. Bd. 47 I, S. 129 Anm.

engen Pforte und des schmalen Weges die Mißdeutung des Gesetzes nicht unbemerkt, welche sich die Menschen erlauben, um ihre wahre moralische Pflicht vorbeizugehen und sich dafür durch Erfüllung der Kirchenpflicht schadlos zu halten (VII, 13).*) Von diesen reinen Gesinnungen fordert er gleichwohl, daß sie sich auch in Taten beweisen [242] sollen (V. 16), und spricht dagegen denen ihre hinterlistige Hoffnung ab, die den Mangel derselben durch Anrufung und Hochpreisung des höchsten Gesetzgebers in der Person seines Gesandten zu ersetzen und sich Gunst zu erschmeicheln meinen (V. 21). Von diesen Werken will er, daß sie um des Beispiels willen zur Nachfolge auch öffentlich geschehen sollen (V, 16) und zwar in fröhlicher Gemütsstimmung, nicht als knechtisch abgedrungene Handlungen (VI, 16), und daß so, von einem kleinen Anfange der Mitteilung und Ausbreitung solcher Gesinnungen, als einem Samenkorne in gutem Acker oder einem Ferment des Guten, sich die Religion durch innere Kraft allmählich zu einem Reiche Gottes vermehren würde (XIII, 31. 32. 33). — Endlich faßt er alle Pflichten 1) in einer **allgemeinen** Regel zusammen (welche sowohl das innere als das äußere moralische Verhältnis der Menschen in sich begreift), nämlich: tue deine Pflicht aus keiner anderen Triebfeder als der unmittelbaren Wertschätzung derselben, d. i. liebe Gott (den Gesetzgeber aller Pflichten) über alles, 2) einer **besonderen** Regel, nämlich die das äußere Verhältnis zu anderen Menschen als allgemeine Pflicht betrifft: liebe einen jeden als dich selbst, d. i. befördere ihr Wohl aus unmittelbarem, nicht von eigennützigen Triebfedern abgeleitetem Wohlwollen; welche Gebote nicht bloß Tugendgesetze, sondern Vorschriften der **Heiligkeit** sind, der wir nachstreben sollen, in | Ansehung [243] deren aber die bloße Nachstrebung **Tugend** heißt. — Denen also, die dieses

---

*) Die **enge Pforte** und der schmale Weg, der zum Leben [241] führt, ist der des guten Lebenswandels, die **weite Pforte** und der breite Weg, den viele wandeln, ist die Kirche. Nicht als ob es an ihr und ihren Satzungen liege, daß Menschen verloren werden, sondern daß das **Gehen** in dieselbe und Bekenntnis ihrer Statute oder Celebrierung ihrer Gebräuche für die Art genommen wird, durch die Gott eigentlich gedient sein will.

moralische Gute mit der Hand im Schoße als eine himmlische Gabe von oben herab ganz passiv zu erwarten meinen, spricht er alle Hoffnung dazu ab. Wer die natürliche Anlage zum Guten, die in der menschlichen Natur (als ein ihm anvertrautes Pfund) liegt, unbenutzt läßt, im faulen Vertrauen, ein höherer moralischer Einfluß werde wohl die ihm mangelnde sittliche Beschaffenheit und Vollkommenheit sonst ergänzen, dem droht er an, daß selbst das Gute, was er aus natürlicher Anlage möchte getan haben, um dieser Verabsäumung willen ihm nicht zu statten kommen solle (XXV, 29).

Was nun die dem Menschen sehr natürliche Erwartung eines dem sittlichen Verhalten des Menschen angemessenen Loses in Ansehung der Glückseligkeit betrifft, vornehmlich bei so manchen Aufopferungen der letzteren, die der ersteren wegen haben übernommen werden müssen, so verheißt er (V, 11. 12) dafür Belohnung einer künftigen Welt; aber nach Verschiedenheit der Gesinnungen bei diesem Verhalten, denen, die ihre Pflicht *um der Belohnung* (oder auch Lossprechung von einer verschuldeten Strafe) *willen* taten, auf andere Art als den besseren Menschen, die sie bloß um ihrer selbst willen ausübten. Der, welchen der Eigennutz, der Gott dieser Welt, beherrscht, wird, wenn er, ohne sich von ihm loszusagen,
[244] ihn nur durch | Vernunft verfeinert und über die enge Grenze des Gegenwärtigen ausdehnt, als ein solcher (Luc. XVI, 3—9) vorgestellt, der jenen seinen Herrn durch sich selbst betrügt und ihm Aufopferungen zum Behuf der Pflicht abgewinnt. Denn wenn er es in Gedanken faßt, daß er doch einmal, vielleicht bald, die Welt werde verlassen müssen, daß er von dem, was er hier besaß, in die andere nichts mitnehmen könne, so entschließt er sich wohl, das, was er oder sein Herr, der Eigennutz, hier an dürftigen Menschen gesetzmäßig zu fordern hatte, von seiner Rechnung abzuschreiben und sich gleichsam dafür Anweisungen, zahlbar in einer anderen Welt, anzuschaffen; wodurch er zwar mehr *klüglich* als *sittlich*, was die Triebfeder solcher wohltätigen Handlungen betrifft, aber doch dem sittlichen Gesetze, wenigstens dem Buchstaben nach, gemäß verfährt, und hoffen darf, daß auch dieses ihm in der Zukunft nicht

unvergolten bleiben dürfe.*) Wenn man hiermit | vergleicht, was von der Wohltätigkeit an Dürftigen aus bloßen Bewegungsgründen der Pflicht (Matth. XXV, 35—40) gesagt wird, da der Weltrichter diejenigen, welche den Notleidenden Hilfe leisteten, ohne sich auch nur in Gedanken kommen zu lassen, daß so etwas noch einer Belohnung wert sei und sie etwa dadurch gleichsam den Himmel zur Belohnung verbänden, gerade eben darum, weil sie es ohne Rücksicht auf Belohnung taten, für die eigentlichen Auserwählten zu seinem Reich erklärt: so sieht man wohl, daß der Lehrer des Evangeliums, wenn er von der Belohnung in der künftigen Welt spricht, sie dadurch nicht zur Triebfeder der Handlungen, sondern nur (als seelenerhebende Vorstellung der Vollendung der göttlichen Güte und Weisheit in Führung des menschlichen Geschlechts) zum Objekt der reinsten Verehrung und des größten moralischen Wohlgefallens für eine die Bestimmung des Menschen im ganzen beurteilende Vernunft habe machen wollen. [245]

Hier ist nun eine vollständige Religion, die allen Menschen durch ihre eigene Vernunft faßlich und überzeugend vorgelegt werden kann, die über das an einem Beispiele, dessen Möglichkeit und sogar Notwendigkeit, [246] für uns Urbild der Nachfolge zu sein (soviel Menschen dessen fähig sind), anschaulich gemacht worden, ohne daß weder die Wahrheit jener Lehren noch das Ansehen und die Würde des Lehrers irgend einer anderen Beglaubigung (dazu Gelehrsamkeit oder Wunder, die nicht jedermanns Sache sind, erfordert würde) bedürfte. Wenn darin Be-

*) Wir wissen von der Zukunft nichts und sollen auch nicht [244] nach mehrerem forschen, als was mit den Triebfedern der Sittlichkeit und dem Zwecke derselben in vernunftmäßiger Verbindung steht. Dahin gehört auch der Glaube, daß es keine gute Handlung gebe, die nicht auch in der künftigen Welt für den, der sie ausübt, ihre gute Folge haben werde; mithin der Mensch, er mag sich am Ende des Lebens auch noch so verwerflich finden, sich dadurch doch nicht müsse abhalten lassen, wenigstens noch eine gute Handlung, die in seinem Vermögen ist, zu tun, und daß er dabei zu hoffen Ursache habe, sie werde nach dem Maße, | als er hierin eine reine gute Absicht hegt, noch immer [245] von mehrerem Werte sein, als jene tatlosen Entsündigungen, die, ohne etwas zur Verminderung der Schuld beizutragen, den Mangel guter Handlungen ersetzen sollen.

rufungen auf die ältere (Mosaische) Gesetzgebung und Vorbildung, als ob sie ihm zur Bestätigung dienen sollten, vorkommen, so sind diese nicht für die Wahrheit der gedachten Lehren selbst, sondern nur zur Introduktion unter Leuten, die gänzlich und blind am Alten hingen, gegeben worden, welches unter Menschen, deren Köpfe mit statutarischen Glaubenssätzen angefüllt, für die Vernunftreligion beinahe unempfänglich geworden, allezeit viel schwerer sein muß, als wenn sie an die Vernunft unbelehrter, aber auch unverdorbener Menschen hätte gebracht werden sollen. Um deswillen darf es auch niemand befremden, wenn er einen den damaligen Vorurteilen sich bequemenden Vortrag für die jetzige Zeit rätselhaft und einer sorgfältigen Auslegung bedürftig findet: ob er zwar allerwärts eine Religionslehre durchscheinen läßt und zugleich öfters darauf ausdrücklich hinweist, die jedem Menschen verständlich und ohne allen Aufwand von Gelehrsamkeit überzeugend sein muß.

---

[247] Zweiter Abschnitt.

Die christliche Religion als gelehrte Religion.

Sofern eine Religion Glaubenssätze als notwendig vorträgt, die nicht durch die Vernunft als solche erkannt werden können, gleichwohl aber doch allen Menschen auf alle künftige Zeiten unverfälscht (dem wesentlichen Inhalt nach) mitgeteilt werden sollen, so ist sie (wenn man nicht ein kontinuierliches Wunder der Offenbarung annehmen will) als ein der Obhut der *Gelehrten* anvertrautes heiliges Gut anzusehen. Denn ob sie gleich *anfangs* mit Wundern und Taten begleitet, auch in dem, was durch Vernunft eben nicht bestätigt wird, allenthalben Eingang finden konnte, so wird doch selbst die Nachricht von diesen Wundern, zusamt den Lehren, die der Bestätigung durch dieselbe bedurften, *in der Folge der Zeit* eine schriftliche, urkundliche und unveränderliche Belehrung der Nachkommenschaft nötig haben.

Die Annehmung der Grundsätze einer Religion heißt vorzüglicherweise der *Glaube* (*fides sacra*). Wir werden also den christlichen Glauben einerseits als einen reinen Vernunftglauben, andrerseits als einen Offenbarungsglauben (*fides statutaria*) zu betrachten haben. Der erstere kann nun als ein von jedem frei angenommener (*fides elicita*), der zweite als ein gebotener Glaube (*fides* [248] *imperata*) betrachtet werden. Von dem Bösen, was im menschlichen Herzen liegt und von dem niemand frei ist, von der Unmöglichkeit, durch seinen Lebenswandel sich jemals vor Gott für gerechtfertigt zu halten, und gleichwohl der Notwendigkeit einer solchen vor ihm gültigen Gerechtigkeit, von der Untauglichkeit des Ersatzmittels für die ermangelnde Rechtschaffenheit durch kirchliche Observanzen und fromme Frondienste, und dagegen der unerläßlichen Verbindlichkeit, ein neuer Mensch zu werden, kann sich ein jeder durch seine Vernunft überzeugen, und es gehört zur Religion, sich davon zu überzeugen.

Von da an aber, da die christliche Lehre auf Fakta, nicht auf bloße Vernunftbegriffe gebaut ist, heißt sie nicht mehr bloß die christliche Religion, sondern der christliche Glaube, der einer Kirche zum Grunde gelegt worden. Der Dienst einer Kirche, die einem solchen Glauben geweiht ist, ist also zweiseitig: einerseits derjenige, welcher ihr nach dem historischen Glauben geleistet werden muß; andrerseits, welcher ihr nach dem praktischen und moralischen Vernunftglauben gebührt. Keiner von beiden kann in der christlichen Kirche als für sich allein bestehend von dem anderen getrennt werden; der letztere darum nicht von dem ersteren, weil der christliche Glaube ein Religionsglaube, der erstere nicht von dem letzteren, weil er ein gelehrter Glaube ist.

Der christliche Glaube als gelehrter Glaube stützt [249] sich auf Geschichte und ist, sofern als ihm Gelehrsamkeit (objektiv) zum Grunde liegt, nicht ein an sich freier und von Einsicht hinlänglicher theoretischer Beweisgründe abgeleiteter Glaube (*fides elicita*). Wäre er ein reiner Vernunftglaube, so würde er, obwohl die moralischen Gesetze, worauf er als Glaube an einen göttlichen Gesetzgeber gegründet ist, unbedingt gebieten, doch als freier Glaube betrachtet werden müssen; wie er im ersten Abschnitte auch vorgestellt worden. Ja er würde auch noch, wenn man das Glauben nur nicht zur Pflicht machte, als Geschichtsglaube ein theoretisch freier Glaube sein können;

wenn jedermann gelehrt wäre. Wenn er aber für jedermann, auch den Ungelehrten gelten soll, so ist er nicht bloß ein gebotener, sondern auch dem Gebot blind, d. i. ohne Untersuchung, ob es auch wirklich göttliches Gebot sei, gehorchender Glaube (*fides servilis*).

In der christlichen Offenbarungslehre kann man aber keineswegs vom unbedingten Glauben an geoffenbarte (der Vernunft für sich verborgene) Sätze anfangen, und die gelehrte Erkenntnis etwa bloß als Verwahrung gegen einen den Nachzug anfallenden Feind darauf folgen lassen; denn sonst wäre der christliche Glaube nicht bloß *fides imperata*, sondern sogar *servilis*. Er muß also jederzeit wenigstens als *fides historice elicita* gelehrt werden, d. i.
[250] Gelehr|samkeit müßte in ihr, als geoffenbarter Glaubenslehre, nicht den Nachtrab, sondern den Vortrab ausmachen, und die kleine Zahl der Schriftgelehrten (Kleriker), die auch durchaus der profanen Gelahrtheit nicht entbehren könnten, würde den langen Zug der Ungelehrten (Laien), die für sich der Schrift unkundig sind (und worunter selbst die weltbürgerlichen Regenten gehören), nach sich schleppen. — Soll dieses nun nicht geschehen, so muß die allgemeine Menschenvernunft in einer natürlichen Religion in der christlichen Glaubenslehre für das oberste gebietende Prinzip anerkannt und geehrt, die Offenbarungslehre aber, worauf eine Kirche gegründet wird und die der Gelehrten als Ausleger und Aufbewahrer bedarf, als bloßes, aber höchst schätzbares Mittel, um der ersteren Faßlichkeit selbst für die Unwissenden, Ausbreitung und Beharrlichkeit zu geben, geliebt und kultiviert werden.

Das ist der wahre Dienst der Kirche unter der Herrschaft des guten Prinzips; der aber, wo der Offenbarungsglaube vor der Religion vorhergehen soll, der Afterdienst, wodurch die moralische Ordnung ganz umgekehrt und das, was nur Mittel ist, unbedingt (gleich als Zweck) geboten wird. Der Glaube an Sätze, von welchen der Ungelehrte sich weder durch Vernunft noch Schrift (sofern diese allererst beurkundet werden müßte) vergewissern kann, würde zur absoluten Pflicht gemacht
[251] (*fides imperata*) und so | samt anderen damit verbundenen Observanzen zum Rang eines auch ohne moralische Bestimmungsgründe der Handlungen als Frondienst selig-

machenden Glaubens erhoben werden. — Eine Kirche, auf das letztere Prinzipium gegründet, hat nicht eigentlich Diener (*ministri*) sowie die von der ersteren Verfassung, sondern gebietende hohe Beamte (*officiales*), welche, wenn sie gleich (wie in einer protestantischen Kirche) nicht im Glanz der Hierarchie als mit äußerer Gewalt bekleidete geistliche Beamte erscheinen und sogar mit Worten dagegen protestieren, in der Tat doch sich für die einigen berufenen Ausleger einer heiligen Schrift gehalten wissen wollen, nachdem sie die reine Vernunftreligion der ihr gebührenden Würde, allemal die höchste Auslegerin derselben zu sein, beraubt und die Schriftgelehrsamkeit allein zum Behuf des Kirchenglaubens zu brauchen geboten haben. Sie verwandeln auf diese Art den Dienst der Kirche (*ministerium*) in eine Beherrschung der Glieder derselben (*imperium*), obzwar sie, um diese Anmaßung zu verstecken, sich des bescheidenen Titels des ersteren bedienen. Aber diese Beherrschung, die der Vernunft leicht gewesen wäre, kommt ihr teuer, nämlich mit dem Aufwande großer Gelehrsamkeit, zu stehen. Denn „blind in Ansehung der Natur reißt sie sich das ganze Altertum über den Kopf und begräbt sich darunter." — Der Gang, den die Sachen, auf diesen Fuß gebracht, nehmen, ist folgender:

Zuerst wird das von den ersten Ausbreitern der Lehre [252]
Christi klüglich beobachtete Verfahren, ihr unter ihrem Volk Eingang zu verschaffen, für ein Stück der Religion selbst, für alle Zeiten und Völker geltend, genommen, sodaß man glauben sollte, ein jeder Christ müßte ein Jude sein, dessen Messias gekommen ist;a) womit aber nicht wohl zusammenhängt, daß er doch eigentlich an kein Gesetz des Judentums (als statutarisches) gebunden sei, dennoch aber das ganze heilige Buch dieses Volkes als göttliche für alle Menschen gegebene Offenbarung gläubig annehmen müsse.*) — | Nun setzt es [253]

*) Mendelssohn b) benutzt diese schwache Seite der gewöhnlichen Vorstellungsart des Christentums auf sehr geschickte Art, um alles Ansinnen an einen Sohn Israels zum Religionsübergange völlig abzuweisen. Denn, sagte er, da der jüdische Glaube, selbst nach dem Geständnisse der Christen, das unterste Geschoß ist [252]

a) Diese Worte sind in der 1. Auflage nicht gesperrt.

b) In seiner Schrift: *Jerusalem oder über religiöse Macht und Judentum* (1783).

sogleich mit der Authentizität dieses Buches (welche dadurch, daß Stellen aus demselben, ja die ganze darin vorkommende heilige Geschichte, in den Büchern der Christen zum Behuf dieses ihres Zweckes benutzt werden, lange noch nicht bewiesen ist) viel Schwierigkeit. Das Judentum war vor Anfang und selbst dem schon ansehnlichen Fortgange des Christentums ins gelehrte Publikum noch nicht eingetreten gewesen, d. i. den gelehrten Zeitgenossen anderer Völker noch nicht bekannt, ihre[a]) Geschichte gleichsam noch nicht kontrolliert und so ihr heiliges Buch wegen seines Altertums zur historischen Glaubwürdigkeit gebracht worden. Indessen dieses auch eingeräumt, ist es nicht genug, es in Übersetzungen zu kennen und so auf die Nachkommenschaft zu übertragen, sondern zur Sicherheit des darauf gegründeten Kirchenglaubens wird auch erfordert, daß es auf alle künftige Zeit und in allen Völkern Gelehrte gebe, die der hebräischen Sprache (soviel es in einer solchen möglich ist, von der man nur ein einziges Buch hat) kundig sind, und es soll
[254] doch nicht bloß eine Angelegenheit der historischen Wis|sen-

worauf das Christentum als das obere ruht: so sei es ebensoviel, als ob man jemand zumuten wollte, das Erdgeschoß abzubrechen, um sich im zweiten Stockwerk ansässig zu machen. Seine wahre Meinung aber scheint ziemlich klar durch. Er will sagen: schafft ihr erst selbst das Judentum aus eurer Religion heraus (in der historischen Glaubenslehre mag es als eine Antiquität immer bleiben), so werden wir euren Vorschlag in Überlegung nehmen können. (In der Tat bliebe alsdann wohl keine andere als reinmoralische von Statuten unbemengte Religion übrig.) Unsere Last wird durch Abwerfung des Jochs äußerer Observanzen im mindesten nicht erleichtert, wenn uns dafür ein anderes, nämlich das der Glaubensbekenntnisse heiliger Geschichte, welches den Gewissenhaften viel härter drückt, aufgelegt wird. — Übrigens
[253] werden die heiligen Bücher dieses | Volkes, wenngleich nicht zum Behuf der Religion, doch für die Gelehrsamkeit wohl immer aufbehalten und geachtet bleiben: weil die Geschichte keines Volkes mit einigem Anschein von Glaubwürdigkeit auf Epochen der Vorzeit, in die alle uns bekannte Profangeschichte gestellt werden kann, so weit zurückdatiert ist als diese (sogar bis zum Anfange der Welt), und so die große Leere, welche jene übrig lassen muß, doch wodurch ausgefüllt wird.[b])

a) scil. der Juden.

b) Diese Anmerkung ist Zusatz der 2. Aufl.

schaft überhaupt, sondern eine, woran die Seligkeit der Menschen hängt, sein, daß es Männer gibt, welche derselben genugsam kundig sind, um der Welt die wahre Religion zu sichern.

Die christliche Religion hat zwar sofern ein ähnliches Schicksal, daß, obwohl die heiligen Begebenheiten derselben selbst unter den Augen eines gelehrten Volkes öffentlich vorgefallen sind, dennoch ihre Geschichte sich mehr als ein Menschenalter verspätet hat, ehe sie in das gelehrte Publikum desselben eingetreten ist, mithin die Authentizität derselben der Bestätigung durch Zeitgenossen entbehren muß. Sie hat aber den großen Vorzug vor dem Judentum, daß sie *aus dem Munde des ersten Lehrers* als eine nicht statutarische, sondern moralische Religion hervorgegangen vorgestellt wird und, auf solche Art mit der Vernunft in die engste Verbindung tretend, durch sie von selbst auch ohne historische Gelehrsamkeit auf alle Zeiten und Völker mit der größten Sicherheit verbreitet werden konnte. Aber die ersten Stifter der *Gemeinden* fanden es doch nötig, die Geschichte des Judentums damit zu verflechten, welches nach ihrer damaligen Lage, aber vielleicht auch nur für dieselbe klüglich gehandelt war und so in ihrem heiligen Nachlaß mit an uns gekommen ist. Die Stifter der *Kirche* aber nahmen diese episodischen Anpreisungsmittel unter die wesentlichen Artikel des Glaubens auf und vermehrten sie entweder mit Tra|dition oder Auslegungen, die von Konzilien gesetz- [255] liche Kraft erhielten[a]), oder durch Gelehrsamkeit beurkundet wurden, von welcher letzteren oder ihrem Antipoden, dem inneren Licht, welches sich jeder Laie auch anmaßen kann, noch nicht abzusehen ist, wieviel Veränderungen dadurch dem Glauben noch bevorstehen; welches nicht zu vermeiden ist, solange wir die Religion nicht in uns, sondern außer uns suchen.

---

a) Kant: „*enthielten*". Nachträglich sehe ich, daß die gleiche Verbesserung in „*erhielten*" schon im N. Theol. Journal von 1797 gemacht ist.

Zweiter Teil.

Vom Afterdienst Gottes in einer statutarischen Religion.

Die wahre alleinige Religion enthält nichts als Gesetze, d. i. solche praktische Prinzipien, deren unbedingter Notwendigkeit wir uns bewußt werden können, die wir also als durch reine Vernunft (nicht empirisch) offenbart anerkennen. Nur zum Behuf einer Kirche, deren es verschiedene gleich gute Formen geben kann, kann es Statuten, d. i. für göttlich gehaltene Verordnungen geben, die für unsere reine moralische Beurteilung willkürlich und zufällig sind. Diesen statutarischen Glauben nun (der allenfalls auf ein Volk eingeschränkt ist und nicht die allgemeine Weltreligion enthalten kann) für wesentlich zum Dienste Gottes überhaupt zu halten und ihn zur
[256] ober|sten Bedingung des göttlichen Wohlgefallens am Menschen zu machen, ist ein *Religionswahn*,*) dessen

---

[256] *) Wahn ist die Täuschung, die bloße Vorstellung einer Sache mit der Sache selbst für gleichgeltend zu halten. So ist es bei einem kargen Reichen der *geizende* Wahn, daß er die Vorstellung, sich einmal, wenn er wollte, seiner Reichtümer bedienen zu können, für genugsamen Ersatz dafür hält, daß er sich ihrer niemals bedient. Der *Ehrenwahn* setzt in anderer Hochpreisung, welche im Grunde nur die äußere Vorstellung ihrer (innerlich vielleicht gar nicht gehegten) Achtung ist, den Wert, den er bloß der letzteren beilegen sollte; zu diesem gehört also auch die Titel- und Ordenssucht; weil diese nur äußere Vorstellungen eines Vorzuges vor anderen sind. Selbst der *Wahnsinn* hat daher diesen Namen, weil er eine bloße Vorstellung (der Einbildungskraft) für die Gegenwart der Sache selbst zu nehmen und ebenso zu würdigen gewohnt ist. — Nun ist das Bewußtsein des Besitzes eines Mittels zu irgend einem Zweck (ehe man sich jenes bedient hat), der Besitz des letzteren bloß in der Vorstellung; mithin sich mit dem ersteren zu begnügen, gleich als ob es statt des Besitzes des letzteren gelten könne, ein *praktischer Wahn*; als von dem hier allein die Rede ist.

Befolgung ein Afterdienst, d. i. eine solche vermeintliche Verehrung Gottes ist, wodurch dem wahren, von ihm selbst geforderten Dienste gerade entgegengehandelt wird.

§ 1. [257]

Vom allgemeinen subjektiven Grunde des Religionswahnes.

Der Anthropomorphismus, der in der theoretischen Vorstellung von Gott und seinem Wesen den Menschen kaum zu vermeiden, übrigens aber doch (wenn er nur nicht auf Pflichtbegriffe einfließt) auch unschuldig genug ist, der ist in Ansehung unseres praktischen Verhältnisses zu seinem Willen und für unsere Moralität selbst höchst gefährlich; denn da machen wir uns einen Gott,*) wie wir ihn am leichtesten zu unserem Vorteil gewinnen zu können und der beschwerlichen ununterbrochenen Bemühung, auf das | Innerste unserer moralischen Gesinnung [258] zu wirken, überhoben zu werden glauben. Der Grundsatz, den der Mensch sich für dieses Verhältnis gewöhnlich macht, ist: daß durch alles, was wir lediglich darum tun, um der Gottheit wohlzugefallen (wenn es nur nicht eben der Moralität geradezu widerstreitet, ob es gleich dazu[b]) nicht das Mindeste beiträgt), wir Gott unsere Dienstwilligkeit als gehorsame und ebendarum wohlgefällige Unter-

---

*) Es klingt zwar bedenklich, ist aber keineswegs verwerflich, [257] zu sagen: daß ein jeder Mensch sich einen Gott mache, ja nach moralischen Begriffen (begleitet mit den unendlich großen Eigenschaften, die zu dem Vermögen gehören, an der Welt einen jenen angemessenen Gegenstand darzustellen), sich einen solchen selbst machen müsse, um an ihm den, der ihn gemacht hat, zu verehren. Denn auf welcherlei Art auch ein Wesen als Gott von einem anderen bekannt gemacht und beschrieben worden, ja ihm ein solches auch (wenn das möglich ist) selbst erscheinen möchte, so muß er diese Vorstellung doch allererst mit seinem Ideal zusammenhalten, um zu urteilen, ob er befugt sei, es für eine Gottheit zu halten und zu verehren. Aus bloßer Offenbarung, ohne jenen Begriff vorher in seiner Reinigkeit als Probierstein zum Grunde zu legen, kann es also keine Religion geben und alle Gottesverehrung würde Idolatrie sein.[a])

---

a) Diese Anmerkung ist Zusatz der 2. Auflage.

b) 1. Aufl.: „dazu auch".

tanen beweisen, also auch Gott (*in potentia*) dienen. —
Es dürfen nicht immer Aufopferungen sein, dadurch der
Mensch diesen Dienst Gottes zu verrichten glaubt; auch
Feierlichkeiten, selbst öffentliche Spiele, wie bei Griechen
und Römern, haben oft dazu dienen müssen und dienen
noch dazu, um die Gottheit einem Volke oder auch den
einzelnen Menschen ihrem Wahne nach günstig zu machen.
Doch sind die ersteren (die Büßungen, Kasteiungen,
Wallfahrten u. dgl.) jederzeit für kräftiger, auf die Gunst
des Himmels wirksamer und zur Entsündigung tauglicher
gehalten worden, weil sie die unbegrenzte (obgleich nicht
moralische) Unterwerfung unter seinen Willen stärker zu
bezeichnen dienen. Je unnützer solche Selbstpeinigungen
sind, je weniger sie auf die allgemeine moralische Besserung
des Menschen abgezweckt sind, desto heiliger scheinen
sie zu sein; weil sie eben darum, daß sie in der Welt
zu gar nichts nutzen, aber doch Mühe kosten, lediglich
zur Bezeugung der Ergebenheit gegen Gott abgezweckt
[259] zu sein | scheinen. — Obgleich, sagt man, Gott hierbei
durch die Tat in keiner Absicht gedient worden ist, so
sieht er doch hierin den guten Willen, das Herz an,
welches zwar zur Befolgung seiner moralischen Gebote
zu schwach ist, aber durch seine hierzu bezeugte Bereitwilligkeit
diese Ermangelung wieder gut macht. Hier
ist nun der Hang zu einem Verfahren sichtbar, das für
sich keinen moralischen Wert hat, als etwa nur als Mittel,
das sinnliche Vorstellungsvermögen zur Begleitung
intellektueller Ideen des Zweckes zu erhöhen oder um, wenn
es den letzteren etwa zuwider wirken könnte, es niederzudrücken;*)
[260] diesem Verfahren legen | wir doch in unserer
Meinung den Wert des Zweckes selbst oder, welches ebensoviel
ist, wir legen der Stimmung des Gemüts zur
Empfänglichkeit Gott ergebener Gesinnungen (**Andacht**
genannt) den Wert der letzteren bei; welches Verfahren

[259] *) Fürdiejenigen, welche allenthalben, wo die Unterscheidungen
des Sinnlichen vom Intellektuellen ihnen nicht so geläufig sind,
Widersprüche der Kritik der reinen Vernunft mit ihr selbst anzutreffen
glauben, merke ich hier an, daß, wenn von sinnlichen
Mitteln, das Intellektuelle (der reinen moralischen Gesinnung) zu
befördern oder von dem Hindernisse, welches die ersteren dem
letzteren entgegenstellen, geredet wird, dieser Einfluß zweier so
ungleichartiger Prinzipien niemals als **direkt** gedacht werden

mithin ein bloßer Religionswahn ist, der allerlei Formen annehmen kann, in deren einer er der moralischen ähnlicher sieht als in der anderen, der aber in allen nicht eine bloß unvorsätzliche Täuschung, sondern sogar eine Maxime ist, dem Mittel einen Wert an sich[a]) statt des Zweckes beizulegen, da denn vermöge der letzteren dieser Wahn unter allen diesen Formen gleich ungereimt und als verborgene Betrugsneigung verwerflich ist.

§ 2.

Das dem Religionswahne entgegengesetzte moralische Prinzip der Religion.

Ich nehme erstlich folgenden Satz als einen keines Beweises benötigten Grundsatz an; alles, was außer dem guten Lebenswandel der Mensch noch | tun [261]
zu können vermeint, um Gott wohlgefällig zu werden, ist bloßer Religionswahn und Afterdienst Gottes. — Ich sage, was der Mensch tun zu können glaubt; denn ob nicht über alles, was wir tun können, noch in den Geheimnissen der höchsten Weisheit etwas sein möge, was nur Gott tun kann, um uns zu ihm wohlgefälligen Menschen zu machen, wird hierdurch nicht verneint. Aber wenn die Kirche ein solches Geheimnis etwa als offenbart verkündigen sollte, so wird[d])

müsse. Nämlich als Sinnenwesen können wir[b]) an den Erscheinungen des intellektuellen Prinzips, d. i. der Bestimmung unserer physischen Kräfte durch freie Willkür, die sich in Handlungen hervortut, dem Gesetz entgegen oder ihm zu Gunsten wirken; sodaß Ursache und Wirkung als in der Tat gleichartig vorgestellt werden.[c]) Was aber das Übersinnliche (das subjektive Prinzip der Moralität in uns, was in der unbegreiflichen Eigenschaft der Freiheit verschlossen liegt), z. B. die reine Religionsgesinnung betrifft, von dieser sehen wir außer ihrem Gesetze (welches aber auch schon genug ist) nichts das Verhältnis der Ursache und Wirkung im Menschen Betreffende [260]
ein, d. i. wir können uns die Möglichkeit der Handlungen als

a) „an sich“ fehlt in der 1. Auflage.
b) 1. Aufl.: „wir nur“.
c) Kant: „werde“.
d) 1. Aufl.: „würde“.

doch die Meinung, daß diese Offenbarung, wie sie uns die heilige Geschichte erzählt, *zu glauben* und sie (es sei innerlich oder äußerlich) zu *bekennen*, an sich etwas sei, dadurch wir uns Gott wohlgefällig machen, ein gefährlicher Religionswahn sein. Denn dieses Glauben ist als inneres Bekenntnis seines festen Fürwahrhaltens so wahrhaftig ein *Tun*, das durch Furcht abgezwungen wird, daß ein aufrichtiger Mensch eher jede andere Bedingung als diese eingehen möchte, weil er bei allen anderen Frondiensten allenfalls nur etwas Überflüssiges, hier aber etwas dem Gewissen in einer Deklaration, von deren Wahrheit er nicht überzeugt ist, Widerstreitendes tun würde. Das Bekenntnis also, wovon er sich überredet, daß es für sich selbst (als Annahme eines ihm angebotenen Guten) ihn Gott wohlgefällig machen könne, ist etwas, was er noch über den guten Lebenswandel in Befolgung der in der Welt auszuübenden moralischen Gesetze tun
[262] zu können | vermeint, indem er sich mit seinem Dienst geradezu an Gott wendet.

Die Vernunft läßt uns *erstlich* in Ansehung des Mangels eigener Gerechtigkeit (die vor Gott gilt) nicht ganz ohne Trost. Sie sagt: daß, wer in einer wahrhaften, der Pflicht ergebenen Gesinnung, soviel als in seinem Vermögen steht, tut, um (wenigstens in einer beständigen Annäherung zur vollständigen Angemessenheit mit dem Gesetze) seiner Verbindlichkeit ein Genüge zu leisten, hoffen dürfe, was nicht in seinem Vermögen steht, das werde von der höchsten Weisheit *auf irgend eine Weise* (welche die Gesinnung dieser beständigen Annäherung unwandelbar machen kann) ergänzt werden, ohne daß sie sich doch anmaßt, die Art zu bestimmen und zu wissen, worin sie bestehe, welche vielleicht so geheimnisvoll sein kann, daß Gott sie uns höchstens in einer symbolischen Vorstellung, worin das Praktische allein für uns verständlich ist, offenbaren könnte, indessen daß wir theoretisch, was dieses Verhältnis Gottes zum Menschen an sich sei, gar nicht fassen und Begriffe damit verbinden

---

Begebenheiten in der Sinnenwelt aus der moralischen Beschaffenheit des Menschen, als ihnen imputabel, nicht *erklären*, ebendarum, weil es freie Handlungen sind, die Erklärungsgründe aber aller Begebenheiten aus der Sinnenwelt hergenommen werden müssen.

könnten, wenn er uns ein solches Geheimnis auch entdecken wollte. — Gesetzt nun, eine gewisse Kirche behaupte, die Art, wie Gott jenen moralischen Mangel am menschlichen Geschlecht ergänzt, bestimmt zu wissen, und verurteile zugleich alle Menschen, die jenes der Vernunft natürlicherweise unbekannte Mittel der Rechtfertigung nicht wissen, darum also auch nicht zum Religions- [263] grundsatze aufnehmen und bekennen, zurewigen Verwerfung: wer ist alsdann hier wohl der Ungläubige? der, welcher vertraut, ohne zu wissen, wie das, was er hofft, zugehe, oder der, welcher diese Art der Erlösung des Menschen vom Bösen durchaus wissen will, widrigenfalls er alle Hoffnung auf dieselbe aufgibt? — Im Grunde ist dem letzteren am Wissen dieses Geheimnisses soviel eben nicht gelegen (denn das lehrt ihn schon seine Vernunft, daß etwas zu wissen, wozu er doch nichts tun kann, ihm ganz unnütz sei); sondern er will es nur wissen, um sich (wenn es auch nur innerlich geschähe) aus dem *Glauben*, der Annahme, dem Bekenntnisse und der Hochpreisung alles dieses Offenbarten einen Gottesdienst machen zu können, der ihm die Gunst des Himmels vor allem Aufwande seiner eigenen Kräfte zu einem guten Lebenswandel, also ganz umsonst erwerben, den letzteren wohl gar übernatürlicherweise hervorbringen, oder, wo ihm etwa zuwider gehandelt würde, wenigstens die Übertretung vergüten könne.

Zweitens: wenn der Mensch sich von der obigen Maxime nur im mindesten entfernt, so hat der Afterdienst Gottes (die Superstition) weiter *keine Grenzen*; denn über jene hinaus ist alles (was nur nicht unmittelbar der Sittlichkeit widerspricht) willkürlich. Von dem Opfer der Lippen an, welches ihm am wenigsten kostet, bis zu dem [264] der Naturgüter, die sonst zum Vorteil der Menschen wohl besser benutzt werden könnten, ja bis zu der Aufopferung seiner eigenen Person, indem er sich (im Eremiten-, Fakir- oder Mönchsstande) für die Welt verloren macht, bringt er alles, nur nicht seine moralische Gesinnung Gott dar; und wenn er sagt, er brächte ihm auch sein Herz, so versteht er darunter nicht die Gesinnung eines ihm wohlgefälligen Lebenswandels, sondern einen herzlichen Wunsch, daß jene Opfer für die letztere in[a]) Zahlung

a) „in" fehlt in der 2. Auflage.

möchten aufgenommen werden (*natio gratis anhelans, multa agendo nihil agens.* Phaedrus. Ein Volk, das bereitwillig mit den Lippen spricht und mit vielem Tun doch nichts tut).

Endlich, wenn man einmal zur Maxime eines vermeintlichen Gott für sich selbst wohlgefälligen, ihn auch nötigenfalls versöhnenden, aber nicht rein moralischen Dienstes übergegangen ist, so ist in der Art, ihm gleichsam mechanisch zu dienen, kein wesentlicher Unterschied, welcher der einen vor der anderen einen Vorzug gebe. Sie sind alle, dem Wert (oder vielmehr Unwert) nach, einerlei, und es ist bloße Ziererei, sich durch feinere Abweichung vom alleinigen intellektuellen Prinzip der echten Gottesverehrung für auserlesener zu halten als die, welche sich eine vorgeblich gröbere Herabsetzung zur Sinnlichkeit zu schulden kommen lassen. Ob der Andächtler seinen statutenmäßigen Gang zur Kirche, oder ob er eine Wallfahrt nach den Heiligtümern in Loretto
[265] oder Palästina anstellt, ob er | seine Gebetsformel mit den Lippen oder, wie der Tibetaner (welcher glaubt, daß diese Wünsche auch schriftlich aufgesetzt, wenn sie nur durch irgend etwas, z. B. auf Flaggen geschrieben durch den Wind oder in eine Büchse eingeschlossen als eine Schwungmaschine mit der Hand, bewegt werden, ihren Zweck ebenso gut erreichen), es durch ein Gebet-Rad an die himmlische Behörde bringt, oder was für ein Surrogat des moralischen Dienstes Gottes es auch immer sein mag, das ist alles einerlei und von gleichem Wert. — Es kommt hier nicht sowohl auf den Unterschied in der äußeren Form, sondern alles auf die Annehmung oder Verlassung des alleinigen Prinzips an, Gott entweder nur durch moralische Gesinnung, sofern sie sich in Handlungen als ihrer Erscheinung als lebendig darstellt, oder durch frommes Spielwerk und Nichtstuerei wohlgefällig zu werden.*)

[265] *) Es ist eine psychologische Erscheinung, daß die Anhänger einer Konfession, bei der etwas weniger Statutarisches zu glauben ist, sich dadurch gleichsam veredelt und als aufgeklärter fühlen; ob sie gleich noch genug davon übrig behalten haben, um eben nicht (wie sie doch wirklich tun) von ihrer vermeinten Höhe der Reinigkeit auf ihre Mitbrüder im Kirchenwahne mit Verachtung herabsehen zu dürfen. Die Ursache hiervon ist, daß sie sich dadurch, so wenig es auch sei, der reinen moralischen Religion

Gibt es aber nicht etwa | auch einen sich über die Grenzen [266] des menschlichen Vermögens erhebenden schwindligen Tugendwahn, der wohl mit dem kriechenden Religionswahn in die allgemeine Klasse der Selbsttäuschungen gezählt werden könnte? Nein, die Tugendgesinnung beschäftigt sich mit etwas Wirklichem, was für sich selbst Gott wohlgefällig ist und zum Weltbesten zusammenstimmt. Zwar kann sich dazu ein Wahn des Eigendünkels gesellen, der Idee seiner heiligen Pflicht sich für adäquat zu halten; das ist aber nur zufällig. In ihr aber den höchsten Wert zu setzen, ist kein Wahn, wie etwa der in kirchlichen Andachtsübungen, sondern barer zum Weltbesten hinwirkender Beitrag.

Es ist überdem ein (wenigstens kirchlicher) Gebrauch, das, was vermöge des Tugendprinzips von Menschen getan werden kann, Natur, was aber nur den Mangel alles seines moralischen Vermögens zu ergänzen dient und, weil dessen Zulänglichkeit auch für uns Pflicht ist, nur gewünscht oder auch gehofft und erbeten werden kann, Gnade zu nennen, beide zusammen als wirkende Ursachen einer zum Gott wohlgefälligen Lebenswandel zureichenden Gesinnung anzusehen, sie aber auch nicht bloß voneinander zu unterscheiden, sondern einander wohl gar entgegenzusetzen.

Die Überredung, Wirkungen der Gnade von denen der Natur (der Tugend) unterscheiden oder durch die erstere die letzteren[a]) wohl gar in sich hervorbringen zu können, ist | Schwärmerei, denn wir können weder einen über- [267] sinnlichen Gegenstand in der Erfahrung irgendworan erkennen, noch weniger auf ihn Einfluß haben, um ihn zu uns herabzuziehen, wenngleich sich im Gemüt bisweilen aufs Moralische hinwirkende Bewegungen ereignen, die man sich nicht erklären kann und von denen unsere Unwissenheit zu gestehen genötigt ist: „Der Wind wehet, wohin er will, aber du weißt nicht, woher er kommt" u. s. w.

doch etwas genähert finden, ob sie gleich dem Wahne immer noch anhänglich bleiben, sie durch fromme Observanzen, wobei nur weniger passive Vernunft ist, ergänzen zu wollen.

a) So ist nach d. Intelligenzblatt d. Allg. Lit.-Ztg. vom 22. Juni 1792 zu verbessern. Kant hat in beiden Auflagen bloß „unterscheiden oder die letzteren"; Hartenstein verbessert in „ersteren", wie auch schon das N. Theol. Journal 1797.

Himmlische Einflüsse in sich *wahrnehmen* zu wollen, ist eine Art Wahnsinn, in welchem wohl gar auch Methode sein kann (weil sich jene vermeinten inneren Offenbarungen doch immer an moralische, mithin an Vernunftideen anschließen müssen), der aber doch immer eine der Religion nachteilige Selbsttäuschung bleibt. Zu glauben, daß es Gnadenwirkungen geben könne und vielleicht zu Ergänzung der Unvollkommenheit unserer Tugendbestrebung auch geben müsse, ist alles, was wir davon sagen können; übrigens sind wir unvermögend, etwas in Ansehung ihrer Kennzeichen zu bestimmen, noch mehr aber, zur Hervorbringung derselben etwas zu tun.

Der Wahn, durch religiöse Handlungen des Kultus etwas in Ansehung der Rechtfertigung vor Gott auszurichten, ist der religiöse *Aberglaube*; sowie der Wahn, dieses durch Bestrebung zu einem vermeintlichen Umgange mit Gott bewirken zu wollen, die religiöse *Schwärmerei*. —
[268] Es ist abergläubischer Wahn, | durch Handlungen, die ein jeder Mensch tun kann, ohne daß er eben ein guter Mensch sein darf, Gott wohlgefällig werden zu wollen (z. B. durch Bekenntnis statutarischer Glaubenssätze, durch Beobachtung kirchlicher Observanz und Zucht u. dgl.). Er wird aber darum abergläubisch genannt, weil er sich bloße Naturmittel (nicht moralische) wählt, die zu dem, was nicht Natur ist (d. i. dem sittlich Guten), für sich schlechterdings nichts wirken können. — Ein Wahn aber heißt schwärmerisch, wo sogar das eingebildete Mittel als übersinnlich nicht in dem Vermögen des Menschen ist, ohne noch auf die Unerreichbarkeit des dadurch beabsichtigten übersinnlichen Zweckes zu sehen; denn dieses Gefühl der unmittelbaren Gegenwart des höchsten Wesens und die Unterscheidung desselben von jedem anderen, selbst dem moralischen Gefühl, wäre eine Empfänglichkeit einer Anschauung, für die in der menschlichen Natur kein Sinn ist. — Der abergläubische Wahn, weil er ein an sich für manches Subjekt taugliches und diesem zugleich mögliches Mittel, wenigstens den Hindernissen einer Gott wohlgefälligen Gesinnung entgegenzuwirken, enthält, ist doch mit der Vernunft sofern verwandt und nur zufälligerweise dadurch, daß er das, was bloß Mittel sein kann, zum unmittelbar Gott wohlgefälligen Gegenstande macht, verwerflich; dagegen ist der schwärmerische Religionswahn

der moralische Tod der Vernunft, ohne die doch gar keine Religion, | als welche, wie alle Moralität überhaupt, auf [269] Grundsätze gegründet werden muß, stattfinden kann.

Der allem Religionswahn abhelfende oder vorbeugende Grundsatz eines Kirchenglaubens ist also: daß dieser neben den statutarischen Sätzen, deren er vorjetzt nicht gänzlich entbehren kann, doch zugleich ein Prinzip in sich enthalten müsse, die Religion des guten Lebenswandels als das eigentliche Ziel, um jener dereinst gar entbehren zu können, herbeizuführen.

§ 3.

Vom Pfaffentum*) als einem Regiment im Afterdienst des guten Prinzips.

Die Verehrung mächtiger unsichtbarer Wesen, welche dem hilflosen Menschen durch die natürliche, auf | dem [270] Bewußtsein seines Unvermögens gegründete Furcht abgenötigt wurde, fing nicht sogleich mit einer Religion, sondern von einem knechtischen Gottes- (oder Götzen-) Dienste an, welcher, wenn er eine gewisse öffentlich-gesetzliche Form bekommen hatte, ein **Tempeldienst** und nur, nachdem mit diesen Gesetzen allmählich die moralische Bildung der Menschen verbunden worden, ein **Kirchendienst** wurde: denen beiden ein Geschichtsglaube zum Grunde liegt, bis man endlich diesen bloß für provisorisch und in ihm die symbolische Darstellung

*) Diese bloß das Ansehen eines geistlichen Vaters (πάπα) [269] bezeichnende Benennung erhält nur durch den Nebenbegriff eines geistlichen Despotismus, der in allen kirchlichen Formen, so anspruchlos und populär sie sich ankündigen, angetroffen werden kann, die Bedeutung eines Tadels. Ich will daher keineswegs so verstanden sein, als ob ich in der Gegeneinanderstellung der Sekten eine vergleichungsweise gegen die andere mit ihren Gebräuchen und Anordnungen geringschätzig machen wolle. Alle verdienen gleiche Achtung, sofern ihre Formen Versuche armer Sterblichen sind, sich das Reich Gottes auf Erden zu versinnlichen; aber auch gleichen Tadel, wenn sie die Form der Darstellung dieser Idee (in einer sichtbaren Kirche) für die Sache selbst halten.a)

a) Diese Anmerkung ist Zusatz der 2. Aufl.

und das Mittel der Beförderung eines reinen Religionsglaubens zu sehen angefangen hat.

Von einem tungusischen Schaman bis zu dem Kirche und Staat zugleich regierenden europäischen Prälaten, oder (wollen wir statt der Häupter und Anführer nur auf die Glaubensanhänger nach ihrer eigenen Vorstellungsart sehen) zwischen dem ganz sinnlichen Wogulitzen[a]), der die Tatze von einem Bärenfell sich des Morgens auf sein Haupt legt, mit dem kurzen Gebet: „Schlag mich nicht tot!" bis zum sublimierten Puritaner und Independenten in Connecticut ist zwar ein mächtiger Abstand in der Manier, aber nicht im Prinzip zu glauben; denn, was dieses betrifft, so gehören sie insgesamt zu einer und derselben Klasse, derer nämlich, die in dem, was an sich keinen besseren Menschen ausmacht (im
[271] Glauben gewisser statutarischer Sätze oder Begehen gewisser willkürlicher Observanzen), ihren Gottesdienst setzen. Diejenigen allein, die ihn lediglich in der Gesinnung eines guten Lebenswandels zu finden gemeint sind, unterscheiden sich von jenen durch den Überschritt zu einem ganz anderen und über das erste weit erhabenen Prinzip, demjenigen nämlich, wodurch sie sich zu einer (unsichtbaren) Kirche bekennen, die alle Wohldenkenden in sich befaßt und ihrer wesentlichen Beschaffenheit nach allein die wahre allgemeine sein kann.

Die unsichtbare Macht, welche über das Schicksal der Menschen gebietet, zu ihrem Vorteil zu lenken, ist eine Absicht, die sie alle haben; nur wie das anzufangen sei, darüber denken sie verschieden. Wenn sie jene Macht für ein verständiges Wesen halten und ihr also einen Willen beilegen, von dem sie ihr Los erwarten, so kann ihr Bestreben nur in der Auswahl der Art bestehen, wie sie, als seinem Willen unterworfene Wesen, durch ihr Tun und Lassen ihm gefällig werden können. Wenn sie es als moralisches Wesen denken, so überzeugen sie sich leicht durch ihre eigene Vernunft, daß die Bedingung, sein Wohlgefallen zu erwerben, ihr moralisch guter Lebens-

a) 1. Aufl.: „Mogulitzen". Die Wogulitschi oder, wie die heutige Namenform lautet, Wogulen, sind ein westsibirischer Stamm zwischen dem nördlichen Ural und unterem Ob. Kants Quelle für den oben erwähnten Gebrauch ist selbst dem gelehrten Mellin (Encyklop. Wörterbuch I, 114 f.) unbekannt. [Anm. d. Herausg.]

wandel, vornehmlich die reine Gesinnung als das subjektive Prinzip desselben, sein müsse. Aber das höchste Wesen kann doch auch vielleicht noch überdem auf eine Art gedient sein wollen, die uns durch bloße Vernunft nicht bekannt werden kann, nämlich durch Handlungen, | denen [272] für sich selbst wir zwar nichts Moralisches ansehen, die aber doch entweder als von ihm geboten oder auch nur, um unsere Unterwürfigkeit gegen ihn[a]) zu bezeugen, willkürlich von uns unternommen werden; in welche beiden Verfahrungsarten, wenn sie ein Ganzes systematisch geordneter Beschäftigungen ausmachen, sie also überhaupt einen Dienst Gottes setzen. — Wenn nun beide verbunden sein sollen, so wird entweder jede als unmittelbar oder eine von beiden nur als Mittel zu der anderen, als dem eigentlichen Dienste Gottes, für die Art angenommen werden müssen, Gott wohlzugefallen. Daß der moralische Dienst Gottes (*officium liberum*) ihm unmittelbar gefalle, leuchtet von selbst ein. Er kann aber nicht für die oberste Bedingung alles Wohlgefallens am Menschen anerkannt werden (welches auch schon im Begriff der Moralität liegt), wenn der Lohndienst (*officium mercenarium*) als für sich allein Gott wohlgefällig betrachtet werden könnte; denn alsdann würde niemand wissen[b]), welcher Dienst in einem vorkommenden Falle vorzüglicher wäre, um das Urteil über seine Pflicht danach einzurichten, oder wie sie sich einander ergänzten. Also werden Handlungen, die an sich keinen moralischen Wert haben, nur sofern sie als[c]) Mittel zur Beförderung dessen, was an Handlungen unmittelbar gut ist (zur Moralität), dienen, d. i. um des moralischen Dienstes Gottes willen als ihm wohlgefällig angenommen werden müssen. [273]

Der Mensch nun, welcher Handlungen, die für sich selbst nichts Gott Wohlgefälliges (Moralisches) enthalten, doch als Mittel braucht, das göttliche unmittelbare Wohlgefallen an ihm und hiermit die Erfüllung seiner Wünsche zu erwerben, steht in dem Wahn des Besitzes[d]) einer

a) 1. Aufl.: „ihn überhaupt".
a) 1. Aufl.: „wissen können".
b) „als" fehlt bei Kant in beiden Auflagen, obwohl bereits im Intelligenzblatt d. Allg. Litztg. vom 22. Juni 1793 verbessert.
c) „des Besitzes" fehlt in der 1. Auflage.

Kunst, durch ganz natürliche Mittel eine übernatürliche Wirkung zuwege zu bringen; dergleichen Versuche man das *Zaubern* zu nennen pflegt, welches Wort wir aber (da es den Nebenbegriff einer Gemeinschaft mit dem bösen Prinzip bei sich führt, dagegen jene Versuche doch auch als übrigens in guter moralischer Absicht aus Mißverstand unternommen gedacht werden können) gegen das sonst bekannte Wort des *Fetischmachens* austauschen wollen. Eine übernatürliche Wirkung aber eines Menschen würde diejenige sein, die nur dadurch in seinen Gedanken möglich ist, daß er vermeintlich auf Gott wirkt und sich desselben als Mittels bedient, um eine Wirkung in der Welt hervorzubringen, dazu seine Kräfte, ja nicht einmal seine Einsicht, ob sie auch Gott wohlgefällig sein möchte, für sich nicht zulangen; welches schon in seinem Begriffe eine Ungereimtheit enthält.

Wenn der Mensch aber, außerdem daß er durch das, was ihn unmittelbar zum Gegenstande des göttlichen Wohlgefallens macht (durch die tätige Gesinnung eines guten Lebenswandels), sich noch überdem vermittelst ge-
[274] wisser Förmlichkeiten der Ergänzung sei|nes Unvermögens durch einen übernatürlichen Beistand *würdig* zu machen sucht und in dieser Absicht durch Observanzen, die zwar keinen unmittelbaren Wert haben, aber doch zur Beförderung jener moralischen Gesinnung als Mittel dienen, sich für die Erreichung des Objekts seiner guten moralischen Wünsche bloß *empfänglich* zu machen meint, so rechnet er zwar zur Ergänzung seines natürlichen Unvermögens auf etwas *Übernatürliches*, aber doch nicht als auf etwas vom *Menschen* (durch Einfluß auf den göttlichen Willen) *Gewirktes*, sondern Empfangenes, was er hoffen, aber nicht hervorbringen kann. — Wenn ihm aber Handlungen, die an sich, soviel wir einsehen, nichts Moralisches, Gott Wohlgefälliges enthalten, gleichwohl seiner Meinung nach zu einem Mittel, ja zur Bedingung dienen sollen, die Erhaltung seiner Wünsche unmittelbar von Gott zu erwarten, so muß er in dem Wahne stehen, daß. ob er gleich für dieses Übernatürliche weder ein physisches Vermögen noch eine moralische Empfänglichkeit hat, er es doch durch *natürliche*, an sich aber mit der Moralität gar nicht verwandte Handlungen (welche auszuüben es keiner Gott wohlgefälligen

Gesinnung bedarf, die der ärgste Mensch also ebensowohl als der beste ausüben kann), durch Formeln der Anrufung, durch Bekenntnisse eines Lohnglaubens, durch kirchliche Observanzen u. dgl. bewirken und so den Beistand der Gottheit gleichsam herbeizaubern könne; denn es ist zwischen bloß physischen | Mitteln und einer moralisch [275] wirkenden Ursache gar keine Verknüpfung nach irgend einem Gesetze, welches sich die Vernunft denken kann, nach welchem die letztere durch die ersteren[a]) zu gewissen Wirkungen als bestimmbar vorgestellt werden könnte.

Wer also die Beobachtung statutarischer, einer Offenbarung bedürfender Gesetze als zur Religion notwendig und zwar nicht bloß als Mittel für die moralische Gesinnung, sondern als die objektive Bedingung, Gott dadurch unmittelbar wohlgefällig zu werden, voranschickt und diesem Geschichtsglauben die Bestrebung zum guten Lebenswandel nachsetzt (anstatt daß die erstere als etwas, was nur bedingterweise Gott wohlgefällig sein kann, sich nach dem letzteren, was ihm allein schlechthin wohlgefällt, richten muß), der verwandelt den Dienst Gottes in ein bloßes Fetischmachen und übt einen Afterdienst aus, der alle Bearbeitung zur wahren Religion rückgängig macht. Soviel liegt, wenn man zwei gute Sachen verbinden will, an der Ordnung, in der man sie verbindet! — In dieser Unterscheidung aber besteht die wahre Aufklärung; der Dienst Gottes wird dadurch allererst ein freier, mithin moralischer Dienst. Wenn man aber davon abgeht, so wird statt der Freiheit der Kinder Gottes dem Menschen vielmehr das Joch eines Gesetzes (des statutarischen) auferlegt, welches dadurch, daß es als unbedingte Nötigung, etwas zu glauben, was | nur historisch erkannt [276] werden und darum nicht für jedermann überzeugend sein kann, ein für gewissenhafte Menschen noch weit schwereres Joch ist,*) als der ganze Kram frommer auferlegter

*) „Dasjenige Joch ist sanft, und die Last ist leicht", wo [276] die Pflicht, die jedermann obliegt, als von ihm selbst und durch seine eigene Vernunft ihm auferlegt betrachtet werden kann; das er daher sofern freiwillig auf sich nimmt. Von dieser Art sind aber nur die moralischen Gesetze als göttliche Gebote, von denen allein der Stifter der reinen Kirche sagen konnte: „Meine Gebote sind nicht schwer". Dieser Ausdruck will nur soviel

a) sc. physischen Mittel; Kant: „erstere".

Observanzen immer sein mag, bei denen es genug ist, daß man sie begeht, um mit einem eingerichteten kirchlichen gemeinen Wesen zusammenzupassen, ohne daß jemand innerlich oder äußerlich das Bekenntnis seines Glaubens ablegen darf, daß er es für eine *von Gott gestiftete* Anordnung halte; denn durch dieses wird eigentlich das Gewissen belästigt.

Das *Pfaffentum* ist also die Verfassung einer Kirche, [277] sofern in ihr ein *Fetischdienst* regiert, welches allemal da anzutreffen ist, wo nicht Prinzipien der Sittlichkeit, sondern statutarische Gebote, Glaubensregeln und Observanzen die Grundlage und das Wesentliche desselben[a] ausmachen. Nun gibt es zwar manche Kirchenformen, in denen das Fetischmachen so mannigfaltig und so mechanisch ist, daß es beinahe alle Moralität, mithin auch Religion zu verdrängen und ihre Stelle vertreten zu sollen scheint und so ans Heidentum sehr nahe angrenzt; allein auf das Mehr oder Weniger kommt es hier nicht eben an, wo der Wert oder Unwert auf der Beschaffenheit des zu oberst verbindenden Prinzips beruht. Wenn dieses die gehorsame Unterwerfung unter eine Satzung als Frondienst, nicht aber die freie Huldigung auferlegt, die dem moralischen Gesetze *zu oberst* geleistet werden soll, so mögen der auferlegten Observanzen noch so wenig sein; genug, wenn sie für unbedingt notwendig erklärt werden, so ist das immer ein Fetischglauben, durch den die Menge regiert und durch den Gehorsam unter eine Kirche (nicht der Religion) ihrer moralischen Freiheit beraubt wird. Die Verfassung derselben (Hierarchie) mag monarchisch oder aristokratisch oder demokratisch sein, das betrifft nur die Organisation; die Konstitution derselben ist und

sagen: sie sind nicht *beschwerlich*, weil ein jeder die Notwendigkeit ihrer Befolgung von selbst einsieht, mithin ihm dadurch nichts aufgedrungen wird, dahingegen despotisch gebietende, obzwar zu unserem Besten (doch nicht durch unsere Vernunft) uns auferlegte Anordnungen, davon wir keinen Nutzen sehen können, gleichsam Vexationen (Plackereien) sind, denen man sich nur gezwungen unterwirft. An sich sind aber die Handlungen, in der Reinigkeit ihrer Quelle betrachtet, die durch jene moralischen Gesetze geboten werden, gerade die, welche dem Menschen am schwersten fallen, und wofür er gerne die beschwerlichsten frommen Plackereien übernehmen möchte, wenn es möglich wäre, diese statt jener in Zahlung zu bringen.

a) Wobbermin: „derselben".

bleibt doch unter allen diesen Formen immer despotisch. Wo Statute des Glaubens zum Konstitutionalgesetz gezählt werden, da herrscht ein *Klerus*, der der Vernunft und selbst zuletzt der Schriftgelehrsamkeit gar wohl entbehren zu | können glaubt, weil er als einzig autorisierter Be- [278]
wahrer und Ausleger des Willens des unsichtbaren Gesetzgebers die Glaubensvorschrift ausschließlich zu verwalten die Autorität hat und also, mit dieser Gewalt versehen, nicht überzeugen, sondern nur *befehlen* darf. — Weil nun außer diesem Klerus alles übrige *Laie* ist (das Oberhaupt des politischen gemeinen Wesens nicht ausgenommen), so beherrscht die Kirche zuletzt den Staat, nicht eben durch Gewalt, sondern durch Einfluß auf die Gemüter, überdem auch durch Vorspiegelung des Nutzens, den dieser vorgeblich aus einem unbedingten Gehorsam soll ziehen können, zu dem eine geistige Disziplin selbst das *Denken* des Volkes gewöhnt hat; wobei aber unvermerkt die Gewöhnung an Heuchelei die Redlichkeit und Treue der Untertanen untergräbt, sie zum Scheindienst auch in bürgerlichen Pflichten abwitzigt und, wie alle fehlerhaft genommenen Prinzipien, gerade das Gegenteil von dem hervorbringt, was beabsichtigt war.

*

Das alles ist aber die unvermeidliche Folge von der beim ersten Anblick unbedenklich scheinenden Versetzung der Prinzipien des alleinseligmachenden Religionsglaubens, indem es darauf ankam, welchem von beiden man die erste Stelle als oberste Bedingung (der das andere untergeordnet ist) einräumen sollte. Es ist billig, es ist vernünf|tig anzunehmen, daß nicht bloß „Weise nach dem [279]
Fleisch", Gelehrte oder Vernünftler zu dieser Aufklärung in Ansehung ihres wahren Heils berufen sein werden — denn dieses Glaubens soll das ganze menschliche Geschlecht fähig sein, — sondern „was töricht ist vor der Welt"; selbst der Unwissende oder an Begriffen Eingeschränkteste muß auf eine solche Belehrung und innere Überzeugung Anspruch machen können. Nun scheint's zwar, daß[a] ein

a) So nach Kants Verbesserung in seinem Manuskript statt der in den Druck übergegangenen Infinitiv-Konstruktion: „scheint zwar ein . . . zu sein".

Geschichtsglaube, vornehmlich wenn die Begriffe, deren er bedarf, um die Nachrichten zu fassen, ganz anthropologisch und der Sinnlichkeit sehr anpassend sind, gerade von dieser Art sei.[b]) Denn was ist leichter, als eine solche sinnlich gemachte und einfältige Erzählung aufzufassen und einander mitzuteilen oder von Geheimnissen die Worte nachzusprechen, mit denen es gar nicht nötig ist einen Sinn zu verbinden; wie leicht findet dergleichen, vornehmlich bei einem großen verheißenen Interesse, allgemeinen Eingang, und wie tief wurzelt ein Glaube an die Wahrheit einer solchen Erzählung, die sich überdem auf eine von langer Zeit her für authentisch anerkannte Urkunde gründet; und so ist ein solcher Glaube freilich auch den gemeinsten menschlichen Fähigkeiten angemessen. Allein obzwar die Kundmachung einer solchen Begebenheit sowohl als auch der Glaube an darauf gegründete Verhaltungsregeln nicht gerade oder vorzüglich für Gelehrte oder Weltweise gegeben sein darf, so sind diese doch auch davon nicht ausgeschlossen, und da finden
[280] sich | nun soviel Bedenklichkeiten, teils in Ansehung ihrer Wahrheit, teils in Ansehung des Sinnes, darin ihr Vortrag genommen werden soll, daß einen solchen Glauben, der so vielen (selbst aufrichtig gemeinten) Streitigkeiten unterworfen ist, für die oberste Bedingung eines allgemeinen und alleinseligmachenden Glaubens anzunehmen, das Widersinnigste ist, was man denken kann. — Nun gibt es aber eine praktische Erkenntnis, die, ob sie gleich lediglich auf Vernunft beruht und keiner Geschichtslehre bedarf, doch jedem, auch dem einfältigsten, Menschen so nahe liegt, als ob sie ihm buchstäblich ins Herz geschrieben wäre: ein Gesetz, was man nur nennen darf, um sich über sein Ansehen mit jedem sofort einzuverstehen, und welches in jedermanns Bewußtsein **unbedingte** Verbindlichkeit bei sich führt, nämlich das der Moralität; und was noch mehr ist, diese Erkenntnis führt entweder schon für sich allein auf den Glauben an Gott oder bestimmt wenigstens allein seinen Begriff als den eines moralischen Gesetzgebers, mithin leitet sie zu einem reinen Religionsglauben, der jedem Menschen nicht allein begreiflich, sondern auch im höchsten Grade ehrwürdig ist; ja sie[a])

---

a) sc. die Erkenntnis; Kant: „er"; Wobbermin: „es".

führt dahin so natürlich, daß, wenn man den Versuch machen will, man finden wird, daß er[a]) jedem Menschen, ohne ihm etwas davon gelehrt zu haben, ganz und gar abgefragt werden kann. Es ist also nicht allein klüglich gehandelt, von diesem anzufangen und den Geschichtsglauben, der damit harmoniert, | auf ihn folgen zu lassen, [281] sondern es ist auch Pflicht, ihn zur obersten Bedingung zu machen, unter der wir allein hoffen können, des Heils teilhaftig zu werden, was uns ein Geschichtsglaube immer verheißen mag, und zwar dergestalt, daß wir diesen nur nach der Auslegung, welche der reine Religionsglaube ihm gibt, für allgemein verbindlich können oder dürfen gelten lassen (weil dieser allgemeingültige Lehre enthält); indessen daß der Moralischgläubige doch auch für den Geschichtsglauben offen ist, sofern er ihn zur Belebung seiner reinen Religionsgesinnung zuträglich findet, welcher Glaube auf diese Art allein einen reinen moralischen Wert hat, weil er frei und durch keine Bedrohung (wobei er nie aufrichtig sein kann) abgedrungen ist.

Sofern nun aber auch der Dienst Gottes in einer Kirche auf die reine moralische Verehrung desselben nach den der Menschheit überhaupt vorgeschriebenen Gesetzen vorzüglich gerichtet ist, so kann man doch noch fragen: ob in dieser immer nur *Gottseligkeits-* oder auch reine *Tugendlehre*, jede besonders, den Inhalt des Religionsvortrages ausmachen solle. Die erste Benennung, nämlich *Gottseligkeitslehre*, drückt vielleicht die Bedeutung des Wortes *religio* (wie es jetziger Zeit verstanden wird) im objektiven Sinn am besten aus.

Gottseligkeit enthält zwei Bestimmungen der [282] moralischen Gesinnung im Verhältnisse auf Gott; *Furcht* Gottes ist diese Gesinnung in Befolgung seiner Gebote aus *schuldiger* (Untertanen-) Pflicht, d. i. aus Achtung fürs Gesetz; *Liebe* Gottes[b]) aber aus eigener freier *Wahl* und aus Wohlgefallen am Gesetze (aus Kindespflicht). Beide enthalten also, noch über die Moralität, den Begriff von einem mit Eigenschaften, die das durch diese beabsichtigte, aber über unser Vermögen hinausgehende höchste Gut zu vollenden erforderlich sind, ver-

---

a) sc. der Religionsglaube.

b) „Gottes" fehlt in der 1. Auflage.

sehenen übersinnlichen Wesen, von dessen Natur der Begriff, wenn wir über das moralische Verhältnis der Idee desselben zu uns hinausgehen, immer in Gefahr steht, von uns anthropomorphistisch und dadurch oft unseren sittlichen Grundsätzen gerade zum Nachteil gedacht zu werden, von dem also die Idee in der spekulativen Vernunft für sich selbst nicht bestehen kann, sondern sogar ihren Ursprung, noch mehr aber ihre Kraft gänzlich auf die Beziehung zu unserer auf sich selbst beruhenden Pflichtbestimmung gründet. Was ist nun natürlicher in der ersten Jugendunterweisung und selbst in dem Kanzelvortrage: die Tugendlehre vor der Gottseligkeitslehre oder diese vor jener (wohl gar ohne derselben zu erwähnen) vorzutragen? Beide stehen offenbar in notwendiger Verbindung miteinander. Dies ist aber nicht anders möglich als, da sie nicht einerlei sind, eine müßte als Zweck, [283] die andere bloß als Mittel gedacht und vorgetragen wer|den. Die Tugendlehre aber besteht durch sich selbst (selbst ohne den Begriff von Gott), die Gottseligkeitslehre enthält den Begriff von einem Gegenstande, den wir uns in Beziehung auf unsere Moralität als ergänzende Ursache unseres Unvermögens in Ansehung des moralischen Endzweckes vorstellen. Die Gottseligkeitslehre kann also nicht für sich den Endzweck der sittlichen Bestrebung ausmachen, sondern nur zum Mittel dienen, das, was an sich einen besseren Menschen ausmacht, die Tugendgesinnung, zu stärken; dadurch, daß sie ihr (als einer Bestrebung zum Guten, selbst zur Heiligkeit) die Erwartung des Endzweckes, dazu jene unvermögend ist, verheißt und sichert. Der Tugendbegriff ist dagegen aus der Seele des Menschen genommen. Er hat ihn schon ganz, obzwar unentwickelt, in sich und darf nicht, wie der Religionsbegriff, durch Schlüsse herausvernünftelt werden. In seiner Reinigkeit, in der Erweckung des Bewußtseins eines sonst von uns nie gemutmaßten Vermögens, über die größten Hindernisse in uns Meister werden zu können, in der Würde der Menschheit, die der Mensch an seiner eigenen Person und ihrer Bestimmung verehren muß, nach der er strebt, um sie zu erreichen, liegt etwas so Seelenerhebendes und zur Gottheit selbst, die nur durch ihre Heiligkeit und als Gesetzgeber für die Tugend anbetungswürdig ist, Hinleitendes, daß der Mensch, selbst wenn er noch weit davon entfernt ist, diesem Begriffe die Kraft des Einflusses auf seine Maximen zu geben, den|noch nicht ungern damit [284] unterhalten wird, weil er sich selbst durch diese Idee schon in gewissem Grade veredelt fühlt, indessen daß der Begriff von einem diese Pflicht zum Gebote für uns machenden Weltherrscher noch in großer Ferne von ihm liegt und, wenn er davon anfinge, seinen Mut (der das Wesen der Tugend mit ausmacht) niederschlagen, die Gottseligkeit aber in schmeichelnde, knechtische Unterwerfung unter eine despotisch gebietende Macht zu verwandeln in Gefahr bringen würde. Dieser Mut, auf eigenen Füßen zu stehen, wird nun selbst durch die darauf folgende Versöhnungslehre gestärkt, indem sie, was nicht zu ändern ist, als abgetan vorstellt und nun den Pfad zu einem neuen Lebenswandel für uns eröffnet, anstatt daß, wenn diese Lehre den Anfang macht, die leere Bestrebung, das Geschehene ungeschehen zu machen (die Expiation), die Furcht wegen der Zueignung derselben, die Vorstellung unseres gänzlichen Unvermögens zum Guten und die Ängstlichkeit wegen des Rückfalls ins Böse dem Menschen den Mut benehmen*) und ihn in ei|nen ächzenden mora- [285]

---

*) Die verschiedenen Glaubensarten der Völker geben ihnen [284] nach und nach auch wohl einen im bürgerlichen Verhältnis äußerlich auszeichnenden Charakter, der ihnen nachher, gleich als ob er Temperamentseigenschaft im ganzen wäre, beigelegt wird. So zog sich der Judaismus seiner ersten Einrichtung nach, da ein Volk sich durch alle erdenklichen, zum Teil peinlichen Observanzen von allen an|deren Völkern absondern und [285] aller Vermischung mit ihnen vorbeugen sollte, den Vorwurf des Menschenhasses zu. Der Mohammedanismus unterscheidet sich durch Stolz, weil er statt der Wunder an den Siegen und der Unterjochung vieler Völker die Bestätigung seines Glaubens findet, und seine Andachtsgebräuche alle von der mutigen Art sind.**) Der hinduische Glaube[a]) gibt seinen

---

**) Diese merkwürdige Erscheinung (des Stolzes eines unwissenden, obgleich verständigen Volkes auf seinen Glauben) kann auch von Einbildung des Stifters herrühren, als habe er den Begriff der Einheit Gottes und dessen übersinnlicher Natur allein in der Welt wiederum erneuert, der freilich eine

---

a) Die 1. Aufl. hatte: „heidnische"; vgl. Jen. Allg. Lit.-Ztg. vom 22. 6. 1793.

lisch-passiven Zustand, der nichts Großes und Gutes
[286] unternimmt, sondern alles vom | Wünschen erwartet, versetzen muß. — Es kommt in dem, was die moralische Gesinnung betrifft, alles auf den obersten Begriff an, dem

Anhängern den Charakter der **Kleinmütigkeit** aus Ursachen, die denen des nächstvorhergehenden gerade entgegengesetzt sind. — Nun liegt es gewiß nicht an der inneren Beschaffenheit des christlichen Glaubens, sondern an der Art, wie er an die Gemüter gebracht wird, wenn ihm an denen, die es am herzlichsten mit ihm meinen, aber vom menschlichen Verderben anhebend und an aller Tugend verzweifelnd, ihr Religionsprinzip allein in der **Frömmigkeit** (worunter der Grundsatz des leidenden Verhaltens in Ansehung der durch eine Kraft von oben zu erwartenden Gottseligkeit verstanden wird) setzen, ein jenem ähnlicher Vorwurf gemacht werden kann; weil sie nie ein Zutrauen in sich selbst setzen, in beständiger Ängstlichkeit sich nach einem übernatürlichen Beistande umsehen und selbst in dieser Selbstverachtung[a]) (die nicht Demut ist) ein Gunst erwerbendes Mittel zu besitzen vermeinen, wovon der äußere Ausdruck (im Pietismus oder der Frömmelei)[b]) eine **knechtische** Gemütsart ankündigt.

Veredelung seines Volkes durch Befreiung vom Bilderdienst und
[286] der Anarchie der Vielgötterei sein würde, wenn jener sich | dieses Verdienst mit Recht zuschreiben könnte. — Was das Charakteristische der dritten Klasse von Religionsgenossen betrifft, welche[c]) übel verstandene Demut zum Grunde hat, so soll die Herabsetzung des Eigendünkels in der Schätzung seines moralischen Wertes, durch die Vorhaltung der Heiligkeit des Gesetzes, nicht Verachtung seiner selbst, sondern vielmehr Entschlossenheit bewirken, dieser edlen Anlage in uns gemäß, uns der Angemessenheit zu jener immer mehr zu nähern; statt dessen Tugend, die eigentlich im Mute dazu besteht, als ein des Eigendünkels schon verdächtiger Name ins Heidentum verwiesen und kriechende Gunstbewerbung dagegen angepriesen wird. — **Andächtelei** (*bigotterie, devotio spuria*) ist die Gewohnheit, statt Gott wohlgefälliger Handlungen (in Erfüllung aller Menschenpflichten) in der unmittelbaren Beschäftigung mit Gott durch Ehrfurchtsbezeigungen die Übung der Frömmigkeit zu setzen; welche Übung alsdann zum **Frondienst** (*opus operatum*) gezählt werden muß, nur daß sie zu dem Abergiauben noch den schwärmerischen Wahn vermeinter übersinnlicher (himmlischer) Gefühle hinzutut.[d])

a) 1. Aufl.: „Kleinmütigkeit".
b) „oder der Frömmelei" Zusatz der 2. Auflage.
c) Kant: „welcher", verb. Vorländer (Ak.-A., Cassirer).
d) Die letzte Anmerkung ist Zusatz der 2. Auflage.

man seine Pflichten unterordnet. Wenn die *Verehrung* Gottes das Erste ist, der man also die Tugend unterordnet, so ist dieser Gegenstand ein *Idol*, d. i. er wird als ein Wesen gedacht, dem wir nicht durch sittliches Wohlverhalten in der Welt, sondern durch Anbetung und Einschmeichelung zu gefallen hoffen dürften; die Religion aber ist alsdann Idololatrie. Gottseligkeit ist also nicht ein Surrogat der Tugend, um sie zu entbehren, sondern die Vollendung derselben, um mit der Hoffnung der end- [287]
lichen Gelingung aller unserer guten Zwecke bekrönt werden zu können.

§ 4.

Vom Leitfaden des Gewissens in Glaubenssachen.

Es ist hier nicht die Frage, wie das Gewissen geleitet werden solle (denn das will keinen Leiter; es ist genug, eines zu haben), sondern wie dieses selbst zum Leitfaden in den bedenklichsten moralischen Entschließungen dienen könne. —

Das Gewissen ist ein Bewußtsein, das für sich selbst Pflicht ist. Wie ist es aber möglich, sich ein solches zu denken, da das Bewußtsein aller unserer Vorstellungen nur in logischer Absicht, mithin bloß bedingterweise, wenn wir unsere Vorstellung klar machen wollen, notwendig zu sein scheint, mithin nicht unbedingt Pflicht sein kann?

Es ist ein moralischer Grundsatz, der keines Beweises bedarf: man soll *nichts auf die Gefahr wagen, daß es unrecht sei* (*quod dubitas, ne feceris!* Plin.). [Was du für zweifelhaft hältst, das tue nicht.] Das *Bewußtsein* also, daß eine Handlung, *die ich unternehmen will*, recht sei, ist unbedingte Pflicht. Ob eine Handlung überhaupt recht oder | unrecht sei, darüber [288]
urteilt der Verstand, nicht das Gewissen. Es ist auch nicht schlechthin notwendig, von allen möglichen Handlungen zu wissen, ob sie recht oder unrecht sind. Aber von der, die *ich* unternehmen will, muß ich nicht allein urteilen und meinen, sondern auch *gewiß* sein, daß sie nicht unrecht sei, und diese Forderung ist ein Postulat des Gewissens, welchem der *Probabilismus*, d. i. der Grundsatz entgegengesetzt ist, daß die bloße Meinung,

eine Handlung könne wohl recht sein, schon hinreichend sei, sie zu unternehmen. — Man könnte das Gewissen auch so definieren: es ist die sich selbst richtende moralische Urteilskraft; nur würde diese Definition noch einer vorhergehenden Erklärung der darin enthaltenen Begriffe gar sehr bedürfen. Das Gewissen richtet nicht die Handlungen als Kasus, die unter dem Gesetz stehen; denn das tut die Vernunft, sofern sie subjektiv-praktisch ist (daher die *casus conscientiae* und die Kasuistik als eine Art von Dialektik des Gewissens); sondern hier richtet die Vernunft sich selbst, ob sie auch wirklich jene Beurteilung der Handlungen mit aller Behutsamkeit (ob sie recht oder unrecht sind) übernommen habe, und stellt den Menschen wider oder für sich selbst zum Zeugen auf, daß dieses geschehen oder nicht geschehen sei.

Man nehme z. B. einen Ketzerrichter an, der an der
[289] Alleinigkeit seines statutarischen Glaubens bis al|lenfalls zum Märtyrertume fest hängt und der einen des Unglaubens verklagten sogenannten Ketzer (sonst guten Bürger) zu richten hat, und nun frage ich: ob, wenn er ihn zum Tode verurteilt, man sagen könne, er habe seinem (obzwar irrenden) Gewissen gemäß gerichtet, oder ob man ihm vielmehr schlechthin Gewissenlosigkeit schuld geben könne, er mag geirrt oder mit Bewußtsein unrecht getan haben, weil man es ihm auf den Kopf zusagen kann, daß er in einem solchen Falle nie ganz gewiß sein konnte, er tue hierunter nicht vielleicht[a]) unrecht. Er war zwar vermutlich des festen Glaubens, daß ein übernatürlich geoffenbarter göttlicher Wille (vielleicht nach dem Spruch: *compellite intrare*) [zwingt sie zum Eintritt] es ihm erlaubt, wo nicht gar zur Pflicht macht, den vermeinten Unglauben zusamt den Ungläubigen auszurotten. Aber war er denn wirklich von einer solchen geoffenbarten Lehre und auch diesem Sinne derselben so sehr überzeugt, als erfordert wird, um es darauf zu wagen, einen Menschen umzubringen? Daß einem Menschen seines Religionsglaubens wegen das Leben zu nehmen unrecht sei, ist gewiß, wenn nicht etwa (um das Äußerste einzuräumen) ein göttlicher, außer-

---

a) Die 2. Auflage, der auch Hartenstein und Kirchmann folgen, hat: „völlig“; verb. Vorländer.

ordentlich ihm bekannt gewordener Wille es anders verordnet hat. Daß aber Gott diesen fürchterlichen Willen jemals geäußert habe, beruht auf Geschichtsdokumenten und ist nie apodiktisch gewiß. Die Offenbarung ist ihm doch nur durch Menschen zugekommen und von diesen ausgelegt, und | schiene sie ihm auch von Gott selbst [290] gekommen zu sein (wie der an Abraham ergangene Befehl, seinen eigenen Sohn wie ein Schaf zu schlachten), so ist es wenigstens doch möglich, daß hier ein Irrtum vorwalte. Alsdann aber würde er es auf die Gefahr wagen, etwas zu tun, was höchst unrecht sein würde, und hierin eben handelt er gewissenlos. — So ist es nun mit allem Geschichts- und Erscheinungsglauben bewandt: daß nämlich die Möglichkeit immer übrig bleibt, es sei darin ein Irrtum anzutreffen, folglich ist es gewissenlos, ihm bei der Möglichkeit, daß vielleicht dasjenige, was er fordert oder erlaubt, unrecht[a]) sei, d. i. auf die Gefahr der Verletzung einer an sich gewissen Menschenpflicht Folge zu leisten.

Noch mehr: eine Handlung, die ein solches positives (dafür gehaltenes) Offenbarungsgesetz gebietet, sei auch an sich erlaubt, so fragt sich, ob geistliche Obere oder Lehrer es nach ihrer vermeinten Überzeugung dem Volke als Glaubensartikel (bei Verlust ihres Standes) zu bekennen auferlegen dürfen? Da die Überzeugung keine anderen als historische Beweisgründe für sich hat, in dem Urteile dieses Volks aber (wenn es sich selbst nur im mindesten prüft) immer die absolute Möglichkeit eines vielleicht damit oder bei ihrer klassischen Auslegung vorgegangenen Irrtums übrig bleibt, so würde der Geistliche das Volk nötigen, etwas, wenigstens innerlich, für so wahr, als es ei|nen Gott glaubt, d. i. gleichsam im [291] Angesichte Gottes zu bekennen, was es als ein solches doch nicht gewiß weiß, z. B. die Einsetzung eines gewissen Tages zur periodischen öffentlichen Beförderung der Gottseligkeit als ein von Gott unmittelbar verordnetes Religionsstück anzuerkennen, oder ein Geheimnis als von ihm festiglich geglaubt zu bekennen, was es nicht einmal ver-

a) 1. Aufl.: „fordert, erlaubt oder unrecht"; das Intelligenzblatt vom 22. 6. 1793 (s. Einl.) setzt „unerlaubt" statt „erlaubt".

steht. Sein geistlicher Oberer würde hierbei selbst wider Gewissen verfahren, etwas, wovon er selbst nie völlig überzeugt sein kann, anderen zum Glauben aufzudringen, und sollte daher billig wohl bedenken, was er tut, weil er allen Mißbrauch aus einem solchen Fronglauben verantworten muß. — Es kann also vielleicht Wahrheit im Geglaubten, aber doch zugleich Unwahrhaftigkeit im Glauben (oder dessen selbst bloß innerem Bekenntnisse) sein, und diese ist an sich verdammlich.

Obzwar, wie oben angemerkt worden, Menschen, die
nur den mindesten Anfang in der Freiheit zu denken
[292] gemacht haben,*) da sie vorher unter einem Skla|venjoche
des Glaubens waren (z. B. die Protestanten), sich sofort gleichsam für veredelt halten, je weniger sie (Positives und zur Priestervorschrift Gehöriges) zu glauben nötig haben, so ist es doch bei denen, die noch keinen Versuch

---

[291] *) Ich gestehe, daß ich mich in den[a]) Ausdruck, dessen sich auch wohl kluge Männer bedienen, nicht wohl finden kann: ein gewisses Volk (was in der Bearbeitung einer gesetzlichen Freiheit begriffen ist) ist zur Freiheit nicht reif; die Leibeigenen eines Gutseigentümers sind zur Freiheit noch nicht reif; und so auch: die Menschen überhaupt sind zur Glaubensfreiheit noch nicht reif. Nach einer solchen Voraussetzung aber wird die Freiheit
[292] nie eintreten; denn man | kann zu dieser nicht reifen, wenn man nicht zuvor in Freiheit gesetzt worden ist (man muß frei sein, um sich seiner Kräfte in der Freiheit zweckmäßig bedienen zu können). Die ersten Versuche werden freilich roh, gemeiniglich auch mit einem beschwerlicheren und gefährlicheren Zustande verbunden sein, als da man noch unter den Befehlen, aber auch der Vorsorge anderer stand; allein man reift für die Vernunft nie anders als durch eigene Versuche (welche machen zu dürfen, man frei sein muß). Ich habe nichts dawider, daß die, welche die Gewalt in Händen haben, durch Zeitumstände genötigt, die Entschlagung von diesen drei Fesseln noch weit, sehr weit aufschieben. Aber es zum Grundsatze machen, daß denen, die ihnen einmal unterworfen sind, überhaupt die Freiheit nicht tauge, und man berechtigt sei, sie jederzeit davon zu entfernen, ist ein Eingriff in die Regalien der Gottheit selbst, die[b]) den Menschen zur Freiheit schuf. Bequemer ist es freilich, im Staat, Hause und Kirche zu herrschen, wenn man einen solchen Grundsatz durchzusetzen vermag. Aber auch gerechter?

---

a) 1. Aufl.: „im".

b) Kant und Cassirer: „der"; verb. Vorländer (Ak.-A.).

dieser Art haben machen können oder wollen, gerade umgekehrt; denn dieser ihr Grundsatz ist: es ist ratsam, lieber zuviel als zu wenig zu glauben. Denn was man mehr tut, als man schuldig ist, schade wenigstens nichts, könne aber doch vielleicht wohl gar helfen. — Auf diesen Wahn, der die Unredlichkeit in Religionsbekenntnissen zum Grundsatze macht (wozu man sich desto leichter entschließt, weil | die Religion jeden Fehler, folglich auch [293] den der Unredlichkeit wieder gut macht), gründet sich die sogenannte Sicherheitsmaxime in Glaubenssachen (*argumentum a tuto*): Ist das wahr, was ich von Gott bekenne, so habe ich's getroffen; ist es nicht wahr, übrigens auch nichts an sich Unerlaubtes, so habe ich es bloß überflüssig geglaubt, was zwar[a]) nicht nötig war[a]), mir aber[a]) nur etwa eine Beschwerde, die doch kein Verbrechen ist, aufgeladen. Die Gefahr aus der Unredlichkeit seines Vorgebens, die Verletzung des Gewissens, etwas selbst vor Gott für gewiß auszugeben, wovon er sich doch bewußt ist, daß es nicht von der Beschaffenheit sei, es mit unbedingtem Zutrauen zu beteuern, dieses alles hält der Heuchler für nichts. — Die echte, mit der Religion allein vereinbare[b]) Sicherheitsmaxime ist gerade die umgekehrte: was als Mittel oder als Bedingung der Seligkeit mir nicht durch meine eigene Vernunft, sondern nur durch Offenbarung bekannt und vermittelst eines Geschichtsglaubens allein in meine Bekenntnisse aufgenommen werden kann, übrigens aber den reinen moralischen Grundsätzen nicht widerspricht, kann ich zwar nicht für gewiß glauben und beteuern, aber auch ebensowenig als gewiß falsch abweisen. Gleichwohl, ohne etwas hierüber zu bestimmen, rechne ich darauf, daß, was darin Heilbringendes enthalten sein mag, mir, sofern ich mich nicht etwa[c]) durch den Mangel der moralischen Gesinnung in einem guten Lebenswandel dessen unwürdig mache, zu gut kommen werde. In dieser Maxime ist wahrhafte moralische Sicherheit, [294] nämlich vor dem Gewissen (und mehr kann von einem Menschen nicht verlangt werden); dagegen ist die

---

a) „zwar“, „war“ und „aber“ fehlen in der 1. Auflage. Im Manuskripte lautet der Satz (Arnoldt S. 395): „so habe ich bloß überflüssig geglaubt, was nicht nötig war (mir zwar eine Beschwerde . . . ist, zugezogen)“. b) Kant: „vereinbarte“; verb. Vorländer. c) „etwa“ fehlt in der 1. Auflage.

höchste Gefahr und Unsicherheit bei dem vermeinten Klugheitsmittel, die nachteiligen Folgen, die mir aus dem Nichtbekennen entspringen dürften, listigerweise zu umgehen und dadurch, daß man es mit beiden Parteien hält, es mit beiden zu verderben. —

Wenn sich der Verfasser eines Symbols, wenn sich der Lehrer einer Kirche, ja jeder Mensch, sofern er innerlich sich selbst die Überzeugung von Sätzen als göttlichen Offenbarungen gestehen soll, fragte: getrauest du dich wohl in Gegenwart des Herzenskündigers mit Verzichttuung auf alles, was dir wert und heilig ist, dieser Sätze Wahrheit zu beteuern? so müßte ich von der menschlichen (des Guten doch wenigstens nicht ganz unfähigen) Natur einen sehr nachteiligen Begriff haben, um nicht vorauszusehen, daß auch der kühnste Glaubenslehrer
[295] hierbei zittern müßte.*) Wenn das aber so ist, wie reimt es sich mit der Gewissenhaftigkeit zusammen, gleichwohl auf eine solche Glaubenserklärung, die keine Einschränkung zuläßt, zu dringen und die Vermessenheit solcher Beteuerungen sogar selbst für Pflicht und gottesdienstlich auszugeben, dadurch aber die Freiheit der Menschen, die zu allem, was moralisch ist (dergleichen die Annahme einer Religion), durchaus erfordert wird, gänzlich zu Boden zu schlagen, und nicht einmal dem guten Willen Platz einzuräumen, der da sagt: „Ich glaube, lieber Herr, hilf meinem Unglauben!"**)

---

[294] *) Der nämliche Mann, der so dreist ist zu sagen: wer an diese oder jene Geschichtslehre als eine teure Wahrheit nicht glaubt, der ist verdammt, der müßte doch auch sagen können: „Wenn das, was ich euch hier erzähle, nicht wahr ist, so will ich verdammt sein!" — Wenn es jemand gäbe, der einen solchen schrecklichen Ausspruch tun könnte, so würde ich raten, sich in Ansehung seiner nach dem persischen Sprichwort von einem Hadgi zu richten: Ist jemand einmal (als
[295] Pilgrim) in Mekka gewesen, so zie|he aus dem Hause, worin er mit dir wohnt; ist er zweimal da gewesen, so ziehe aus derselben Straße, wo er sich befindet; ist er aber dreimal da gewesen, so verlasse die Stadt oder gar das Land, wo er sich aufhält.[a])

**) O Aufrichtigkeit! du Asträa[b]), die du von der Erde zum Himmel entflohen bist, wie zieht man dich (die Grundlage des Gewissens, mithin aller inneren Religion) von da zu uns wieder

---

a) Diese Anmerkung ist Zusatz der 2. Aufl.

b) Vgl. Ovid Met. I, 150.

Allgemeine Anmerkung. [296]

Was Gutes der Mensch nach Freiheitsgesetzen für sich selbst tun kann, in Vergleichung mit dem Vermögen, welches ihm nur durch übernatürliche Beihilfe möglich ist, kann man Natur zum Unterschied von der Gnade nennen. Nicht als ob wir durch den ersteren Ausdruck eine physische, von der Freiheit unterschiedene Beschaffenheit verständen, sondern bloß, weil wir für dieses Vermögen wenigstens die Gesetze (der Tugend) erkennen, und die Vernunft also davon, als einem Analogon der Natur, einen für sie sichtbaren und faßlichen Leitfaden hat; dagegen, ob, wenn und was oder wieviel die Gnade in uns wirken werde, uns gänzlich verborgen bleibt, und die Vernunft hierüber, sowie beim Übernatürlichen überhaupt (dazu die Moralität als Heiligkeit gehört), von aller Kenntnis der Gesetze, wonach es geschehen mag, verlassen ist.

Der Begriff eines übernatürlichen Beitritts zu unserem

herab? Ich kann es zwar einräumen, wiewohl es sehr zu bedauern ist, daß Offenherzigkeit (die ganze Wahrheit, die man weiß, zu sagen) in der menschlichen Natur nicht angetroffen wird. Aber Aufrichtigkeit (daß alles, was man sagt, mit Wahrhaftigkeit gesagt sei) muß man von jedem Menschen fordern können, und wenn auch selbst dazu keine Anlage in unserer Natur wäre, deren Kultur nur vernachlässigt wird, so würde die Menschenrasse in ihren eigenen Augen ein Gegenstand der tiefsten Verachtung sein müssen. — Aber jene verlangte Gemütseigenschaft ist eine solche, die vielen Versuchungen ausgesetzt ist und manche Aufopferung kostet, daher auch moralische Stärke, d. i. Tugend (die erworben werden | muß) fordert, die aber [296] früher als jede andere bewacht und kultiviert werden muß, weil der entgegengesetzte Hang, wenn man ihn hat einwurzeln lassen, am schwersten auszurotten ist. — Nun vergleiche man damit unsere Erziehungsart, vornehmlich im Punkte der Religion oder besser der Glaubenslehren, wo die Treue des Gedächtnisses in Beantwortung der sie betreffenden Fragen, ohne auf die Treue des Bekenntnisses zu sehen (worüber nie eine Prüfung angestellt wird), schon für hinreichend angenommen wird, einen Gläubigen zu machen, der das, was er heilig beteuert, nicht einmal versteht, und man wird sich über den Mangel der Aufrichtigkeit, der lauter innere Heuchler macht, nicht mehr wundern.[a])

a) Diese Anmerkung ist Zusatz der 2. Aufl.

moralischen, obzwar mangelhaften Vermögen und selbst
[297] zu unserer nicht völlig gereinigten, wenigstens schwachen Gesinnung, aller unserer Pflicht ein Genüge zu tun, ist transscendent und eine bloße Idee, von deren Realität uns keine Erfahrung versichern kann. — Aber selbst als Idee in bloß praktischer Absicht sie anzunehmen, ist sehr gewagt und mit der Vernunft schwerlich vereinbar; weil, was uns als sittliches gutes Verhalten zugerechnet werden soll, nicht durch fremden Einfluß, sondern nur durch den bestmöglichen Gebrauch unserer eigenen Kräfte geschehen müßte. Allein die Unmöglichkeit davon (daß beides nebeneinander stattfinde) läßt sich doch eben auch nicht beweisen, weil die Freiheit selbst, obgleich sie nichts Übernatürliches in ihrem Begriffe enthält, gleichwohl ihrer Möglichkeit nach uns ebenso unbegreiflich bleibt als das Übernatürliche, welches man zum Ersatz der selbsttätigen, aber mangelhaften Bestimmung derselben annehmen möchte.

Da wir aber von der Freiheit doch wenigstens die *Gesetze*, nach welchen sie bestimmt werden soll (die moralischen) kennen, von einem übernatürlichen Beistande aber, ob eine gewisse in uns wahrgenommene moralische Stärke wirklich daher rühre, oder auch, in welchen Fällen und unter welchen Bedingungen sie zu erwarten sei, nicht das Mindeste erkennen können, so werden wir außer der allgemeinen Voraussetzung, daß, was die Natur in uns nicht vermag, die Gnade bewirken werde, wenn wir jene (d. i. unsere eigenen Kräfte) nur nach Möglichkeit benutzt haben, von dieser Idee weiter gar keinen Gebrauch machen können: weder wie wir (noch außer der[a]) stetigen Bestrebung zum guten Lebenswandel) ihre Mitwirkung auf uns ziehen, noch wie wir bestimmen könnten, in welchen Fällen wir uns ihrer zu gewärtigen haben. — Diese Idee
[298] ist gänzlich über|schwenglich, und es ist überdem heilsam, sich von ihr, als einem Heiligtum, in ehrerbietiger Entfernung zu halten, damit wir nicht in dem Wahne, selbst Wunder zu tun oder Wunder in uns wahrzunehmen, uns für allen Vernunftgebrauch untauglich machen oder[b]) auch zur Trägheit einladen lassen, das, was wir in uns selbst suchen sollten, von oben herab in passiver Muße zu erwarten.

---

a) 1. Aufl.: „über die"; b) 1. Aufl.: „aber".

Nun sind **Mittel** alle Zwischenursachen, die der Mensch in **seiner Gewalt hat**, um dadurch eine gewisse Absicht zu bewirken, und da gibt's, um des himmlischen Beistandes würdig zu werden, nichts anderes (und kann auch kein anderes geben) als ernstliche Bestrebung, seine sittliche Beschaffenheit nach aller Möglichkeit zu bessern und sich dadurch der Vollendung ihrer Angemessenheit zum göttlichen Wohlgefallen, die nicht in seiner Gewalt ist, empfänglich zu machen, weil jener göttliche Beistand, den er erwartet, selbst eigentlich doch nur seine Sittlichkeit zur Absicht hat. Daß aber der unlautere Mensch ihn da nicht suchen werde, sondern lieber in gewissen sinnlichen Veranstaltungen (die er freilich in seiner Gewalt hat, die aber auch für sich keinen besseren Menschen machen können[a]) und nun doch übernatürlicherweise dieses bewirken sollen), war wohl schon *a priori* zu erwarten, und so findet es sich auch in der Tat. Der Begriff eines sogenannten **Gnadenmittels**, ob er zwar (nach dem, was eben gesagt worden) in sich selbst widersprechend ist, dient hier doch zum Mittel einer Selbsttäuschung, welche ebenso gemein als der wahren Religion nachteilig ist.

Der wahre (moralische) Dienst Gottes, den Gläubige, als zu seinem Reich gehörige Untertanen, nicht minder aber | auch (unter Freiheitsgesetzen) als Bürger desselben [299] zu leisten haben, ist zwar, sowie dieses selbst, unsichtbar, d. i. ein **Dienst der Herzen** (im Geist und in der Wahrheit)[b]), und kann nur in der Gesinnung der Beobachtung aller wahren Pflichten als göttlicher Gebote, nicht in ausschließlich für Gott bestimmten Handlungen bestehen. Allein das Unsichtbare bedarf doch beim Menschen durch etwas Sichtbares (Sinnliches) repräsentiert, ja, was noch mehr ist, durch dieses zum Behuf des Praktischen begleitet und, obzwar es intellektuell ist, gleichsam (nach einer gewissen Analogie) anschaulich gemacht zu werden, welches, obzwar ein nicht wohl entbehrliches, doch zugleich der Gefahr der Mißdeutung gar sehr unterworfenes Mittel ist, uns unsere Pflicht im Dienste Gottes nur vorstellig zu machen, durch einen uns überschleichenden **Wahn**

a) „können“ fehlt in der 1. Auflage.

b) „(im Geist und in der Wahrheit)“ Zusatz der 2. Auflage.

doch[a]) leichtlich für den *Gottesdienst* selbst gehalten und auch gemeiniglich so benannt wird.

Dieser angebliche Dienst Gottes auf seinen Geist und seine wahre Bedeutung, nämlich eine dem Reich Gottes in uns und außer uns sich weihende Gesinnung, zurückgeführt, kann selbst durch die Vernunft in vier Pflichtbeobachtungen eingeteilt werden, denen aber gewisse Förmlichkeiten, die mit jenen nicht in notwendiger Verbindung stehen, korrespondierend beigeordnet worden sind; weil sie jenen zum Schema zu dienen und so unsere Aufmerksamkeit auf den wahren Dienst Gottes zu erwecken und zu unterhalten, von Alters her für gute sinnliche Mittel befunden sind. Sie gründen sich insgesamt auf die Absicht, das Sittlichgute zu befördern. 1) *Es in uns selbst fest zu gründen* und die Gesinnung desselben wiederholentlich im Gemüt zu erwecken (das Privat-
[300] gebet). 2) *Die äußere Ausbrei|tung* desselben, durch öffentliche Zusammenkunft an dazu geweihten Tagen, um daselbst religiöse Lehren und Wünsche (und hiermit dergleichen Gesinnungen) laut werden zu lassen und sie so durchgängig mitzuteilen (das Kirchengehen). 3) Die *Fortpflanzung* desselben auf die Nachkommenschaft durch Aufnahme der neueintretenden Glieder in die Gemeinschaft des Glaubens, als Pflicht, sie darin auch zu belehren (in der christlichen Religion die *Taufe*). 4) Die *Erhaltung dieser Gemeinschaft* durch eine wiederholte öffentliche Förmlichkeit, welche die Vereinigung dieser Glieder zu einem ethischen Körper und zwar nach dem Prinzip der Gleichheit ihrer Rechte unter sich und des Anteils an den Früchten des Moralisch-Guten fortdauernd macht (die Kommunion).

Alles Beginnen in Religionssachen, wenn man es nicht bloß moralisch nimmt und doch für ein *an sich* Gott wohlgefällig machendes, mithin durch ihn alle unsere Wünsche befriedigendes Mittel ergreift, ist ein *Fetischglaube*, welcher eine Überredung ist, daß, was weder nach *Natur-* noch nach moralischen Vernunftgesetzen irgend etwas wirken kann, doch dadurch allein schon das Gewünschte wirken werde, wenn man nur festiglich glaubt, es werde dergleichen wirken, und dann mit diesem Glauben gewisse Förmlichkeiten verbindet. Selbst[b]), wo die Über-

a) 1. Aufl.: „aber". b) Hartenstein: „Sonst".

zeugung, daß alles hier auf das Sittlichgute, welches nur aus dem Tun entspringen kann, ankomme, schon durchgedrungen ist, sucht sich der sinnliche Mensch doch noch einen Schleichweg, jene beschwerliche Bedingung zu umgehen, nämlich daß, wenn er nur die Weise (die Förmlichkeit) begeht, Gott das wohl für die Tat selbst annehmen würde; welches denn freilich eine überschwengliche Gnade desselben genannt werden müßte, wenn es nicht vielmehr [301]
eine im faulen Vertrauen erträumte Gnade oder wohl gar ein erheucheltes Vertrauen selbst wäre. Und so hat sich der Mensch in allen öffentlichen Glaubensarten gewisse Gebräuche als Gnadenmittel ausgedacht, ob sie gleich sich nicht in allen, sowie in der christlichen, auf praktische Vernunftbegriffe und ihnen gemäße Gesinnungen beziehen (als z. B. in der Muhammedanischen von den fünf großen Geboten: das Waschen, das Beten, das Fasten, das Almosengeben,[a] die Wallfahrt nach Mekka; wovon das Almosengeben allein ausgenommen zu werden verdienen würde, wenn es aus wahrer tugendhafter und zugleich religiöser Gesinnung für Menschenpflicht geschähe und so auch wohl wirklich für ein Gnadenmittel gehalten zu werden verdienen würde; da es hingegen, weil es nach diesem Glauben gar wohl mit der Erpressung dessen, was man in der Person der Armen Gott zum Opfer darbietet, von anderen zusammen bestehen kann, nicht ausgenommen zu werden verdient).

Es kann nämlich dreierlei Art von Wahnglauben der uns möglichen Überschreitung der Grenzen unserer Vernunft in Ansehung des Übernatürlichen (das nicht nach Vernunftgesetzen ein Gegenstand weder des theoretischen noch praktischen Gebrauches ist) geben. Erstlich der Glaube, etwas durch Erfahrung zu erkennen, was wir doch selbst als nach objektiven[b] Erfahrungsgesetzen geschehend unmöglich annehmen können (der Glaube an Wunder). Zweitens der Wahn, das, wovon wir selbst durch die Vernunft uns keinen Begriff machen können, doch unter unsere Vernunftbegriffe, als zu unserem moralischen Besten nötig, aufnehmen zu müssen (der Glaube an Geheimnisse). Drittens der Wahn, durch den Gebrauch bloßer Naturmittel eine Wirkung, die für uns

a) „das Almosengeben" fehlt in 1. Aufl.
b) „objektiven" Zusatz der 2. Auflage.

Geheimnis ist, nämlich den Einfluß Gottes auf unsere [302] Sittlichkeit hervorbringen zu können (der Glaube an *Gnadenmittel*). — Von den zwei ersten erkünstelten Glaubensarten haben wir in den allgemeinen Anmerkungen zu den beiden nächstvorhergehenden Stücken dieser Schrift gehandelt. Es ist uns also jetzt noch übrig, von den Gnadenmitteln a) zu handeln (die von *Gnadenwirkungen*,*) d. i. übernatürlichen moralischen Einflüssen, noch unterschieden sind, bei denen wir uns bloß leidend verhalten, deren vermeinte Erfahrung aber ein schwärmerischer Wahn ist, der bloß zum Gefühl gehört).

1. *Das Beten*, als ein *innerer förmlicher* Gottesdienst und darum als Gnadenmittel gedacht, ist ein abergläubischer Wahn (ein Fetischmachen); denn es ist ein bloß *erklärtes Wünschen* gegen ein Wesen, das keiner Erklärung der inneren Gesinnung des Wünschenden bedarf, wodurch also nichts getan und also keine von den Pflichten, die uns als Gebote Gottes obliegen, ausgeübt, mithin Gott wirklich nicht gedient wird. Ein herzlicher Wunsch, Gott in allem unserem Tun und Lassen wohlgefällig zu sein, d. i. die alle unsere Handlungen begleitende Gesinnung, sie, als ob sie im Dienste Gottes geschehen, zu betreiben, ist der *Geist des Gebets*, der „ohne Unterlaß“ in uns stattfinden kann und soll. Diesen Wunsch aber (es sei auch nur innerlich) in Worte und Formeln einzukleiden,**) kann höchstens nur den Wert [303] eines Mit|tels zu wiederholter Belebung jener Gesinnung

*) S. Allgemeine Anmerkung zum *ersten* Stück.

[302] **) In jenem Wunsch, als dem Geiste des Gebets, sucht der Mensch nur auf sich selbst (zu Belebung seiner Gesinnungen vermittelst *der Idee von Gott*), in diesem aber, da er sich [303] durch Worte, mithin äußerlich erklärt, *auf* | Gott zu wirken. Im ersteren Sinn kann ein Gebet mit voller Aufrichtigkeit stattfinden, wenngleich der Mensch sich nicht anmaßt, selbst das Dasein Gottes als völlig gewiß beteuern zu können; in der zweiten Form als *Anrede* nimmt er diesen höchsten Gegenstand als persönlich gegenwärtig an oder stellt sich wenigstens (selbst innerlich) so, als ob er von seiner Gegenwart überführt sei, in der Meinung, daß, wenn es auch nicht so wäre, es wenigstens nicht schaden, vielmehr ihm Gunst verschaffen könne; mithin kann in dem letzteren (buchstäblichen) Gebet die Aufrichtigkeit nicht so vollkommen angetroffen werden, wie im ersteren (dem

a) 1. Aufl.: „von dem an Gnadenmittel“.

in uns selbst bei sich führen, unmittelbar aber keine Beziehung aufs göttliche Wohlgefallen haben, ebendarum auch nicht für | jedermann Pflicht sein; weil ein Mittel [304]

bloßen Geiste desselben). — Die Wahrheit der letzteren Anmerkung wird ein jeder bestätigt finden, wenn er sich einen frommen und gutmeinenden, übrigens aber in Ansehung solcher gereinigten Religionsbegriffe eingeschränkten Menschen denkt, den ein anderer ich will nicht sagen im lauten Beten, sondern auch nur in der dieses anzeigenden Gebärdung überraschte. Man wird, ohne daß ich es sage, von selbst erwarten, daß jener darüber in Verwirrung oder Verlegenheit, gleich als über einen Zustand, dessen er sich zu schämen habe, geraten werde. Warum das aber? Daß ein Mensch mit sich selbst laut redend betroffen wird, bringt ihn vorderhand in den Verdacht, daß er eine kleine Anwandlung von Wahnsinn habe; und ebenso beurteilt man ihn (nicht ganz mit Unrecht), wenn man ihn, da er allein ist, auf einer Beschäftigung oder Gebärdung betrifft, die der nur haben kann, welcher jemand außer sich vor Augen hat, was doch in dem angenommenen Beispiele der Fall nicht ist. — Der Lehrer des Evangeliums hat aber den Geist des Gebets ganz vortrefflich in einer Formel ausgedrückt, welche dieses | und hiermit auch sich [304] selbst (als Buchstaben) zugleich entbehrlich macht. In ihr findet man nichts als den Vorsatz zum guten Lebenswandel, der, mit dem Bewußtsein unserer Gebrechlichkeit verbunden, einen beständigen Wunsch enthält, ein würdiges Glied im Reiche Gottes zu sein; also keine eigentliche Bitte um etwas, was uns Gott nach seiner Weisheit auch wohl verweigern könnte, sondern einen Wunsch, der, wenn er ernstlich (tätig) ist, seinen Gegenstand (ein Gott wohlgefälliger Mensch zu werden) selbst hervorbringt. Selbst der Wunsch des Erhaltungsmittels unserer Existenz (des Brotes) für einen Tag, da er[a]) ausdrücklich nicht auf die Fortdauer derselben gerichtet ist, sondern die Wirkung eines bloß tierischen gefühlten Bedürfnisses ist, ist mehr ein Bekenntnis dessen, was die Natur in uns will, als eine besondere überlegte Bitte dessen, was der Mensch will: dergleichen die um das Brot auf den anderen Tag sein würde; welche hier deutlich genug ausgeschlossen wird. — Ein Gebet dieser Art, das in moralischer (nur durch die Idee von Gott belebter) Gesinnung geschieht, weil es als der moralische Geist des Gebets seinen Gegenstand (Gott wohlgefällig zu sein) selbst hervorbringt, kann allein im Glauben geschehen; welches letztere soviel heißt als sich der Erhörlichkeit desselben versichert zu halten; von dieser Art aber kann nichts als die Moralität in uns sein. Denn wenn die Bitte auch nur auf das Brot für den heutigen Tag ginge, so kann niemand sich von der Erhörlichkeit desselben versichert halten, d. i. daß es mit der Weisheit Gottes notwendig verbunden

a) scil. der Wunsch; Kant: „es"; verb. Vorländer (Ak.-A., Cassirer).

nur dem vorgeschrieben werden kann, der es zu gewissen Zwecken *bedarf*, aber bei weitem nicht jedermann dieses
[305] Mittel (in und ei|gentlich *mit sich selbst*, vorgeblich aber desto verständlicher *mit Gott* zu reden) nötig hat,

---

sei, sie ihm zu gewähren; es kann vielleicht mit derselben besser
[305] zusammenstimmen, ihn an die|sem Mangel heute sterben zu lassen. Auch ist es ein ungereimter und zugleich vermessener Wahn, durch die pochende Zudringlichkeit des Bittens zu versuchen, ob Gott nicht von dem Plane seiner Weisheit (zum gegenwärtigen Vorteil für uns) abgebracht werden könne. Also können wir kein Gebet, was einen nicht moralischen Gegenstand hat, mit Gewißheit für erhörlich halten, d. i. um so etwas nicht *im Glauben* beten. Ja sogar: ob der Gegenstand gleich moralisch, aber doch nur durch übernatürlichen Einfluß möglich wäre (oder wir wenigstens ihn bloß daher erwarteten, weil wir uns nicht selbst darum bemühen wollen, wie z. B. die Sinnesänderung, das Anziehen des neuen Menschen, die Wiedergeburt genannt), so ist es doch so gar sehr ungewiß, ob Gott es seiner Weisheit gemäß finden werde, unseren (selbstverschuldeten) Mangel übernatürlicherweise zu ergänzen, daß man eher Ursache hat, das Gegenteil zu erwarten. Der Mensch kann also selbst hierum nicht im Glauben beten. — Hieraus läßt sich erklären, was es mit einem wundertuenden Glauben (der immer zugleich mit einem inneren Gebet verbunden sein würde) für eine Bewandtnis haben könne. Da Gott dem Menschen keine Kraft verleihen kann, übernatürlich zu wirken (weil das ein Widerspruch ist), da der Mensch seinerseits nach den Begriffen, die er sich von guten, in der Welt möglichen Zwecken macht, was hierüber die göttliche Weisheit urteilt, nicht bestimmen und also vermittelst des in und von ihm selbst erzeugten Wunsches die göttliche Macht zu seinen Absichten nicht brauchen kann; so läßt sich eine Wundergabe, eine solche nämlich, da es am Menschen selbst liegt, ob er sie hat oder nicht
[306] hat („wenn ihr Glauben hättet, wie ein Senfkorn" u.s.w.), nach dem Buchstaben genommen, gar nicht denken. Ein solcher Glaube ist also, wenn er überall etwas bedeuten soll, eine bloße Idee von der überwiegenden Wichtigkeit der moralischen Beschaffenheit des Menschen, wenn er sie in ihrer ganzen Gott gefälligen Vollkommenheit (die er doch nie erreicht) besäße, über alle anderen Bewegursachen, die Gott in seiner höchsten Weisheit haben mag, mithin ein Grund, vertrauen zu können, daß, wenn wir das *ganz* wären oder einmal würden, was wir sein sollen und (in der beständigen Annäherung) sein könnten, die Natur unseren Wünschen, die aber selbst alsdann nie unweise sein würden, gehorchen müßte.

Was aber die *Erbauung* betrifft, die durchs Kirchengehen beabsichtigt wird, so ist das öffentliche Gebet darin zwar auch kein Gnadenmittel, aber doch eine ethische Feierlichkeit, es sei

vielmehr durch fortgesetzte Läuterung und Erhebung der
moralischen Gesinnung | dahin gearbeitet werden muß, [306]
daß dieser Geist des Gebets allein in uns hinreichend[a])
belebt werde und der Buchstabe desselben (wenigstens zu
unserem eigenen Behuf) endlich wegfallen könne. Denn
dieser schwächt vielmehr, wie alles, was indirekt auf
einen gewissen Zweck gerichtet ist, die Wirkung der
morali|schen Idee (die, subjektiv betrachtet, *Andacht* [307]
heißt). So hat die Betrachtung der tiefen Weisheit der
göttlichen Schöpfung an den kleinsten Dingen und ihrer 1
Majestät im großen, sowie sie zwar schon von jeher von
Menschen hat erkannt werden können, in neueren Zeiten
aber zum höchsten Bewundern erweitert worden ist, eine
solche Kraft, das Gemüt nicht allein in diejenige dahin-
sinkende, den Menschen gleichsam in seinen eigenen
Augen vernichtende Stimmung, die man *Anbetung*
nennt, zu versetzen, sondern es ist auch, in Rücksicht auf

---

durch vereinigte Anstimmung des Glaubens-Hymnus oder auch durch die förmlich durch den Mund des Geistlichen im Namen der ganzen Gemeinde an Gott gerichtete, alle moralische Angelegenheit der Menschen in sich fassende *Anrede*, welche, da sie diese als öffentliche Angelegenheit vorstellig macht, wo der Wunsch eines jeden mit[b]) den Wünschen aller zu einerlei Zwecke (der Herbeiführung des Reiches Gottes) als vereinigt vorgestellt werden soll, nicht allein die Rührung bis zur sittlichen Begeisterung erhöhen kann (anstatt daß die Privatgebete, da sie ohne diese erhabene Idee abgelegt werden, durch Gewohnheit den Einfluß aufs Gemüt nach und nach ganz verlieren), sondern
auch mehr Vernunftgrund für sich | hat als die erstere, den [307]
moralischen Wunsch, der den Geist des Gebets ausmacht, in förmliche Anrede zu kleiden, ohne doch hierbei an Vergegenwärtigung des höchsten Wesens oder eigene besondere Kraft dieser rednerischen Figur als eines Gnadenmittels zu denken. Denn es ist hier eine besondere Absicht, nämlich durch eine äußere, *die Vereinigung aller Menschen* im[c]) gemeinschaftlichen Wunsche des Reiches Gottes vorstellende Feierlichkeit, jedes einzelnen moralische Triebfeder desto mehr in Bewegung zu setzen, welches nicht schicklicher geschehen kann als dadurch, daß man das Oberhaupt desselben, gleich als ob es an diesem Orte besonders gegenwärtig wäre, anredet.

---

a) „hinreichend" fehlt in der 1. Auflage.
b) Kant: „sich mit"; verb. Vorländer.
c) 1. Aufl.: „zum".

seine eigene moralische Bestimmung, darin eine so[a]) seelenerhebende Kraft, daß dagegen Worte, wenn sie auch die des königlichen Beters David (der von allen jenen Wundern wenig wußte) wären, wie leerer Schall verschwinden müssen, weil das Gefühl aus einer solchen Anschauung der Hand Gottes[b]) unaussprechlich ist. — Da überdem Menschen alles, was eigentlich nur auf ihre eigene moralische Besserung Beziehung hat, bei der Stimmung ihres Gemüts zur Religion, gern in Hofdienst verwandeln, wo die Demütigung und Lobpreisungen gemeiniglich desto
[308] weniger moralisch empfunden werden, | je mehr sie wortreich sind: so ist vielmehr nötig, selbst bei der frühesten mit Kindern, die des Buchstabens noch bedürfen, angestellten Gebetsübung sorgfältig einzuschärfen, daß die Rede (selbst innerlich ausgesprochen, ja sogar die Versuche, das Gemüt zur Fassung der Idee von Gott, die sich einer Anschauung nähern soll, zu stimmen) hier nicht an sich etwas gelte, sondern nur um die Belebung der Gesinnung zu einem Gott wohlgefälligen Lebenswandel zu tun sei, wozu jene Rede nur ein Mittel für die Einbildungskraft ist; weil sonst alle jene devoten Ehrfurchtsbezeugungen Gefahr bringen, nichts als erheuchelte Gottesverehrung statt eines praktischen Dienstes desselben, der nicht in bloßen Gefühlen besteht, zu bewirken.

2. **Das Kirchengehen**, als feierlicher **äußerer Gottesdienst überhaupt** in einer Kirche gedacht, ist, in Betracht daß es eine sinnliche Darstellung der Gemeinschaft der Gläubigen ist, nicht allein ein für jeden **Einzelnen** zu seiner **Erbauung***) anzupreisendes Mittel,

---

[308] *) Wenn man eine diesem Ausdrucke angemessene Bedeutung sucht, so ist sie wohl nicht anders anzugeben, als daß darunter die **moralische Folge aus der Andacht auf das Subjekt** verstanden werde. Diese besteht nun nicht in der Rührung (als welche schon im Begriffe der Andacht liegt), obgleich die meisten vermeintlich Andächtigen (die darum auch **Andächtler** heißen) sie gänzlich darin setzen; mithin muß das Wort **Erbauung** die **Folge** aus der Andacht auf die wirkliche Besserung des Menschen bedeuten. Diese aber gelingt nicht anders, als daß man systematisch zu Werke geht, feste Grundsätze nach wohlverstandenen
[309] Begriffen tief ins Herz legt, darauf Gesinnungen, | der verschiedenen

---

a) „so" ist in der 2. Aufl. weggefallen.
b) „der Hand Gottes" Zusatz der 2. Auflage.

sondern auch ihnen als Bürgern eines hier auf Erden vorzu|stellenden göttlichen Staates, für das *Ganze* unmittelbar obliegende Pflicht; vorausgesetzt, daß diese Kirche nicht Förmlichkeiten enthalte, die auf Idololatrie führen und so das Gewissen belästigen können, z. B. gewisse Anbetungen Gottes in der Persönlichkeit seiner unendlichen Güte unter dem Namen eines Menschen, da die sinnliche Darstellung desselben dem Vernunftverbote: „*Du sollst dir kein Bildnis machen*" u. s. w. zuwider ist. Aber es an sich als *Gnadenmittel* brauchen zu wollen, gleich als ob dadurch Gott unmittelbar gedient und mit der Celebrierung dieser Feierlichkeit (einer bloßen sinnlichen Vorstellung der *Allgemeinheit* der Religion) Gott besondere *Gnaden* verbunden habe, ist ein Wahn, der zwar mit der Denkungsart eines guten *Bürgers* in einem *politischen gemeinen Wesen* und der äußeren Anständigkeit gar wohl zusammenstimmt, zur Qualität desselben aber als *Bürger im Reiche Gottes* nicht allein nichts beiträgt, sondern diese vielmehr verfälscht, und den schlechten moralischen Gehalt seiner Gesinnung den | Augen anderer, und selbst seinen eigenen durch einen betrüglichen Anstrich zu verdecken dient. [309] [310]

3. Die einmal geschehende feierliche *Einweihung* zur Kirchengemeinschaft, d. i. die erste Aufnahme *zum Gliede einer Kirche* (in der christlichen durch die *Taufe*), ist eine vielbedeutende Feierlichkeit, die entweder dem Einzuweihenden, wenn er seinen Glauben selbst zu bekennen imstande ist, oder den Zeugen, die seine Erziehung in demselben zu besorgen sich anheischig machen, große Verbindlichkeit auferlegt und auf etwas Heiliges (die Bildung eines Menschen zum Bürger in einem

Wichtigkeit der sie angehenden Pflichten angemessen, errichtet, sie gegen Anfechtung der Neigungen verwahrt und sichert und so gleichsam einen neuen Menschen als einen *Tempel Gottes erbaut*. Man sieht leicht, daß dieser Bau nur langsam fortrücken könne; aber es muß wenigstens doch zu sehen sein, daß etwas *verrichtet* worden. So aber glauben sich Menschen (durch Anhören oder Lesen und Singen) recht sehr *erbaut*, indessen daß schlechterdings nichts *gebauet*, ja nicht einmal Hand ans Werk gelegt worden; vermutlich weil sie hoffen, daß jenes moralische Gebäude, wie die Mauern von Theben, durch die Musik der Seufzer und sehnsüchtiger Wünsche von selbst emporsteigen werde.

göttlichen Staate) abzweckt, an sich selbst aber keine heilige oder Heiligkeit und Empfänglichkeit für die göttliche Gnade in diesem Subjekt wirkende Handlung anderer, mithin kein Gnadenmittel; in so übergroßem Ansehen es auch in der ersten griechischen Kirche war, alle Sünden auf einmal abwaschen zu können, wodurch dieser Wahn auch seine Verwandtschaft mit einem fast mehr als heidnischen Aberglauben öffentlich an den Tag legte.

4. Die mehrmals wiederholte Feierlichkeit einer Erneuerung, Fortdauer und Fortpflanzung dieser Kirchengemeinschaft nach Gesetzen der Gleichheit (die Kommunion), welche allenfalls auch nach dem Beispiele des Stifters einer solchen Kirche (zugleich auch zu seinem Gedächtnisse) durch die Förmlichkeit eines gemeinschaftlichen Genusses an derselben Tafel geschehen kann, enthält etwas Großes, die enge, eigenliebige und unvertragsame Denkungsart der Menschen, vornehmlich
[311] in | Religionssachen, zur Idee einer weltbürgerlichen moralischen Gemeinschaft Erweiterndes in sich, und ist ein gutes Mittel, eine Gemeinde zu der darunter vorgestellten sittlichen Gesinnung der brüderlichen Liebe zu beleben. Daß aber Gott mit der Celebrierung dieser Feierlichkeit besondere Gnaden verbunden habe, zu rühmen und den Satz[a]), daß sie, die doch bloß eine kirchliche Handlung ist, doch noch dazu ein Gnadenmittel sei, unter die Glaubensartikel aufzunehmen, ist ein Wahn der Religion, der nicht anders als dem Geiste derselben gerade entgegen wirken kann. — Pfaffentum also würde überhaupt die usurpierte Herrschaft der Geistlichkeit über die Gemüter sein, dadurch daß sie im ausschließlichen Besitz der Gnadenmittel zu sein sich das Ansehen gäbe.

Alle dergleichen erkünstelten Selbsttäuschungen in Religionssachen haben einen gemeinschaftlichen Grund. Der Mensch wendet sich gewöhnlicherweise unter allen göttlichen moralischen Eigenschaften, der Heiligkeit, der Gnade und der Gerechtigkeit, unmittelbar an die zweite, um so die abschreckende Bedingung, den Forderungen der ersteren gemäß zu sein, zu umgehen. Es ist mühsam,

a) „den Satz" fehlt in der 1. Auflage.

ein guter Diener zu sein (man hört da immer nur von Pflichten sprechen); er möchte daher lieber ein Favorit sein, wo ihm vieles nachgesehen oder, wenn ja zu gröblich gegen Pflicht verstoßen worden, alles durch Vermittelung irgend eines im höchsten Grade Begünstigten wiederum gut gemacht wird, indessen daß er immer der lose Knecht bleibt, der er war. Um sich aber auch wegen der Tunlichkeit dieser seiner Ab|sicht mit einigem Scheine zu [312] befriedigen, trägt er seinen Begriff von einem Menschen (zusamt seinen Fehlern) wie gewöhnlich auf die Gottheit über und, sowie auch an den besten Oberen von unserer Gattung die gesetzgebende Strenge, die wohltätige Gnade und die pünktliche Gerechtigkeit nicht (wie es sein sollte), jede abgesondert und für sich zum moralischen Effekt der Handlungen des Untertans hinwirken, sondern sich in der Denkungsart des menschlichen Oberherrn bei Fassung seiner Ratschlüsse vermischen, man also nur der einen dieser Eigenschaften, der gebrechlichen [a]) Weisheit des menschlichen Willens, beizukommen suchen darf, um die beiden anderen zur Nachgiebigkeit zu bestimmen: so hofft er dieses auch dadurch bei Gott auszurichten, indem er sich bloß an seine Gnade wendet. (Daher war es auch eine für die Religion wichtige Absonderung der gedachten Eigenschaften oder vielmehr Verhältnisse Gottes zum Menschen, durch die Idee einer dreifachen Persönlichkeit, welcher analogisch jene gedacht werden soll, jede besonders kenntlich zu machen.) Zu diesem Ende befleißigt er sich aller erdenklichen Förmlichkeiten, wodurch angezeigt werden soll, wie sehr er die göttlichen Gebote verehre, um nicht nötig zu haben, sie zu beobachten; und damit seine tatlosen Wünsche auch zur Vergütung der Übertretung derselben dienen mögen, ruft er: „Herr! Herr!“, um nur nicht nötig zu haben, „den Willen des himmlischen Vaters zu tun“, und so macht er sich von den Feierlichkeiten, im Gebrauch gewisser Mittel zur Belebung wahrhaft praktischer Gesinnungen, den Begriff als von Gnadenmitteln an sich selbst; gibt sogar den Glauben, daß sie es sind, selbst für ein wesentliches Stück der Religion (der gemeine Mann gar für das Ganze derselben) aus und überläßt es der allgütigen Vorsorge, aus ihm [313]

a) 1. Aufl.: „Gebrechlichkeit der“.

einen besseren Menschen zu machen, indem er sich der *Frömmigkeit* (einer passiven Verehrung des göttlichen Gesetzes) statt der *Tugend* (der Anwendung eigener Kräfte zur Beobachtung[a]) der von ihm verehrten Pflicht) befleißigt, welche letztere *doch mit der ersteren verbunden* allein die Idee ausmachen kann, die man unter dem Worte *Gottseligkeit* (wahre *Religionsgesinnung*) versteht. — Wenn der Wahn dieses vermeinten Himmelsgünstlings bis zur schwärmerischen Einbildung gefühlter besonderer Gnadenwirkungen in ihm steigt (bis sogar zur Anmaßung der Vertraulichkeit eines vermeinten verborgenen *Umgangs* mit Gott), so ekelt ihn gar endlich die Tugend an und wird ihm ein Gegenstand der Verachtung; daher es denn kein Wunder ist, wenn öffentlich geklagt wird, daß Religion noch immer so wenig zur Besserung der Menschen beiträgt und das innere Licht („unter dem Scheffel") dieser Begnadigten nicht auch äußerlich, durch gute Werke, leuchten will, und zwar (wie man nach diesem ihrem Vorgehen wohl fordern könnte) *vorzüglich* vor anderen natürlich-ehrlichen Menschen, welche die Religion nicht zur Ersetzung, sondern zur Beförderung der Tugendgesinnung, die in einem guten Lebenswandel tätig erscheint, kurz und gut in sich aufnehmen. Der Lehrer des Evangeliums hat gleichwohl diese äußeren Beweistümer äußerer Erfahrung selbst zum Probierstein an die Hand gegeben, woran als an ihren Früchten man sie und ein jeder sich selbst erkennen kann. Noch aber hat man nicht gesehen, daß jene ihrer Meinung nach außerordentlich Begünstigten (Auserwählten) es dem natürlichen ehrlichen Manne, auf den man im Umgange, in Geschäften und in Nöten vertrauen kann, im mindesten zuvortäten,
[314] daß | sie vielmehr, im ganzen genommen, die Vergleichung mit diesem kaum aushalten dürften; zum Beweise, daß es nicht der rechte Weg sei, von der Begnadigung zur Tugend, sondern vielmehr von der Tugend zur Begnadigung fortzuschreiten.

a) „zur Beobachtung" fehlt in der 2. Auflage.

Register.

Anm.: Die Ziffern beziehen sich auf die Seitenzahlen der (2.) Kantischen Original-Ausgabe.

A. Personen-Register.

B. Sach-Register.

A.

B.

C.

Die fehlenden Artikel s. unter K.

D.

E.

K.

N.

R.

T.

U

W.

C. Alphabetisches Verzeichnis der von Kant zitierten oder gedeuteten Bibelstellen.[1])

a) Mit vollständiger oder teilweiser Anführung des Wortlauts, aber ohne Angabe des Schriftorts:

---

[1]) Ein Verzeichnis **sämtlicher** (280) von Kant zitierten Bibelstellen, aber ohne Angabe der betreffenden Kantischen Schrift, in der sie vorkommen, gibt *C. W. von Kügelgen, J. Kants Auffassung von der Bibel, Leipzig 1896, S. 93—96.*

b) **Mit Angabe des Schriftorts, meist ohne Wiedergabe des Wortlauts:**